解脫煩惱的方法

八正道

真蓮行者 著

敬師
重法
實修

僅以出版此書之功德迴向給
根本傳承上師蓮生活佛
以及生我、育我的父親和母親！

推薦序

眞蓮行者是我弟弟，國立清華大學工學博士，是系統工程、全面品質管理與問題解決方法論的專家。強調理論要結合實務，方法要實用有效。並將這種「實事求是」的精神應用在佛法的學習與生活的實踐上。今天舍弟將他學佛的心得寫成一本書，並請我幫他寫推薦序，身爲兄長的我，感到非常的高興與榮幸。高興的是舍弟能夠懷抱著一顆慈悲心，無私地與社會大眾分享其多年修行學佛心得，著書立言，起到淨化人心的效果。榮幸的是個人能夠向社會大眾推薦一本好書，一本値得你我珍藏的好書，一本尋求解脫人生煩惱與痛苦的好書。

這本書以原始佛教四阿含經爲依據，針對八正道，詳細地爲世人解說如何解脫人生煩惱與痛苦的方法。試問世人，誰沒有煩惱？誰沒有痛苦？只要有煩惱的人，有痛苦的人，都鄭重地向您推薦這本書。看完這本書你會發現，原來佛法與我們的日常生活息息相關，不再是生澀難懂的詞句，而是活生生的現實人生教戰守則。

本書的特色有：（一）引經據典：如何解脫人生的煩惱與痛苦？想知道佛陀原來是怎麼說的嗎？全書的論述都是根據原始佛教四阿含經，並附有原文經典或出處，可供驗證，直接向佛陀學習。（二）系統化步驟：如何勤修戒、定、慧？熄滅貪、瞋、癡？原來解脫人生的煩惱與痛苦是有方法的，而且非常系統化；從正見、正志到正定，循序漸進，由世間而出世間。（三）邏輯清晰：想知道煩惱與痛苦的根本原因嗎？有情眾生爲什麼會輪迴生死？本書根據佛陀教誡，利用邏輯推演，分析前後因果關係，條理分明，說理清楚，容易令人理解並接受，澈悟宇宙人生的眞相。（四）實用可行：想不想改變命運？要不要解脫生死？

佛法其實是來幫助我們面對生命的無常，因應生活的考驗，以及迎接人生的挑戰，必須實修實證。只要能夠對治我們的貪、瞋、癡，都是佛法。

讀完這本書之後，有幾點感想：（一）原來佛法是這麼地貼近日常生活。生活要清淨，當然要有正確的人生態度與正確的價值觀，之後的思想、言語、行爲、生活才會正確。（二）佛法浩瀚，經常有令人望之興嘆，不知如何下手的感覺。本書對四聖諦、八正道有很深刻的描寫，與生活緊密結合，是想要一窺佛門奧密的人，最佳的入手處。不過，雖說是入手處，卻也是解脫生死的金鑰。（三）佛陀是一位人間導師，教導有情眾生解脫人生煩惱與痛苦的方法。看完這本書，你會讚嘆這套方法論的嚴謹與完整。這也是本書的價值與精彩所在，把艱澀難懂的佛學名詞與各種佛學觀念，做了一個系統化的整合，圓滿地呈現出修證解脫的過程與方法。（四）這本書處處充滿了佛陀的智慧，有生命的智慧如四食、五蘊、六入處、十八界；有人生的智慧如是非善惡、因果業報、五趣流轉；有生活的智慧如五戒、十善、中道生活；有解脫的智慧如三法印、四聖諦、八正道、緣起法、四禪、四無量心等。讀完不禁令人恍然大悟，智慧充滿。若能夠在生活中加以實踐，將可改變我們的一生。

最後，再一次誠摯地向各位讀者大眾鄭重地推薦這一本好書。當我們爲了生活忙忙碌碌之餘，在夜深人靜之時，覺得世事何紛紛，人情何擾擾，人生不知所爲何來，不妨把這一本書打開來看。或許從中可以找到解脫煩惱，止息痛苦的靈感與答案吧。祝各位修行有成，法喜充滿。

國立台北科技大學副校長 **林啟瑞**

二〇一三年 春

自序

佛教的出現正是爲了因應如何解脫人生的煩惱與痛苦而來。佛陀也正是爲了苦難的眾生而尋求解脫之道，最終成就無上正等正覺，成爲人間的導師。根據原始佛教四阿含經，詳實記載了佛陀教導苦難的眾生如何從煩惱與痛苦的人生中解脫出來的方法——八正道。而四阿含經則是目前世界上公認最原始的佛教聖典，且有南傳的巴利藏五部與之印證。是佛陀涅槃後，由佛陀親自教誨的弟子最先結集出來的經典。起初口口相傳，後來形諸文字，最後形成一部叢書，有如儒家至聖先師孔子的論語。阿含經的「阿含」二字即是傳承佛陀教法的聖典之意，讀阿含經猶如親沐佛陀訓勉。

本書站在實用的角度，以能夠在日常生活當中實際應用爲前提，以四阿含經爲依據，直承佛陀教誨。論述引經據典，儘可能呈現佛陀說法的原始風貌，並附上經典原文以供驗證。以系統化的方式，利用邏輯推理，有根有據地闡述佛陀慈悲開示給眾生解脫人生的煩惱與痛苦，終止生死流轉的無上珍貴解脫方法——八正道。在我們的日常生活裡，或是人生旅途上，難免會碰到各種雜染的問題，令人應接不暇，以致煩惱與痛苦叢生。若是缺乏應對之道，往往弄到遍體鱗傷，心力交瘁，甚至造業墮落。然而，有過煩惱，才知道人心的複雜；有過痛苦，才知道解脫的可貴；有過仇恨，才知道仇恨的可怕。因此，爲了斷煩惱、滅痛苦，息仇恨，爲了向佛陀學習，於是深入研究原始佛教聖典四阿含經，並結合個人在「問題解決」與「方法論」方面的專長，用心整理出解脫人生煩惱與痛苦的方法——八正道。一可做爲日常生活當中行爲之準則；二可做爲修行學佛的隨身手冊；三可傳給嚮往獨立自主與解脫自在的有緣人參考閱讀。

在阿含經中，佛陀自述自己渡過生死橫流，到達涅槃彼岸的方法就是「八正道」；而且度化他人也是用「八正道」。因爲八正道不僅可以幫助眾生遮斷惡法，長養善法，而且還可以幫助眾生熄滅貪、瞋、癡，不再貪愛染著，達成心解脫；斷除無明，不再愚癡無知，達成慧解脫；心慧解脫就是解脫的聖者。而且，八正道樸實而生活化，合乎邏輯，循序漸進。教我們學會做佛之前，先學會如何做人，是一切佛法的歸宿。只要依照八正道來修行即可以確保走在佛陀的正法上。有志修行學佛的人，想要減少煩惱與痛苦的人，甚至想要跳脫生死輪迴的人，都應該好好地依循佛陀原始的諄諄教誨，按部就班，實修佛法。並在日常生活當中實踐八正道，就可以慢慢地消除我們的煩惱與痛苦。

「八正道」包括正見、正志（正思惟）、正語、正業、正命、正方便（正精進）、正念與正定。「正見」教我們建立正確的人生觀，明辨是非善惡，相信因果業報，相信有五趣流轉。並教導我們「苦集滅道」的思惟方式，體認宇宙人生的眞相。「正志」教我們不可以胡思亂想，不要有貪念、瞋念和害念。「正語」教我們不可以亂講話，不要妄語、兩舌、惡口和綺語。「正業」教我們不可以做壞事，不要殺生、偷盜和邪淫。「正命」教我們要以正當的方式謀生，少欲知足；建立正確的生活態度，行中道生活，勤耕福田。「正方便」教我們精進修行，精勤不放逸，恆行不退轉。「正念」教我們看住念頭的方法，以一念攝持萬念住四念處，包括「身念處」、「受念處」、「心念處」及「法念處」，念念轉趨涅槃。「正定」教我們修習禪定的方法，或安般法門，或念佛法門，或慈心法門。以止修定，以定修觀，以觀修慧，以慧生明。然後依遠離、依無欲、依滅、向於捨。也就是遠離諸惡不善法；離欲清淨；永盡喜貪，心解脫；永斷無明，慧解脫。最後，熄滅貪、瞋、癡，煩惱永盡，痛苦永盡，生死永盡，漏盡解脫，寂靜涅槃。佛陀是這樣解脫的，諸佛世尊也是這樣解脫的，有志修行學佛求得解脫的你我，也將因爲走在「八正道」上而漏盡解脫。

而最重要的是必須從日常生活的實踐中，一點一滴地「去得失」，「改脾氣」，「積福德」，「長智慧」。總有一天，你會發現，煩惱與痛苦眞的變少了。

最後，感謝賢內助燕飛在寫作期間的鼓勵，亦師亦友，讓本書得以順利出版。更要感謝身爲台北科技大學副校長的大哥啓瑞在百忙中爲本書寫序。另外，也要感謝大姐燕娜費心地協助出版事宜。並且感謝好朋友葉照燕、葉玉澎與徐燕玉熱心地提供親自拍攝的漂亮蓮花相片，使本書增色不少。最後感謝尊貴的蓮生聖尊賜給弟子無比的信心和力量，使本書得以順利完成。本書是個人的修行學佛心得，疏漏之處，尚請見諒，祈願社會賢達、大善知識惠予指導。

真蓮行者

二〇一三年 春

千萬要快樂；千萬要健康；
千萬要運動；千萬不生氣；
千萬要祥和；千萬要知足；
千萬要行善；千萬要修行。

目錄
contents

第五章 正志

第六章 正語

第七章 正業 187

第八章 正命 209

第九章 正方便 225

第十章 正念 245

第十一章　正定

第十二章 結語 361

八正道歌 378

第一章 簡介

人身難得今已得
佛法難聞今已聞
此身不向今生度
更向何生度此身

人生實在有太多的煩惱與痛苦，不管是先天上生理及心理方面的缺陷與不足，還是後天上成長及發展方面的不順心與不如意，或是面對人生際遇的高低與起伏，或是遭遇身體上的病痛與意外，或是跟他人意見上的不合與衝突，或是經歷情感上的悲歡與離合，或是面臨生命中的無常與苦迫（雜阿含經　卷十七四七三經／四七四經），加上個人那一顆心的難以降伏（增壹阿含經　卷五　不還品　七七），總是會發出「人生是苦」的感嘆。除此之外，很多煩惱與痛苦是來自於與他人的接觸。為了生存的競爭，為了爭奪有限的資源，為了分食稀少的利益，人與人之間的衝突與矛盾，經常無可避免。俗話說：「有人的地方就有糾紛。」更殘酷一點地說：「人生的現實面就是一場鬥爭。」對生存的欲望，對財富的渴求，對權勢的追逐，無形之中，產生了鬥爭。在生命裡，在生活上，在人生中，鬥爭無處不在。

佛陀在中阿含經（卷二十五）因品苦陰經（九九）也提到：一般人為了生活，都需要有一技之長，想辦法存活。辛苦忙碌，勞心勞力，為的就是想要掙一口飯吃，有一份收入。若缺乏錢財，就會感到煩惱與痛苦；若獲得錢財，便會想辦法守護密藏，深怕別人來搶、來偷。如果不小心被偷、被搶，或是因為意外火燒而失去錢財，就會更加煩惱與痛苦。有時候為了守護或爭奪這些錢財，進而導致父母、兄弟、姐妹、親族之間反目成仇，互相爭鬥。甚至國王與國王之間，百姓與百姓之間，國與國之間，也會為了這些錢財而互相爭鬥，互相憎恨，引發激烈的衝突，甚至兵戎相見，或死或傷，令人懷憂恐怖，更增添了無數的煩惱與痛苦。

那麼，如何才能夠解脫人生的煩惱與痛苦呢？我們且從人間的偉大導師——佛陀的誕生談起。大約在二千五百年前，佛陀出生於印度北方迦毗羅衛國的釋迦族王室，父親淨飯王，母親摩耶夫人，佛陀本名悉達多。世人尊稱祂為釋迦牟尼，意為釋迦族的聖者。悉達多自幼享受宮廷中豪華的生活，接受印度傳統婆羅門的教育，個性悲天憫人，喜好沉思冥想。隨著年齡增長，看到當時印度社會種姓制度的不平等，目睹人生的生老病死諸苦。因而感到世事無常而出家學道，尋找人生痛苦解脫之道。先是遍訪名師，學習甚深禪定，卻沒有得到究竟解脫（中阿含經　卷五十六　晡利多品　羅摩經　二〇四）；後來又在苦行林中修行苦行六年，日食一麻一米，導致形體劣弱，可惜一樣沒有得到究竟解脫（增壹阿含經　卷二十三　增上品三一）。

佛陀發現，追求甚深禪定與苦行都沒有辦法解脫生死。於是佛陀放棄苦行，獨自一人來到尼連禪河邊，接受牧羊女的乳糜供養，重新恢復了體力，然後端身正坐於菩提樹下，專精觀察思維，最終克服身心內外的一切煩惱，證悟宇宙人生的眞相，明白解脫眾生煩惱與痛苦的究竟之道，成爲人間偉大的覺者——佛陀（雜阿含經　卷十五　三六九經／三七〇經）。「佛陀」梵文爲 **Buddha**，意爲覺者或智者，就是覺悟到宇宙人生眞相與眞理的人的意思。從此滅除一切業行，無漏智慧現前，應修已修，應斷已斷，遠離各種煩惱，止息各種痛苦。而且除了自己覺悟之外，還能平等普遍地覺悟他人，覺行圓滿，因此被稱爲「佛」（雜阿含經　卷四十三　一一五九經／一〇〇經）。

根據廣興博士《人間佛陀——歷史佛陀觀》，以及相關歷史學家的考證：佛陀是歷史上眞實存在的人。所以佛陀是人而不是神，佛由人成。佛陀也是父母所生之身，生於人間，長於人間，在人間成佛。佛陀是人間的一位智者、仁者、覺者、聖者，是有情眾生的楷模，是人天導師，教導我們一套解脫人生煩惱與痛苦的方法。其實佛陀思考的中心就是人生的問題，從人本出發，探究如何解脫人生的煩惱與痛苦、以及覺悟宇宙人生的眞相、解脫沉淪生死苦海的問題。亦即人生爲什麼會有種種的煩惱、痛苦與不幸？造成眾生煩惱、痛苦與不幸的原因到底是什麼？導致眾生生死輪迴的原因又是什麼？用什麼方法才能夠徹底解脫人生的煩惱與痛苦？甚至終止生死的輪迴？我們不禁要問：佛陀到底悟到了什麼呢？

根據原始佛教聖典阿含經的記載（雜阿含經　卷十五　三六九經／三七〇經；中阿含經　卷五十六　晡利多品　羅摩經　二〇四）：佛陀悟到了一套解脫人生煩惱與痛苦的方法：四聖諦、八正道、緣起法等。「四聖諦」就是「苦集滅道」：苦就是苦聖諦，描述苦的現象；集就是苦集聖諦，探討苦的原因；滅就是苦滅聖諦，揭示苦滅的境界；道就是苦滅道跡聖諦，提出滅苦之道——八正道。「八正道」就是正見、正志（正思惟）、正語、正業、正命、正方便（正精進）、正念與正定。「緣起法」則是因緣所生法，所謂「此有故彼有，此生故彼生；此無故彼無，此滅故彼滅」。包括緣起中道的思想，以及緣起十二支的流轉門與還滅門，說明有情眾生流轉生死的眞相，以及終止流轉、生死還滅的可能性。

佛陀悟道之後，首先就到鹿野苑去找過去苦行時一起修行的五位當年父王派來保護佛陀的同伴憍陳如等五人，並爲他們說四聖諦正法，謂之「初轉法輪」。於是這五人都皈依佛陀成爲佛陀的弟子，後世稱之爲「五比丘」。在初轉法輪時，佛陀對他們說：五比丘！要知道有兩種極端的做法是修行人所不應該學的。一是及時行樂，享樂而已，是凡夫所爲。二是修苦行，折磨自己，受無益之苦，遠離聖賢之法，於解脫無益。五比丘！應當捨棄這兩種極端的做法，採取中庸之道，不要受無益之苦，障礙修行；也不要躭於享樂，忘卻修行。應當努力成就於「明」而去「無明」，成就於「智」而去「愚癡」，成就於「禪定」而身心止息，令心得大自在，趨向智慧與覺悟的解脫，最終趨向寂靜涅槃。怎麼做呢？就是透過「八正道」：正見、正志、正語、正業、正命、正方便、正念、正定（中阿含經　卷五十六　晡利多品　羅摩經　二〇四）。在佛陀的教導下，五比丘之中，以憍陳如的悟性最高，聽了佛陀的教法之後，隨即證到聖人的果位。其他四人，也在不久之後，證果成聖，從此不再受生輪迴（雜阿含經　卷十五　三七八經／三七九經）。

佛陀成道以後，就開始了弘揚佛法的一生。每年除了四個月的雨季，和常隨的弟子們夏季安居度過之外，平均每年有八個月的時間，從事於遊化人間的工作。經常由村至村，由城至城，由此國到彼國，在許多弟子的陪伴之下，到處宣揚佛法。足迹遍及整個中印度，往來於恆河流域南北兩岸地區，長達四十五年的時間，以種種方便，教導眾生，度化無數的眾生。使許多人可以依循佛陀所曾經走過的道路，達到佛陀所覺悟的境界。直到佛陀八十歲時，在拘尸那迦羅城外的一片娑羅林中，兩棵大樹中間「般涅槃」（入滅、圓寂之意）。

而佛陀在涅槃前所度化的最後一個弟子叫做須跋陀羅。須跋陀羅年紀雖然已經一百二十歲了，但聰明多智，仍趕在佛陀涅槃前請求度化。佛陀在涅槃前度化須跋陀羅時提到：我所教化的佛法，因爲有八正道，所以才有沙門果，所謂「沙門果」即是解脫自在聖人的果位。而外道異眾因爲沒有八正道，故無沙門果。也就是說，修學八正道，才能夠獲得解脫自在；如果沒有修學八正道，就不能夠獲得解脫自在。須跋陀羅在當天晚上就出家受戒，並按照佛陀的教誨，修清淨梵行。時夜未久，即證得阿羅漢聖人的果位，是佛陀度化的最後一個弟子。而且就在佛陀涅槃前，因不忍見佛陀涅槃，須跋陀羅先行滅度（長阿含經　卷二　遊行經；雜阿含經　卷三十五　九七一經／九七九經）。

由以上我們可以發現：佛陀證道之後初轉法輪時，向五比丘宣說的佛法是八正道；佛陀涅槃前最後度化的弟子，對須跋陀羅宣說的佛法也是八正道。八正道幾乎可以說是佛陀一生弘法的重點，也是佛陀一再提醒弟子的諄諄告誡。八正道是一套解脫人生煩惱與痛苦的方法，不但非常地系統化，而且是階梯式的方法，是一套可以在日常生活當中拿來應用的人生教戰手冊。八正道教你在學會如何做佛之前，先學會如何做人；學會如何做人之後，繼續教你如何邁向解脫之道。

八正道教你如何培養正確的人生觀，以免善惡不分；八正道教你如何正確地思惟，以免胡思亂想；八正道教你如何正確地說話，以免胡言亂語；八正道教你如何正確地與別人互動，以免行為不當；八正道教你如何正確地謀生與培養正確的生活態度，以免邪命存命；八正道教你如何精勤不放逸，恆行不退轉；如何遮斷惡法，長養善法，淨化心靈，以善治惡；八正道教你如何正確地守護你的心念，然後以一念攝持萬念，住身、受、心、法念處，念念轉趨涅槃；八正道教你如何正確地禪定，遠離諸欲惡不善法、言語止息、覺觀止息、喜心止息、苦樂止息，趨向涅槃。尊貴的蓮生聖尊《佛學總說》認為：「我們學佛的人都要走這個八正道，因為你按照八正道來走，你就不會偏掉，不會走入邪途，不會走入黑店。那麼八正道就是如來所指示的，八個正確修行成佛的方法。」本書即是針對佛陀所提出的這一套解脫人生煩惱與痛苦的方法——「八正道」進行詳細地闡述與說明。

首先，我們會談什麼是「解脫的眞諦」？其次，我們把「正見」分為兩部分來討論，一是「世間正見」，一是「出世間正見」。在「世間正見」方面，我們會討論幾個重點：包括佛法之前，人人平等，命運掌握在自己手裡。何謂善？何謂惡？什麼是因果業報？什麼是五趣流轉？何謂解脫自在的聖人？證果成聖的條件又是如何？凡夫可以轉變為聖人嗎？我們都會一一加以論述。在「出世間正見」方面，我們會針對「四聖諦」——苦集滅道分別加以說明。「苦聖諦」描述人生的苦迫現象；「苦集聖諦」說明煩惱與痛苦的根本原因；「苦滅聖諦」描述苦滅的境界；「苦滅道跡聖諦」闡述滅苦的方法——八正道。然後說明何謂「正志」？正志就是正確的思惟，包括無欲念、無恚念、無害念。並介紹五種守護六根的方法。然後針對「正語」進行說明。正語就是正確的說話方式，包括不妄語、不兩舌、不惡口及不綺語。人世間有多少紛紛擾擾，是非恩怨皆是因為這一張嘴巴所引起。是故要謹守口德，勿造口業。

然後談到「正業」。正業就是正確的行爲，包括不殺生、不偷盜及不邪淫。須知殺生、偷盜及邪淫這三種惡行會對他人造成極大的傷害，佛陀要求我們遠離這三種惡行。然後說明何謂「正命」？正命就是正當的謀生方式以及正確的生活態度。佛陀要我們少欲知足，行中道生活。而且要懂得孝養父母，報父母恩；布施貧病，行善積德；供養三寶，勤耕福田。然後針對「正方便」進行說明。正方便就是不放逸的意思，亦即所謂的「四正斷」。其內涵爲（一）斷斷：已生惡法令斷；（二）律儀斷：未生惡法令不生；（三）隨護斷：未生善法令生；（四）修斷：已生善法令增長。幫助我們做到止惡防非，行善積德，淨化心靈，渡向彼岸。然後談到「正念」。正念就是要有正確的念頭，讓念頭依「四正斷」住於四念處，包括「身念處」、「受念處」、「心念處」及「法念處」。然後依四念處修「七覺支」，念念轉趨涅槃。另外也會詳細論述「依遠離、依無欲、依滅、向於捨」，內容非常精彩。最後針對「正定」進行說明。正定就是正確的禪定。我們會針對正定的過程——「四禪」以及修習正定的方法：包括「安般法門」、「念佛法門」、以及「慈心法門」，分別加以闡述說明。最後，做一個簡單的結語，並歸納出所謂「人生的三道防線」，讓佛法變得平易近人，方便實用。

有了這一套佛陀親自教導的解脫人生煩惱與痛苦的方法——「八正道」，我們就可以在日常生活中應用，當作生活教戰手冊一樣。多讀一點，就多懂一些，多懂一些，就拿到日常生活當中來用。人生就像個現實的修行道場，所有的鬥爭、惡緣、逆境、病痛、是非、引誘、雜染、挑戰、打擊、刺激，瞬間變成修行的最佳考題。考考自己的修行功夫到了那裡？得了幾分？有沒有起貪念？有沒起瞋念？有沒有起害念？有沒有起邪念？有沒有起殺心？有沒有起盜心？有沒有起邪淫心？有沒有起欺心？有沒有起傲慢心？有沒有起疑心？有沒有起嫉妒心？修行功夫，一點都騙不了人，如人飲水，冷暖自知。

就像廣欽老和尚生前教導弟子的方式，都是在無意之中，臨時出考題，爲難弟子，甚至羞辱弟子。弟子根本就不知道是考試。如果修行功夫不夠的，或只是做表面功夫的，通常都會被考得哭哭啼啼的，或是火冒三丈。老和尚不會事先通知你，都是臨時用境界來考，看你在沒有預先準備當中的修行功力是如何。根據道證法師〈毛毛蟲變蝴蝶——考古變今用〉：據說廣欽老和尚平時大約清晨六點，就會在佛寺裡面巡視，靜靜觀察，看什麼人最認眞、最用功。然後就找那個最認眞、最用功的弟子來，不分青紅皀白地罵一頓，甚至說一些讓他覺得冤枉委屈的話。老和尚演技又非常逼眞，那位弟子聽了如果動心，甚至生起氣來，老和尚就搖搖頭，笑笑說：「我以爲你多用功，這樣講幾句就受不了。唉！功夫還早咧！」

而現實生活的考場則更加嚴酷，一不小心就會粉身碎骨。所以我們要依照佛陀的教誨，好好地修八正道。就好像習武練功一樣，平常就要把武功練好，等到對手來挑戰的時候，才知道怎麼應付。當然也有被打敗、擊倒，甚至受傷的時候。但絕對不可以輕言放棄，而是應該更加精進，找出問題點，並加以修正。若能如此，則功夫日深，境界日進。只要我們走在八正道的正法上，日子久了，有一天我們會發現，同樣一句責備、冤枉的話，竟然不會生氣了。不屬於我們的東西掉在地上，即便是價值連城，竟然也不會動心想佔爲己有了。心愛的人或物捨我們而去時，竟然也不會傷心了，這就是修行的功夫。

如果能夠這樣看待，不僅佛陀是我們的導師，所有眾生都是我們的導師。淨空法師認爲：「外面的人事紛紛來擾亂，對我們來講其實是很大的恩惠。爲什麼？因爲我們處在這個境界裡面，時時刻刻考驗自己的功夫得不得力。」所以說，面對所有打擊與污衊我們的人，我們都應該懷抱著一顆感恩的心來感謝他們，因爲他們提醒了我們，在修行路上還有那些不足的地方。所以修行在那裡修？修行就在日常生活之中，就在處世、待人、接物之處，離開這些人與事，到那裡去修？所謂「煩惱即菩提，娑婆即淨土」。須知佛法是拿來用的，不是拿來耍嘴皮子的，更不是拿來比高下的，必須在生活中實修與應用。

尊貴的蓮生聖尊《甘露法味》說：「實修比理論更重要啊！」而且一再地叮嚀弟子們要「敬師、重法、實修」。因爲「實修」的前提是「重法」，「重法」的基礎是「敬師」。也就是要尊敬自己皈依的師父，珍惜得來不易的佛法，實實在在地修行，而且要每日實修。如果我們不懂得尊敬自己的師父，如何會重視這個法？如果不懂得重法，就缺乏求法的精神。如果缺乏求法的精神，如何會去實修呢？所以我們要「敬師、重法、實修」，這是學佛的根本。而且要把佛法融入日常生活之中，把「八正道」當做日常生活的準則，變成一種習慣，久而久之，自然會修出清淨體與慈悲心。星雲法師《怎樣做一個佛教徒》提到：「八正道完全是日常生活的指導，因此更應該從日常生活中去實修、體證。」人生最大的價值就在於修行，若不修行，只是爲了一口飯吃而活著，整天忙忙碌碌，吵吵鬧鬧，以及忙著繁衍下一代，那與一般的動物何異？就算是頂尖聰明的人，非常能幹的人，若不懂得修行，結果往往只會忙於賺錢，忙於事業，忙於栽培兒女，等到老了、病了、死了，最後還不是兩手空空地走，白白浪費了這一生人身難得的修行寶貴機會。

在解脫人生煩惱與痛苦的道路上也是一樣，對於種種人生的磨難與考驗，如果我們只是一般的凡夫，當然會覺得命運乖舛，埋怨這，埋怨那，覺得全天下的人都對不起你。但是如果我們已經有幸認識了佛法，接觸了佛法，開始修行學佛，甚至走在八正道上，這些磨難與考驗反而變成寶貴的修行考題。所以，讓我們一起來學習八正道，讓八正道引領有志修行學佛的人，勇敢地面對生命的無常，因應生活的考驗，以及迎接人生的挑戰。學習如何建立正確的人生觀，有正確的人生觀，才會有正確的價值觀；在正確的人生觀與價值觀之下，學會如何控制我們那一顆漂泊不定的心，進而學會正確的說話方式，以及正確的行爲表現。加上以正當的職業謀生，並養成正確的生活態度，行中道生活，把父母照顧好，把家庭照顧好，然後布施貧病，行善積德，供養三寶，勤耕福田。學佛本來就應該越學佛家庭越美滿，越學佛人際關係越好，越學佛越有福報，越學佛心情越平靜，越學佛內心越歡喜，越學佛脾氣越小，越學佛心量越大，越學佛越慈悲，越學佛越有智慧，越學佛越懂得放下，越學佛越懂得感恩，越學佛越懂得包容，越學佛越懂得替別人著想，這才是學佛的本質與初衷。

在學會如何做人、如何過生活之後，接著學習如何邁向解脫之道。包括學會如何善護我們的心念，如何善護我們的身行，如何守護我們的六根，如何持戒清淨，如何淨化我們的內心，如何做到慈悲喜捨。然後學會如何護住我們雜亂紛飛的念頭，以一念攝持萬念，住四念處，修七覺支，念念轉趨涅槃。然後學會如何住於定相，遊於四禪正定，不管是用安般念息法門，還是念佛法門，或是慈心法門，都是要我們止息我們的身心，遠離諸惡不善法，熄滅我們的貪、瞋、癡，降伏我們的傲慢心。讓我們這一顆心不再貪愛染著，不再愚癡無明，自然而然，就可以解脫我們人生的煩惱與痛苦。接下來，就讓我們一起展開學習佛陀的原始教誨，解脫人生煩惱與痛苦的方法——「八正道之旅」吧！

第二章 解脫的真諦

諸惡莫做
眾善奉行
自淨其意
是諸佛教

第一節　前言

為什麼要修行學佛？

爲什麼要修行呢？有人說：因爲「苦」啊！在日常生活裡，經常會碰到一些棘手、雜染的問題，讓人感到煩惱、痛苦與不安。若處理的不好，還會惹來一身腥，甚至造業墮落。不禁令人感到人間紛擾，世間苦迫。使得我們的內心不清淨、生活不自在、心情不快樂。因此想要「修行」來找出問題的原因，應付生活的考驗，進而解脫痛苦的人生。發「增上心」，改善現況，讓明天會更好；進而發「出離心」，熄滅煩惱，脫離苦海；甚至發「菩提心」，自利利他，拯救眾生。其次，爲什麼要學佛呢？因爲佛陀是一位覺者，一位證悟宇宙人生眞相與解脫人生煩惱與痛苦的覺者。不僅自覺、覺他，而且覺行圓滿。尊貴的蓮生聖尊《明空之大智慧》提到：「釋迦牟尼佛是偉大的問題解決專家。」想要有效地解決人生的問題，滅除煩惱與痛苦，就應該好好地向佛陀學習。而且從佛教的觀點，學佛攸關「生死之大事」：爲了安頓身後，往生淨土，離苦得樂，脫離輪迴，出離三界，了生脫死，自主生死，所以要學佛。學佛攸關「命運之大事」：爲了身體健康，消災解厄，增加福分，事業順利，家庭和樂，改善人際關係，學會獨立自主，改變命運，所以要學佛。學佛攸關「迷悟之大事」：爲了追求眞理，增長智慧，通達無我，轉迷爲悟，解脫自在，證悟涅槃，超凡入聖，所以要學佛。學佛攸關「度眾之大事」：爲了學習忍辱，改正習氣，求得心安，培養慈悲心，生出清淨心，增長菩提心，甚至是爲了苦難的眾生，讓眾生離苦得樂，所以要學佛。面對這些大事因緣，感到生命無常，人生短暫，人身難得，責任重大，因此想要學佛來自度度人。

什麼是修行學佛？

什麼是修行呢？一般人總以為，出家是修行，苦行是修行，做早課、做晚課是修行；燒香、拜拜、磕頭、禮佛是修行；靜坐、誦經、念佛、持咒、拜懺是修行；閱讀經典、同門共修是修行；參加法會、聽法師開示是修行；慈悲救濟、吃素、捐款、做義工是修行。其實這些都只是表相而已，最重要的是內心的轉變、行為的轉變。所以說，所謂「修行」就是修正行為。修正什麼行為？修正我們「身、口、意」的行為，修正我們錯誤的思想、錯誤的見解和錯誤的行為。能夠自我反省的人才能算是修行人。若整天靜坐、持咒、誦經、吃素、捐款、做義工，內心、行為卻都沒有任何改變，那只能算是累積福報，不能算是修行。

修行是淨化心靈的過程，是良好習慣的養成；修行是安住身心、和藹待人、慈悲處世的修練；修行是學習佛陀的教導，並實際應用在生活中，慢慢淨化我們的「身、口、意」；修行是一種生活，一種平實的生活，將佛法貫徹落實在生活中。生活中的一切其實都是修行；行住坐臥、眠寤語默、起心動念、舉手投足不離佛法就是修行。古來大德認為：「饑來吃飯，睏來即眠，即是修行。」修行讓生活成為一種自覺，而不是懵懵懂懂過日子。生活其實就是一個最佳的修行道場。尊貴的蓮生聖尊《天下第一精彩》認為：「人生的第一大事就是修行。」人生最有價值的即是修行，人生其實就是一場修行。

什麼是學佛呢？學佛就是學習佛陀的覺悟，學習佛陀的智慧，學習佛陀的慈悲，學習佛陀的教誡，學習佛陀的忍辱，學習佛陀的自在，學習佛陀的一言一行，使我們「身、口、意」的行為都能夠符合佛陀的教誡。佛陀的教誡是什麼？簡單地講，就是所謂的「諸惡莫做，諸善奉行，自淨其意，是諸佛教」（增壹阿含經 卷一 序品）。亦即要我們止惡防非，持戒清淨，不要有壞念頭，也不要說不好的話，更不要做壞事，以免傷害到別人。然後要布施貧病，行善積德，供養三寶，勤耕福田，多為苦難的眾生著想。最重要的是從心做起，讓我們的內心歸於平靜，念念皆善，慈悲喜捨；隨時隨地保持一顆清淨的心，然後住於定相，慢慢地淨化我們心靈，熄滅我們的「貪、瞋、癡」，清淨我們的「身、口、意」。而這些正是諸佛世尊教導我們解脫人生的無上珍貴法門。

但是學佛不等於佛學，若只是研究佛學，容易落入文字之爭，名相之辯，對解脫煩惱與痛苦沒有幫助，永遠只是凡夫一個。修行既然修了「心」，就記得要去「行」，才叫「修行」；學佛既然「學了佛」，就要「像個佛」，才叫「學佛」。修行學佛為的就是解脫人生的煩惱與痛苦，改變命運，轉迷為悟，離苦得樂，解脫自在。然而，什麼叫做解脫呢？怎樣的解脫才是真正的解脫呢？接下來，我們來談一談解脫的真諦。

第二節　人生的煩惱與痛苦

一般人總以為所有的宗教都一樣，都是在勸人為善。但是學習了佛法，培養出佛法正見智慧之後，慢慢就會了解：佛教不只是勸人為善而已，佛教是要讓你徹底地解脫。解脫什麼？解脫人生的煩惱與痛苦。煩惱是什麼？「煩惱」指的是我們內心的雜染與不清淨；痛苦是什麼？「痛苦」指的是我們生理上與心理上種種不舒服的感受。煩惱沒有解脫以前，痛苦就不會停止。試問世界上誰沒有煩惱？誰沒有痛苦？從佛教的觀點來看，煩惱不休，痛苦不止之前，有情眾生就會在生死苦海中浮沉，在六道輪迴裡翻滾。只有止息一切煩惱，滅除各種痛苦，才能終結生死的輪轉，達到寂靜涅槃的彼岸，從此心無罣礙，解脫自在，生死自主，進而自度度人，這才是解脫的眞諦。

然而，何謂解脫？眞正的解脫就是要從無窮無盡的煩惱中解脫出來，從累世的痛苦中解脫出來，從無明迷惑中解脫出來，從生死苦海中解脫出來，從六道輪迴中解脫出來。若只是行善而缺乏正見智慧，則效果只是植福積德，享受人天福報而已，並不能究竟解脫，福報享盡終究還是要墮落。但並非因此而不要行善積德，若不知行善而去作惡，不僅不能解脫，還將墮入「地獄、畜生、餓鬼」三惡道，承受更大、更久、更難忍受的痛苦，離解脫的目標就更遠了。

所以，想要解脫人生的煩惱與痛苦，首先決不能再去作惡。行善都已經嫌不夠了，怎麼可以再去爲惡。自古以來，諸佛世尊教誡眾生的，都是在教大家要止惡行善，要保持一顆清淨心，因爲這才是尋求解脫道的最最根本。然而，是不是知道止惡防非，樂於行善就可以解脫了呢？那倒未必！試著問問自己或者觀察一下周遭的人，雖說大家都知道害人之心不可有，傷害他人的行爲不可做，也了解到助人爲快樂之本，人生以服務爲目的。可是摸著良心看看，到底我們做到了多少？即使做了很多，以爲會很快樂，結果一碰到不順心、不如意的事，煩惱與痛苦還不是一籮筐。

對於先天上的不平等，賢愚美醜；身體上的不適，患病染疾；情感上的糾纏，愛恨情仇；生活上的忙碌，拼死拼活；工作上的競爭，爾虞我詐；人我間的是非，雜染糾葛；財富上的企求，永難厭足；名利上的追逐，患得患失；社會上的亂象，暴力充斥；環境上的髒亂，焦燥煩心；甚至對未來充滿了不確定感，不安全感而憂心恐懼。這些問題，試問誰沒有碰過？在面臨這些情況的時候，能不氣憤、惱怒、擔憂、悲傷、煩心、痛苦者幾人？內心有煩惱、內心不清淨，就會感到痛苦，若再加上不善於調適自己的內心，很可能還會因一時之衝動而促使自己犯下惡業而苦上加苦。

除此之外，在人生的漫長旅途上，難免會碰到一些莫可奈何的事情，諸如生離死別，意外災難，病魔纏身，孤苦無依。相愛的偏不能長相聚首，討厭的卻要同住一屋簷，想要的要不到，擁有的卻會失去。或者遭遇到一些不合理的對待。例如，被人冤枉、被人誤會、被人陷害、被人看輕、被人歧視、被人遺棄、被人責罵、被人諷刺、被人嘲笑、被人難堪、被人欺騙、被人懷疑、被人中傷、被人背叛、被人出賣、被人耽誤、被人孤立、被人排斥、被人冷落、被人拒絕、被人戲弄、被人威脅、被人破壞、被人干涉、被人欺負、被人折磨、被人施暴、被人搶奪、被人逼迫、被人埋沒、被人否定、被人侮辱、被人虐待、被人傷害、被人侵佔、被人偷竊、被人離間、被人批評、被人利用、被人漠視、被人嫌棄、被人忽略、被人歪曲、被人恐嚇、被人綁架、被人限制、被人戲弄、被人攻擊、被人搶功、被人污衊、被人毀謗、被人架空、被人取代。或是不被尊重，不被珍惜，不被關懷，不被肯定。甚至真心對待卻換來絕情，寄予厚望卻全部絕望，熱誠付出卻毫無回報。而這些惡意做出對不起我們的人，有些是明顯的壞人，有些則很可能是我們熟識的親人、朋友、同事、鄰居，乃至於自己的至親、好友、兒女。試問自己，在遭遇到這些情況的時候，是不是會覺得煩惱與痛苦呢？

不過，試著再反省一下，這些煩惱與痛苦難道都是別人所引起的嗎？證嚴法師《靜思語》提到：「看別人不順眼，是自己修養不夠。」看看自己的脾氣，想想自己的個性，檢討自己的習慣，其實有很多煩惱與痛苦是自己造成的。像貪心、欺心、殺心、盜心、淫心、害心、粗心、瞋恨心、嫉妒心、吝嗇心、得失心、報復心、自卑心、傲慢心、疑心病、叛逆性、沒耐性、愛比較、耍脾氣、鬧情緒、愚癡無知、敏感善變、貪小便宜、希冀非分、出言不遜、言語帶刺、咄咄逼人、囉哩囉嗦、閒言閒語、心胸狹窄、斤斤計較、過河拆橋、忘恩負義、仗勢欺人、欺善怕惡、殘暴不仁、得意忘形、逐利忘義、刻薄寡恩、自私自利、不負責任、不知感恩、不知認錯、不知慚愧、不知羞恥、懶惰成性、好逸惡勞等等。這種種的特質，都會造成我們在日常生活當中與他人相處的時候產生一些不必要的磨擦與衝突。而這些特質，歸納起來其實不外乎就是貪欲、瞋恚與愚癡三大煩惱，簡稱「貪、瞋、癡」三毒。有情眾生在這「貪、瞋、癡」三毒還沒有淨化以前，不管是靜慮獨處或是與人相處的時候，往往就會產生一些煩惱、糾紛、雜染與痛苦。當我們碰到這些不順心、不如意的境遇或打擊時，再加上我們這一顆凡夫的內心尚未淨化，難免會覺得挫折、氣餒、沮喪、無助、悲傷、氣憤或痛苦。

第三節 煩惱與痛苦的原因

然而，為了徹底解決人生煩惱與痛苦的問題，我們不禁要問：到底造成我們煩惱與痛苦的根本原因是什麼？到底要怎麼做才能夠徹底地熄滅我們的煩惱，解脫我們的痛苦呢？若能知道這些原因，我們就可以對症下藥，然後藥到病除，徹底解脫。

我們從佛教的原始教義四阿含經當中，可以找到一些線索。雜阿含經（卷三十二 九〇五經／九一三經）云：當知眾生種種苦生，彼一切皆以欲為本。意思是說，有情眾生為什麼會生出這麼多的煩惱與痛苦呢？那是因為有情眾生有無窮的欲望所造成，所謂「欲為苦本」。增壹阿含經（卷八）安般品之二（一三六）云：諸有眾生，興欲愛想，便生欲愛，長夜習之，無有厭足。意思是說，當有情眾生的心中興起各種欲望與貪愛的念頭時，便會生出欲望與貪愛的行為；有了欲望與貪愛之後，就會生出其他更多的欲望與貪愛。

長期輾轉下來，永遠不會有滿足的一天。中阿含經（卷六十）例品愛生經（二一六）云：若欲愛生時，便生愁戚、啼哭、憂苦、煩惋、懊惱。意思是說，當生出欲望與貪愛之後，跟隨而來的就會因而生出憂愁、啼哭、痛苦、煩惱、懊惱等。由此可知，欲望是一切煩惱與痛苦的根源。然而，爲什麼會有欲望呢？因爲有情眾生執著自己的身心爲我（雜阿含經　卷三　五三經／六二經）。有情眾生執著自我，爲滿足自我而生出欲望。

然而，有情眾生爲什麼會去執著一個我而生出各種欲望，促使我們不斷地向外追求以滿足自我呢？而且在內心難以控制之下而造就種種惡業，惡業既造，苦果難逃？這是因爲有情眾生愚癡無明，缺乏正見智慧，在不知不見宇宙人生的眞相之下，在生死苦海中浮沉。雜阿含經（卷一　四四經／二六七經）云：眾生於無始生死，無明所蓋，愛結所繫，長夜輪迴生死，不知苦際。意思是說，有情眾生爲什麼會從無始以來，不斷地生死輪迴？這是因爲有情眾生被無明所蒙蔽，欲愛所繫縛，因而長期以來有如處在黑夜之中，受生死輪迴之苦，永遠不知道痛苦什麼時候可以停止。由此可知，造成我們沉淪生死苦海，煩惱不盡，痛苦不止的原因就是「無明」與「欲愛」。前者障於智，屬於理智上的無知；後者障於情，屬於情感上的貪愛。無明再加上欲愛，就促使我們不斷造業而長期漂泊在生死輪迴的苦海之中，永難超脫。

解脫的真諦

面對無明與欲愛的束縛，我們要如何才能夠從重重的煩惱與痛苦中解脫呢？雜阿含經（卷二十六　七二二經／七一〇經）云：離貪欲者，心解脫；離無明者，慧解脫。意思是說，針對「欲愛」，我們要熄滅貪、瞋、癡，達成「心解脫」，不再貪愛染著；針對「無明」，我們要培養正見智慧，達成「慧解脫」，不再愚癡無明。心慧解脫就可以成爲解脫的聖者，不再受生死的束縛，永離煩惱與痛苦。然而，要怎麼做才能順利克服無明與欲愛的障礙，達到「心慧解脫」的境界，成爲解脫的聖者呢？佛陀教誡我們要確確實實依照「八正道」來修行，才有通向解脫自在，寂靜涅槃的可能。若能成就「八正道」即可成就「涅槃」，並可加入「聖者」的行列，故八正道也稱爲「八聖道」（雜阿含經 卷二十八 七七六經／七六四經）。

增壹阿含經（卷三十九）馬血天子品之二（三八五）云：如來亦復如是，善察今世、後世，觀生死之海，魔之徑路，自以八正道度生死之難。復以此道度不度者，猶如導牛之正；一正，餘者悉從。意思是說，佛陀依循八正道來渡過生死橫流，到達寂靜涅槃的彼岸；除了自度是依靠八正道之外，佛陀度化眾生的方法也是教導大家要依循八正道來求解脫。就好像在山坡上驅趕牛群一樣，只要領頭的牛方向正確了，其餘牛隻的方向也都會跟著正確。也就是說，只要大家依循八正道來修行，並在生活中加以實踐，就可以邁向寂靜涅槃，最後解脫自在。然而，什麼是八正道呢？

雜阿含經（卷二十八 七六四經／七五二經）云：佛告諸比丘：有八正道，能斷愛欲，謂正見、正志、正語、正業、正命、正方便、正念、正定。意思是說，有八正道能幫助眾生去除欲望，離斷貪愛。所謂「八正道」就是要有正確的見解，正確的思惟方式，正確的說話方式，正確的行爲模式，正確的生活態度，正確的精進方法，正確的念頭，以及正確的禪定方法。其中，正志有時候也稱爲正思惟，正方便有時候也稱爲正精進。佛陀一再強調「八正道」是唯一通向涅槃解脫的道路，因爲八正道可以增長善法；能得涅槃（即解脫之境界，貪、瞋、癡永伏不起）；能斷貪欲、瞋恚、愚癡；能得漏盡（漏即煩惱也）；能得阿羅漢果（即解脫之聖者）；能斷無明；能斷欲愛；能斷十業跡：謂殺生、偷盜、邪淫、妄語、兩舌、惡口、綺語、貪欲、瞋恚、邪見。

總而言之，八正道可以幫助我們斷除無明與欲愛，熄滅一切煩惱，止息一切痛苦，遠離十惡業，永盡貪、瞋、癡；令我們增長善法，漏盡解脫，寂靜涅槃，證果成聖，清涼自在，永離生死。惟有內心清淨無染，開顯無漏智慧，不再有得失心，不再有瞋恨心，也不再有愚癡心，方能證入寂靜涅槃。從此不受生死的束縛，不再沉淪生死苦海，再也沒有任何的煩惱與痛苦。

讀者或許會問，八正道既然那麼好，為什麼八正道反而好像不太受世人重視。而且，正確認識八正道且加以弘揚的人，似乎也不怎麼多。社會大眾有志修行佛法的人，討論或實踐八正道的，好像也不太普遍。能夠體認八正道是佛法中最重要的解脫法門，自然就更少了。為什麼會這樣呢？這就必須談到四阿含經了。因為佛教的根本教義如四聖諦、八正道、十二緣起等皆在阿含經中有詳細的論述，卻因為歷史上的種種因素而使得八正道被人疏忽了。以下，我們簡單說明「阿含經」的歷史沿革及其遭遇，就可以了解「八正道」被人忽視的些許原因。

第四節 四阿含經：佛陀的原始教誨

參考力定法師《四阿含經的研究》與聖嚴法師《印度佛教史》：「阿含」二字，是從梵語（Agama）翻譯過來的，或譯為阿笈摩、阿伽摩、阿含暮等。是指傳承而來的教說或是傳承佛陀教法之聖典，意譯為「法歸」，即萬法所歸趣之意。阿含經乃佛陀入滅之後第一個夏季，由五百個阿羅漢在王舍城外的七葉巖聚會，以大迦葉爲首席，舉行「第一次結集」。阿難負責「經」的誦出，優婆離負責「律」的誦出。誦已，由五百羅漢公開確認而成立，這就是歷史上有名的「五百結集」。之後在佛滅百年後，西部僧團與東部僧團對於戒律上的看法不同。前者主張無條件嚴格遵守佛陀的戒律，後者則認爲在戒律的一些執行細節上可以有所取捨。於是由七百個比丘在毘舍離城聚會，以耶含爲首席，舉行「第二次結集」。這次結集主要是以討論「律藏」爲主。但也種下佛教僧團分裂之因，後世稱之爲「根本分裂」。

到了佛陀入滅二百三十年後，大約是在印度阿育王的時代，爲了摒除外道因貪求供養而混入佛教僧團擾亂，並端正佛陀的正法正律，於是以目犍連子帝須爲首席，奉國王之命，在華氏城舉行「第三次結集」。至此完成了「經、律、論」三藏教法。最後，到了佛入滅後四百年左右，在迦膩色迦王時代，由於去佛日遠，說法各異，爲了統一佛陀正法，於是以脅尊者、世友爲首席，舉行「第四次結集」。佛法前後經過了上述四次結集，「經、律、論」三藏就相當完備了。然而，這些經典早期因爲都沒有文字，只能靠口口傳誦。一直到阿育王摩哂陀時代傳入錫蘭，在公元前八年時，始由錫蘭國王命令比丘以巴利文書寫此經，方才形成有字經典。後來亦以梵語形諸文字，流傳於印度北方，最後傳入中國又被譯爲漢語。

阿含經在第一次結集時即已誦出，於第二次結集時，約公元前三百年前後，阿含經才正式成立。現存之阿含經則包括北傳漢譯之四阿含經及南傳巴利藏之五部。四阿含經包括雜阿含經、中阿含經、長阿含經與增壹阿含經。南傳五部則包括長部、中部、相應部、增支部與小部。雜阿含經共有五十卷，收錄一千三百六十二經。取名雜阿含經是因爲將佛陀所述說同類旨趣之經典，經過歸納，編集在同一項目之下而成，其義「相應」而文則雜碎，故名爲「雜阿含經」。所謂「相應」是指結合或歸納之義。例如處與處相應爲一類，界與界相應又爲一類。中阿含經共有六十卷，分十八品，收錄二百二十二經。係收集不長不短的經，故名爲「中阿含經」。長阿含經共有二十二卷，分爲四分，收錄三十經。是收錄長的經典，因此名爲「長阿含經」。增壹阿含經共有五十一卷，分爲五十二品，收錄四百七十一經。把佛陀的教說按法數整理輯錄，由一法至二法，由二法至三法，這樣一法一法的增加至十一法，因而名爲「增壹阿含經」。

佛法的結集，起初是次第形成的。一般推測，是先有「雜阿含經」，而後有「中阿含經」、「長阿含經」、「增壹阿含經」之成立，總結爲「四部阿含」。在浩瀚如海的三藏教典中，以阿含經記載最多佛陀的原始教義，因爲阿含經是佛陀入滅後，由佛陀親自教誨的聲聞弟子最先結集出來的。而且是以言行記錄的體裁方式編纂，其性質類似我國儒家至聖先師孔子的論語。讀之猶如親沐佛陀訓誨，並且說理樸實而原始。

四阿含經的歷史定位與價值

可惜的是，漢譯的四阿含經，雖然早在隋唐之前即已傳入我國，但是在當時「判教」的氣氛下，四阿含經被貶爲小乘經典。所謂「小乘」是源自於印度大乘佛教對部派佛教聲聞乘的稱呼。所謂「判教」乃判釋佛陀一生先後弘揚的佛法內容。由於佛法浩瀚如海，爲了方便學佛者釐清所有三藏經典中的各種教義，在內容上進行整理與評價，在地位上進行價值判斷與安排，而有「判教」之說。根據釋大常〈智者大師立「三藏教」依據之探究〉：將阿含經判爲小乘經典是順應印度佛教的傳統以及魏晉南北朝當時的佛教發展局勢而形成的。這種看法已成爲當時佛教界的普遍認知與共同見解，並且一直留傳下來，形成阿含經是小乘佛教經典的既有印象。

回顧一下佛教在印度的發展歷程，首先當然是「原始佛教」。佛陀涅槃約一百年後，僧團開始正式分裂，進入所謂的「部派佛教」。部派佛教又分裂成保守傳統的「上座部」以及主張革新的「大眾部」。「上座部」著重在佛法的分析，有一套嚴密的理論，可惜逐漸變成保守的、僵化的佛教，最終被歸類爲「小乘佛教」。「大眾部」則是探求佛陀的本懷，放棄枝微末節的詮釋與分析，形成開放的、原則的佛教，逐漸演化成「大乘佛教」，並蓬勃發展。初期大乘約在公元五十年到二百年之間，在阿含思想──「四聖諦、八正道、緣起法」的基礎下，發展出般若、中論、中觀、淨土、緣起性空、性空唯名等思想。後期大乘約在公元四百年到五百年之後，發展出瑜伽、阿賴耶識、虛妄唯識、轉識成智的思想。後來，如來藏佛性說興起，慢慢地又發展出清淨的如來藏識、真常唯心等思想。

公元六百年之後，結合手印、咒語、觀自身是佛的「密教」崛起。在公元八、九世紀的時候，密教逐漸成爲主流，承接後期大乘佛教如來藏的思想，並融入類似印度教的壇場與宗教儀軌，有著祕密傳授的特質，強調根本傳承上師的加持力，是依法又依人，所以稱爲「密教」。公元十世紀以後，印度梵文學復興，印度教再度興盛，並且深入民間。佛教因此逐漸式微，只靠少數的大寺院如那爛陀寺維持，不像印度教在民間那麼普及。到了公元一二〇三年，因爲回教勢力的入侵，上述大寺院遭到破壞，僧眾四散，佛教從此一蹶不振。最後，在印度存在將近一千六百年的佛教終於消失了。佛教發展的同時，大乘佛教慢慢向北發展，進入中亞細亞、中國漢地、日本、東亞一帶，成爲北傳佛教；小乘佛教則向南發展，進入錫蘭、緬甸、泰國、東南亞一帶，成爲南傳佛教。密教則進入西藏地區，成爲藏密弘揚的地區。

中國漢地主要爲大乘佛法弘揚的地區，自古以來修行學佛者多以談小乘爲恥，以爲小乘佛法不究竟，不了義，只求自了，不能成佛。加上阿含經被歸類在小乘佛教，甚至被視爲愚頓之人所學，從此以後，四阿含經被束之高閣，乏人問津，鮮少有人爲其論述弘法，殊爲可惜，直令四阿含經含冤千百年。直到近代，原始佛教才開始受到重視，加上有南傳的巴利藏五部可與四阿含經相對照，更增加四阿含經的歷史價值。進而獲致世界各先進國家佛教學術界的一致肯定。大家咸認爲四阿含經是最原始的佛教聖典，直承佛陀說法。也因此興起一片研究阿含的熱潮，四阿含經總算重見天日，一躍而成爲研究原始佛教，直探佛陀本懷最重要的經典了。

其實四阿含經是一切佛法的根本，不管是大乘佛法或是小乘佛法，不管是北傳佛教或是南傳佛教，其實都是從四阿含經發展出來的。再說，佛陀在世時，並沒有所謂的「上座部」、「大眾部」等部派，更沒有所謂的「大乘」、「小乘」等區別。而且就佛法本身來講，佛法其實是沒有大小之分別，只要能夠幫助有情眾生解脫煩惱與痛苦，達到寂靜涅槃的彼岸，都是佛陀正法。所謂「法無大小，唯心而已」。大乘或小乘其實端視個人的根性與發心而定。若眞要論大小，心若是廣爲眾生就是大，心若是只求自了便是小。但不管是大是小，四阿含經在今日做爲修行學佛的基礎是普遍受到世界公認的。尊貴的蓮生聖尊《魔眼》認爲：「小乘以苦、空、無常、無我來修行，是偏向出離心。大乘以中觀、瑜伽、六度來修行，是偏向菩提心。其實我們以小乘爲基，以大乘來度眾，二者融合的修行，豈不是善哉！」

至此，四阿含經應可還其應有之地位。然而，至今弘揚四阿含經者仍不多，究其原因，除了既有之歷史背景所使然，尚有若干原因：諸如篇章重覆，字句繁瑣，艱澀難讀，編纂散亂。實在不是一般人所能勝任讀懂的。而且歷代爲其註疏的又少，又沒有太多法師專弘阿含，可參考之書目，寥寥可數。想要一親阿含眞義者，還眞是不容易，正待有心人與有緣人來一探究竟，將佛陀的原始教誨發揚光大。

四阿含經之價值及其重要性，既已受到世界之公認，而其內容所宣說的原始佛教教義如八正道，自然是有志修行佛法，一心向佛的修行人所應學習、認識與實踐的。而且八正道樸實而生活化，是一切佛法的歸宿。有心學佛者，只要依照八正道來修行，即可確保走在佛陀的正法上。所以說，修行就是培育八正道，乃至於完全展開八正道；學佛就是要學習八正道，並實踐八正道。

因爲八正道是佛陀開示給眾生一條珍貴無上，踏踏實實，按步就班的解脫道；是一條教你如何思考，如何說話，如何行爲，如何生活，如何面對人生的解脫道；是一條讓你能夠眞正解脫煩惱與痛苦，眞正終止流轉，跳脫輪迴，渡過生死橫流的解脫道；是一條讓你能夠由雜染煩惱的凡夫蛻變爲清淨自在的聖者的解脫道。是讓你完成並圓滿佛陀教誡「諸惡莫做，眾善奉行，自淨其意，是諸佛教」的一條解脫道。這麼好的解脫方法——八正道解脫，實在值得我們好好地珍惜，好好地遵行，好好地實踐。

本書將根據佛陀最原始的教誨、話語及聖典——四阿含經來闡述八正道的眞義和精髓。我們將按照八正道的順序，依據四阿含經來論述。並兼顧論述的邏輯性，一切都要講求契合佛理，符合正法，合乎邏輯。所有論述之重點亦將註明其出處，是根據四阿含經中的那一卷、那一品、那一經，方便讀者查證，看看佛陀當時最原始的說法。所引述的四阿含經經文出處主要是根據佛光出版社出版的《佛光大藏經阿含藏》。例如中阿含經（卷四十九）雙品聖道經（一八九）是指參考出處爲《佛光大藏經阿含藏》的中阿含經第四十九卷雙品的聖道經編號第一八九經。

另外，雜阿含經中各經的編號有兩種編法，爲了方便讀者查閱經典原文，我們皆註明上去，但卻是指同一篇經典。例如雜阿含經（卷二十八　七九六經／七八四經），其中編號「七九六經」意指該經的出處爲《佛光大藏經阿含藏》中的雜阿含經第二十八卷編號第七九六經。至於另一個編號「七八四經」則是指由日本《大正藏》所編的號碼，一併附上，方便查閱。雖附上原四阿含經之經文以供參考，但亦將隨後說明其文意。而且，儘可能淺顯易懂。附上原文只是想證明文中所言一切非個人所杜撰，純係傳承佛陀之教誨，並可供讀者以印證也。

第五節 八正道總論：解脫人生煩惱與痛苦的方法

八正道包括正見、正志、正語、正業、正命、正方便、正念及正定。雜阿含經（卷二十八 七九六經／七八四經）云：何等為正見？謂說有施、有說、有齋、有善行、有惡行、有善惡行果報、有此世、有他世、有父母、有眾生生、有阿羅漢善到、善向、有此世、他世、自知作證具足住；我生已盡、梵行已立、所作已作、自知不受後有。何等為正志？謂出要志、無恚志、不害志。何等為正語？謂離妄語、離兩舌、離惡口、離綺語。何等為正業？謂離殺、盜、婬。何等為正命？謂如法求衣服、飲食、臥具、湯藥，非不如法。何等為正方便？謂欲，精進，方便，出離，勤競，堪能常行不退。何等為正念？謂念隨順，念不妄，不虛。何等為正定？謂住心不亂，堅固，攝持，寂止，三昧，一心。

意思是說，「正見」就是要我們具有正確的見解，對宇宙人生的眞相要有一個正確的認識。並且要建立佛法正信，相信有布施、齋戒的功德，相信有佛的言說，相信福報是來自於昔日布施、齋戒的功德，相信命運就掌握在自己手中。相信有善惡的行為，有善行就有善業，有惡行就有惡業。相信善有善報，惡有惡報，相信有因果業報。相信有三世的存在，有前世、有今生、有來世。相信有眾生的差別，有五趣流轉，有六道輪迴。相信有父母的由來，有情眾生在每一世都有每一世的父母，以及後代子孫的繁衍，而且都要經歷各種生老病死、生離死別等痛苦。相信有凡聖的差別，相信有聖人存在，有阿羅漢存在，有佛存在。相信有三世之覺者，過去曾經有佛出世，現在已經有佛出世，未來也將會有佛出世。相信只要依教奉行，凡夫也可以經過修證而轉變爲聖人，而且是自知、自覺、自證，從此不再受生輪迴。

「正志」就是要我們保持一顆端正的心，不要胡思亂想，不可以有欲貪之心、瞋恚之心、以及害人之心。「正語」就是要我們正確地言語，不要亂講話，不可以妄語欺騙他人、兩舌鬥亂彼此、惡口粗暴傷人、以及綺語浮誇不實。「正業」就是要我們的行爲舉止端正，不可以做壞事，不可以殺生傷害性命、偷盜取人財物、以及邪淫姦人妻女。「正命」就是要我們以正當的職業來謀生以維持生計，如法求取生活一切所需；要有正確的生活態度，不過分吝嗇，也不過分奢華，行中道生活；並且要懂得孝養父母，布施貧病，供養三寶。「正方便」就是要我們精勤不放逸，恆行不退轉，不急不徐，依四正斷，包括斷斷、律儀斷、隨護斷、修斷。遮斷惡法，長養善法，以善治惡，邁向解脫。「正念」就是要我們的念頭端正，不可以有邪念，然後依四念處，包括身念處、受念處、心念處、法念處，以一念攝持萬念，念念轉趨涅槃。「正定」就是要我們有正確的禪定，依四禪趨向涅槃，內心清淨，無所染著，依止修定，依定修觀，依觀修慧，依慧生明，明則解脫。

八正道的經文散見於四阿含經中。其中，有二則八正道的代表性經文：雜阿含經（卷二十八　七九七經／七八五經）及中阿含經（卷四十九）雙品聖道經（一八九）。從這二則經文可以讓讀者一窺八正道之全貌。並且是本書論述「八正道解脫」的重要依據，我們將會針對八正道中的各支分別詳細的說明。值得一提的是，從經文中可以看出來，佛陀將八正道區分爲二種：一種是世間的；另一種是出世間的。「世間」的是有漏的，有取的，但可以使人往善的道路前進。另一種「出世間」的則是無漏的，無取的，可以使人眞正

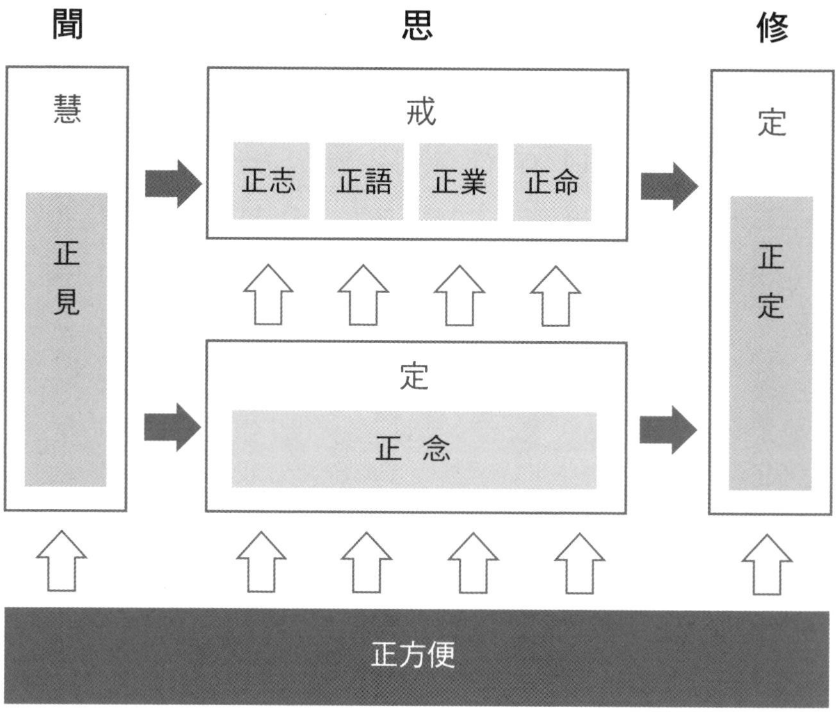

地熄滅煩惱，止息痛苦，解脫自在。故前者又稱之爲「善趣八正道」，後者則稱之爲「無漏八正道」。而其中最大的差異則在於「出世間八正道」或「無漏八正道」強調修行學佛的人在修行八正道的同時，能夠以「四聖諦」——苦集滅道的思惟方式，思惟人生的一切人情事理，方能證果解脫。「苦集滅道」的思惟方式屬於眞智慧的開顯，將於出世間正見一章中詳述。

此外，尚可以觀察到，佛陀在介紹八正道時，在每一個「正道」上都會同時提到「正見」、「正方便」及「正念」。而且特別強調必須以正見爲前導，有了正見自然就會引伸出正志、正語、正業、正命、正方便、正念及正定。而修習任何佛法，「正見」、「正方便」及「正念」都是不可或缺的工具。以開車爲例，「正見」就像方向盤；「正方便」就像油門及煞車一般；「正念」則像開車的方法；「正志、正語、正業與正命」則像交通規則；車況、行車路線與路況則好比我們的命運與業力。然後在正見、正志、正語、正業、正命、正方便、正念的基礎下，成就「正定」，專心一致，全神貫注，頭、手、腳併用，眼觀四方，耳聽八方，握好方向盤，或踩油門，或踩煞車，或左或右，或前進或後退或停止，並注意周遭的情況與路況，隨時應變，最後才能順利到達目的地。修行學佛也是如此，當以「正見」爲前導確保方向正確；以「正方便」爲動力，或快或慢，或緊或鬆；以「正念」爲方法，然後透過正定開顯無漏智慧。尊貴的蓮生聖尊《月光流域》認爲：「正信是由正見開始，依正念、正精進、正定來修行，這是使得智慧顯現的方法。」不僅促使自己走在善趣正道上，還要配合「苦集滅道」的思惟方式，思惟人我世間的種種，體悟人生的眞相，洞察宇宙的眞理。逐步朝向涅槃寂靜，解脫自在的彼岸邁進，這就是八正道。

此外，八正道也和一般人熟知的三無漏學「戒、定、慧」是相通的。戒是止惡防非；定是定心一處；慧是般若智慧。正見屬於「慧學」，正志、正語、正業、正命則屬於「戒學」，正念、正定則屬於「定學」，正方便則共通於「戒、定、慧」三學。不過，也有人認爲正志屬於慧學，因爲正志有正確的思惟之意。由此可知，八正道是以慧學爲前導，然後持戒而後修定，如此才不致於持邪戒、修邪定而越修離解脫越遠了。以「聞、思、修、証」的程序來看，正見的建立有如聞慧，正志、正語、正業及正命的修持則有如思慧，正念、正定則有如修慧，正方便則是貫穿於「聞、思、修」的過程當中。如此同步進行、同步成長，最後證果解脫。所以說，八正道始於正見的建立，以智慧爲前導，修持正戒而使身心清淨，進而修持正定，由正定中引發無漏智慧，修證成果，完成解脫。所以說，「聞、思、修」的修持過程，首先是聞慧，其次是思慧，然後是修慧。

「聞慧」才得以建立正見。根據雜阿含經（卷二十八 七九一經／七七九經）：應該多與具有佛法正見的老師、法師、朋友、隨從、伴侶親近，以聽聞佛法。這些善緣可以令我們尚未生起的正見生起，已生起的正見令其增生廣大。「思慧」則當不斷地正思惟，以「苦集滅道」的思惟方式思惟世間的一切。根據雜阿含經（卷二十八 七八九經／七七七經）：正思惟者，令尚未生起的邪見不要生起，已生起的邪見令其消滅；尚未生起的正見令其生起，已生起的正見令其增生廣大。然後以正見爲前導，依正志而思惟，依正語而言語，依正業而行動，依正命而生活，以此爲基礎，端正思惟，善護心念，守護六根，以戒爲師，行三妙行，止惡行善，可得身心清淨。身心清淨之後，可以方便修行。「修慧」則當精勤方便，修習禪定，善攝心念，繫心一處，身心止息，止觀雙修，離欲清淨，斷世貪愛。所謂「由戒修定，由定修慧，由慧生明，明則厭，厭則離欲，離欲則滅盡，滅盡則解脫」。亦即先持戒以方便修定，然後透過禪定開顯無漏智慧，智慧現前則生明，明則厭離生死流轉，厭則遠離一切欲望，離欲則滅盡一切貪、瞋、癡煩惱，滅盡則成爲解脫的聖者，永遠不再受輪迴之苦。佛陀是這樣解脫的，諸佛世尊也是這樣解脫的，有志修行學佛求得解脫的你我，也將因爲走在「八正道」上而漏盡解脫。

不過，八正道再怎麼好，還是需要當事人願意相信，願意學習，進而願意實踐才有用。佛門諺語說：「各人吃飯各人飽，各人生死各人了。」修行學佛是個人的事，了生脫死是自己的事，誰也替代不了。就像廣欽老和尚的開示：「要！也是你的事；不要！也是你的事。」雜阿含經（卷二十四 六五二經／六三八經）云：當作自洲而自依，當作法洲而法依，當作不異洲不異依。意思是說，修行學佛要以自己做爲依靠，要以正法做爲依靠。所謂「師父領進門，修行在個人」，一切都要靠自己。除此之外，再也沒有其他可以依靠了。在邁向解脫自在的路途中，佛陀已經爲我們指明了正確的方向與道路。透過八正道，無私、無我地協助有情眾生培養「獨立自主」的能力，讓自己不再是別人的負擔，也不再是麻煩的來源。所以，我們應該好好地向佛陀學習。除了努力學習「八正道」之外，也要學習佛陀懷抱著一顆慈悲心，遊化人間，廣度無量眾生。因此，「解脫的眞諦」在於不僅使自己解脫煩惱與痛苦，永斷生死；也要幫助苦難的眾生解脫煩惱與痛苦，終止輪迴。不只是幫助苦難的眾生「給他魚吃」，能夠活下去；更重要的是「教他補魚」，能夠自立。學會自己照顧自己，學會管理自己的人生，並在生活中徹底實踐八正道，最終能夠解脫自在。

第三章 世間正見

看盡人事，
善惡到頭終有報；
飽諳世故，
富貴轉眼便成空。

第一節 前言

何謂正見？

正見就是正確的見解，有了正確的見解才會有正確的人生觀。不正確的見解謂之邪見，邪見會引發不正確的人生觀，進而影響一個人一生的所做所爲。然而，什麼是正確的見解呢？雜阿含經（卷二十八七九六經／七八四經）云：何等爲正見？謂說有施、有說、有齋，有善行、有惡行，有善惡行果報，有此世、有他世，有父母、有眾生生，有阿羅漢善到、善向，有此世、他世，自知作證具足住；我生已盡，梵行已立，所作已作，自知不受後有。中阿含經（卷四十九）雙品聖道經（一八九）亦云：云何正見？謂此見有施、有齋，亦有咒說，有善惡業，有善惡業報，有此世、彼世，有父、有母，世有眞人往住善處，善去善向，此世、彼世，自知、自覺、自作証成就遊，是謂正見。

意思是說，正見就是要我們具有正確的見解，對宇宙人生的眞相要有一個正確的認識。並且要建立佛法正信，相信有布施的功德，相信有齋戒的功德，相信有佛的言說。相信福報是來自於昔日布施、齋戒的功德。反之，我們生命當中所遭遇到的一切橫逆、阻礙也是由於昔日造作的惡行、惡業所致。所以說，命運就掌握在自己的手中。因此，佛陀要我們建立的第一項正見就是「命由己造」的正見。其次，相信有善的行爲，有惡的行爲；相信有善行就有善業，有惡行就有惡業，因此要建立「是非善惡」的標準。然後，相信善有善報，惡有惡報，不是不報，隨時在報，因此要建立「因果業報」的觀念。

接著，相信有「三世」的相續關係，有前世、有今生、有來世。相信有父母的由來，有情眾生在每一生、每一世都有每一生、每一世的父母，以及後代子孫的繁衍，而且都要經歷各種生老病死、生離死別的痛苦，不知流了多少血和多少淚。然後是相信有「眾生的差別」，有五趣流轉，有六道輪迴。人類是有情眾生的一種，有情眾生則泛指一切具有靈性的生命，包括天人、人、阿修羅、餓鬼、畜生及地獄裡的眾生。有情眾生在修證解脫之前會不斷地在五趣中流轉，在六道裡輪迴，在生死苦海中沉淪，死了又生，生了又死，貫穿三世，苦迫不盡。最後要建立的一項正見就是相信有「凡聖的差別」，相信有聖人存在，有阿羅漢存在，有佛存在。相信有三世之覺者，過去曾經有佛出世，現在有佛出世，未來也還將會有佛出世。相信只要依教奉行，凡夫也可以經過修證而轉變爲聖人，而且是自知、自覺、自證。煩惱已盡，痛苦已滅，解脫自在，成阿羅漢。生死流轉的痛苦已經到了盡頭，不再受生輪迴；清淨的梵行已經建立，斷十惡業；所有應辦之事都已經辦了，毫無遺憾；自知從此不再受三界之生死輪迴。眞正做到了生死，脫三界，到達寂靜涅槃的彼岸。以上就是佛陀要我們建立的正見。

為什麼要正見？

爲什麼要正見呢？因爲有了正見才能依序生起正志、正語、正業、正命、正方便、正念及正定。而且依定才能生慧，依慧才能生明，生明才能解脫。解脫什麼？解脫人生的煩惱與痛苦，解脫生死的束縛與流轉。可見得正見是八正道的基石，就像黎明前的曙光，是究竟苦邊的前兆（雜阿含經　卷二十八　七六〇經／七四八經）。若是缺乏正見，就有可能墮入邪見。一旦墮入邪見便會引發邪志、邪語乃至邪定。不要說修證解脫不可能，就連基本日常生活當中的行爲都會產生偏差，進而造下惡業，害己害人。

其次是不了解是非善惡的標準，導致心志、言語與行爲失去準繩而造業。或是不相信因果業報的履試不爽，以爲神不知、鬼不覺，而胡作非爲。或是不明瞭三世因果，面對現世好人遭惡報，壞人卻享福的不合理現象，不禁仰首問天：「爲什麼？」或傷心落淚、痛不欲生；或憤世嫉俗、冤冤相報；或退了道心、造業墮落。尊貴的蓮生聖尊《明空之大智慧》提到：「因果是多世的牽纏，是無可奈何的。」甚至說：「因果無情。」若不知不解三世因果的道理，叫人如何面對與接受殘酷的人生苦果以及如何有活下去的勇氣。或是不相信有五趣流轉，有六道輪迴，以爲這一生過完就沒了，於是盡情享樂、或幹盡壞事、或迷迷糊糊過一生，更無從知道該如何修行才能跳脫這六道輪迴。或是不知道有解脫自在的聖人存在，也不知道我們雖然是凡夫但卻可以經由修證而超凡入聖。於是導致人生沒有目標，庸庸碌碌過一生，或是忙著追求世間的一切功名、利祿與情愛，到頭來卻是一場空。最後不禁要問：「人生到底所爲何來？」而常見的結果是：「萬般帶不去，只有業隨身。」白白浪費掉這一輩子生爲人身可以精進修行的寶貴機會。而這些都是因爲缺乏正見所可能導致的後果，可見得建立正見的重要性。

由此可知，想要了解宇宙人生的眞相，想要過一個有目標又有意義的人生，甚至想要解脫人生的煩惱與痛苦，從此脫離生死的苦海，當務之急，就是依照佛陀的訓誨，建立正見。包括：（一）命由己造：佛法之前，人人平等；（二）善惡的標準：有善惡行，有善惡業；（三）因果業報：業力法則與萬有因果律；（四）五趣流轉：沉淪苦海無邊的生死輪迴；（五）凡聖的差別：愚癡無聞的凡夫與解脫自在的聖人。有了正見才能夠引導我們正確的行爲模式，包括如何思惟，如何說話，如何與人相處，以及正確的生活態度等等。然後進一步修心養性，依照佛陀的教誡持續走在追求解脫的正法上。以下我們便就以上幾項重點分別加以闡述說明：

第二節 命由己造：佛法之前，人人平等

在佛陀當時的印度社會有所謂的「種姓階級制度」，共分爲四種：一爲婆羅門種，屬於四種姓中最高的僧侶階級。二爲刹利種，又作刹帝利，屬於四種姓中的貴族、武士階級。三爲居士種，屬於四種姓中的農工商階級。四爲首陀羅種，屬於四種姓中最低的奴隸階級。當時的觀念是婆羅門種最爲第一，社會地位最爲崇高，而且認爲現在世清淨無穢，而其餘則卑賤惡劣，污穢黑暗。顯示出當時印度社會階級制度的不平等。佛陀不這麼認爲，主張四種姓在佛法之前並無差別，提倡平等主義，尊重個人主體性的實踐。

根據長阿含經（卷六）小緣經：四種姓中，只要身、口、意等行爲合乎善行（清白行），身壞命終，必受樂報（清白報）。若身、口、意等行爲不合乎善行（黑冥行），身壞命終，必受苦報（黑冥報）。並不會因爲出身不同，結果就不同。因此，佛陀慈悲告訴眾生，今天各位追求無上眞正實在的佛法眞理，並不會受到種姓制度的限制，在佛陀的弟子之中，雖出身不同的種姓，只要一心向佛，出家修道者皆一律稱爲沙門「釋種子」，無有差別（增壹阿含經　卷二十一　苦樂品　二六一）。而且，只要篤信「佛、法、僧、戒」，修無上梵行，不論什麼種姓，什麼出身，不論貴賤，不管貧富，皆可於現法中自身做證，證果成聖。可見得在佛法之前，人人平等，非階級制度所能操縱。

因此，佛陀要我們建立的第一個正見就是命由己造，相由心生，禍福無門，惟人自召。一切操之在我，好壞自己決定，而非社會階級制度所決定，也非完全由上天註定。須知佛陀教誨我們：有施、有說、有齋，就是相信有布施、齋戒的功德，相信有佛的言說。意思是說，今日的福報、善報是來自昔日布施、齋戒的功德，是自己過去曾經種善根、存善念、發善願、行善事、結善緣，而於今生今世，現時現地，福田耕耘

有成，才能夠所求如願，衣食無缺，平安順利，甚至心想事成。但也切忌得意忘形，仍要心存感激，知福惜福，才不至於放蕩形骸，造惡犯罪。一旦福報享盡，惡運就會來臨。

同理，當遇到種種的不順利、病痛、橫禍、災變、苦難、挫折、失敗、恐懼，而有種種煩惱時，首先就是勇敢地面對現實，並且勇敢地接受它，不怨天，不尤人，冷靜思考，沉著應付，一思防止問題惡化，二思解決問題之道，三思預防改善良策。切忌急病亂投醫，不循正道解決問題，卻全部歸咎於妖魔作怪，鬼神降禍。就算有可能，也是因爲自己的行爲所導致，心念所招感。須知個人種種的不幸遭遇，都是自己過去世所造下的惡因，而於今世遭受這樣的果報。結果雖然殘酷，卻也莫可奈何，只有勇敢地加以面對並接受，再思良策加以解決。

換句話說，佛法面前，眾生一律平等。不因出身不同而有所差別，更不能全部歸咎於命運所主宰。須知天下沒有白吃的午餐，也沒有不勞而獲，更沒有白流的血汗。一分耕耘，一分收穫；一分收穫必來自於一分耕耘。必須要靠自己腳踏實地，辛勤耕種，才能有豐富的收成。俗話不是說：「三分天註定，七分靠打拼。」也就是說，先天的「命」雖然已經決定了我們先天上千差萬別的相貌、性格、聰明、才智、出身等，無形中影響一個人一生際遇的升沉起伏。但是後天的「運」則受後天的習慣、行爲、善惡所影響，原則上是可以經由個人創造並加以發展的。

因此，一個人若願意努力精進，誠心懺悔自己的業障，改過遷善，加上行善積德幫助他人，隨時保持一顆慈悲喜捨的心，在「誠、善、信」的基礎下，再配合祈求佛、菩薩的加持與庇佑，或是持咒誦經的不可思議功德，或是供養三寶、助印善書、布施貧病，事實上是有機會改變自己的命運的。在這個世界上，每個人都有自己事先編好的人生劇本，每個人都有屬於自己的一條人生曲線，但是每個人的命運卻又像是一個不可預知的隨機過程。「命運」雖是上天替我們安排好的劇本，但上場演出時，我們才是眞正的主角，一切操之在我。主宰命運的不是別人，而是自己。命運其實是掌握在自己的手裡。尊貴的蓮生聖尊《命運的驚奇》說：「命運是可以改變的，先天命運的控制力固然大，但，後天可以自己創造。」

因此，佛陀要我們建立的第一項正見即是建立佛法正信，相信命由己造：佛法之前，人人平等的觀念。不管是福是禍，其實都是自己的業力所感，而非社會階級制度所決定，也非完全由上天所註定。福報雖樂，卻容易使人耽於逸樂，而忘卻修行，甚至失了戒心而造業。苦報雖苦，卻是解脫人生修行學佛的助緣，知道要懺悔除障，努力掙脫煩惱的束縛。總之，若沒有正見或不知不見，甚至邪知邪見，且不知忍辱持戒，亦不知精進修行，就很可能業上加業，苦上加苦了。所以我們要建立正見，要正信佛法，自受乃是因爲自作，自作因而自受。勇敢面對現實，問心無愧即可；凡事盡力就好，結果坦然接受；一分收穫必然來自一分耕耘。

第三節 善惡的標準：有善惡行，有善惡業

從第一項正見我們了解到自己行爲的後果，都由自己決定與承擔。後果的好壞或苦樂則決定於我們的行爲是善還是惡。因此，第二項正見就是要建立善惡的標準，而且要建立善有善報，惡有惡報的業報觀念。中阿含經（卷三）業相應品鹽喻經（十一）云：隨人所作業，則受其報。意思是說，隨著每個人的所作所爲，因而造下的善業或惡業，會在未來受到業力的牽引，招感到應得的果報。爲善則可以享受到人天善趣的福

報樂果；爲惡則將會沉淪惡趣，遭受惡報苦果。因此，我們要建立是非惡善的標準，並進而了解因果業報的法則。以便使我們的行爲有所依循。然而，是非善惡的標準何在呢？以下我們便就「善惡」的觀念加以說明：

何謂善？何謂惡？印順導師《成佛之道》認爲：「心淨是善的，如或不淨，那就是不善的。」也就是說，從一個人的內心意念來看，「心淨是善，心不淨是惡」。雜阿含經（卷一 四四經／二六七經）云：心惱故眾生惱，心淨故眾生淨。意思是說，有情眾生會感到惱怒或清淨，全是由我們那一顆心決定。何謂心淨？簡言之，即內心清淨，不起任何雜染煩惱。何謂雜染煩惱？即令人感到雜亂染污，憂悲惱苦的惡念。引起內心的不安定，不和諧，和不自在，甚至由此煩惱而造種種業，受種種苦。煩惱是非常複雜的，但基本上可以區分爲所謂的「三毒」——貪、瞋、癡；或是所謂的「五毒」——貪、瞋、癡、慢、疑；或是所謂的「六大根本煩惱」——貪、瞋、癡、慢、疑與惡見。其中「惡見」又包括身見、邊見、邪見、見取見與戒禁取見。「五毒」——貪、瞋、癡、慢、疑是思想上的迷惑。由於內心有所雜染執著，不肯捨離，謂之「思惑」；其性遲鈍，難以制服，故稱爲「五鈍使」。惡見是知見上的迷惑。因邪師、邪見、邪思惟而起，謂之「見惑」；如聞正法，即可斷除惡見，故稱爲「五利使」。

首先，我們來看「思惑」：（一）貪就是欲貪、欲愛、貪愛；包括對五欲——色、聲、香、味、觸的貪愛，或是對財、色、名、食、睡的貪愛；遇到喜歡、快樂、舒服的對象或境界，會想要去追求與貪戀，因而生起貪心。（二）瞋就是瞋恚嫉恨，不能忍辱，起瞋恨心；遇到不如意、不順心、不快樂、不舒服的境界，想丟丟不掉，想避避不了，因而起瞋心。（三）癡就是愚癡無知，無慧無明，不明事理，不明是非，不明善惡，不明因果，缺乏佛法正見；甚至執著自我也是一種癡。（四）慢就是我慢，傲慢，憍慢；自以爲了不起，目中無人，瞧不起別人；或是喜歡招搖炫耀，愛慕虛榮，自我膨脹。（五）疑就是懷疑，沒有信心，甚至否定一切；對於「佛、法、僧、戒」不肯相信，有所懷疑，不信因果，因而無緣建立正見。其次，我們來看「見惑」：（一）身見是指執著自我身心裡面有一個眞我，亦稱我見。（二）邊見是指執著於斷、常二見。認爲我是永恆的，就是執著「常」；認爲死後一了百了，什麼都沒有了，就是執著「斷」。（三）邪見是指邪惡的思想與見解，令自己或他人受苦受害，不但於解脫無益，甚至造下惡業。（四）見取見是指執著只有自己的見解才是對的，固執己見。（五）戒禁取見是指執著不正確的戒律，或不正確的看待戒律，甚至迷信外道邪戒，於解脫無益。

不管思惑或見惑，都會促使我們的內心生起雜染的煩惱。內心若能夠不起這些雜染煩惱，即名爲「善」。若能夠進一步令一切煩惱永盡，是名涅槃（雜阿含經　卷十八　四八九經／四九〇經）。反之，若一個人的內心不清淨，生起種種的雜染煩惱，起心動念不離貪、瞋、癡、慢、疑、惡見，其內心豈能安定平靜，必然浮燥不安，蠢蠢欲動，進而造下惡業，因此名爲「惡」。

增壹阿含經（卷十三）地主品（二〇二）云：有此三不善根，云何爲三？貪不善根、恚不善根、癡不善根。若有此三不善根者，墮三惡趣。云何爲三？所謂地獄、餓鬼、畜生。若有此三善根，云何爲三？不貪善根、不恚善根、不癡善根。若有此三善根，則生二善趣。云何爲二？所謂人、天是也。諸比丘，當離三不善根，修三善根。意思是說，若我們的內心不清淨，有貪、瞋、癡三不善根，就會促使我們的身、口、意去造作惡業，惡業既造，就可能促使我們墮落至三惡趣，即地獄、餓鬼、畜生，而受苦無窮。反之，若我們的內心清淨無染，有不貪、不瞋、不癡三善根，就會令我們行身妙行、口妙行、及意妙行。行三妙行則可以令我們生人天二善趣，福報享用不盡。因此，佛陀教誡我們要遠離三不善根，修行培養三善根。若不知遠離三不善根，亦不知培養三善根，因此而心生雜染謂之「惡」；若遠離三不善根，且積極培養三善根，因此內心清淨謂之「善」。佛陀教誡我們當趨善避惡，心存善念，行三妙行，不可以有惡念頭，否則惡行隨伺在後，苦報難逃。

印順導師《成佛之道》認為：「有利於他的，是善；如或有損於他的，是不善。」也就是說，從一個人的行為來看，「利他是善，損人是惡」。何謂利他？簡言之，即因為個人的行為，使他人間接或直接受益，包括無形和有形的受益。「無形」的受益：包括精神的支持和鼓勵，心靈的安撫和慰藉，甚至正知、正見的建立和引導。使恐懼者得到平安，孤獨者得到安慰，弱者得到扶持，愚癡者得到智慧等。「有形」的受益：包括金錢的布施，物質的接濟，醫藥的救助。使貧窮者得以過活，匱乏者得以救急，廢疾無助者得以存命等。

但要注意的是，這些「利他」的行為，必須出自內心的至誠，而且動機單純，不要有故意造作的心念。甚至要做到「布施不求功德，行善不欲人知，付出不求回報」。做到所謂「三輪體空」，亦即無施者，無受者，亦無所施之物，這就是「三輪」；「體空」則是對這三件事都不可以著相。也就是說，施者、受者、所施之物三者皆是虛妄的假相；根本就不把布施這件事放在心上；也不會希冀回報，做到所謂「無相布施」。若是著相，念念不忘，只能算是福德，而不是功德。真正做到心懷慈悲，滿心歡喜，面帶笑容，言語柔軟，真誠關懷，毫不勉強。因為關懷不能變成別人的壓力，熱心不能成為干涉的藉口。除非對方意氣用事，不夠成熟，不夠理性，甚至有心理障礙，須用智慧緩緩開導。否則，決不能強加自己的旨意於他人身上，即使自己認為是善行也是一樣。所以，若人能行一事而利他，即名為「善」。

何謂損人？很明顯地，即是因為個人的行為，使他人間接或直接受害。受害同樣也是包括無形和有形兩方面。「無形」的傷害：包括精神的折磨和迫害，心靈的創傷和污辱，甚至邪知、邪見的宣說和誤導。

使人因受恐嚇威脅而畏懼，受兩舌離間而分離，受辱罵委曲而愁憂，受邪見誤導而邪行等。「有形」的傷害：包括使人身體受到傷害，生命、財產、安全受到迫害，例如殺生取人性命或動手傷害他人；或偷盜搶奪他人錢財，或破壞他人美滿家庭，或妨礙他人正當營生收入，或甚至影響整個社會乃至於國家的安危等。然而，這些損人的行為不管是有心無心，實質上都已經造成傷害，甚至造成不可彌補的遺憾。因此，我們要非常地小心，要謹言慎行，以免造成不幸。所以，若人因行一事而損人，即名為「惡」。

根據雜阿含經（卷二十　五四七經／五四八經）可以了解到：作十不善業跡，當墮惡趣。十不善業包括：殺生、偷盜、邪淫、妄言、惡口、兩舌、綺語、貪、恚、邪見。行十善跡者，當生善趣。十善業包括離殺生乃至正見。從中阿含經（卷三）業相應品思經（十五）也可以了解到什麼是十惡業：身故作三業，一曰殺生，二曰不與取，三曰邪淫；口故作四業，一曰妄言，二曰兩舌，三曰粗言，四曰綺語；意故作三業，一曰貪伺，二曰嫉恚，三曰邪見。以上就是所謂的「十善業」與「十惡業」。這十種善業與惡業都是由我們的「身、口、意」三行所造作。其中身體的行為有三種：若是殺生取命，盜人財物，淫人妻女，謂之「身惡行」。言語的行為有四種：若是妄語欺人，兩舌離間，粗言惡口，綺語不實，謂之「口惡行」。意念的行為有三種：若是貪伺多求，意懷憎嫉，邪見顛倒，謂之「意惡行」。若有人行此十惡業，入惡趣中（增壹阿含經　卷四十三　善惡品　四一九）。

因此，我們應當捨身不善業，修身善業：不殺，不盜，不邪淫。捨口不善業，修口善業：不妄語，不兩舌，不惡口，不綺語。捨意不善業，修意善業：不貪伺，不恚害，不興邪見。若有人行此十善業，便生天上（增壹阿含經　卷四十三　善惡品　四一九）。由此可知，我們的行為包括身、口、意三行，符合十善業、利他的行為即名為「善」；親近十惡業、損人的行為即名為「惡」。當捨十惡業，親近十善業，成就身、口、意淨業。

既知損人為惡，則損人之行為即不可為也。故知「損人不利己」的行為絕不可做。而「損人利己」的行為同樣不足取，試想將自己的快樂，建築在別人的痛苦之上，這樣的日子會過得心安嗎？從佛法的觀點來看，這眞的是利己嗎？其次，既知利他為善，則利他的行為即值得鼓勵。故知，「利己又利人」的事，絕對值得大家優先考慮。當然在行善利他的同時，也有可能使自己蒙受一些損失，甚至犧牲生命，即所謂的「損己利人」，這種精神至為偉大，難捨能捨。甚至犧牲自己，照亮別人，犧牲小我，成全大我，即發揮所謂的「菩薩精神」。人為先，我為後，念念為眾生，處處為他人，值得世人敬仰。尊貴的蓮生聖尊《甘露法味》認為：「自他二利正應作，利他害己亦應作，自他兩害不應作，利己害他不應作。」

總而言之，一個正確的人生觀，實在仰賴於對是非善惡標準有一正確的認識。從以上的說明可以了解到，何者為善？何者為惡？心淨謂之善，心不淨（內心雜染）謂之惡；利他謂之善，損人謂之惡；行十善業謂之善，行十惡業謂之惡。故心淨利他謂之至善；心不淨損人謂之至惡。尊貴的蓮生聖尊《粒粒珍珠》認為：「身、口、意清淨了就是善。」另外，《甘露法味》也提到：「心安能止就是善；你違背你的心，心裡不安寧就是惡。」奉勸諸位要以至善之心處世，心懷慈悲，面帶笑容，言語柔軟，舉止從容，給人信心，給人希望，給人關懷，給人歡喜，給人機會，給人方便，給人平安。更重要的是協助別人建立正確的見解，然後依照佛陀的教誨——八正道待人處世，並進而趨入解脫道。

第四節 因果業報：業力法則與萬有因果律

在建立命由己造的正見之後，了解到命運的好壞、受苦受樂皆由自己的行爲所決定。而我們的行爲則受到「善惡系統」的嚴密監控，行善行則造善業，得善報；行惡行則造惡業，得惡報。因此，我們對於善惡的標準要有一個明確的認識。在建立善惡標準的判斷力之後，接下來我們要來建立因果業報的觀念，看看我們的行爲所造的善惡業，是如何受因果業報的法則所影響。所以，接下來我們來說明業力法則與萬有因果律。

業力法則

俗語說：「善有善報，惡有惡報，不是不報，時候未到。」也有人說：「冤有頭，債有主，善惡到頭終有報。」中阿含經（卷三）業相應品鹽喻經（一一）云：隨人所作業，則受其報。意思是說，每個人會隨著他所造作的善惡業，來招感一切的果報。中阿含經（卷二十七）林品達梵行經（一一一）云：或有業黑有黑報，或有業白有白報，或有業黑白黑白報，或有業不黑不白無報。業業盡，是謂知業有報。由此可知，一個人的行爲造作，包括惡業（黑業）、或善業（白業），會引發看不見，也摸不著，卻實際存在的業力。然後，在因緣具足的時候，招感其應得的苦報（黑報）或樂報（白報）。

中阿含經（卷二十七）林品達梵行經（一一一）云：或有業生地獄中，或有業生畜生中，或有業生餓鬼中，或有業生天上，或有業生人間。也就是說，一切果報必然是由於業力所招感。不同的業，會引發不同的果報，不同的果報，必來自不同的業力所牽引。依個人所造業力，或生地獄，或生畜生，或生餓鬼，或生天上，或生人間。生死輪迴源於業力，成佛入聖也離不開業力。平安、順利又快樂是因爲業力，病痛、坎坷又煩惱也是因爲業力。含笑往生是因爲業力，橫死命終也是因爲業力，這就是所謂的「業力法則」。因爲業力法則，才使得善惡的標準有存在的價值。所謂「即使千百劫，所作業不亡，因緣會遇時，果報還自受」。業力的力量，如此深遠，能不愼乎？

萬有因果律

在科學昌明的今天，大家都知道，物質界有一個很重要的物理定律，即所謂的「萬有引力」，亦即萬物兩兩之間存在引力互相吸引。該引力的大小與它們的質量乘積成正比，與它們距離的平方成反比；而在精神界，則有所謂的「萬有因果律」，亦即所謂「種如是因，得如是果，欲得如是果，必種如是因」。種瓜得瓜，種豆得豆。種善因，得善果，種惡因，得惡果。一旦因緣具足，則果報現前。

若從「三世因果」來看，欲知前世因，今生受者是；欲知來世果，今生做者是。也就是說，我們要相信有三世的存在，相信有三世的相續關係，相信有前世、有今生、有來世。而且要用多世的思惟，來面對我們的人生。相信生生世世，有眾生生，有眾生繁衍；相信每一世有每一世父母的由來，每一世有每一世的子女眷屬，每一世有每一世的生命謳歌，甚至血淚交織。想要知道過去世造了那些因，且看今世現時的遭遇，是出生富貴人家，還是貧窮人家；是快樂享福，還是痛苦度日；是功成名就，還是庸庸碌碌。同樣地，下半生或來生想要過得好一點，想要獲得平安，幸福，快樂，順利，甚至能在修行上有所成就，全看你現在或這一世的所做所爲，是不是合乎善行。所以凡事必須三思而行，思什麼？思後果；果報現前且多想，想什麼？想前因。有一首「十來偈」可以給我們相當大的啓示和警惕：「長壽者慈悲中來，短命者殺生中來；端正者忍辱中來，貧窮者慳貪中來；高位者恭敬中來，下賤者驕慢中來；瘖啞者誹謗中來，盲聾者不信中來；諸根不具者破戒中來，諸根具足者持戒中來。」

另外，我們不禁要問：爲什麼有人長壽，有人卻短壽？爲什麼有人身體強健，有人卻體弱多病？爲什麼有人形態端正，有人卻形態醜陋？爲什麼有人具大威德，有人卻毫無威德？爲什麼有人出身尊貴，有人卻身處卑賤？爲什麼有人富裕財豐，有人卻貧窮困苦？爲什麼有人聰明伶俐，有人卻愚癡無聞？就像台灣有一句俗話說：「平平是人，爲什麼差這麼多？」其實，這都是因爲眾生各個造業不同，所得的果報當然也就不同。而且是由自己過去所造的業，來決定自己現在或未來所處境界的高低。

中阿含經（卷四十四）根本分別品鸚鵡經（一七〇）云：眾生因自行業，因業得報。緣業，依業、業處，眾生隨其高下，處妙不妙。意思是說，眾生因爲自己的行爲所造作的業力，而招感應得的果報。依據「業力法則」，眾生隨著業力的高下或大小，因而決定眾生最後所在的處境：妙或不妙，好或不好。根據佛陀的說法：短壽是因爲心腸狠毒，殺生取命，毫無慈悲之心，連昆蟲也不放過；多病是因爲動不動就拳打腳踢，觸怒、擾亂眾生；醜陋是因爲沒耐性，脾氣壞，到處與人結怨；沒有威德是因爲愛計較，愛嫉妒，見不得別人好；卑賤是因爲內心傲慢，沒有禮貌，不懂得尊重別人；貧窮是因爲吝嗇小氣，不肯布施，不懂得供養三寶；愚笨是因爲不懂得虛心學習，自以爲什麼都懂，不懂得向善知識請教是非善惡、因果業報的道理。

反之亦同，想要長壽就應該離斷殺生，心懷慈悲，即便是昆蟲也要加以愛護；想要不生病就應該不要惱怒眾生，使不安寧，讓眾生得到休息；想要形體端正就應該有耐性，改脾氣，廣結善緣；想要有威德就不應該愛計較，愛嫉妒，要有歡喜心；想要尊貴就應該懂得謙虛，懂得尊重別人；想要富有就應該懂得布施貧病，供養三寶；想要有智慧就應該懂得虛心受教，懂得向善知識請教是非善惡、因果業報的道理，並且身體力行。由此可知，長壽短命，健全疾病，容貌美醜，貧富貴賤，聰明愚鈍，皆取決於自己而非他人，過去培植了多少福德因緣，現在就有多少福報如意。過去造就了多少惡業孽緣，眼前就要遭遇相當的苦報痛楚。消極上要止惡防非，諸惡莫作；積極上則要行善積德，廣結善緣。所以說，因果報應，屢試不爽，自作自受，自受自作，而且貫穿三世。

業力的特性

三世因果其實俱由「業力法則」而來，五趣流轉也是由業力法則而來，六道輪迴也是由業力法則而來，貧富貴賤也是由業力法則而來，賢愚美醜更是由業力法則而來。業力除了善惡有報，自作自受，歷久不衰之外，尚有以下幾點特性：

一、勿以惡小而為之：星星之火，可以燎原，水滴雖微，漸盈大器。顧名思義，微小的業力，可以經由累積的效果，而逐漸轉換成巨大的業力。平常小惡不斷，時日一久，累積形成的惡業，所引發的業力也非常可觀。同理，平時不忘行善，一段期間後，積小善成大善，所謂「積善之家，必有餘慶」。古人亦有云：勿以惡小而爲之，勿以善小而不爲。小惡不察，終成大患；小善不拒，久必盈福。意思是說，不要以爲只是小惡就去做，也不要以爲只是小善就不去做。須知小惡若是不加以察覺，久而久之就會變成巨大的禍患；反過來說，任何小善如果都不加以排斥，久而久之就會累積成爲大的福報。

二、有故作業，必受其報：中阿含經（卷三）業相應品思經（一五）云：若有故作業，必受其報，或現世受，或後世受。也就是說，若造作的行爲是有意的，是故意的，則未來必將承受其所對應的業報。從造業之後，何時受報的觀點而言，業可分爲三時業，所謂「現報業」，「生報業」及「後報業」。「現報業」即當世造作的業，在當世即招感其應得的果報。「生報業」即造業之後，要在下一生受報。「後報業」則是造業之後，要經過好幾世才會受報。至於造什麼業，會在什麼時候感報，端視因緣是否成熟具足而定。

三、引業或滿業：從造業之後，會招感何種業報的觀點而言，則有所謂的「引業」或「滿業」。「引業」是指能夠引發我們感報六道輪迴中的任一報體，或天上，或人間，或阿修羅，或餓鬼，或畜生，或地獄（中阿含經　卷二十七　林品　達梵行經　一一一）。其中，又有種種分別，例如是天上的那一層天，是畜生的那一類等等。這種業力特別強，經由這種強大業力所招感的生死總報體，成爲六道中的某一道的眾生即爲引業。「滿業」則是指經由引業感報爲某一道的眾生，能決定該報身是否圓滿的業力。例如報身爲人時，六根是否具足，容貌是否端正等等各種差別即是由滿業所影響。由此可知，我們要避免造沉淪三惡趣的惡業，而形成引業；平時則要多多行善，以創造圓滿的滿業，或現世受福或來世受福。

四、罪業可懺悔：增壹阿含經（卷五十一）大愛道般涅槃分品（四七一）云：雖爲極惡原，悔過漸復薄，是時於世間，根本皆消滅。相對於前面所說，積小惡小善，可以成大惡大善，而受苦報樂報。同樣地，即使犯下滔天大罪，若能夠發自內心的懺悔，痛下決心改正，加上持續不斷行善，進而修行，則造作惡業的種子，自然會逐漸萎縮凋零，而無緣發作。積極面則更應該修身、修戒、修心、修慧，時日一久，惡行罪業就會逐漸轉薄，甚至於完全消滅，無復發生。就好像中阿含經（卷三）業相應品鹽喻經（十一）所比喻的：如果把一兩少許的鹽撒入江河之中，水是不會變鹹的。然而，若不知認錯懺悔，更不知修身乃至於不知修慧，造不善業必受苦報。就好像把一兩少許的鹽投入少許的水中，水就會變得苦澀而難飲了。由此可知，罪業是可以經由懺悔、行善、修行來加以轉移、減輕、淡化，甚至於消除的。就像一杯味道很鹹的水，如果我們注入足夠多的清水將它稀釋，或許就不會覺得那麼苦澀難飲了。因此，犯下重大罪業的不必灰心，只要誠心懺悔，悔後莫作，努力除障，加上布施貧病，行善積德，並且進而修身、修戒、修心、修慧，仍然有機會可以解脫自在。

綜合以上論述可知，不管是業力法則，或是萬有因果律，都在證明一件事，即命由己造，相由心生，禍福無門，惟人自召；佛法之前，人人平等。因爲「業力法則」的無所不在，因爲「因果報應」的屢試不爽，任何人不論貧富貴賤，男女老幼，賢愚美醜，皆不能例外。業力是招感一切痛苦、快樂的原因。有情衆生以煩惱爲因，以業力爲緣，而招感痛苦輪迴的果報。大家不妨參考賴樹明大德《報應看得見——壞蛋別逃》裡面，發生在台灣社會「因果報應」的眞實案例、血淚故事，將更能體會因果業報的眞實不虛。一方面感嘆壞蛋的人性怎麼這麼壞，一方面感嘆有情衆生的無知；一方面感嘆命運作弄人，一方面感嘆因果業報的不可思議。就像賴樹明大德說的：「通天本領難逃報應下場，逃得了一時，逃不了一世；逃得了這輩子，逃不了生生世世。」俗話說：「個人造業個人擔。」自己的行爲，自己負責。種善因就得善果，種惡因就得惡果。想要享受人天福報，甚至於修證解脫，就要努力懺悔除障，積極行善布施，進而修身、修心、修戒、修慧。若對善惡沒有正確的認知，甚至不知不見，也不曉得要修身、修心、修戒、修慧，一旦造下惡業，必然沉淪三惡趣，受苦無窮了。因此，要享福還是要受苦，要解脫還是要繼續沉淪，全由自己決定。

其次，面對自己當世的人生時，雖然命運已經由引業和滿業所大致決定了，但是，由於業力的不可思議，極重罪業仍可透過懺悔行善而轉薄。因此，只要誠心悔過，重新做起，廣結善緣，廣行善行，命運絕對是可以改變的。然而，要注意的是，凡事一定要靠自己（自力），再加上誠心祈求佛菩薩或神明的庇佑（他力），對善惡的標準要有正確的認識，對因果業報也要有基本上的了解，然後隨時注意自己身、口、意的行為，要趨善避惡，要止惡行善，親近十善業，避免十惡業，自力加上他力，才能促使我們繼續走在解脫道的正法上。

第五節 五趣流轉：沉淪苦海無邊的生死輪迴

由於「業力法則」的普遍存在性，而有「三世因果」的業報現象。各人因為自己的行為造作，而招感各種的業報。造作善業，在身壞命終的時候，就報生在善趣，包括人間、天上。造作惡業，在身壞命終的時候，就報生在惡趣，包括地獄，畜生和餓鬼。因此我們要相信有眾生的差別，相信有地獄乃至於有天界的存在，從極其痛苦到極其享樂的世界都有。雜阿含經（卷十七 四六〇經／四六一經）云：輪迴五趣，而速旋轉。或墮地獄，或墮畜生，或墮餓鬼，或人，或天，還墮惡道，長夜輪轉。意思是說，所謂「五趣」即是指前述的地獄、畜生、餓鬼、人、天各趣。若再加上天人中瞋心特別重的「阿修羅」，則合稱為「六道」。有情眾生會在五趣流轉，六道輪迴，而且會不斷地快速旋轉，一會兒沉淪地獄、畜生、餓鬼三惡趣；一會兒上昇人、天二善趣，最終免不了墮入惡趣。長世累劫以來，輪轉不已。在如此痛苦的生死循環中，如何跳脫輪迴，解脫自在？我們且從認識各趣，以及何因何緣報生各趣述說起。

地獄：受苦無窮

地獄是五趣眾生當中最爲痛苦的一趣。中阿含經（卷五十三）後大品癡慧地經（一九九）云：愚癡之人，行身惡行，行口、意惡行，身壞命終，生地獄中，地獄唯有苦。意思是說，愚癡無明、無知無慧之人，身行惡行、口行惡行、意行惡行，命終之後，墮入地獄；在地獄中受無量苦，苦毒辛酸，啼哭號叫，而且求生不能，求死不得，無時無刻不在受苦，故說「地獄唯有苦」。因爲唯有苦，所以根本無暇修行，而且壽命極長，求出無期。地獄眞的有那麼恐怖嗎？到底有那幾種地獄呢？接下來，我們來看佛陀的說明。

根據長阿含經（卷十九）世紀經地獄品：有所謂「八大地獄」，每一個大地獄尚有「十六個小地獄」，周匝圍遶。「八大地獄」包括想地獄、黑繩地獄、堆壓地獄、叫喚地獄、大叫喚地獄、燒炙地獄、大燒炙地獄及無間地獄。「十六小地獄」則包括黑沙地獄，沸屎地獄，五百丁地獄，飢地獄，渴地獄，一銅釜地獄，多銅釜地獄，石磨地獄，膿血地獄，量火地獄，灰河地獄，鐵丸地獄，釿斧地獄，豺狼地獄，劍樹地獄，寒冰地獄。

當罪人因爲業力的牽引，不幸墮入其中一個大地獄裡，就要遭受該大地獄的刑罰與折磨，苦毒辛酸，不可稱計。由於該罪人的罪業尚未承受完畢，因此想死也死不了。因爲死了之後又會活過來，恢復原形，然後持續不斷地受該大地獄之苦。該罪人久久受苦之後，才得以出離該大地獄。內心惶恐至極，到處奔走，想要尋求救護，卻因爲宿命的罪業所牽引，不知不覺地忽然來到十六小地獄的第一個小地獄——黑沙地獄，接受該小地獄的刑罰與折磨。該罪人久久受苦之後，才得以出離該小地獄，然後又進入到另一個小地獄，繼續受苦。如此一一經歷十六個小地獄的刑罰與折磨，一一受苦，直到最後一個小地獄：寒冰地獄，接受該小地獄的刑罰與折磨。等到罪業承受完畢，然後方得以命終，出離地獄，轉生他趣。可見得一旦墮入地獄惡趣，就要經歷至少一個大地獄、十六個小地獄等種種地獄的刑罰與折磨，是那麼地恐怖，是那麼地痛苦，而且要等到罪業受盡之後，方得以出離。受苦之慘烈與受苦時間之長，令人難以想像，不可思議。以下我們就根據長阿含經（卷十九）世紀經地獄品針對「八大地獄」與「十六小地獄」分別加以說明：

八大地獄

一、想地獄或還活地獄：想地獄或稱爲還活地獄的眾生，有的天生鐵爪手，其爪又長又利。瞋恨忿怒，彼此仇視，心懷毒害的念頭。以爪相抓，有如刀割，身上皮肉，塊塊墮落。或者手執刀劍，刀劍鋒利異常，互相砍殺穿刺，皮開肉綻，血肉模糊，甚至皮肉不存，倒地不起而後已。誰知冷風一吹，尋活起立，自言我活，其他眾生言，我想他活，然後又恢復血肉之軀，活過來了，故曰還活，然後又繼續抓砍受苦。如此求生不能，求死不得，痛苦萬分，是謂想地獄或還活地獄。

二、黑繩地獄：黑繩地獄的眾生，被獄卒捉來，撲倒擺平在燒燙的熱鐵板上，以燒燙的熱鐵繩捆綁，繼之以熱鐵斧砍作千百段，或用鋸子鋸，鋸成千百段，苦毒辛酸，不可稱計。有的則以燒燙的熱鐵繩置其身上，或披上燒燙的熱鐵衣，或行走於縱橫交錯燒燙的的熱鐵繩間，惡風暴起，鐵繩歷落其身，燒皮徹肉，燋骨沸髓，苦毒萬端，不可稱計，餘罪未畢，想死都死不了，受苦不斷，是謂黑繩地獄。

三、堆壓地獄：堆壓地獄的眾生，進入堆壓地獄中，有兩兩相對的大石山。突然間兩山自然合併，堆壓其身，骨肉糜碎，然後大石山還歸原處。另有大鐵象，舉身火然，呼嘯而來，踐蹋罪人，身體糜碎，膿血流出，苦毒辛酸，號咷悲叫。有的被獄卒抓來用石磨磨碎，有的被獄卒用大石頭壓扁，有的被獄卒放入鐵臼以鐵杵擣爛，骨肉糜碎，膿血流出，苦毒辛酸，不可稱計，餘罪未畢，因此也是求死不能，痛苦的不得了，是謂堆壓地獄。

四、叫喚地獄：叫喚地獄的眾生，被獄卒捉來丟到燒滾的大鑊中，熱湯涌沸，煮彼罪人，罪人在大鑊滾燙的沸水裡翻滾，號咷叫喚，苦痛辛酸。之後又被丟入燒滾的大鐵瓮、大鐵鍑或小鐵鍑中，一樣是熱湯湧沸，煮彼罪人，罪人在大鑊滾燙的沸水裡翻滾，號咷叫喚，苦痛辛酸。或被丟擲於燒燙的大鐵鏊上，反覆煎熬，像在鐵板燒上將罪人煎煮炒炸一樣，號兆叫喚，苦毒辛酸，餘罪未畢，求死不得，受苦無窮，是謂叫喚地獄。

五、大叫喚地獄：大叫喚地獄類似叫喚地獄，但是加倍地慘烈痛苦。大叫喚地獄的眾生也是被獄卒捉來丟到燒滾的大鐵釜、大鐵瓮、大鐵鑊或小鐵鍑中，一樣是熱湯湧沸，煮彼罪人，罪人在滾燙的沸水裡翻滾，號咷叫喚，苦痛辛酸。或被丟擲於燒燙的大鐵鏊上，反覆煎熬，一樣像在鐵板燒上將罪人煎煮炒炸一樣，號兆叫喚，苦毒辛酸。不過不僅是號兆叫喚，而是大聲哀嚎、驚叫、吶喊，可是餘罪未畢，仍然死不了，是謂大叫喚地獄。

六、燒炙地獄：燒炙地獄的眾生，被獄卒捉來放置在鐵城中，整座鐵城被大火燃燒得內外通紅，根本就無處可逃，燒炙其身，皮肉燋爛，苦痛辛酸。或是被獄卒趕至鐵室內，整個鐵室被大火燃燒的內外通紅；或是被趕至鐵樓上，整個鐵樓被大火燃燒的內外通紅；或是被趕至大鐵陶中，整個大鐵陶被大火燃燒的內外通紅，根本就無處可逃，燒炙其身，皮肉燋爛，苦痛辛酸。或是被放在大鐵鏊上，整個大鐵鏊被大火燃燒的內外通紅，根本就無處可逃，燒炙其身，皮肉燋爛，苦痛辛酸，餘罪未畢，求死不得，是謂燒炙地獄。

七、大燒炙地獄：大燒炙地獄類似燒炙地獄，但有過之而無不及。大燒炙地獄的眾生也是被獄卒捉來放置在鐵城中、鐵室內、鐵樓上、大鐵陶中或大鐵鏊上，一樣是被大火燃燒的內外俱赤，根本就無處可逃，燒炙其身，皮肉燋爛，苦痛辛酸。此外，尚有大火坑，火焰熾盛，其坑兩岸有大火山，罪人被獄卒捉來貫穿在鐵叉上，豎立在火中，像燒烤一樣，燒炙其身，皮肉燋爛，苦痛辛酸，餘罪未畢，求死不得，是謂大燒炙地獄。

八、無間地獄：無間地獄的眾生，被獄卒捉來剝皮，從足至頂，然後用剝下來的皮纏繞其身，綁在火車輪上，接著疾駕火車，輾熱鐵地，周行往返，身體碎爛，皮肉墮落。另外，無間大地獄也有大鐵城，其城四面有大火起，東焰至西，西焰至東，南焰至北，北焰至南，上焰至下，下焰至上，火焰熾熱，無處不是火焰，罪人在其中，東西馳走，燒炙其身，皮肉燋爛，苦痛辛酸。其次，大鐵獄中，歷經久久的時間，城門乃開，罪人匆忙往門口逃跑。在逃走的時候，身體上的肢節竟然冒出火焰，其焰熾然。走到門口，城門自然關閉，罪人跌倒在地，伏在燒燙的熱鐵地上，燒炙其身，皮肉燋爛，苦痛辛酸，餘罪未畢，結果還是死不了。這裡的眾生，但見惡色，聞惡聲，嗅惡臭，觸苦痛，念惡法，彈指之間，沒有間斷，無不苦時，是謂無間地獄。

可憐的眾生一旦墮入八大地獄中，是求生不能，求死不得。呼天嗆地，哀號慘叫，受苦無量。經過久遠的時間之後，才會從各大地獄出來，到處奔走，想要尋求救護，卻因為宿命的罪業所牽引，不知不覺地忽然來到十六小地獄，繼續承受無量無邊的痛苦。以下我們就根據長阿含經繼續跟大家說明「十六小地獄」：

十六小地獄

一、黑沙地獄：從大地獄出來之後，到處奔走，想要尋求救護，卻因爲宿命的罪業所牽引，不知不覺地忽然來到黑沙地獄。該地獄會有熱風暴起，吹起滾燙的黑沙，侵襲罪人，罪人全部身體因而盡黑，有如黑雲。滾燙的熱沙燒燙皮膚，甚至燒燙全身的肌肉與骨髓，罪人身中因而有黑煙生起，環遶其身，迴旋上下，甚至返回進入罪人身體之內，痛苦不堪，燒炙燋爛，因爲罪業的因緣，受此苦報，其罪尚未承受完畢，因此不死，繼續受苦。

二、沸屎地獄：其地獄中有滾燙薰臭的糞便、熱鐵丸，自然滿滿地出現其前。獄卒驅迫罪人環抱滾燙的熱鐵丸，燒其身手，甚至包括頭部跟臉部，無不周遍。獄卒甚至把滾燙的熱鐵丸塞入罪人的嘴巴裡，燒其脣舌，從咽至腹，貫通腸胃，無不燋爛。另外還有鐵嘴虫，咬食罪人的皮肉，徹骨達髓，苦毒辛酸，憂惱無量，因其罪尚未承受完畢，所以還不會死，繼續受苦。

三、鐵釘地獄：獄卒將罪人捉來，撲倒臥在熱鐵上，舒展其身，以鐵釘釘手、釘足、釘心，周遍身體，總共釘了五百釘，苦毒辛酸，號咷呻吟，因其罪尚未承受完畢，所以還不會死，繼續受苦。

四、饑餓地獄：獄卒問罪人：汝等來此，有何請求？罪人說：我餓。獄卒即捉罪人撲倒在熱鐵上，舒展其身，並以鐵鉤打開他的嘴巴，把滾燙的熱鐵丸塞入罪人的嘴巴裡，燋其脣舌，從咽至腹，貫通腸胃，無不燋爛，苦毒辛酸，悲號啼哭，因其罪尚未承受完畢，所以還不會死，繼續受苦。

五、渴地獄：獄卒問罪人：汝等來此，有何請求？罪人說：我渴。獄卒即捉罪人撲倒在熱鐵上，舒展其身，並以熱鐵鉤打開他的嘴巴，把高溫熔化的銅汁灌入罪人的嘴巴裡，燒其脣舌，從咽至腹，貫通腸胃，無不燋爛，苦毒辛酸，悲號啼哭，因其罪尚未承受完畢，所以還不會死，繼續受苦。

六、銅鍑地獄：獄鬼怒目捉住罪人的腳，倒抓罪人，投入鍑中，隨湯涌沸，上下迴旋，從底至口，從口至底，或在鍑腹，身體爛熟。譬如煮豆，隨湯涌沸，上下迴轉，身體內外皆爛壞。罪人在鍑，隨湯上下，亦復如是。號咷悲叫，萬毒普至，因其罪尚未承受完畢，所以還不會死，繼續受苦。

七、多銅鍑地獄：獄鬼怒目捉住罪人的腳，倒抓罪人，投入鍑中，隨湯涌沸，上下迴旋，從底至口，從口至底，或在鍑腹，舉身爛壞，譬如煮豆，隨湯上下，從口至底，從底至口，或手足現，或腰腹現，或頭面現。然後，獄卒以鐵鉤鉤取，煮完這鍋之後，又將罪人投入其餘的熱鐵鍑之中，號咷悲叫，苦毒辛酸，因其罪尚未承受完畢，所以還不會死，繼續受苦。

八、石磨地獄：獄卒顯現大怒之相，把罪人捉來撲倒在大熱石上，舒展罪人手足，以大熱石壓其身上，迴轉研磨，骨肉糜碎，膿血流出，苦毒切痛，悲號辛酸，因其罪尚未承受完畢，所以還不會死，繼續受苦。

九、膿血地獄：其地獄中有自然膿血，熱沸涌出，罪人於該地獄中東西馳走，膿血沸熱，其身體、手足、頭面皆悉爛壞。又取沸騰的膿血來喝，燙其脣舌，從咽至腹，貫通腸胃，無不爛壞，苦毒辛酸，眾痛難忍，因其罪尚未承受完畢，所以還不會死，繼續受苦。

十、量火地獄：其地獄中有大火聚集，自然在前，其火焰熾熱異常。獄卒瞋怒地驅趕逼迫罪人，手執鐵斗，使罪人度量大火聚集的程度。罪人在量火的時候，不僅手腳遭到燒傷，整個身體都遭到燒傷，苦毒熱痛，呻吟號哭，因其罪尚未承受完畢，所以還不會死，繼續受苦。

十一、灰河地獄：灰河中的河水滾燙涌沸，臭氣沖天，波濤洶湧，聲響可畏。從河底至河面，有鐵刺縱橫廣布其間，刀鋒長約八寸。灰河岸邊生長刀劍，且有獄卒狐狼。岸上另有劍樹林，其枝葉、花朵、果實皆成刀劍，刀鋒長約八寸。罪人被迫進入灰河，隨波上下，迴覆沉沒，鐵刺刺身，貫穿身體內外，皮肉爛壞，膿血流出，苦痛萬端，悲號酸毒，因其罪尚未承受完畢，所以還不會死，繼續受苦。

受了很久的苦之後，乃出灰河，來到河岸上。岸上有許多利劍，割刺身體，手足傷壞。這時。獄卒問罪人言：汝等來此。有何請求？罪人說：我們肚子餓。獄卒就把罪人捉來撲倒在熱鐵上，舒展罪人身體，以鐵鉤打開罪人的嘴巴。以高溫熔解的洋銅灌入罪人的嘴巴，燒其脣舌，從咽至腹，貫穿腸胃，無不燋爛。復有豺狼，牙齒又長又利，跑來咬嚙罪人，生食其肉。

在罪人為灰河所煮，利劍所刺，洋銅灌口，豺狼所食之後，倉皇奔跑逃上劍樹。要爬上劍樹時，劍刃朝下，要爬下劍樹時，劍刃卻朝上。用手攀爬手被割斷，用腳蹬樹腳被割斷。劍樹上的劍刃刺穿身體，皮肉墮落，膿血流出，只剩下白骨筋脈相連。這個時候，劍樹上還有鐵嘴鳥，飛來啄破罪人的頭骨，並且啄食其腦髓，苦毒辛酸，號咷悲叫，餘罪未畢，故使不死。最後又回到灰河之中，隨波上下，迴覆沉沒。鐵刺刺身，貫穿身體內外，皮肉爛壞，膿血流出，只剩下白骨漂浮於河面上。不過，冷風一吹來，瞬間恢復血肉之軀，然後罪人便站起身來。到處奔走，想要尋求救護，卻因為宿命的罪業所牽引，不知不覺地忽然來到鐵丸地獄。

十二、鐵丸地獄：有熱鐵丸自然現前，獄鬼捉彼罪人，手足爛壞，全身像被火燒一樣，苦痛悲號，因其罪尚未承受完畢，所以還不會死，繼續受苦。

十三、釿斧地獄：獄卒瞋怒可怕，並捉此罪人撲倒在熱鐵上，以熱鐵釿斧壞其手足、耳鼻、身體，苦毒辛酸，悲號叫喚，因其罪尚未承受完畢，所以還不會死，繼續受苦。

十四、豺狼地獄：有豺狼競相跑來噬咬拖拉，肉墮傷骨，膿血流出，苦痛萬端，悲號酸毒，因其罪尚未承受完畢，所以還不會死，繼續受苦。

十五、劍樹地獄：罪人進入劍樹林之中，吹起很大的暴風，像劍一般的樹葉落到罪人身上，落到手上，手被割斷，落到腳上，腳被割斷，身體頭面無不傷壞。並有鐵嘴鳥站立其頭頂上，啄其兩目，苦痛萬端，悲號酸毒，因其罪尚未承受完畢，所以還不會死，繼續受苦。

十六、寒冰地獄：受了很久的苦之後，出劍樹地獄，到處奔走，想要尋求救護，卻因爲宿命的罪業所牽引，不知不覺地忽然來到寒冰地獄。寒風吹襲，舉體凍寒，皮肉墮落，苦毒辛酸，悲號叫喚，然後命終。

由以上可知，一旦墮入地獄惡趣，要長久遭受一個大地獄及十六個小地獄的痛苦折磨，簡直就是無法想像。其時間之長，苦痛至極，煎煮燒烤，鉤刺砍釘，壓踏磨擣，繩鋸剝皮，撲熱鐵，呑鐵丸，灌洋銅，山壓河淹，狼食鳥啄。而且，呼天天不應，叫地地不靈，生不如死，卻又求死不能。徬徨無助，驚駭恐懼，悲嗆哭號，哀聲慘叫。行筆至此，不覺汗毛豎立，心驚肉跳，地獄之恐怖，今日方知，不可不愼。

既知地獄之恐怖，我們不禁要問，何因何緣使眾生墮落地獄？根據長阿含經（卷十九）世紀經地獄品與增壹阿含經（卷三十六）八難品之一（三七一）：若有眾生不斷造作身、口、意不善業，毀壞正見，毀謗正法，遠離正法，就墮入想地獄或還活地獄。若有眾生好殺生，或對父母，佛及諸聲聞，以惡意相向，就墮入黑繩地獄。若有眾生只知造三惡行，而不知修三妙行，就墮入堆壓地獄。若有眾生常生瞋恚之心，常懷毒害之想，造殺生之業，雙手沾滿血腥，造作種種惡行，就墮入叫喚地獄。若有眾生常常學習一些邪知邪見，並爲情愛所繫縛，並造就卑微醜陋的行爲，就墮入大叫喚地獄。若有眾生常常造作燒炙的行爲，把無辜的眾生抓來燒烤，就會墮入燒炙地獄。若有眾生捨棄善行不做，遠離清淨善行，甚至掩蔽眾生的惡行，就墮入大燒炙地獄。若有眾生殺害父母，破壞佛寺，鬥亂聖眾，誹謗聖人，習顛倒邪見，犯下極重罪行，就墮入阿鼻地獄，即無間地獄。最後，我們用一首頌來做地獄說明的總結（長阿含經 卷十九 世記經 地獄品）。

身為不善業，口意亦不善，斯墮想地獄，怖懼衣毛豎；
惡意向父母，佛及諸聲聞，則墮黑繩獄，苦痛不可稱；
但造三惡業，不修三善行，墮堆壓地獄，苦痛不可稱；
瞋恚懷毒害，殺生血污手，造諸雜惡行，墮叫喚地獄；
常習眾邪見，為愛網所覆，造此卑陋行，墮大叫喚獄；
常為燒炙行，燒炙諸眾生，墮燒炙地獄，長夜受燒炙；
捨於善果業，善果清淨道，為眾弊惡行，墮大燒炙獄；
為極重罪行，必生惡趣業，墮無間地獄，受罪不可稱；
想及黑繩獄，堆壓二叫喚，燒炙大燒炙，無間為第八；
此八大地獄，洞然火光色，斯由宿惡殃，小獄有十六。

地獄的刑罰實在是太恐怖，太慘不忍睹了。而且求生不得，求死不能，悲嚎慘叫，受苦無量。讀者可能會懷疑地獄的眞實性，眞的有地獄嗎？須知佛陀是實語者，絕對不會欺騙我們。尊貴的蓮生聖尊《地獄變現記》認爲：地獄實有，精靈、鬼靈、魂魄均是存在的。地獄就是業海，人不斷造業，無形的業力，變成有形的刑罰，報應在人的身上。或業障現前，或陰人討報，或冥王律令。所以說，人間就是地獄，地獄就在你身中，就在你心中。人心不可思議，所以地獄不可思議。人心與地獄是不可分的，根本就是互爲因果。也就是說，地獄是隨心示現的，一切地獄的情景，如刀山、油鍋、鬼卒，全是自心的變化。明白善惡皆是自心起，天堂地獄皆是自心起。如果識得自心，無邊業障自能清淨，如此才能出得地獄。修行學佛的人在建立佛法正見的時候，其中之一就是要相信有地獄的存在，來警惕自己的行爲，切莫造作地獄的惡因。今日既知地獄之苦，地獄之慘狀，就應該要戒愼恐懼，心懷畏怖，記取墮入地獄惡趣的因緣，遠離身惡行，口惡行、意惡行，才不致於墮入地獄，求出無期，後悔莫及。

畜生：愚癡無知

所謂「畜生」泛指除了人類以外的動物，包括飛禽、走獸、游魚、昆蟲、微生物等。這些動物的本能所追求的就是覓食、生存與繁殖。根本無暇修行，亦無有智慧修行，因爲愚癡無知。畜生又名傍生，以其身多橫住，行多傍行，不像人身之直立中行。根據中阿含經（卷五十三）後大品癡慧地經（一九九）：畜生的種類，有所謂暗冥中生，暗冥中長，暗冥中死，如生蟲之類。有所謂身中生，身中長，身中死，如蒼蟲之類。有所謂水中生，水中長，水中死，如魚、龜、蛇之類。有所謂生食青草樹木，如象、馬、駱駝、牛、驢、鹿之類。有所謂聞人大小便氣，即走往趨彼，食彼食，如雞、豬、狗、鳥之類。從一般世俗的眼光來看，其實畜生就是所謂的「蟲魚鳥獸」；或行於陸地、或游於水裡、或藏於土內、或飛於空中、或水陸兩棲、或寄生於其他畜生體中；或無足、或有足；有足者或二足、四足、六足，甚至多足；形體或具體可見，或微細不可見。

畜生的形狀、壽命、果報千差萬別；甚至有胎生、卵生、濕生與化生的不同。胎生是從母胎而出生者，又叫腹生，如走獸；卵生是從卵殼而出生者，如飛禽；濕生是從糞穢、腐肉、叢草等陰濕之地，藉著濕穢暖氣而出生者，如蚊蚋；化生是依靠業力，無而忽有，依其處而頓生者，如大鵬金翅鳥。

生於畜生之中，最悲哀痛苦的莫如愚癡無知，不行仁義，不行禮法，不行妙善，互相攻擊，強者食弱，大者食小，朝不保夕，心懷恐懼，弱肉強食，生吞活剝，血流成河，殘暴不仁。有受「苦役」之苦者，如牛、馬、驢；有受「充食」之苦者，如雞、鴨、豬；有受「互噉」之苦者，如螳螂捕蟬，餓虎撲羊，是謂「畜生之苦」。而且畜生之死，很少是善終的，經常是流血而死，故稱之為「血途」。

何因何緣，墮落畜生惡趣中？中阿含經（卷五十三）後大品癡慧地經（一九九）云：愚癡人者，以本時貪著食味，行身惡行，行口、意惡行，因此緣此，身壞命終，生畜生中。所以說，若不想墮入畜生惡趣，受畜生之苦，就不要過於愚癡無知，無慧無明，行三惡行。並且要節制自己的口腹之欲，不要想要吃遍山珍海味，過分要求美食佳餚。並且多行三妙行，心懷慈悲，言語柔軟，廣結善緣，即可避免墮入畜生惡趣。尊貴的蓮生聖尊《輪迴的祕密》認為：「畜生道泰半是由愚癡產生的，而且是邪婬不守倫常的。有畜生的因緣，必然墮入畜生道之中。經常好鬥爭的瞋怒之人，轉世入畜生道便是毒蛇。經常好淫慾的人，轉世入畜生道成了狗或雞鴨。經常狡猾而外貌慈善心毒的人，轉入畜生道成了狐狼。愚笨而好吃懶做的人，轉入畜生道就成了豬。經常欺騙偷竊的宵小，轉世畜生道就成了鼠輩。其他依此類推。」

餓鬼：饑渴難耐

餓鬼道的眾生有別於在地獄中受苦的鬼。地獄中的鬼毫無自由可言，屬於受管束的鬼，必須在獄中服刑，受諸苦痛。餓鬼道的餓鬼，顧名思義即常患饑餓痛苦的鬼道眾生。也就是說，這類鬼道眾生身患饑渴，終日尋求飲食，卻不可得。長時間遭受饑餓、口渴的痛苦，求生不能，求死不得。或是入口時，食物化成火燄；或是喉細如針，根本無法呑嚥，因而常患饑渴。有些罪業深重的餓鬼，甚至長劫以來不聞漿水之名，何況飲食。罪業次重者，則在人間尋覓不淨之食，例如膿血、糞穢之物。有些餓鬼住在餓鬼世界，處於地下黑暗之處，受苦無量；有些餓鬼則住在人間，所謂「入處餓鬼」，與人類雜處，樂少苦多（雜阿含經 卷三十七 一〇二九經／一〇四一經）。長阿含經（卷二十）世記經忉利天品云：一切人民所居舍宅，皆有鬼神，無有空者；一切街巷四衢道中，屠兒市肆及丘塚間，皆有鬼神，無有空者；一切樹木極小如車軸者，皆有鬼神依止，無有空者。也就是說，鬼道眾生其實是無所不在的，並且與我們人類混雜而居；不僅家宅中有鬼，街道上有鬼，市場裡有鬼，墳墓堆中有鬼，甚至一切樹木中皆有鬼；但以業果相異的原故，不相聞見而已。可見得陰間實有，靈界實有，而且，跟我們人類的生活息息相關。另外，根據雜阿含經（卷三十七 一〇二九經／一〇四一經）的說法：只有生於「入處餓鬼」中的餓鬼，才有機會接受其親人之施食。否則仍須依其業報，受饑餓之苦。

餓鬼其實有無量種，但基本上可分爲三類：無財鬼、少財鬼與多財鬼。（一）所謂「無財鬼」即是一般所稱的餓鬼，形貌醜陋，不得飲食，純苦無樂，即使供養他飲食，他也沒辦法得到。餓鬼多屬無財鬼。包括「焰口鬼」：口中常吐烈焰，縱得飲食，亦化灰燼。「針咽鬼」：咽如針孔，腹如山谷，滴水難通，饑渴難忍。「臭口鬼」：口中常出極惡臭氣，且自薰於己，飲食難遇，飢渴狂奔。（二）所謂「少財鬼」是指形貌醜陋，雖然能得到一點的飲食，但飲食艱苦，樂少苦多。別人不要的，吃剩下的，丟掉的，去拾取來吃。包括「針毛鬼」：身毛堅利，內鑽身體，外射他身，苦痛難忍，偶而碰到不淨之食，稍微解饑解渴。「臭毛鬼」：身毛甚長，薰爛肌膚，衝喉變嘔，若拔其毛，傷裂皮膚，轉加劇苦，偶而會有不淨之食充飢。「大癭鬼」：咽生大癭，熱痛酸疼，彼此互相撥擠，臭膿湧出，共相爭食，稍得充飢。（三）所謂「多財鬼」是指雖然形貌醜陋，卻多福報，因此得以飽食。這是有福報的鬼神，受人燒香祭拜的鬼神。包括「希祠鬼」：常受人祭拜，來去往返，凌空飛行，往還無礙，或住本舍、墳墓，接受眷屬的祭祀。「希棄鬼」：常常接受人家丟棄的或吐出來的食物等，以爲是豐饒的食物。「大勢鬼」：有威德大福，衣冠華美，猶如天子，宮殿嚴飾，車馬相隨。

何因何緣，墮落餓鬼惡趣中，受餓鬼之苦？其實，不外乎仍是因爲身行惡行，口行惡行，意行惡行，或慳貪吝嗇，或妄求非分，或諂曲嫉妒，或起於邪見，或愛著不捨，或饑餓而死，或枯竭而死。因此緣此，身壞命終，生餓鬼中。長阿含經（卷二十二）世記經三中劫品云：墮餓鬼中，所以者何？斯由其人於飢餓劫中，常懷慳貪，無施惠心，不肯分割，不念厄人故也。意思是說，生餓鬼中的人，貪嫉心重，不肯布施。即使布施，卻妄求回報，斤斤計較，內心不清淨。因此生餓鬼中，常受饑餓之苦。一切餓鬼皆以慳嫉爲本，因慳貪心造作十惡業，墮餓鬼中。所以，若不想墮入餓鬼惡趣，受餓鬼之苦，就要注意自己身、口、意的行爲，不使爲惡。並且心胸要寬闊，肚量要大，太貪求，太小氣，過於慳貪嫉妒，邪見邪活，或者餓死、渴死，都有可能因此而墮入餓鬼惡趣，不可不愼。尊貴的蓮生聖尊《輪迴的祕密》認爲：餓鬼道是貪念執著者的一種懲罰，貪心的人容易墮落餓鬼道。貪什麼？貪錢財、貪美色、貪名利、貪口腹之慾、貪睡眠等。要避免墮落餓鬼道中，就是要先學會控制欲心，不可任欲心貪求無厭。

人間：苦樂參半

接下來的人天二趣，可稱爲善趣。亦即所受的苦迫，不若惡趣之痛，甚至可以享福享樂。生爲人身，我們應有很深的體會。事實上，人身是苦樂參雜，福禍相伴的。五趣流轉，其實是以人趣爲上昇或下沉的樞紐。能保有人身或升天享福，是由於過去世得人身時造諸善業，所感得的人天善報。墮落惡趣，也是由於過去世得人身時造諸惡業，所感得的惡趣果報。升天享福，無由造惡，亦無重大惡行，福報享盡，墮入三惡趣，純由過去世得人身時，所累積之惡業未清，招感而得。地獄之眾生，受苦無量無窮，無緣行善，且無重大善行，苦果嚐盡，升人天善趣，亦純由過去世得人身時，所累積之善業未清，招感而得。由此可知，升沉流轉的關鍵，在於人身；享福受苦的鎖鑰，也在於人身。由於人身的造作善惡業，決定未來死後，依業力而受各趣的果報，可見得生而爲人，保有人身的關鍵性。

此外，生爲人身不像三惡趣般苦痛逼迫，無暇修行，也不像天上的天人享樂不盡，不知修行。人身恰好是苦樂參半，甚至是苦多於樂。由於苦但又不至於像地獄般的苦，故可成爲親近佛法修行證道的助緣。由於樂又不像天人般的福報享受，因此可依此人身，養此慧命，精進修行，須知人身難得。根據雜阿含經（卷十五　四〇五經／四〇六經）以及中阿含經（卷五十三）後大品癡慧地經（一九九）：佛陀舉了一個例子，來說明人身實在難得。佛陀說：就好像大海之中，有一隻瞎了眼睛的烏龜，壽命無量百千之歲，每百年才會浮出海面一次，把頭伸出海面之上。另一方面，大海上漂浮著一個小木板，小木板上有一個小孔，該木板爲風所吹而四處漂流。試問該瞎龜之頭，何時得入該小木板之小孔之中？可能當然是有可能，但久久甚難。能夠得人身，就好像那隻瞎龜的頭，恰好伸入了四處漂流的小木板的小孔中，這是何等的不容易。

所謂「人身難得」啊！

即使得人身，但要能夠欣聞佛法，修證佛法，亦是甚難。根據增壹阿含經（卷三十六）八難品（三七〇）：學佛甚難，有八種困難之處，包括：雖然有佛出世，可惜卻生在三惡道中，包括地獄、畜生、餓鬼，或受苦無量，或愚癡無明，或饑渴難耐，不得修行。或生在長壽天中，或色界、或無色界，彼界眾生貪著禪定之樂，就像冬眠的蟲一樣，心識不動，障於見佛聞法。或心生邪見，誤以爲是涅槃的境界，因而染著於該境界，導致善心難生。壽命雖長，一旦出定，卻又墮落。其次，就算有幸生爲人身，但偏偏生在偏遠之地，無緣接觸佛法，無緣聽聞佛法，甚至毀謗佛法。或是雖生在有佛法之地，卻因爲六根不完備，無法分辨是非善惡，不得修行。或是雖生在有佛法之地，六根也具足，卻偏偏缺乏正見，不肯相信佛法。最後，就算肯相信佛法，但是能不能勘此大任？是不是有足夠的聰明才智？聞法能不能領悟其意？能不能身體力行？也是甚難啊！

由此可知，所謂「人身難得今已得，佛法難聞今已聞」，我們還不好好珍惜這千載難逢的機會，建立正見，依照如來正法——八正道，依次修行？雜阿含經（卷四十二　一一三〇經／一一四七經）云：人身難得，唯當行法、行義、行福，於佛法教，專精方便。也就是說，佛陀提醒我們，要珍惜這難得之人身，精進修行，趨向解脫。更難能可貴的是佛由人成。增壹阿含經（卷二十八）聽法品（三二二）云：我身生於人間，長於人間，於人間成佛。增壹阿含經（卷二十六）等見品（三〇〇）云：諸佛世尊，皆出人間，非由天而得也。意思是說，三世一切諸佛，無論是釋迦牟尼佛，或其他佛，當要成佛的時候，一定是在人間而非在天上成佛。此外，根據長阿含經（卷二十）世紀經忉利天品：人間有三事勝過諸天，何等爲三？一者勇猛強記，能造業行。二者勇猛強記，能修梵行。三者勇猛強記，佛出其土。諸天則有三事勝人間，何等爲三？一者長壽，二者端正，三者多樂。也就是說，雖說天界的天人極爲長壽，容貌端正，享樂無窮。但是跟人間比起來，天人反而羨慕人間具有勇猛強記的特性，能造善業，能修清淨梵行，而且最重要的是佛出人間。可見得生爲人身的重要性，不僅可以決定上昇善趣或墮落惡趣，也可以決定解脫或沉淪，是上昇或下沉的關鍵與樞紐，所以說人身難得且可貴。

何因何緣，生此人中？行身妙行，行口、意妙行，正命存活，令身、口、意清淨無瑕穢，因此緣此，身壞命終，生此人中（增壹阿含經 卷二十三 增上品 二七一）。也就是說，只要我們行身妙行：不殺生、不偷盜、不邪淫；行口妙行：不妄語、不兩舌、不惡口、不綺語；行意妙行：無貪念、無恚念、無邪見；加上如法求取生活所需，正命存命；確保身、口、意清淨就可以得人身。不僅自己不要去做惡業，也不可以叫別人做，或者看見別人做時，切不可心生歡喜，須哀憫同情之。如此可保有人身不墮，再乘此人身，養此慧命，精進修行，趨向解脫。尊貴的蓮生聖尊《輪迴的祕密》認爲：人間是多種顏色的混合，正邪參雜，黑白交錯。最起碼要修行「五戒」才可出生於人間。這五戒就是：（一）不殺生：凡飛禽走獸，皆當愛護，不得殺害。（二）不偷盜：即如一草一花，未經人同意，不得私竊或強取，廉潔自愛。（三）不邪淫：一夫一婦，若違反禮法者，縱欲行姦，皆是邪淫。（四）不妄語：以有爲無，以無爲有，以是爲非，以非爲是，這些都叫做妄語。（五）不飲酒：酒若爲藥引，這是無所謂的；但酒若醉人，則成了眾罪之首，所以不飲酒爲宜，免得成了罪惡的引子。

天人：快樂享福

天人是善趣中的善趣，報生在天上的眾生，不僅容貌端正，壽命極長，而且享福享樂，無有痛苦。根據長阿含經（卷二十）世紀經忉利天品：天人身極清淨，像琉璃般一樣的光明；而且可以自由飛行，來去無所障礙；沒有疾病，也沒有便溺之苦；而且心想事成，飲食衣物，心念一動，應念而至；美麗的天女前後圍繞，共相娛樂，仙樂飄飄，香氣芬馥，享受五欲無窮的快樂。不過詳細來說，有情眾生所居住的世界，其實可分爲欲界、色界及無色界。前面所述的地獄、畜生、餓鬼及人間等四趣，都屬於欲界的眾生。人間之上即是天界，天界的天人也有層次上的分別。首先是阿修羅，阿修羅之上有四天王天及忉利天，此二天爲「地居天」。然後是夜摩天、兜率天、化樂天、他化自在天，這四天是「空居天」。以上六天即爲「欲界六天」。欲界以上即爲色界，共分爲四禪天。（一）初禪天有三天：梵眾天、梵輔天及大梵天；（二）二禪天有三天：少光天、無量光天及光音天；（三）三禪天有三天：少淨天、無量淨天及遍淨天；（四）四禪天有九天：無雲天、福生天、廣果天、無想天、無煩天、無熱天、善現天、善見天、色究竟天。色界以上即爲無色界，共包含四天：空無邊處天、識無邊處天、無所有處天、非想非非想處天。合計起來共有二十八天（長阿含經　卷二十　世記經　忉利天品）。

也就是說，有情眾生分別居住在三界裡：一爲欲界，二爲色界，三爲無色界。欲界眾生有欲貪、情愛，睡眠等欲望，像人間一樣，有男歡女愛，有婚姻。欲界六天屬於欲界，生理上不離食欲、睡欲及淫欲；心理上不離財富、名位等欲望。也有國家，君臣的型態。色界眾生則不再有飲食，情愛、睡眠等欲望，仍有妙色身體，及宮殿等形色存在，但不復有男女之別，故不再有淫欲。二禪以上諸天，則是離群獨居，並且以禪定喜樂爲食。無色界眾生則不再有形色的存在，唯以心識，住於深妙之禪定。然而，這三界裡的眾生都還有煩惱，而且會在生死苦海中，輪迴不已。從修行的角度來看，欲界天耽於五欲，容易忘卻修行；色界天耽於禪定，不想出離；無色界天沒有色身，只有精神意識。以下，我們就針對三界中「諸天」做一簡要的說明：

人間之上，有一種眾生叫阿修羅，又作阿須羅，譯爲非天。不端正，形大可畏，因享有諸天之福，卻無諸天之德，福報似天而非天。阿修羅疑心重、瞋心重、傲慢心重，生性好鬥，逞強好勝，修福不修德，常與忉利天天主帝釋交戰。男眾的容貌，因瞋心熾盛而醜陋不堪（長阿含經 卷二十 世記經 阿須倫品）。尊貴的蓮生聖尊《輪迴的祕密》認爲：所謂「阿修羅道」，就是夜叉、羅剎、諸鬼神的統稱。這些阿修羅，本有修善之心，也做了許多善事，但好勝心強，瞋心很重，喜好爭鬥，因而墮落到半善半惡「阿修羅道」的精靈世界中，時而心中光明，時而心中黑暗，沒有安穩的日子過。爲避免入阿修羅道，我們的心靈一定要保持仁愛、禮節、誠信等。

阿修羅之上是四天王天。四天王包括東方持國天王，南方增長天王，西方廣目天王，北方多聞天王。東方持國天王能護持國土，安撫眾生，住賢上城。南方增長天王能令眾生善根增長，住善見城。西方廣目天王能以淨天眼觀察、擁護眾生，住圍羅善見城。北方多聞天王能賜福德，知聞四方，住可畏，可敬，眾歸三城（長阿含經 卷二十 世記經 四天王品）。四大天王是佛教的四大護法神，每月陰曆六齋日，四大天王帶領天兵天將及護法諸鬼神，到人間巡查，勸勉守戒行善，並保護修行人，甚至賜福賜財，因爲天上最富有的就是四天王天。尊貴的蓮生聖尊《諸天的階梯》提到：「樂修十善因，於他無傷害，諸天亦護持，得生四王天。」而關鍵就在護持佛法。

四天王天之上是忉利天，也就是所謂的「三十三天」。忉利天的天主就是天帝釋，或稱釋提桓因。統領四方，各有八天，加上中央之善見城，合計三十三天。天上有宮殿，庭園，諸天人於其中，以五欲自娛。佛陀成道時，天帝釋常至人間聽聞佛法，護持佛法（長阿含經 卷二十 世記經 忉利天品）。天帝釋非常近似於與華人淵源頗深的玉皇大帝。尊貴的蓮生聖尊《諸天的階梯》提到：「於父母三寶，恭敬隨能施，具忍辱柔和，得生忉利天。」想要昇上忉利天，關鍵原來是「柔和心」之故。

忉利天之上是夜摩天，或作炎摩天，焰摩天，炎天，豔天，或炎魔天，譯作時分，善分。此天之天人，時時受五欲之樂。尊貴的蓮生聖尊《諸天的階梯》提到：「自不樂忿諍，勸他令和順，純善修淨因，得生焰摩天。」其中，最重要的是無諍與知足。夜摩天之上是兜率天，或作兜術天，或都率陀天，譯為知足。有七重宮殿，天人分住內外兩院。彌勒菩薩現於內院，為諸天眾說法。彌勒菩薩譯為慈氏，為一生補處菩薩，意即繼釋迦牟尼佛之後的下一尊佛，目前住在欲界兜率天內院。尊貴的蓮生聖尊《諸天的階梯》提到：「兜率天是大知足天」，行者專修解脫智慧，可生兜率天。

兜率天之上是化樂天，又作化自在天，化自樂天，變變化天。此天天人，能隨心意化現快樂，能變化五欲以自娛。尊貴的蓮生聖尊《諸天的階梯》提到：嚴守戒律，對五欲不即不離，當成遊戲，其心不住，便生化樂天。化樂天之上是他化自在天。此天的天人，以他人變化之樂事樂己。尊貴的蓮生聖尊《諸天的階梯》提到：「是諸上有情，具沙門梵行，增長解脫因，得生他化天。」本天是欲界最高天，何等尊榮，何等無上。可惜自大、狂傲、固執；世人皆小，我獨大；自稱第一，無人能及，因而成了魔子魔孫。此天的天主，就是經常來人間擾亂佛陀及障礙佛弟子修行的魔王波旬。魔王波旬站在欲界之頂，不希望有人勝過他。也擔心有情眾生受佛教化，解脫證果，而不再流連三界，致使他化自在天減少了魔子魔孫。因此，常至人間擾亂。

綜合來說，欲界天即是大樂天，就是至樂的天堂。何因何緣，生善趣天上？佛陀說：行四恩，包括惠施、仁愛、利人、等利，因此緣此，身壞命終，生善處天上（增壹阿含經 卷二十三 增上品 二七一）。也就是說，在行十善業的基礎之下，只要我們還能夠進一步做到四種嘉惠眾生恩德的行爲，就可以生善趣天上享福。包括：（一）惠施：廣行布施，救濟貧病。（二）仁愛：心懷仁慈，樂於助人。（三）利人：己立立人，己達達人。（四）等利：平等對待，難捨能捨。就像大乘菩薩的精神一樣，心懷慈悲喜捨，時時爲眾生著想，處處替眾生拔苦。不過，天人雖然享樂不盡，壽命極長，而且不會老，也不會生病，但是壽命期限到的時候，還是要面對死亡。而且當天人壽終時，很可能就會直接墮入惡趣，從極樂變成極苦，因而極其愁憂恐怖。尊貴的蓮生聖尊《諸天的階梯》提到：天福有盡，儘管時間再長，也是一時，故六欲天宮不可久居。但必須恭敬諸天，因天人護持佛法。

欲界之上即爲色界。色界就是所謂的「四禪天」。其中，初禪天就是指梵天，包括大梵天王所統領的梵眾天，輔助大王的梵輔天，以及大梵天王所在的大梵天。尊貴的蓮生聖尊《諸天的階梯》提到：行十善業，斷淫欲，甚至斷除五欲，修禪定，身中現出微微光明，可生梵眾天。若再加上布施、持戒，忍辱，以及清淨心，可生梵輔天。若得初禪，已有定境，並請佛說法，請佛住世，便生大梵天。而且，原來盛行於東南亞的四面佛即是大梵天王。根據佛經的記載（長阿含經 卷二十二 世記經 世本緣品）：大梵天王自以爲能夠自我創造，是自然生成，能造化萬物，其他眾生皆爲梵所化所生，是一切眾生的父母，是天地間的主宰。並且，自認爲能夠了知一切眞理，在千世界中，自在微妙，最爲尊貴。

初禪天之上是二禪天，是以「光明」爲特徵的天界。包括光明較少的少光天，光明無限的無量光天，以及光明遍照的光音天。尊貴的蓮生聖尊《諸天的階梯》提到：進入三昧，寂湛生光，澄心不動，可入少光天。若是總持陀羅尼，就是持明，持明就是持光，持光入三昧，就到了無量光天。其中，與人間因緣較深的是「光音天」。此天極爲光明清淨，此天之有情泯絕音聲，言語時口出淨光，故名爲光音天。此天極淨、無煩無憂、喜無量、自然。根據佛經記載：人類的起緣，是光音天的天人命終之後，來生此間，皆爲化生，隨後就慢慢演化成後世的人類眾生（長阿含經 卷六 小緣經）。

二禪之上是三禪天，是以「清淨」爲特徵的天界。包括快樂無比的少淨天，無量清淨的無量淨天，以及清淨周遍一切的遍淨天。尊貴的蓮生聖尊《諸天的階梯》提到：嚴守戒律的人，因守戒入禪，有了心樂，故生少淨天。此心樂有別於欲界之大樂、身樂與觸覺樂。此心樂是淨樂，是清淨之樂，由清淨而生光，由光而清淨。然後將心樂轉增，淨光轉增，心與心相通，轉至無量而不可測知，便是無量淨天。一切都是淨，一切都是樂，綿綿而無盡。到了遍淨天，三禪之最高天，淨樂周遍，光明無盡，淨德成就，歸向寂滅爲樂。

三禪以上是四禪天，是以「無」爲特徵的天界。沒有苦，也沒有樂，苦樂止息，包括無雲天、福生天、廣果天、無想天、無煩天、無熱天、善現天、善見天、色究竟天等九重天。其中無煩天以上至色究竟天等五天屬於「五不還天」。首先，無雲天又稱無罣礙天。此天無苦、樂、憂、喜等四受，只有捨受。其次是福生天，尊貴的蓮生聖尊《諸天的階梯》提到：能禪定、能捨、且堅固如金剛者，可至福生天。若苦樂俱捨，知清淨，甚至連清淨念亦捨，無淨無垢，可至福愛天。有些眞正的修行人，禪定又能捨，可惜執著其中一諦，例如修苦行的仙人，自以爲是，因而生廣果天。若修行無想定，修一切空，無一切想，證入頑空的境界，死後生無想天。若證入有煩惱即是無煩惱，煩惱即菩提，苦即非苦，把一切煩惱化爲無煩惱，生五不還天的無煩天。若離熱惱，自知眾生皆佛所化，可至五不還天的無熱天，漸漸斷了色界與無色界的煩惱，將來必能修成阿羅漢果。若能夠進一步修四禪八定，得無漏智，恆見本來面目的佛性，必入五不還天的善見天。若在四禪八定之中，一切障礙除盡，進入至微的境界，顯現清徹無比的佛國淨土，看見佛理的至微，並且發菩提心，為眾生說法，可入五不還天的善現天。到了色究竟天，是色界五不還天的最高天，這些天是色界證不還果之聖者所化生之處。二禪之上諸天，多為證果之聖人，具有深沉的禪定，逐漸遠離煩惱，且多以獨居的方式存在。

何因何緣，生此四禪天？所謂行四禪：有覺有觀禪，無覺無觀禪，護念禪，苦樂滅禪。因此緣此，生四禪天。若得盡有漏，成無漏心解脫，智慧解脫（增壹阿含經 卷二十三 增上品 二七一）。也就是說，只要能夠成就初禪、二禪、三禪乃至於四禪的境界，就可以因此緣此，生四禪天。若能夠進一步盡諸有漏，熄滅一切煩惱，甚至可以達成永斷喜貪的心解脫與永斷無明的慧解脫，不再受生輪迴。所謂「初禪」的境界，有覺有觀禪，就是言語止息，離生喜樂，因離斷一切欲惡不善法，而心生喜樂。所謂「二禪」的境界，無覺無觀禪，就是覺觀止息，定生喜樂，因甚深禪定而心生喜樂。所謂「三禪」的境界，護念禪，就是喜心止息，離喜生樂，無喜亦可生樂。所謂「四禪」的境界，苦樂滅禪，就是離苦息樂，內淨一心，苦樂俱捨，無所貪染，寂靜涅槃。

色界之上為無色界。此界的眾生已無形色之束縛，僅有精神意識存在。共包含四重天：（一）空無邊處天，此天的聖者，厭有色身，思無邊空，可以想像成空間的四維八方，無限寬廣，無有邊際。（二）識無邊處天，此天的聖者，厭外空，思內識，思無邊識，可以想像成時間橫跨過去、現在、未來，無始無終。（三）無所有處天，此天的聖者，厭無邊識，思無所有，可以想像成既沒有空間（有想），也沒有時間的存在（無想），一切化為無。（四）非想非非想處天，又作「有想無想處」。意即前述的識無邊處是指「有想」，無所有處是指「無想」。此天的聖者，捨前之有想，故名「非想」。捨前之無想，故名「非非想」。或者說，無粗想故曰「非想」，但並非無細想，故曰「非非想」。合起來就是「非想非非想」。尊貴的蓮生聖尊《諸天的階梯》提到：進入無色界天的方法，自然是四禪八定，加上內外打破，身心無存，完全粉碎。就特質來看，欲界天的特質是「大樂」，有樂受可攀。色界天的特質是「光明」，有禪喜可攀。色界天中的五不還天的特質是「捨」，有捨受可攀。無色界天的特質是「空」，到了四空天，無可攀者。以「身空」入空無邊處天，其特質是無盡空。以「心空」入識無邊處天，其特質是無邊識。以「法空」入無所有處天，其特質是無盡無。以「性空」入非想非非想處天，其特質是無盡細想。針對諸天的境界，有興趣的讀者不妨參閱具有證量的蓮生聖尊「諸天的階梯」。

綜合以上的說明，我們可以了解，眾生在無始久遠以來，即因業力的牽引，而不斷地在五趣中流轉，在六道中輪迴，在三界苦海中沉淪。或生天上，享受福報。但福報終有享盡之時，隨後墮落。或生人間，半苦半樂，禍福參半。或生餓鬼，常患饑渴，飲食不淨。或生畜生，弱肉強食，殘酷恐懼。或生地獄，苦迫刑逼，受苦無窮。時而為善則升，時而為惡則沉，升沉不定，流轉未已。就這樣，眾生造業，隨業感報，生生死死，死死生生，生死輪迴，苦海浮沉，甚至前業未清，後業又造，業上加業，苦上加苦，不得自在，永無了時。尊貴的蓮生聖尊《輪迴的祕密》提到：「我確信有六道輪迴，也確信有地獄道。六道輪迴就是因果律的演變，就是邏輯理論；有了六道輪迴，這宇宙才是合情、合理而公平的。」人的行善行惡，象徵自己上昇天道和下墮地獄的「因果律」。所以說，我們要相信因果業報，才能心生警惕。

第六節 凡聖的差別：愚癡無聞的凡夫與解脫自在的聖人

最後要建立的一項正見就是相信有凡聖的差別，也就是有凡夫、聖人的差別：相信有聖人存在，有阿羅漢存在，有佛存在。相信有三世之覺者：過去曾經有佛出世，現在已經有佛出世，未來也將還會有佛出世。相信只要依教奉行，凡夫也可以經過修證而轉變為聖人，而且是自知、自覺、自證，從此不再受生輪迴，然而，什麼是凡夫？什麼是聖人呢？

愚癡無聞的凡夫

凡夫愚癡無聞，為無明所蒙蔽，為欲愛所繫著，攀緣外境，貪圖五欲，煩惱雜亂，憂悲惱苦。不知不解世間眞理，不聞不問人生眞諦。造意惡行，造口惡行，造身惡行，貪、瞋、癡不斷，殺、盜、淫不停。身不清淨，口不清淨，意也不清淨。恩怨情仇，愛恨交織，紛紛擾擾，糾結纏繞，不得解脫，不得自在，流轉五趣，苦海浮沉。試看多少眾生為了追逐名利權位，財富美妾，而沉迷於欲海之中，永無厭足之日。凡夫愚癡，不在於聰明或愚笨，也不在於學問之多寡，更不在於貧富貴賤，而是在於缺乏正見，不知不見，甚至於邪知邪見。因為邪見就會導致邪志，邪語，邪業，邪命，邪方便，邪念乃至於邪定。不要說出離苦邊，了生脫死，可能還因此造業而墮落，受苦無窮。

何謂愚癡凡夫？根據中阿含經（卷五十三）後大品癡慧地經（一九九）：所謂「愚癡人」，在意行方面，思惡思；在口行方面，說惡說；在身行方面，作惡作。「惡思」包括貪心不足，欲愛染著，希冀非分，瞋怒怨恨，常懷毒想，奸詐狡猾等。「惡說」包括欺詐行騙，語不眞實，離間彼此，謠傳是非，粗暴言語，低級惡劣，諂媚奉成，言不及義等。「惡作」包括燒殺擄掠，豪奪強佔，凌強欺弱，冒犯他人妻女，威脅恐嚇，甚至奪人性命等。愚癡人行此三惡，在現世得惡名，爲他人所唾罵離棄。若犯法，尙得受刑罰，接受法律的制裁。當生命結束的時候，不得善終。愚癡人行此三惡，於現世受此三種憂苦，在後世則墮入三惡趣，其苦不可盡說。

解脫自在的聖人

由此可知，愚癡凡夫身、口、意作惡，邪見邪活，自受苦報，無有終日。聖人則不然，聖人正見宇宙人生的眞相，正見善惡的價値，正見因果業報，正見三世相續，正見五趣流轉，行三妙行，修八正道，於「佛、法、僧、戒」深信不疑。而且，斷諸愛欲，永斷煩惱，自在解脫，究竟苦邊。永斷喜貪，得心解脫，永斷無明，得慧解脫，心慧解脫就是解脫的聖者（雜阿含經　卷二十六　七二三經／七一〇經）。斷除根本煩惱，得大自在，得涅槃樂，不再沉淪生死苦海，到達涅槃彼岸。不過聖人也有層次上的差別，有所謂的「四果聖人」。雜阿含經（卷二十九　八一一經／七九九經）云：何等爲沙門果？謂須陀洹果、斯陀含果、阿那含果、阿羅漢果，分述如下：

一、初果須陀洹：雜阿含經（卷二十九　八〇九經／七九七經）云：何等爲須陀洹果？謂三結斷。中阿含經（卷二）七法品漏盡經（一〇）云：身見、戒取、疑三結盡已，得須陀洹。意思是說，只要斷了「三結」——身見結、戒禁取結及疑結，就可以成爲初果聖者須陀洹。須陀洹意譯爲「預流果」，亦即預入聖人的流類。證初果可說是修行上一個重要的分野，是凡是聖，從此區隔。其必要條件爲斷除三結。何謂三結？即身見結、戒禁取結及疑結。根據增壹阿含經（卷十六）高幢品之三（二一三）：所謂「身見結」，即「我見」。橫計有我是一種自我的妄執，而我見即是生死流轉的根本原因。所謂「戒禁取結」，即迷信外道邪戒，以爲受持此戒可以享福報，可以生天，可以解脫等等。卻不知不僅於修行無益，可能還因此造下惡業。所謂「疑結」，即對於「佛、法、僧、戒」沒有信心，有所懷疑，因而無緣建立正見，更無法修證解脫。初果須陀洹則已斷除了此三結，包括斷除對自我身心的妄執，斷除對無益解脫的外道邪戒，也斷除了對「佛、法、僧、戒」的所有疑慮，生大信心，生勇猛心。從此斷除繫縛生死的三結，生死就此解脫，無量生死都已經終止。中阿含經（卷二）七法品漏盡經（一〇）云：須陀洹不墮惡法，定取正覺，極受七有。天上人間，七往來已，便得苦際。也就是說，須陀洹果從此不會再墮入惡趣，未來必定能夠完全解脫，頂多再七次往返人間、天上，就可以永遠脫離生死，進入涅槃。

二、二果斯陀含：雜阿含經（卷二十九　八〇九經／七九七經）云：何謂斯陀含果？謂三結斷，貪、瞋、癡薄。意思是說，只要斷了三結——身見結、戒禁取結及疑結，加上貪、瞋、癡轉薄，就可以成爲二果聖者斯陀含。斯陀含意譯爲「一來」，亦即由於已經證了初果須陀洹，經過了人間、天上的六番生死，最後只剩下一次天上，一次人間的生死。二果同樣是斷了三結——身見結、戒禁取結及疑結，並且再繼續向上昇華，使得貪、瞋、癡逐漸轉薄。重點是三結已斷，生死的根本已經被截斷，證果成聖指日可待。雜阿含經（卷三　六八經／七七經）云：如截多羅樹頭，未來不復更生。意思是說，就好像一棵大樹已被連根拔起或斬斷無餘，雖未立刻枯黃死去，但可以確信的是根本已被截斷，無法再吸收水分及養分。樹枝綠葉終將枯黃凋謝，有如貪、瞋、癡逐漸轉薄；大樹終將死去，有如生死流轉即將終止，這就是所謂的「斯陀含果」。

三、三果阿那含：雜阿含經（卷二十九　八〇九經／七九七經）云：何謂阿那含果？謂五下分結盡。意思是說，只要斷了五下分結——身見結、戒禁取結、疑結、貪欲及瞋恚，就可以成爲三果聖者阿那含。阿那含意譯爲「不來」或「不還」。亦即證阿那含果的聖者死後，離欲界上生色界，或無色界，然後就在那邊入涅槃，不再來欲界受生。至此，阿那含果已經斷盡欲界的煩惱——五下分結（雜阿含經　卷二十九　八三四經／八二二經）。前三結在證初果時已經斷盡無餘，而瞋恚則是專屬於欲界的煩惱，貪欲則通於欲界、色界及無色界。此處所斷的貪欲是指欲界的欲貪。亦即證了三果阿那含的聖者，從此內心不起瞋恚，對五欲不再染著，男女間的愛欲、淫欲也已經徹底斷盡。

四、四果阿羅漢：雜阿含經（卷二十九　八〇九經／七九七經）云：何等爲阿羅漢果？謂貪、恚、癡永盡，一切煩惱永盡。意思是說，只要斷了五下分結——身見結、戒禁取結、疑結、欲界的欲貪及瞋恚，以及五上分結——色貪，無色貪，掉舉，慢及無明，貪、瞋、癡永盡，一切煩惱永盡，就可以成爲四果聖者阿羅漢。阿羅漢意譯爲「應供」，亦即應受人天供養的聖者，或者譯爲「無生」，斷盡一切煩惱，不會再有生死。至此，阿羅漢果不僅斷了前述的五下分結，尚且斷了五上分結——所謂「色貪，無色貪，掉舉，慢及無明」。連色界及無色界的貪愛都已經斷盡。內心的掉舉、放逸及擾動，細微的我慢也都已經降服。連最根本的煩惱——無明，也爲之破除。繫縛三界的一切煩惱永斷無餘，煩惱既斷，則入涅槃。另外，阿羅漢又可分爲「慧解脫阿羅漢」及「俱解脫阿羅漢」。前者是以「慧力」斷除無明的聖者阿羅漢；後者則是「定慧俱全」的聖者阿羅漢（中阿含經　卷二十四　因品　大因經　九七）。只要證得阿羅漢果，就可以獲得所謂的「三明及六通」。三明是指天眼明、宿命明及漏盡明。「天眼明」知未來，「宿命明」知過去，「漏盡明」知煩惱是否徹底斷盡。六通是指六種神通，所謂「天眼通、天耳通、神足通、宿命通、他心通及漏盡通」。其中，天眼通、宿命通及漏盡通就是前述的三明。

有了「天眼通」的人，可以看到極遠、極近、極粗、極細的種種形色，不論遠近、內外、晝夜，都能看得見，甚至上可以觀看天宮，下可以視察地府。有了「天耳通」的人，可以聽得到世間的一切聲音，甚至可以聽見鬼神語，乃至於佛、菩薩語。有了「神足通」的人，可以隨念即至，自在往來於諸法界，變化無窮。遠近，一與多，均可示現。甚至可以騰空而起，神足飛行。有了「宿命通」的人，可以知道自己或眾生的累世生死，前世或前幾世的事，都可以回憶起來。有了「他心通」的人，可以知道他人的一切心中所想，也可以知道眾生的種種心念，甚至可以入他身、知他念。有了「漏盡通」的人，可以煩惱漏盡，解脫無礙。不作人天之業，也不作三惡趣之業，不起一切心，亦不生一切緣，斷盡生死，這就是漏盡通，是佛教所獨有的。不過要注意的是，神通只是度化眾生的善巧方便，是修行的副產品，絕對不可以拿來顯異惑眾。可見得阿羅漢果的功德，令人讚嘆。佛經上多處記載有許多聲聞弟子在佛陀的教導下，當世即證阿羅漢果的比比皆是。

所以，佛陀要我們建立的正見之一，就是相信有凡夫與聖人的差別，相信有聖人存在，相信有佛存在。凡夫愚癡無聞，聖人解脫自在。我們要嚮往、進而了解聖人的境界，然後捨凡夫而就聖人。依如來正法，正信正修（中阿含經　卷三十六　梵志品　瞿默目揵連經　一四五）。於「佛、法、僧、戒」深信不疑，然後精進修行，趨向涅槃。如此，便可以由凡夫之身，超凡入聖，證果成聖。而且是自知、自覺、自證，不待他人認證許可。開悟證果，成聖成佛是生死大事，未證言證是大妄語，將墮地獄。就好像「如人飲水，冷暖自知」。業力的根本在三惡行、十惡業；輪迴的根本在貪、瞋、癡。試問自己造業的惡行停止了沒有；貪、瞋、癡的煩惱又熄滅了幾分。自己還有沒有貪念、瞋念、癡念、邪念、淫念、害念，自己清清楚楚，騙得了別人，騙不了自己，也騙不了天地鬼神。

至此，我們充分了解到，何謂愚癡凡夫以及成聖成佛的條件與境界。任何人都可以經由修證，超凡入聖，由凡夫蛻變成聖人，達到所謂「我生已盡，梵行已立，所作已作，自知不受後有」的境界。「我生已盡」：意謂著牽引凡夫流轉五趣、六道輪迴的因素，包括所有的妄想執著，煩惱業力，都已經不存在了。從此不會再去受生受苦，不生也就不滅，自然而然也就免除了生住異滅，生老病死的痛苦，達到解脫自在的境界。「梵行已立」：意謂著一個解脫自在的人，自然而然豎立其清淨高尚的行為，不會再造身惡業、口惡業及意惡業。不再執著自我，不再生起三毒──貪、瞋、癡。不再迷戀四食──摶食、觸食、意思食、識食。不再貪著五欲──眼見美色、耳聞妙音、鼻嗅芳香、舌嚐美味、身觸細滑。不再攀緣六塵──色、聲、香、味、觸、法。身心清淨，梵行自然建立。「所作已作」：意謂著解脫自在的圓滿性，該做的都已經做了，不會覺得有所缺乏；因為對世間已無任何貪求，也不會覺得有所遺憾；因為身心清淨，無所雜染。「自知不受後有」：意謂著解脫自在的人，清楚地知道自己從此以後不會再受生，不會再有生死輪迴，不會再有煩惱業報，無始長久以來的生死、煩惱、痛苦、沉淪，至此告一段落，不會為過去、現在煩惱，更不會為未來煩惱。也就是活在當下，活得自在，活得毫無牽掛，這就是聖人的境界。

第七節　出世間正見

以上所談及的正見仍只能算是「善趣正見」或「世間正見」而已，是修證解脫的起點，而非終點。想要眞正出離世間，了生脫死，修證解脫，尚須建立所謂的「無漏正見」或「出世間正見」。然而，如何才能眞正做到無漏正見或出世間正見呢？雜阿含經（卷二十八　七九七經／七八五經）云：謂聖弟子苦苦思惟，集、滅、道道思惟，無漏思惟相應，於法選擇，分別推求，覺知黠慧，開覺觀察，是名正見是聖、出世間，無漏、不取、正盡苦，轉向苦邊。意思是說，聖弟子們應該如實地了解「苦集滅道」的眞實內涵，依照「苦集滅道」的思惟方式，用無漏思惟來觀察覺知世間的一切。亦即苦諦當知：找出問題的所在；集諦當斷：找出根本的原因；滅諦當證：修證苦滅的境界；道諦當修：實施滅苦的方法。首先，針對世間的一切現象，以無漏思惟觀察、分別世間萬法，並加以區別選擇，推究求解，開顯無漏智慧，正觀「苦集滅道」、「緣起中道」、「諸行無常」、「諸受是苦」、「諸法無我」、「寂靜涅槃」的智慧。從「諸行無常」、「諸受是苦」的正見中向於厭，引發解脫的眞實欲求。從「諸法無我」的正見中向於離欲，不再於四食、五欲、六塵中有所染著、留戀。從「寂靜涅槃」的正見中向於滅，收攝內心，趨向涅槃而行道。並隨時抱持「四聖諦」的正見，依遠離：遠離諸惡不善法；依無欲：離欲清淨；依滅：熄滅貪、瞋、癡，永斷喜貪，心解脫；向於捨：放下妄執，永斷無明，慧解脫（雜阿含經　卷二十八　七七六經／七六四經）。一切觀察覺知皆不違背「四聖諦」——苦集滅道的眞理，念念轉趨涅槃，這就叫做聖者、出世間、無漏、無所執取、眞正滅盡痛苦、超離苦邊的「出世間正見」。

第四章 出世間正見

手把青秧插滿田
低頭便見水中天
六根清淨方為道
退步原來是向前

第一節　四聖諦：出離生死的智慧

出世間正見就是指「四聖諦」，是佛陀證道後，最初在鹿野苑為憍陳如等五位比丘弟子所宣說的教義，也就是所謂的「苦集滅道」。亦即苦聖諦、苦集聖諦、苦滅聖諦、苦滅道跡聖諦；簡稱苦諦、集諦、滅諦與道諦。「苦聖諦」是描述苦迫的現象；「苦集聖諦」是描述痛苦集起的原因；「苦滅聖諦」是描述痛苦熄滅的境界；「苦滅道跡聖諦」是描述滅苦的方法。佛陀說：於四聖諦若不知不見，就會長夜驅馳生死，不得休止（雜阿含經　卷十五　四〇二經／四〇三經）。是故對於苦聖諦當知當解，於苦集聖諦當知當斷，於苦滅聖諦當知當證，於苦滅道跡聖諦當知當修（雜阿含經　卷十五　三八一經／三八二經）。若於「苦集滅道」已解已斷，已證已修，即斷愛欲，離諸煩惱，證阿羅漢，究竟苦邊（雜阿含經　卷十五　三八二經／三八三經；三八三經／三八四經）。甚至佛陀說：若能夠於四聖諦徹底覺悟，名為如來、應供（阿羅漢果）、等正覺。亦即修證成果，成為解脫的聖者之意（雜阿含經　卷十五　四〇一經／四〇二經）。

四聖諦也是用來醫治有情眾生「生老病死，憂悲惱苦」的珍貴藥方。所以說，如來是解脫生死之苦的大醫王。佛陀說：要成為「大醫王」的條件有四：一者善知病：亦即良醫應當遍知種種病症；二者善知病源：亦即良醫應當洞察此病因是因何而起；三者善知病對治：亦即良醫應當熟悉何種病症該用何種對治的方法；四者善知治病已，當來更不復發：亦即良醫應當有把握治完病後，根本拔除病因，以後再也不會復發（雜阿含經　卷十五　三八八經／三八九經）。佛陀宣說的四聖諦，完全符合這四個條件，是故如來是大醫王。要讓眾生如實知苦、解苦，有如深切了解病症；如實知苦集、斷苦因，有如找出病因、根除病因；

如實知苦滅、證涅槃，有如大病初癒，輕鬆自在，永不復發；如實知滅苦、修道，有如對症下藥，藥到病除。所以說，四聖諦是佛陀教化眾生趣向解脫道，到達涅槃彼岸的尊貴方法。中阿含經（卷七）舍梨子相應品象跡喻經（三〇）云：一切法皆四聖諦所攝，來入四聖諦中，謂四聖諦於一切法最為第一。佛陀說：所有的一切佛法都可以包容在四聖諦裡面。四聖諦是所有佛法當中最殊勝，也是最重要的佛法，由此可知四聖諦的重要性。尊貴的蓮生聖尊《清風小語》認為：「四聖諦是眞實不虛的眞理啊！」

第二節　有情生命：佛法立論的基礎

何謂有情生命？

所謂「有情」即是指具有情感、意識的生命個體，又名「眾生」。我們人類本身就是有情生命的一種，佛法基本上是以有情為本而立論的。首先說明有情生命的種類：依照雜阿含經（卷三十四　九四七經／九五五經）的說法，有情眾生約可分為五類，謂之「五趣」，即天人、人、餓鬼、畜生及地獄。天人、人稱為「善趣」；餓鬼、畜生及地獄稱為「惡趣」。天人之中若再區分出有福無德、瞋心甚重的阿修羅，則為「六道」。在人間有人，有餓鬼，有畜生。人間之上有諸天，包括欲界天、色界天及無色界天。人間以下則為地獄。人、餓鬼、畜生、地獄都居住在地居天，與欲界天同屬欲界。欲界天以外諸天則屬色界或無色界。至於有情生命的誕生，根據增壹阿含經（卷十七）四諦品（二一九）：有此四生，云何為四？所謂卵生、胎生、濕生、化生。卵生者例如雞、雀、烏、鵲、孔雀、蛇、魚、蟻子之屬；胎生者例如人及畜生；溼生者例如蚊蚋之屬；化生者例如諸天、地獄、餓鬼、若人、若畜生。意思是說，有情生命的誕生，有所謂的「卵生、胎生、濕生、化生」。不管是那一種誕生的方式，只要一出生，就會以五趣眾生中的某一種形式存在著，形成一個生命個體，直到這一期生命結束。

五蘊：有情生命的組成

佛經上說有情生命是由「名色」所組成。何謂名色呢？中阿含經（卷七）舍梨子相應品大拘絺羅經（二九）云：云何知名？謂四非色陰為名。云何知色？謂四大及四大造為色。也就是說，名指精神面，包括五蘊中的四個非色陰——受、想、行、識。色指物質面，即地、水、火、風等四大所組成的肉體。換句話說，有情生命是由五蘊——色、受、想、行、識所組成；色指生理，屬物質面；受、想、行、識指心理，屬精神面。蘊為積集、聚合、類別之義，指各種要素的積聚。舊譯為「陰」，有覆蓋之意。「五蘊」是組成一切有情生命的基本要素。「色蘊」是指物質性積聚的組合；「受蘊」是指感受作用；「想蘊」是指想像作用；「行蘊」是指意志作用；「識蘊」是指了別作用。以下我們針對「五蘊」分別加以敘述說明：

色蘊：物質世界

色有質礙之意，是指實體的物質，有形狀、體積可以顯現，並占有空間；在互相碰觸時會受到障礙；而且物質有生、住、異、滅，終歸變壞。所以說，色蘊泛指一切物質及物質的特性，包括四大種與四大所造色。「四大種」就是指地界、水界、火界與風界，一般稱為四大，是一切色法的「能造之因」。是普遍構成一切物質的基本元素，類似現代科學上固體、液體、溫度與氣體的性質。「四大所造色」即是由「四大種」所造成的一切物質，故說物質是「所造」。能造與所造，皆屬於色蘊。一般來說，色蘊是指我們的色身，亦即我們的肉體。增壹阿含經（卷二十八）聽法品（三二二）云：所謂此四大身，是四大所造色。是謂名為色陰也。也就是說，色陰是指地、水、火、風四大所組成的色身。色身包括自我個體的高矮胖瘦、五官長相、身體手足以及體內各種器官等。

受蘊：感受作用

受有領納之意，是指當我們色身的六根接觸到外界的六塵，所起的一種感受，屬於精神活動方面，代表一種感覺上或情緒上的作用，能引起貪愛。增壹阿含經（卷二十八）聽法品（三二二）云：所謂受者，受者名覺，為覺何物，覺苦、覺樂、覺不苦不樂，故名為覺也。意思是說，因為身體或心理遭受到外在環境的影響或刺激，所引起的感覺或生起的情緒，這種感覺或情緒有的令人感到痛苦，謂之苦受；有的令人感到快樂，謂之樂受；有的則覺得無所謂，謂之不苦不樂受。一切諸欲，都是以受為基本因的。所以說，身心的一切感受都可以稱為受蘊。其中，感覺形成苦樂的主觀感受，而情緒則是對苦樂生起貪、瞋、癡的反應。長久下來，逐漸形成個人的感性作用。

想蘊：想像作用

想有取像、想像之意，是指當我們色身的六根與外境六塵接觸之後，所生起的一種認知與想像的作用，進而安立種種語言、文字或名稱。例如眼睛看到一朵花，再用鼻子聞一聞，或用手摸一摸，綜合各種感覺之後，就會形成一朵花的概念或印象，包括花的大小、形狀、顏色、香味、軟硬等等。並且，這些認知、概念或印象可以儲存在我們的記憶之中，並且給花安立一個名相，以後再看到類似花的東西，就知道這是花了。增壹阿含經（卷二十八）聽法品（三二二）云：所謂想者，想亦是知。因此，可以就現有的情況包括有形的，或無形的，也可以就過去的回憶，或未來的憧憬，做為想像的對象。所以說，想蘊是累積多次的經驗而形成的。基本上，想蘊包括了知性的認知作用，主觀的想像作用，與理性的邏輯推理作用。一切諸見，都是以想爲基本因的。

行蘊：意志作用

行有造作之意，是指我們的內心所造作出來的行爲，有動機的傾向，有意志的作用，與決策過程有關。參考毛治國博士《決策》方面的研究：與行蘊有關的決策，是當我們的身心與外境互動之後，經過客觀的知覺與主觀的想像，在完成「知性」上事實面的認知之後，透過「理性」上因果關係的思考，包括分析、推理與歸納，再參考個人的價值觀與偏好特性，最後在「感性」作用的基礎上，所起的一種意志上的判斷、抉擇與決定，而引發出來的行爲。增壹阿含經（卷二十八）聽法品（三二二）云：所謂行者，能有所成，故名爲行。爲成何等?或成惡行,或成善行,故名爲行。意思是說,所謂「行」就是意志上已經做了決定,背後存在一個動機,想要去成就某一件事情,所以稱之爲「行」。

識蘊:了別作用

識有了別之意,亦即了解、識別、分別的意思。其實就是指我們的六識:包括眼識、耳識、鼻識、舌識、身識及意識。這六識各有其不同的功能,因六根緣六塵而生起六識,透過了解、識別、分別外境而有受、想、思。眼識是當眼根接觸到色塵時,同步產生眼識與意識以了解、識別、分別色塵。耳、鼻、舌、身、意,亦復如是。六根接觸六塵所產生的六識,稱爲了別境識,依根緣境,生起了別外境的作用。增壹阿含經(卷二十八)聽法品(三三二)云:所謂識者,識別是非,亦識別諸味,此名爲識。意思是說,所謂「識」就是識別諸境之意,不管是可見或不可見、有形或無形、具體或抽象,都可以透過我們的意識加以了解、識別與分別。

有情生命一切身心的活動,都是以「識」爲基礎,包括色身上的「知覺作用」,感性上的「情緒作用」,理性上的「想像作用」,以及行動上的「意志作用」,都是由「識」所支配。因識而有所了解、識別與分別,進而產生各種感受、想像與決定。由此可知,識蘊是色身與外境接觸所生的受、想、行三蘊的基礎;支配並統合各蘊,進而形成有情生命個體的行爲。如果沒有識蘊,色、受、想、行四蘊就沒有存在的意義。六識當中的前五識是依前五根而生起之識;第六識是依意根生起之識,因此也稱爲意識。在六識當中又以第六識爲主,第六識是分別識,前五識本身沒有分別作用,只是單純的面對外境,收集資訊,必須依於第六識才能發揮作用。諸識生起時，必有境界被識所緣。識是「能識」，境是「所識」。前五識對外境而言是依於五根，對內而言則依於第六識。

何謂六根、六塵、六識？

至此我們可以了解，組成我們有情生命的元素是「五蘊」，包括物質面的色蘊，以及精神面的受、想、行、識四蘊。五蘊說明我們色身與外在環境接觸之後所引發的一連串心理活動，亦即我們有情生命的個體在接觸到外界的刺激，或外來的資訊輸入之後，是如何處理的一個過程。經過處理之後，最後以意行、口行或身行的方式輸出個體的行為。其中，有情生命就是透過「六內入處」與「六外入處」溝通接觸的。「入處」有兩種意思：一為煩惱由此而生，一為煩惱由此而入之意。雜阿含經（卷十二 二八二經／三〇四經）云：何等為六內入處？謂眼入處、耳入處、鼻入處、舌入處、身入處、意入處。就是指我們色身的「六根」——眼、耳、鼻、舌、身、意。「根」是能力的意思，是有情生命與外界接觸的六種管道。雜阿含經（卷十二 二八二經／三〇四經）云：何等為六外入處？謂色入處、聲入處、香入處、味入處、觸入處、法入處。或稱「六塵」，就是指我們的六根所對應的六種外境——色、聲、香、味、觸、法，是有情生命所能經驗的六種外在塵境範圍。

綜合言之，有情生命的組成是五蘊，五蘊則是靠六入處來接觸外界六塵。六內入處及六外入處則合稱「十二處」，而這「十二處」就是涵蓋世間的「一切」。雜阿含經（卷十二 二九七經／三一九經）云：一切者，謂十二入處。眼色、耳聲、鼻香、舌味、身觸、意法，是名一切。雖說「十二處」是名一切，但是六根本身不能攀緣六塵，除非有心識的作用，包括眼、耳、鼻、舌、身、意等六識。何因何緣六識生？雜阿含經（卷九 二四〇經／二三八經）云：眼因緣色眼識生，所以者何？若眼識生，一切眼色因緣故。耳聲因緣、鼻香因緣、舌味因緣、身觸因緣、意法因緣意識生。所以者何？諸所有意識，彼一切皆意法因緣生故。意思是說，爲什麼會有眼識產生呢？這是由於眼睛接觸色塵的因緣，因而產生眼識。其餘如耳聲、鼻香、舌味、身觸、意法，也是由於接觸客塵的因緣，因而產生相對應的識。

由此可知，六識的生起要有六根爲因，六塵爲緣；根爲主體，塵爲客體；根塵相觸而生識。雜阿含經（卷十一 二七二經／二七三經）云：譬如兩手和合，相對作聲。如是緣眼色生眼識，三事和合觸，觸俱生受、想、思。也就是說，就好像兩手拍掌作聲一樣，根、塵相觸因而而生出識來。或者說根、塵相觸因爲識的了別作用，而產生了受、想、思。其中，「六根」、「六塵」加上「六識」，合稱爲「十八界」，充分反映出一個人完整的生活體驗。

綜合來說，有情生命的組成要素是「五蘊」——色、受、想、行、識。色身有六種負責接收外界訊息的「六根」——眼、耳、鼻、舌、身、意，然後與外界的環境「六塵」——色、聲、香、味、觸、法進行接觸。透過「識」的了別與認知，進而產生了各種感受；或樂受、或苦受、或不苦不樂受。基於今生的人生體驗以及累世的潛藏記憶庫，所形成的個人習性，在「我愛、我見、我慢、我癡」的影響下，生起「我愛」，引發「愛諍」。或是產生了各種概念上的想像、觀念上的聯想以及妄念上的思想，生起「我見」，引發「見諍」。接著，在「知性」上，完成事實方面，客觀資訊的收集與認知；在「理性」上，完成邏輯方面，因果關係的分析、推演與歸納；加上「感性」上，完成價値方面，個人主觀的偏好與取捨；終於在「意志」上，決策方面，綜合主觀與客觀，知性的認知、理性的分析與感性的偏好，做出判斷，並形成一種動

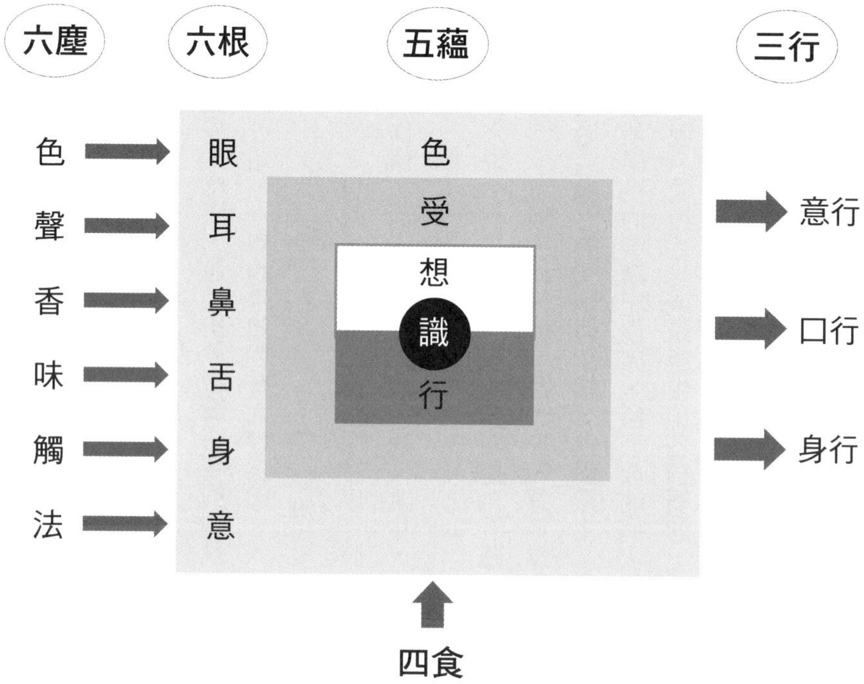

機，而造作行爲。或意行、或口行、或身行。這就是有情眾生一般的行爲模式。另外，爲了維持有情生命的生存，根據佛陀的說法，必須仰賴「四食」的攝取。何謂四食呢？我們說明如下：

四食：有情生命的延續

有情生命在誕生之後，即開啓了這一期的生命歷程。而爲了維持這一期的生命，一個不可或缺的因素，就是要有「食物」來維持生命。如果沒有「食物」就會餓死，遑論修行。從佛教的觀點來看，有情生命需要四種不同類型的「食物」來維持生存，即所謂的「四食」。雜阿含經（卷十五　三七四經／三七五經）云：有四食資益眾生，令得住世，攝受長養，何等爲四？一者摶食，二者觸食，三者意思食，四者識食。意思是說，有四種食物可以資益有情眾生，令眾生得以生存與延續，攝取領受四食以增長滋養有情眾生的生命。包括「摶食」、「觸食」、「意思食」與「識食」。摶食屬於「物質食糧」，滋養有情眾生的色身；其他三食屬於「精神食糧」，安撫有情眾生的心靈。觸食，與六根攀緣合意的六塵，滿足欲望，追求快樂有關；意思食與懷抱希望、完成心願有關；識食則與實現自我、成就自我有關。以下我們針對「四食」分別加以說明：

摶食

所謂「摶食」或曰「段食」，就是指我們日常生活當中的三餐飲食或分段飲食。增壹阿含經（卷二十一）苦樂品（二五二）云：彼摶食者，如今人中所食，諸入口之物可食噉者，是謂名爲摶食。意思是說，摶食是指物質性的食物，凡是可以用來解除身體饑渴的食物皆屬之。其功用不但可以滋養、維持身體的運作，而且藉由溫飽的身體來促進愉悅的精神。摶食爲滋養色身的重要因素，缺乏摶食，生命將難以延續。所以說，爲了長養慧命，滋養色身，必須要有基本的飲食。但必須如法求，不可妄求，更不可貪求。雜阿含經（卷十八 四九九經／五○○經）云：但以法求食而自活也。就是要我們依照佛陀的教誡正命生活，如法求取生活所需，不可過分耽膩在口腹之欲。

觸食

所謂「觸食」或曰「更樂食」，就是指我們的色身六根接觸到六塵外境，因為如我意或合我意而感到快樂，使身心得到愉悅，精神為之一振。增壹阿含經（卷三十一）力品（三三七）云：眼者以眠為食，耳者以聲為食，鼻者以香為食，舌者以味為食，身者以細滑為食，意者以法為食。意思是說，觸食可分為屬於前五根物質性的觸食，以及屬於意根精神性的觸食。亦即所謂的「六根食」，六根各有其所需的食物來維持其存在與功能。運用過度，容易敗壞；荒廢不用，則容易退化、萎縮。觸食可以令我們五蘊中的受蘊感到歡喜快樂，這種快樂是經由六根與六塵接觸，所引發令我們的身心得到撫慰，得到關愛。缺乏觸食會令人活在痛苦之中，沒有快樂，甚至難以繼續活下去。不過過度追求觸食的結果，反而變成為我們煩惱的根源（雜阿含經 卷十 二六五經／一一七一經）。所以說，我們要善加守護我們的六根，不令過度攀緣外境，切不可讓觸食的追求變成罪惡的淵藪。

意思食

所謂「意思食」或曰「思食」、「念食」，就是指我們的想法、念頭或希望能夠得到實現，包括名利、財物、情愛、地位等等的追求，使我們的身心得到激勵，滿足自我的欲望。增壹阿含經（卷二十一）苦樂品（二五二）云：諸意中所念想，所思惟者，或以口說，或以體觸，及諸所持之法，是謂名為念食。意思是說，一個人活在世上，對未來充滿期盼，心中會有各種想法與念頭，為了滿足自我，與「我愛、我見、我慢、我癡」相應。所以說，意思食就是有情生命在繼摶食滋養色身，觸食追逐快樂之後，對於如何滿足自我的欲望，而形成的一種具有意志上的想法與念頭。不過，過度追求意思食，也會帶來人與人之間的無謂糾紛。因此，我們應該將意思食導向「善良」的意思食。所謂「存善念、發善願、行善行、得善果」。甚至還要提昇意思食的心靈層次，朝向「寂靜涅槃」的目標前進。

識食

所謂「識食」就是指以識爲食。增壹阿含經（卷二十一）苦樂品（二五二）云：所念識者，意之所知，梵天爲首，乃至有想、無想天，以識爲食，是謂名爲識食。這個「識」令有情生命執取五蘊身心爲我，成爲身心發展，生命延續的力量，故名爲「識食」。特別是從初禪的梵天，一直到有想天、無想天的眾生，都是純粹以識爲食。前述的「意思食」主要是有情生命爲了滿足自我的欲望而表現於外在的「生存欲」；而「識食」則是有情生命爲了證明自我的存在而潛藏於有情生命心中深層的「生存欲」。兩者同樣都是希望生命能夠延續下去，只是有內外深淺的差別而已。「識」是生命存在的核心，和「名色」彼此互相依存。一旦「識」找到一個根身依靠，「名色」即得以增長，有情生命就能夠延續存在。由此可知，「識」有維持生命延續，幫助身心發展的力量，故稱之爲「識食」。不過，若過分追求識食，反而成爲流轉生死的主因，從此世到後世（增壹阿含經 卷二十一 苦樂品 二五五）。因此，在未終止生死流轉之前，當以「清淨識」做爲我們修行的目標。唯有斷除對「識」的執取，生死的流轉才得以終止。

總而言之，四食對於有情生命的生存延續，以及未來生命的開展，有著決定性的影響。「摶食」滋養色身，使溫飽；「觸食」撫慰身心，使快樂；「意思食」實現希望，使激勵；「識食」成就自我，使發展。前二食著重在現世有情生命的存在與延續，屬於較低層次的需求，比較接近動物的求生本能。後二食則影響有情生命的未來、後世、甚至生生世世的存在與延續，屬於較高層次的需求，比較傾向於自我的實現與心靈的提昇。所以說，正確的四食應該是均衡的「摶食」，保有健康的身體；適當而有益的「觸食」，保持愉快的身心；善良的「意思食」，注入希望的生命；清淨的「識食」，指導正確的人生。接下來，我們要來探討能夠讓有情生命跳脫雜染人生、終止生死流轉的「出世間智慧」——「四聖諦」。四聖諦包括「苦聖諦」、「苦集聖諦」、「苦滅聖諦」、「苦滅道跡聖諦」，分別說明如下。

第三節 苦聖諦：宇宙人生的真相

何謂苦聖諦？

苦聖諦或簡稱苦諦，主要是在闡述宇宙人生的眞相：人生無常，世間苦迫，三界無安，五趣流轉，六道輪迴。中阿含經（卷七）舍梨子相應品分別聖諦經（三一）云：云何苦聖諦？謂生苦、老苦、病苦、死苦、怨憎會苦、愛別離苦、所求不得苦、略五盛陰苦。增壹阿含經（卷十四）高幢品之一（二〇九）云：彼云何爲苦諦？所謂生苦、老苦、病苦、死苦、憂悲惱苦、愁憂苦痛，不可稱計。怨憎會苦、思愛別苦、所欲不得，亦復是苦。取要言之，五盛陰苦，是謂苦諦。簡而言之，人生眞實苦，人生眞的是很苦，有那些苦？有所謂「八苦」，包括生苦、老苦、病苦、死苦、怨憎會苦、愛別離苦、所求不得苦、五盛陰苦。分述如下：

一、生苦：從胎兒的觀點來看，胎兒居住在媽媽的肚子裡，就好像被關在牢獄一般，日夜困厄，不得出離，故有「胎獄」之稱。胎兒要生出來的時候，經過產道，如山夾體，母子都承受極大的風險，甚至命在旦夕；脫離母體，生出來之後，從此要自己呼吸，面對茫然未知的未來，因而嚎淘大哭，此時眞是有苦難言。從大人的觀點來看，生命的誕生一般總以爲是一種喜悅，但是生產過程本身就非常地痛苦，一次的生育就代表著一次的風險，一次的生死關頭。生育出來的嬰兒，若不幸五官不整，六根不全，或身染疾病，不僅嬰兒本身將面臨較一般人歧嶇坎坷的人生，其父母也可能因此難以面對，進而怨天尤人，甚至因而離異。其次，小孩不是生完就沒事了，還要養育、教育。教養不當還變成社會的負擔，讓父母傷心不講，讓整個社會受到傷害，那才糟糕。尊貴的蓮生聖尊《輪迴的祕密》認爲：「所謂生苦是人欲出生時，住在穢處，喫的是腥血。出生時鑽夾山，如逃追殺。出胎時，遇外面冷氣，墮地大哭，此皆是苦之謂也」。

二、老苦：人老的時候，顏色衰敗，髮白面皺，齒牙動搖，彎腰駝背，器官老化，力不從心，舉步維艱，障礙難行，甚至令人生厭、生煩。即使昔日豪氣萬千，獨領風騷，縱橫四海，叱吒一時，最後也免不了老、病、衰、殘，這是任何人皆無法逃避的，也只能慨嘆歲月之無情，時光之驟逝。若不幸再碰上晚景淒涼，形單影隻，病痛纏身，身無餘錢，孤苦無依，或是子女不孝，惡言相向，冷嘲熱諷，投訴無門，那就更加淒苦了，而「老」卻是沒有人可以避免的。尊貴的蓮生聖尊《輪迴的祕密》認爲：「人到老年，氣力便衰退了，精神記憶完全損減，動作也不如意，一切皆苦也。」

三、病苦：有生以來，人都免不了患病。病苦是最容易體會了。且不論重大疾病的痛苦折磨，光是小小的感冒、風寒、頭痛、頭暈、發燒、鼻塞、淚眼、打噴嚏、流鼻水、喉嚨痛、咳嗽、腹瀉、嘔吐、全身無力、骨頭酸痛等等，就令人吃不消了。不僅大小病痛是苦，長年臥病在床，求生不得、求死不能，更是痛苦。若是遇上重大疾病，如腫瘤、癌症之類的，那就更令人難受了。甚至連最基本的呼吸、飲食、排泄都有可能變成恐怖、可怕與艱難的痛苦過程。不僅生理上受極大痛苦，心理上也受到難以承受的煎熬。古人有云：「英雄只怕病來纏」，三國時代蜀國大將張飛，一生縱橫沙場，堪稱三國第一勇士，什麼都不怕，就怕生病。可知病苦惱人，實在難以言喻。尊貴的蓮生聖尊《輪迴的祕密》認爲：「人一染上疾病，不但四大不調，坐臥難安，同時飲食無味，病痛渾身不適，輕者哀聲嘆氣，重者殘廢拖累，此乃人道一大苦楚。」

四、死苦：沒有人不畏懼死亡的。人生自古誰無死？或老死、或病死、或橫死。縱有黃金萬兩，亦難逃一死。增壹阿含經（卷十八）四意斷品（二三三）云：一切行無常，生者當有死。意思是說，世間的一切皆是無常變易，只要有生，就會有死。增壹阿含經（卷十八）四意斷品（二三二）云：一切眾生皆歸於死。意思是說，所有的有情眾生，最終都免不了一死。死是多麼地令人感到無奈與壓迫。死亡沒有人可以逃避，也沒有人可以替代，有生就會有死，每個人遲早都要走這條路的。一口氣不來就死了。死前的依依不捨，死時的痛苦折磨，死後的茫然不知，死亡的確令人感到恐懼又痛苦。臨終時，色身四大離散之苦，實在很難形容。生前多造惡業者，或見山崩地裂，或見遍地洪水、猛火、狂風；或見祖先陰靈來接引；或見冤親債主來討報；或見陰吏來勾魂；或見畜生、餓鬼、地獄等種種恐怖境界，驚恐不已。尊貴的蓮生聖尊《輪迴的祕密》認爲：「死時雙手空空，不管功名、權勢、田園、宅舍、金玉珠寶、嬌妻子女皆通通拋棄。執著者口不能言，其實苦甚。又有其他水、火、刀、兵、毒藥、自縊而死的，其痛苦更甚。」

五、怨憎會苦：俗話說：「冤家路窄。」一般人總覺得老天爺愛作弄人。不喜歡的人，討厭的人，沒辦法溝通的人，性情爆燥的人，心機很深的人，多嘴兩舌的人，恩怨情仇糾纏不清的人，卻偏偏要在一起。工作上要一起共事，生活上要共同生活，相看兩相厭。甚至前業未清，又添新殃，此時難免內心糾結，不得自在，而產生怨憎會苦。尊貴的蓮生聖尊《輪迴的祕密》認為：「怨恨的人偏偏和我們天天見面，憎惡的人又天天和我們共處，不是冤家不聚首，或遭其殺，遭其侮，遭其欺，那得不苦。」

六、愛別離苦：北宋大文豪蘇東坡曾經說過：「月有陰晴圓缺，人有悲歡離合」。喜歡的人，心愛的人，或是恩愛夫妻，或是至親骨肉，或是手足摯友，或是師長恩人，卻偏偏不能長相聚首，甚至遭逢變故，或生離死別，或分隔兩地，或陰陽兩界，常受思念之苦。再恩愛的夫妻，到最後終究要分離；父母、兒女、兄弟、朋友亦是如此。別離之際，必然產生苦惱；對感情執著越深的人，別離之苦則更加深切。尊貴的蓮生聖尊《輪迴的祕密》認為：「天下沒有不散的筵席，相親近的人分別了，偏要乖違別離，不但不得共居，甚至永不再見，這種活生生的別離，其想念之苦，就是愛別離苦了。」

七、所求不得苦：所謂「人生不如意事，十之八九」。世間之事，常常事與願違，求而不得，則心生煩惱。想要的要不到，卻偏偏要強求。人的欲望如無底洞，永遠沒有滿足的一天。對於四食、五欲、六塵的追求，或是對於財、色、名、食、睡等的貪戀，往往不容易滿足。人間的福德、祿位、長壽、名利、美妻、華屋、子孫滿堂、家財萬貫、樣樣都想要，卻不一定樣樣都要得到。得到了還會想要得更多，甚至要到了，卻又患得患失，整日擔心受怕。或者喜新厭舊，另有所求，貪得無厭。要不到就怨天尤人，哀聲嘆氣，喪氣頹志；或是設計拐騙，豪取強奪，造業無數，受苦無窮。所以，只要是心有所求，就會有罣礙；有罣礙，心就不自在；心若不自在，鐵定是不會快樂的。尊貴的蓮生聖尊《輪迴的祕密》認為：「得失之間，能看破的人很少，世間一切事物，不是得就是失，心中所喜愛的得不到，當然痛苦。」

八、五盛陰苦：以上種種的痛苦，歸納起來即「五盛陰苦」。五盛陰或稱之爲「五取蘊」，或簡稱「五陰」或「五蘊」。也就是說，各式各樣的苦，都癥結於我們自己的五蘊——色、受、想、行、識。色就是我們的色身，屬於物質面，會面臨生、老、病、死等「身體上的痛苦」。其餘四蘊則是指我們的心理，屬於精神面，會面臨憂悲惱苦、怨憎會苦、愛別離苦、求不得苦等「精神上的痛苦」。一切身心的感受，都加諸五蘊之上，所以說一切的痛苦的總匯就在於五蘊。五盛陰苦即是色、受、想、行、識五陰煩惱之火，在心中焚燒，使人感到心中鬱塞、焦燥、苦悶等難以形容的痛苦。此外，生理、心理在轉化當中，也會產生五陰熾盛的煩惱。當我們的六根接觸六塵而生六識，根、塵、識三者相觸，而產生種種的感受。若內心加以執著分別，雜染妄想，就會陷入痛苦的深淵，故說五盛陰苦。尊貴的蓮生聖尊《輪迴的祕密》認爲：「所謂五陰是指看見的，受到的，想到的，做到的，意識到的。這五種，有時會遮蓋眞性，而且造了許多罪惡，如此五陰熾盛反而變成製造痛苦的種子。」

閱讀至此，可能有人會覺得佛教對人生的看法怎麼這麼悲觀，一切皆苦，諸受是苦。既然這麼痛苦，而且五蘊是其癥結，那乾脆早點結束生命，免受人生之苦。若是這樣想，那就大錯特錯了。首先，佛教並非覺得人生悲觀，反而覺得人身難得。就尋求解脫之道而言，是充滿了希望。闡述「苦聖諦」的意義在於揭示人生的眞相。要勇敢的面對他，並接受他，不逃避也不排斥，反而化爲一股力量，一股激勵欣求解脫的力量。

其次，摧毀五蘊色身並不能解脫人生之苦。在未修證解脫之前，由於自身業力的牽引，若五蘊一旦崩潰消滅，會在五趣中流轉受生，在六道裡輪迴不已，依然受苦無窮。而且毀壞五蘊色身是自殺的行爲，自殺如同殺生。尊貴的蓮生聖尊《甘露法味》認爲：「自殺就是殺佛，其罪甚重，不但無法解脫，反而墮入三惡道，受更大的苦。」另外，若能如實知苦聖諦後，進而尋求苦因及滅苦之法，才能根除苦因，眞的達到「解脫自在，寂靜涅槃」的境界。所以，了解苦聖諦的意義，在於讓眾生認清人生的眞相，洞察人生問題之所在，然後對症下藥，藥到病除，眞正解決長久以來人類所困惑的人生問題。

第四節 苦集聖諦：煩惱與痛苦的根源

何謂苦集聖諦？

苦集聖諦或稱苦集諦，簡稱集諦，主要是在闡述苦的原因。把造成痛苦的根本原因找出來，然後加以鏟除。從苦聖諦中，我們可以深刻地了解到人生的苦迫性，包括生理與心理的煩惱與痛苦，乃至於沉淪五趣，生死輪迴的無奈。爲什麼會有這些無奈的煩惱與痛苦呢？增壹阿含經（卷十四）高幢品之一（二〇九）云：云何苦集諦？所謂受愛之分，集之不倦，意常貪著，謂之苦集諦。意思是說，痛苦集起的根本原因，在於我們有貪愛染著，因而促使我們的六根不斷地向外攀緣，追求自己認爲可喜、可愛的六塵，而且貪得無厭，雜染難捨，不覺倦怠，煩惱與痛苦因而集起，是名爲「集」。另外，根據中阿含經（卷七）舍梨子相應品分別聖諦經（三一）：眾生對於六內入處（眼入處、耳入處、鼻入處、舌入處、身入處、意入處），外六入處（妻子、兒女、奴婢、給使、眷屬、田地、屋宅、居肆、出息財物、所作事業），以及地、水、火、風、空、識六界所組成的五蘊身心，有愛染，有執著，煩惱與痛苦因而集起，是名爲「習」。習也就是集的意思，也就是沉溺於六內入處、外六入處、五蘊身心的貪愛染著而不能自拔，進而累積種種惡因、集起種種惡緣，而產生了種種的煩惱與痛苦。

欲為苦本

這個習或集就是「集起」之意。因爲對於四食、五欲、五蘊、六根、六塵、與身外種種的人情事物，有所貪染，因而集起種種的煩惱與痛苦。若能清楚地了解到這個現象，即謂之「苦集聖諦」。雜阿含經（卷三十二 九〇五經／九一三經）云：眾生種種苦生，彼一切皆以欲爲本。欲生、欲習、欲起、欲因、欲緣而生眾苦。佛陀更是直接指出，原來造成我們生出種種煩惱與痛苦的根本原因，就是因爲我們有「欲望」，進而對世間的一切有所染著。這些欲望包括對於「四食」的追求（中阿含經 卷五十四 後大品 嗏諦經 二〇一），「五欲」的沉溺（增壹阿含經 卷十二 三寶品 一八三），以及「五蘊」的貪愛（雜阿含經 卷三五八經／六七經）。

有了這些欲望，會有什麼後果呢？長阿含經（卷十）大緣方便經云：因欲有著，因著有嫉，因嫉有守，因守有護，由有護故，有刀杖、諍訟，作無數惡。意思是說，一旦有了欲望，就會有所貪愛染著，執取不放。因爲貪愛染著，就會有所嫉罣，起瞋恨心。因爲嫉罣，就會有所守護，患得患失。爲了守護，就會引起種種的糾紛，口角，爭論乃至於打殺，因而造下種種惡業。因爲造業，就會招感各種苦報，或現世報，或後世報，故說「欲爲苦本」。

然而，我們不禁要追問，既然知道欲望會帶來痛苦，爲什麼還會有欲望呢？雜阿含經（卷三 五三經／六二經）云：愚癡無聞凡夫，無慧無明，於五受陰生我見繫著，使心繫著而生貪欲。原來欲望的產生，是因爲有情眾生執取五蘊爲我，因爲執著有個我，就會產生雜染的欲望與貪愛，促使我們的六根追逐六塵，貪圖四食，沉溺五欲，來滿足自我，愉悅自我。卻沒想到欲望的背後，潛藏著無數的煩惱與痛苦。若再追問有情眾生爲什麼會去執著五蘊爲我呢？佛陀告訴我們，這是因爲眾生執迷不悟，愚癡無知，無慧無明，缺乏正知正見，甚至懷抱邪知邪見，因而執著五蘊爲我。一旦執著五蘊爲我，就會生起我見，一旦生起我見，就會促使我們的內心有所牽繫染著，欲望與貪愛因而產生。

一旦有了欲貪，就會有所追求。增壹阿含經（卷八）安般品之二（一三六）云：諸有眾生，興欲愛想，便生欲愛，長夜習之，無有厭足。意思是說，有情眾生一旦心中興起欲愛的想法，便會生出欲望與貪愛，而且會有如處在漫漫長夜當中，不斷薰習滋長，永遠也沒有滿足的一天。中阿含經（卷三十八）梵志品鬚閑提經（一五三）云：眾生未離欲，爲欲愛所食，爲欲熱所熱而行於欲。如是欲轉增多，欲愛轉廣。意思是說，有情眾生在還沒有離欲之前，會被欲愛所吞食，熱衷於欲望的追求。欲望一旦產生，就會不斷地想要去實現，很難有滿足的一天。而且會越要越多，越要越廣，越要越好，越要越過分。所求若是順利則會更增添欲貪，所求若是不順利則容易起瞋恨心。瞋恨心一起，殺心、盜心、欺心、害心等惡念頭就會產生，進而促使我們的六根去造作惡業，一旦造業，煩惱與痛苦隨後將至。

欲味與欲患

然而，爲什麼欲望會帶來這麼多的煩惱與痛苦呢？增壹阿含經（卷十二）三寶品（一八三）云：於此五欲之中，起苦樂心，是謂欲味。此欲變易無常者，此謂欲爲大患。意思是說，面對五欲的誘惑，生起苦樂的染著心，我們稱之爲「欲味」。然而這些欲望卻是會變易的，是無常的，而且後患無窮，我們稱之爲「欲患」。雜阿含經（卷四 一〇四經／五八經）云：緣色生喜樂是名色味，若色無常，苦，變易法是名色患。意思是說，緣取色身而心生喜樂，心有所染著，這就叫做「色味」；然而我們的色身卻是無常的，是苦的，是會變易的，過於執著會帶來禍患的，這就叫做「色患」。由此可知，不管是對自身的貪愛，還是對外在人情事物的貪愛，雖說有苦也有樂，但只要是難以令人釋懷，就是處於「味」的狀態。或回味無窮，或五味雜陳。痛苦的味固然是禍患，快樂的味終究也會因爲無常變易而轉爲痛苦的味，而成爲禍患。

雜阿含經（卷十七 四七三經／四七四經）云：以一切行無常故，一切行變易法故，說諸所有受悉皆是苦。意思是說，就是因爲世間的一切悉皆無常，無常即不能永恆不變。世間的一切都在變易之中，既然都在無常變易，欲望就無法恆久滿足，故說諸受是苦。原來就是因爲諸行無常，所以有情眾生的欲望，求其恆久常住而不可得，一切的人情事物終就會變遷壞去，不禁令人感慨而覺得痛苦！

緣起法的智慧：因緣所生法

然而，爲什麼諸行無常呢？中阿含經（卷十一）王相應品頻鞞娑邏王迎佛經（六二）云：法生則生，法滅則滅，皆由因緣合會生苦。若無因緣，諸苦便滅。眾生因緣會相連續則生諸法。意思是說，原來世間的一切都是由於因緣和合而生，因緣離散而滅，這就是所謂的「緣起法」。緣起法乃是佛陀在菩提樹下，夜睹明星而開悟證得的宇宙人生的眞理，而成正等正覺（雜阿含經　卷十五　三六八經／三六九經）。而且，佛陀也說：緣起法者非我所作，亦非餘人作，然彼如來出世及未出世，法界常住（雜阿含經　卷十三　三三七經／二九九經）。也就是說，緣起法是宇宙中常存的眞理，不管有佛出世與否都一直存在著。

緣起法可以闡釋世間的一切現像，任何人情事物都脫離不了緣起法的約束，具有普遍的特性。萬法因緣生，萬法因緣滅，因緣條件的聚與散，決定一切人情事物的存在與消失。這也說明了凡夫愚癡，流轉五趣，受苦無窮是因爲緣起；聖哲聰慧，解脫自在，寂靜涅槃也是因爲緣起。因爲緣起，所以人有生老病死，物有生住異滅，世間有成住壞空，甚至包括我們的心念與情感也都是剎那、剎那在變化的。也就是說，萬法緣生，萬法緣滅，緣生緣滅，生滅變易。但也是因爲緣起，所以世間的一切才有改變的可能性，愚癡可以變成聰慧，雜染可以變成清淨，流轉五趣可以變成解脫自在，煩惱痛苦可以變成寂靜涅槃。「緣起法」證明了人世間的無常苦迫性，卻也架起了凡夫與聖人，流轉與解脫，痛苦與涅槃的橋樑。

從客觀的現象來看，由於緣起，所以萬法緣生，萬法緣滅。由於緣生緣滅，所以有變易；由於有變易，所以有生滅；由於有生滅，所以諸行無常。世間的一切，皆是因緣所生法，緣聚則生，緣散則滅。因此，組成世間萬物的「四大」——地大、水大、火大、風大是無常；「五蘊」——色、受、想、行、識是無常；「六根」——眼、耳、鼻、舌、身、意是無常；根、塵相觸所生的識亦是無常。一切無常，世間無常，人生無常。無常故苦，諸受是苦，苦者即無我，無我即是空也。我非彼有，彼非我有（增壹阿含經　卷二十七　邪聚品　三一七）。也就是說，因爲萬法緣起，所以諸行無常，因爲諸行無常，所以諸受是苦，因爲諸受是苦，所以諸法無我，因爲諸法無我，所以一切皆空，我非別人所擁有，別人也非我所擁有。

從主觀的感受來說，心靈未淨化，貪、瞋、癡未降伏，各種感受一旦生起即爲貪、瞋、癡所繫縛。於樂受起貪念，於苦受起瞋念，於不苦不樂受起癡念，於諸受有所雜染，或貪得無厭，或患得患失，或你爭我奪，或圖謀不軌，困擾糾紛，痛苦煩憂，隨後而至，故說「諸受是苦」。雜阿含經（卷十六　四五三經／四五四經）云：緣種種受生種種想，緣種種想生種種欲，緣種種欲生種種覺，緣種種覺生種種熱，緣種種熱生種種求。可見得，諸受背後隱藏著許多潛在的危險性，原來一切痛苦的根源——「欲望」是來自於「想」，而「想」是來自於「受」；有了「受」就會去「想」，想久了就會變成「欲望」；有了「欲望」就會化爲「行動」的力量，熱烈「追求」，熱烈「追求」的背後就是煩惱與痛苦。

所以說，不管是從客觀的條件來看，還是從主觀的反應來看，一切諸受悉皆是苦。客觀上無常苦迫，主觀上貪染、瞋恚、愚癡所繫。在客觀條件無法改變的情況下，我們需要做的就是淨化我們的心靈，降伏我們的內心，不再做貪、瞋、癡的奴隸，不再受貪、瞋、癡所牽引。諸受雖苦，但要如實知見諸受之集起與消滅，於樂不貪染，於苦不傾動。把對於諸受是苦的體認化爲修行學佛的動力，淨化心靈的動機，並成爲去除貪、瞋、癡的力量。所以接著我們就要來論述爲什麼會有苦的眞正原因，以及賴以解開生死之謎與解脫生死關鍵的緣起法。

緣起中道思想

根據雜阿含經（卷十三　三二五經／二八七經）：緣起法的基本精神在於「此、故、彼」的法則。所謂「此有故彼有，此生故彼生，此無故彼無，此滅故彼滅」。意思是說，世間的一切不管是有形或無形，存在是因爲支持存在的因緣聚合而存在；消失是因爲支持存在的因緣離散而消失。而且，這些時而聚合，時而離散的因緣，彼此之間多所相關，重疊牽扯，紛然互涉，錯綜複雜。雜阿含經（卷十三 三三一經／二九三經）云：此甚深處，所謂緣起，倍復甚深難見。也就是說，緣起法的難處就在於因緣甚深，晦暗難明。

「因緣」是指相關的條件而言，因是主要條件，緣是輔助條件。世間的一切萬事萬物皆因「因緣和合」而生，因「因緣離散」而滅。在歲月長流中，隨著因緣的聚散離合，條件的變換更替，萬事萬物在難以視察，無形細微之中，變遷轉化，無常變易。而這些變化中的因緣條件，卻是如此地環環相扣，相互牽連。因爲這樣，所以那樣；因爲那樣，所以這樣。在多重因素的重重影響之下，在某種因緣的和合之下，就呈現出某種的狀態。而這樣的狀態，也不是恆久保持不變，而是會隨著其支持的主客觀條件的改變而改變。

雜阿含經（卷二 三九經／二六二經）云：如來離於二邊，說於中道，所謂「此有故彼有，此生故彼生」，謂緣無明有行，緣行有識，緣識有名色，緣名色有六入處，緣六入處有觸，緣觸有受，緣受有愛，緣愛有取，緣取有有，緣有有生，緣生有老死、憂悲惱苦。所謂「此無故彼無，此滅故彼滅」，謂無明滅則行滅，行滅則識滅，識滅則名色滅，名色滅則六入處滅，六入處滅則觸滅，觸滅則受滅，受滅則愛滅，愛滅則取滅，取滅則有滅，有滅則生滅，生滅則老死、憂悲惱苦滅。因此，根據緣起十二支，比較正確地認識世間的看法，即是要建立「緣起中道」的思想，不會偏執地以爲絕對的有，或絕對的無。有是因爲「因緣聚合」而有，無是因爲「因緣離散」而無。或有或無，決定於因緣條件的成熟與否。「因緣具足」則有，「因緣消散」則無。而且，隨著因緣的變化，有會變成無，無會變成有。世間的一切，都將因「因緣」而存在，也將因「因緣」而消失。凡夫眾生於諸境界心生染著，執有或執無，煩惱與痛苦於焉產生。多聞聖弟子則不然，正見世間緣起，苦生時則生，苦滅時則滅，不執取，不染著，心中自有緣起正見，不疑不惑。因爲他清楚地了解到，緣起可以生成存在，也可以滅亡消失；因緣條件可以聚合成熟，也可以離散崩潰。這表示世間的一切都有改變的可能性，「無常苦迫」是緣起法造就而成的宇宙人生眞相；同樣地，「寂靜涅槃」也是緣起法開啓給芸芸眾生渡過生死苦海的人生歸宿。因此，佛陀說：「如實正觀世間集者，則不生世間無見；如實正觀世間滅者，則不生世間有見。」就是告訴我們既不偏執有，也不偏執無，而應該建立如實正觀世間集起消滅的「緣起中道」智慧。

正觀世間的一切都是緣生緣滅，有生滅就有變易，有變易所以是無常，因爲無常，所以諸受是苦。而這一切的根本原因就是因爲「緣起法」。面對宇宙人生的萬事萬物，都應該以緣起法來觀察、來分析。因爲這些因緣發生了，所以才導致那樣的結果；因爲這些因緣消失了，所以那樣的結果也就不存在了。而因緣的出現或消失，及其之間的關連性，則極爲複雜難明，非你我所能全部主宰與控制，而且隨時在變，須臾不停。所以佛陀說：「有因有緣集世間，有因有緣世間集；有因有緣滅世間，有因有緣世間滅」（雜阿含經　卷四　九九經／五三經）。也就是在陳述由於因緣的關係，造就了這樣的世間，也同時造就了世間的「無常苦迫」。同樣地，也是因緣的關係，成就了出離世間，也成就了出離世間的「清淨無染」。由此可知，想要正確地了解宇宙人生的眞相，以及解脫人生的煩惱與痛苦，達到涅槃寂靜的彼岸，緣起中道智慧的建立、養成與實踐是不可或缺的。

緣起法流轉門：生死流轉的根本

根據緣起十二支，緣起法有所謂的「流轉門」，闡述生死流轉的過程，告訴我們生死流轉的原因。那就是：因爲「無明」，所以有「行」；因爲有「行」，所以有「識」；因爲有「識」，所以有「名色」；因爲有「名色」，所以有「六入處」；因爲有「六入處」，所以有「觸」；因爲有「觸」，所以有「受」；因爲有「受」，所以有「愛」；因爲有「愛」，所以有「取」；因爲有「取」，所以有「有」；因爲有「有」，所以有「生」；因爲有「生」，所以有「老死」憂悲惱苦，純大苦所聚集的世間因而形成。這就是所謂的「流轉門」。

也就是說，原來生死的根本即在於「無明」。因爲無明，促使有情眾生的行爲去造業，或造意業，或造口業，或造身業。所造的這些業行並不會因爲生命的結束、五蘊身心的崩潰而消逝。而是會累積成一股業能，在因緣成熟的時候，受到業力的牽引，寄託在業識裡面，然後入於名色，形成一期生命的開始。有了識，有了名色，就會想要向外攀緣來滿足自我，因而就會有六入處的發展，並透過六入處來接收外界的訊息。有了六入處，就會有觸。當六根接觸六塵，因爲識的了別，而有所感受，合意可愛的就產生樂受，不合意不可愛的就產生苦受，不痛不癢，無關緊要的就產生不苦不樂受。樂受令人喜愛，苦受令人憎恨，同樣都教人難捨難分，是謂愛染。進而貪愛五蘊身心，貪愛四食、五欲、六塵，貪圖快樂享受，貪戀榮華富貴，貪愛妻財子祿。

一旦有所貪愛，就會採取行動，執取以爲己有，滿足個人私心。執取五蘊爲我，執取自己的偏見，執取自以爲對的邪戒，執取貪愛的四食、五欲、六塵。因爲有所執取，就會有所擁有，或者擁有欲界眾生的習性，或者擁有色界或無色界眾生的習性。相對應地，只要感染到三界任何一界的「有」或「習性」，就有可能會在未來三界中的某一界來受生，或胎生、或卵生、或濕生、或化生。一旦受生，就要面臨生活上種種的挑戰與苦迫，最後還是免不了老死。這就是緣起十二支的關連性，說明生死流轉的無奈。

緣起法的三世兩重因果

從緣起十二支當中，另外我們也可以發現它具有「三世兩重因果」的特性。無明與行代表「過去世」所造的因；識、名色、六入處、觸代表「現在世」所受的果；這是「第一重因果」。愛、取與有代表「現在世」所造的因；生與老死代表「未來世」所受的果；這是「第二重因果」。由此可知，緣起十二支說明有情眾生生死流轉的過程是貫穿三世的，而且前世之前，尚有前世。只要無明未斷就有無盡的業行，也就有無盡的今生。今生一則承受過去業行所造成的果報，一則愛染不斷繼續造下各種業因，而招感未來的生死。而且後世之後，還有後世。只要愛染未斷，就有無盡的後世。第一重因果的因起始點是「無明」，第二重因果的因起始點則為「愛」。

可見得無明與愛是造成有情眾生在生死苦海中流轉的兩大主因。雜阿含經（卷二一四四經／二六七經）云：眾生於無始生死，無明所蓋，愛結所繫，長夜輪迴生死，不知苦際。更證明了無明與愛是如何牽引著有情眾生在生死苦海中流轉。其中，無明是障於智，屬於「知見」上的愚癡，有時候稱之為「見惑」，包括身見、邊見、邪見、見取見、戒禁取見等；愛是障於情，屬於「情感」上的染著，有時候稱之為「思惑」，包括貪、瞋、癡、慢、疑等。所謂「無明為父，愛染為母」，就會促使眾生死了又生，生了又死，相續不已。有情眾生由於無明與愛，有知見上與情感上的障礙，而感到迷惑不已。再由於迷惑，而使得行為無所依循，或執取，或雜染，或造業。

從行爲來看，業包括身業、口業或意業。造業之後，由於業力的牽引，因而招感應得的業報，或現世報，或來世報。甚至因而招感新一期生命的開始，而受苦無窮。簡而言之，有情生命由惑造業，由業感苦，苦中又更增添迷惑，迷惑中又更造新業，苦果重重無盡。於是形成了「由惑造業，由業感苦」，無窮無盡的惑、業、苦循環，而且貫穿三世，只要無明與愛染未斷，痛苦的人生就會不斷地上演下去。

緣起法還滅門：生死還滅的契機

另外，根據緣起十二支，緣起法還有一個「還滅門」，闡述生死還滅的過程，告訴我們如何終止這生死的流轉。那就是：「無明」滅所以「行」滅，「行」滅所以「識」滅，「識」滅所以「名色」滅，「名色」滅所以「六入處」滅，「六入處」滅所以「觸」滅，「觸」滅所以「受」滅，「受」滅所以「愛」滅，「愛」滅所以「取」滅，「取」滅所以「有」滅，「有」滅所以「生」滅，「生」滅所以「老死」滅，純大苦所聚集的世間因而滅除了。這也呼應了緣起法的基本法則：此無故彼無，此滅故彼滅，告訴我們終止流轉的可能性。

依照緣起法「此、故、彼」的特性，只要緣起十二支之中的其中一支斷除了，就可以使餘支不起。所以說，如果能夠從無明斷起，就是從生死的根本斷起，就好像截斷一棵大樹的樹根一樣，在未來世永遠不再受生（雜阿含經　卷十三　三三五經／二九七經）。這是最根本的斷除方法，離棄無明而生明，明則解脫。因爲緣起十二支中的任何一支其實都隱含著無明的成分。因爲無明才會有三行去造業；因爲無明才會妄執心識、色身或五蘊爲我；因爲無明才會促使六根攀緣外境；因爲無明才會貪染各種樂受、苦受；因爲無明才會去執取五蘊身心、六根、六塵不肯捨離。

所以說，緣起十二支當中，無明是生死流轉最根本的原因。想要終止生死的流轉，而趨於還滅，從根本無明斷起是最直接而有效的。只是無明是有情眾生無始以來長期累積形成的，根深蒂固，而且貫穿三世。各支皆與無明有所關連，一時難以斷除。需要時時用功，處處留心，多聞善法，實修佛法，培養正見智慧，因爲最後解脫的關鍵，還是在於斬斷無明。除此之外，緣起十二支當中，我們比較容易控制與斷除的，是「觸、愛、取」這三支。所以首先我們要做的就是針對「觸」學習控制「輸入」的部分：守護六根，儘量遠離諸惡不善法。遠離是非之地，遠離是非之人，遠離是非之物；遠離四食、五欲、六塵的誘惑，能避免接觸就儘量避免接觸，或者儘量接觸善良與美好的一面。其次，針對「愛」學習控制「處理」的部分：要善護心念，淨化內心，合意的不著迷，不合意的也不憎惡。令我們這一顆心不再掛念，不被繫縛，不再染著，從此愛滅。貪愛不生，諸苦便滅。所謂「百花叢裡過，片葉不沾身」，就是這個境界。然後，針對「取」學習控制「輸出」的部分：持戒清淨，不要因爲內心有所貪愛，而採取不當的措施。不要去執取也就不會有所擁有，沒有擁有自然也就無所謂得失，痛苦自然就消滅了。所以只要「六根輸入」的部分守護得宜，「內心處理」的部分小心謹慎，再加上「行爲輸出」的部分謹守戒律，相信離解脫的目標就不遠了。這也證明了緣起十二支還滅的可能性。

總而言之，緣起法訴說了一個宇宙人生的眞理：世間的一切皆是「因緣所生法」，或稱之爲「有爲法」。萬法因緣生，萬法因緣滅。此有故彼有，此生故彼生，此無故彼無，此滅故彼滅。緣生緣滅之間，世間的一切就悄悄地在改變，變化於無形之中，變化於微細之中。所以說，因爲緣起，所以有生滅，因爲生滅，所以有變易，因爲變易，所以諸行無常，因爲諸行無常，所以世間沒有一樣東西可以恆常不變。這是有情生命所面臨的一個客觀的事實——世間無常。偏偏在三界裡轉換、在五趣中流轉的有情眾生，在修證解脫之前，由於無明愚癡，沒有智慧，執著五蘊身心爲我，而有欲望與貪愛。透過六入處不斷地向外妄求四食、五欲、六塵，在根、塵、識相觸時產生各種的感受、想像與決定。喜歡合意的就起貪念，討厭不合意的就起瞋念。想貪貪不到也起瞋念，瞋念沒有妥善處理就會起害念。由於貪、瞋、癡的作祟，而造身、口、意惡業；惡業既造，苦果難逃，所以說諸受是苦。

第五節　苦滅聖諦：修行的終極目標

何謂苦滅聖諦？

苦滅聖諦或稱苦盡諦，簡稱滅諦。主要就是指滅除了痛苦，熄滅了貪、瞋、癡，使煩惱與痛苦永不復生，亦進了所謂「寂靜涅槃」的境界。增壹阿含經（卷十四）高幢品之一（二〇九）云：能使彼愛滅盡無餘，亦不更生，是謂苦盡諦。因爲從集諦可知，由於無明所覆，愛結所繫，才使得眾生長夜流轉生死。若能斷除無明煩惱，離棄貪愛染著，並使之永遠不再生起，便斷除了痛苦的根源，生死的根本，不再受生，不再流轉，不再受苦。可以說已經渡過了生死苦海，到達了涅槃的彼岸。

心慧解脫

一個解脫自在的聖者，其目標就是達到涅槃的彼岸。然而，什麼是「涅槃」呢？雜阿含經（卷十八四八九經／四九〇經）云：貪欲永盡，瞋恚永盡，愚癡永盡，一切煩惱永盡，是名涅槃。也就是說，一個解脫自在的聖者，他的內心已經永盡喜貪，不再生起任何的欲想貪念；永絕瞋恚，不再生起任何的瞋嫉害念；永斷無明，不再生起任何的迷惑偏見；永滅煩惱，不再生起任何的癡心妄想。雜阿含經（卷二十六七二二經／七一〇經）云：離貪欲者，心解脫；離無明者，慧解脫。也就是說，從此身心清淨，在情感上，止息「愛諍」，永斷喜貪，得心解脫；在知見上，止息「見諍」，永斷無明，得慧解脫；心慧解脫，解脫自在，痛苦從此消滅。

然而什麼叫做苦滅呢？中阿含經（卷七）舍梨子相應品分別聖諦經（三一）云：謂眾生實有愛內六處。眼處、耳、鼻、舌、身、意處。彼若解脫。不染不著，斷捨吐盡，無欲，滅，止沒者，是名苦滅。意思是說，就是要斷除對於六根的貪愛，不再貪染執著，不再興起雜染的欲望，痛苦因而得以消滅。而且，對於身外之物，包括妻、子、奴婢、給使、眷屬、田地、屋宅、店肆、出息財物等，若能不染不著，清淨解脫，不再興起雜染的欲望，是名苦滅。其次，對於組成我們五蘊身心的色、受、想、行、識也是一樣，若能夠不染不著，斷除捨棄，不再有貪染的欲望，止息我們的內心，熄滅我們的貪、瞋、癡，達到寂靜涅槃的境界，是名苦滅（中阿含經 卷七 舍梨子相應品 分別聖諦經 三一）。多聞聖弟子若能夠如此認知、明瞭、覺悟，就是所謂的「苦滅聖諦」。

解脫自在

所以說，一個解脫自在的聖者，對於內在的自我（四大、五蘊、六根），與外在的一切（四食、五欲、六塵），以及內外相觸所產生的各種受、想、思，乃至於人生的一切、世間的種種，都已經能夠解脫放下，無所染著；斷除一切欲貪，滅除一切煩惱與痛苦，達到所謂「苦滅」的境界。這種苦滅永不復生的境界，就是「寂滅」的境界，就是「涅槃」的境界。寂是寂靜無煩惱；滅是熄滅貪、瞋、癡，熄滅愛染與無明。愛染是情感上的染著，無明是知見上的無知，形成生命對自體生存、延續的欲求。而這些種種都已經熄滅了，這熄滅的境界就是涅槃。

雜阿含經（卷三十四　九五四經／九六二經）云：於一切見、一切受、一切生，一切我、我所見，我慢繫著使，斷滅、寂靜、清涼、眞實，如是等解脫。意思是說，解脫自在的聖者，對於以自我爲中心的「我見、我愛、我慢、我癡」等知見上與情緒上的雜染煩惱，都已經斷除消滅，達到寂靜、清涼、眞實的解脫境界。雜阿含經（卷五　一〇七經／一〇五經）云：諸慢斷故，身壞命終，更不相續。彼斷諸愛欲，永離有結，正意解脫，究竟苦邊。意思是說，當細微的我慢也斷除了，身壞命終的時候，就再也不會沉淪生死。因爲解脫的聖者已經斷除了各種欲望貪愛，永遠脫離煩惱的束縛，進入所謂「解脫自在」的境界。

所謂「自在」就是在身心清淨的前提之下，能夠自主自己的一切。尊貴的蓮生聖尊說：「一切無礙就是自在，不被繫縛就是自在。」亦即自由自在，隨心所欲，不爲外物所羈絆，不隨外境所遷流，內心了無牽掛之意。不過，雖然是隨心所欲，但卻是「隨緣」而不是「隨便」；是「隨順」而不是「隨意」；是「放鬆」而不是「放縱」；是歡歡喜喜「無所謂」，而不是吵吵鬧鬧「愛計較」；有也好，沒有也好；從來不比較，也從來不計較；「沒有」是應該，「有」反而是賺到；是清涼灑脫，而不是牽腸掛肚。再也沒有憂慮，從此沒有妄想；放下執著，丟掉牽掛；止息煩惱，熄滅痛苦；獲致寧靜安詳，達到圓融自在。

是「自然任運」而不是「勉強屈從」；是「隨順自然」而不是「刻意安排」；自己自主，自由自在；行住坐臥，動靜一如；如行雲，如流水。神態雖然輕鬆，卻依然神聖莊嚴；鬆緊自如，任運自在。所以得失之間，要看開看淡，自然不會糾結牽纏；成敗之際，要坦然以對，心裡自然一絲不掛。而最重要的是生死能夠自在，不僅看破生死，不厭不迎，心無罣礙，甚至能夠自主生死。自己決定自己何時及如何往生，可以從此了生脫死入涅槃，或是重返娑婆度眾生。面對任何境界，都能夠歡歡喜喜，意無顛倒，如此才能來去自如，逍遙自在。就像廣欽老和尚說：「無來無去，沒什麼代誌！」

也就是說，一旦解脫自在，組成有情生命的五蘊緣盡分散了，就再也不會相續組成下一生的五蘊。所有的欲望貪愛都已經斷盡，所有的煩惱結使都已經離棄，眞正地脫離苦海。中阿含經（卷四十一）根本分別品分別六界經（一六二）云：譬如燃燈，因油因炷，彼若無人更增益油，亦不續炷，是爲前已滅訖，後不相續，無所復受。亦即欲望貪愛就像油炷一般，不斷地延續著生命之火，燒出無盡的苦迫，若不再增添油炷，火終究是要熄滅的。

佛出世間而不離世間

總而言之，想要解脫自在，就要做到於我、於人、於世間的一切，無所貪染。但無所貪染並非叫我們寡情寡義，漠不關心，逃避現實，不聞不問，甚至絕情絕義，冷酷無情，或如槁木死灰，或如一潭死水，這樣就大錯特錯了。中阿含經（卷二十三）穢品青白蓮花喻經（九二）云：猶如青蓮花、紅、赤、白蓮花，水生水長，出水上，不著水。如來世間生，世間長，出世間行，不著世間法。意思是說，雖然我們身處雜染的環境，仍然要保持身心清淨，就像蓮花一般，水生水長，出水上，卻不著水。覺悟的聖者——如來也是一樣，生於雜染的世間，長於雜染的世間，卻用出世間的心，行於雜染的世間，不染著世間一切法。

增壹阿含經（卷三十九）馬血天子品之二（三八八）云：如來出世間，又於世界成佛道，然不著世間八法，猶與周旋，猶如淤泥，出生蓮花，極為鮮潔，不著塵水，諸天所愛敬，見者心歡。意思是說，如來出現於五濁惡世的世間，又在這五濁惡世的世間成佛。可貴的是如來不為「世間八法」所動，仍然與之周旋往來。就好像蓮花出淤泥而不染，極為純潔鮮明，為諸天所敬愛，看到的人都心生歡喜。所謂「世間八法」即是北宋大文豪蘇東坡有名的詩句：「稽首天中天，豪光照大千，八風吹不動，端坐紫金蓮」中提到的「八風」。「八風」就是八種擾動人心的世間八法，包括「利、衰、毀、譽、稱、譏、苦、樂」（增壹阿含經卷三十九　馬血天子品之二　三八七）。想想看，當自己被這八風吹拂的時候，內心是否有所擾動呢？幸運獲獎的時候；倒楣損失的時候；被人冤枉、詆毀的時候；受人歌頌、稱譽的時候；被人誇獎、稱讚的時候；受人譏笑、諷罵的時候；身心俱苦的時候；身心安樂的時候。世人受此八風吹拂，不動者幾人？

若達到涅槃的境界，就不會染著於世間八法，乃至於世間的一切法。如來可貴之處即在於雖處五濁惡世，卻能夠像蓮花一般，不染不著。而且，不僅獨善其身，還能積極度化眾生，起到淨化人心的作用，這才是真正涅槃的境界。然而，涅槃一定要等到五蘊分散之後才能得到嗎？非也！若有人對於生老病死的現象能生起厭離之心，遠離欲望貪愛，修滅盡之法，不起一切煩惱，得心解脫，即可稱之為於現世中得涅槃（雜阿含經　卷十五　三六四經／三六五經）。

綜合以上論述，應該多少可以掌握到涅槃的意義了。簡而言之，涅槃就是苦滅，苦滅就是流轉五趣、沉淪生死的痛苦已經消滅，再也不會受生，不生也就不滅。在情感上，永斷喜貪，得心解脫；在知見上，永斷無明，得慧解脫。心慧解脫，解脫自在。相較於苦迫的世間，這種解脫自在的境界，才是我們努力修行的目標。因為世間的一切，都是緣起法。緣起法是有為法，有為者則有生住異滅。寂靜涅槃是解脫法，解脫法是無為法，無為者則無有生住異滅。

雜阿含經（卷十三 三三二經／二九三經）云：因集故苦集，因滅故苦滅，斷諸逕路，滅於相續，相續滅滅，是名苦邊。彼若滅止，清涼息沒，所謂一切取滅、愛盡、無欲、寂滅、涅槃。意思是說，當我們不再有所執取，不再有所貪愛，不再癡心妄想，就可以滅盡一切煩惱與痛苦，慢慢地趨向涅槃。可見得涅槃就是滅除痛苦，熄滅煩惱，究竟苦邊，而且永不復發，真正達到所謂「了生脫死，出離三界，終止流轉，跳出輪迴，解脫自在，不生不滅，寂靜妙離，常樂我淨」的境界。這種境界才是我們應該努力的方向，以及追求的目標，而且不假外求，只須往自己的內心尋找，就可以證得，是謂苦滅聖諦。

第六節 苦滅道跡聖諦：滅苦的方法

何謂苦滅道跡聖諦？

苦滅道跡聖諦又稱苦出要諦，簡稱道諦，就是如何把苦滅盡無餘的方法。根據增壹阿含經（卷十五）

高幢品之二（二〇九）與中阿含經（卷七）舍梨子相應品分別聖諦經（三一）：「苦滅道跡聖諦」就是指八正道，就是八個成爲聖者的方法，包括正見、正志、正語、正業、正命、正方便、正念與正定。分別從心意（心念、想像、思惟、意志），言語（說話、演講、文字、書報）與身行（表情、動作、行爲、行動）來規範一個修行學佛人的行爲舉止，加上正確的謀生方式與正確的生活態度，再配合正方便、正念與正定，以符合佛陀的教誡，達到向善，乃至於趨向解脫的境界。然而，八正道眞的可以把苦滅盡無餘，達到寂靜涅槃的彼岸嗎？

八正道以正見為首

八正道裡面，正見具有前導的作用。有了正見，就好像漫漫長夜終於要過去一般，天邊現出了黎明前的曙光，大地將重見光明。因爲有了正見，就能生起正志、正語乃至於正定。能夠做到正定才有機會引發「無漏智慧」，而令我們解脫欲貪、瞋恚、愚癡，成爲解脫的聖者，我生已盡，梵行已立，所作已作，自知不受後有（雜阿含經　卷二十八　七六〇經／七四八經）。然而，正見要如何產生呢？我們知道，無明的反面就是明，若以「明」爲前導，就可以生出諸善法，明白是非善惡，知道要止惡行善，並且生起「慚愧心」。「慚」是恥於己闕，會自我檢討而虛心學習。「愧」是羞爲惡行，會知過能改而停止惡行。有「慚愧心」就曉得不能做傷天害理、違背良心的事。「慚愧心」一旦生起，就會生起正見，正見一旦生起，就會生起正志乃至於正定。反之，若以「無明」爲前導，就會生出諸惡不善法，內心不曉得慚愧。一旦沒有「慚愧心」，就會善惡不分，甚至心生邪見。邪見一旦生起，就會生起邪志乃至於邪定（雜阿含經　卷二十八　七六一經

／七四九經）。不但無緣解脫，說不定還會造下惡業，沉淪三惡趣。

八正道能斷無明與愛欲

所以說，諸惡不善法生，一切皆以「無明」爲根本。所以者何？無明者愚癡無知，於善，不善法不如實知。不如實知故，就會生起邪見；生起邪見之後，就會引發邪志、乃至於邪定。反之，諸善法生，一切皆以「明」爲根本。於善，不善法，都如實知。如實知者，就會生起正見；生起正見之後，就會引發正志、乃至於正定。所謂「明」就是於善法、不善法如實知；有罪、無罪如實知；清淨、染污如實知；勝妙之法、下劣之法如實知；緣起、非緣起如實知；該親近、不該親近如實知；不會不知不見，含混籠統（雜阿含經卷二十八 七六二經／七五〇經）。由此再一次證明，「無明」爲生死之根本、痛苦之根源。若能摒棄無明而生明，就可以衍生出正見，再由正見而起正志，乃至於正定，解脫的大門早已爲走在八正道上的修行人打開。

其次，談到愛欲。因爲「愛欲」也是束縛我們不得解脫生死的主要因素之一。雜阿含經（卷二十八 七六四經／七五二經）云：有八正道能斷愛欲。所以說，只要依「八正道」如法修行，要解脫情愛的束縛，及欲貪的染著，是有可能的。甚至令我們又哭又笑的各種情緒感受，包括苦受、樂受、不苦不樂受，也都可以透過八正道加以斷除。雜阿含經（卷二十八 七七一經／七五九經）云：有道有跡，修習多修習，可斷此三受，謂八正道。是爲明證。

八正道能斷老、病、死與貪、瞋、癡

此外，我們生活在人世間，老、病、死是我們最不喜歡面對的事情。然而，卻沒有人可以逃避，也沒有人可以替代。根據雜阿含經（卷二十八 七七二經／七六〇經）：有沒有什麼法門，勤加練習可以幫助我們斷除老、病、死？佛陀說：有！「八正道」能夠幫助我們斷除老、病、死。甚至佛陀還說：「八正道」能夠使我們保持在人天善趣，乃至於涅槃解脫。不過，如果沒有正見，就會因而生起邪見，乃至於邪定，將會促使我們墮入三惡道（雜阿含經卷二十八 八〇二經／七九〇經）。

另外，對於時常困擾我們的「貪、瞋、癡」三毒煩惱，會令我們不得自在，進而造作惡業，也可以用八正道來斷除。雜阿含經（卷二十八 七九五經／七八三經）云：有道有跡，能斷貪欲、瞋恚、愚癡耶？有！謂八正道。也就是說，若能夠依八正道修習正見、正志、乃至於正定，不僅可以調伏貪、瞋、癡，同時依遠離、依無欲、依滅、向於捨，進而可以滅苦，可以解脫，可以得涅槃（雜阿含經 卷二十八 七七六經／七六四經）。

八正道能開顯無漏智慧

所以自我檢視一下，是不是覺得自己煩惱重重，痛苦不堪，愁憂煩悶呢？其實說穿了，都是自找的。想想看，仔細想想看，是不是自己欲望太多，貪心不足，我執太重，瞋心太烈；放縱六根，不知控制；只顧自己，不管別人，而與人結怨，造下諸多惡業。如此身心不清淨，煩惱當然就多，煩惱多就會覺得痛苦了。

而八正道就是要來止息我們的煩惱，消滅我們的痛苦。先從建立正見開始，有了正見爲依歸，思想、言語、行爲和生活自然合乎佛陀的教誡，做到正志、正語、正業及正命。如法行之，煩惱自然就少，身心自然清淨。再配合正方便、正念及正定的修持，由定中生出無漏智慧，進而達到涅槃解脫的目標。

然而，該如何配合正方便、正念及正定的修持，生出無漏智慧呢？雜阿含經（卷十五 三六六經／三六七經）云：當勤方便修習禪思，內寂其心。所以者何？比丘禪思，內寂其心，精勤方便者，如是如實顯現。云何如實顯現？老死如實顯現，老死集，老死滅，老死滅道跡如實顯現；生、有、取、愛、受、觸、六入處、名色、識、行如實顯現；行集、行滅、行滅道跡如實顯現；此諸法無常，有爲有漏如實顯現。意思是說，對應到「八正道」中的正方便、正念、正定來看：正方便教我們精勤方便不放逸，正念教我們禪定思惟的方法，正定教我們修習禪定，身心止息的順序。只要我們如實地按照正方便、正念、正定修持，就可以漸漸地達到內心寂靜，專心一致的境界。

當把念頭繫住，不使放逸的時候，就可以如實地顯現「四聖諦」——苦集滅道的智慧。如何顯現？即針對緣起十二支的每一支，從老死開始，依序以「苦集滅道」的智慧如實顯現各支的苦，如實顯現各支的因，如實顯現各支的滅，如實顯現各支的滅除方法。並如實顯現「諸法無常」，如實顯現有爲的「因緣所生法」，如實顯現「生死流轉」的有漏諸法。所謂「若知因生苦，知諸受滅盡，知因緣法盡，則知有漏盡」（雜阿含經 卷十五 三六八經／三六九經）。意思是說，只要徹底了解苦的原因，就可以知道諸受即將滅盡；只要徹底了解因緣所生法，就可以知道煩惱即將滅盡。由此可知，只要依「八正道」，加上精勤方便的修持，在禪定中就可以契入佛法的精髓，開顯出解脫生死的無漏智慧。

綜合以上論述，出世間正見教我們要以「四聖諦」——苦集滅道的思惟方式，思惟人我世間的種種。「苦諦當知」，人生是苦，有八苦，五盛陰苦，諸受是苦。「集諦當斷」，徹見緣起法十二支之因緣所生法，所謂「此有故彼有，此生故彼生，此無故彼無，此滅故彼滅」。生死的根本，痛苦的根源是無明所覆，愛結所繫。由惑造業，由業感苦。故應斷除無明，或斷除觸、愛、取，如斷樹根，或不灌溉水分，或不施加肥料，大樹終將枯死，痛苦終將消滅。「滅諦當證」，把苦滅盡無餘，永不復發。熄滅貪、瞋、癡，不起一切煩惱，清涼自在，愛盡無欲，寂靜涅槃。「道諦當修」，即所謂「八正道」——正見、正志乃至於正定。以明爲前導，建立正見，生起正志、正語、正業及正命，得身心清淨。並依正方便爲精進動力，依正念修習禪思，依正定生起無漏智慧，最終解脫自在。尊貴的蓮生聖尊《智慧的光環》認爲：「八正道是以正見爲首，所以正見是第一重要。正見也即是正確的見解，也就是學佛的行者對因緣果報，對佛法事理，對三法印，對四聖諦、八正道、十二因緣都要能夠信受理解。盲信要不得，迷信要不得，理智很重要。想要修證成就，想要了生脫死，從頭到尾都要正見！」

第五章 正志

有漂亮的心，
必有漂亮的一生！
有善良的心，
人間自有真情在！

第一節 前言

何謂正志？

正志又稱爲正思惟，就是端正的內心、端正的意念和端正的想法。中阿含經（卷四十九）雙品聖道經（一八九）云：無欲念、無恚念、無害念是謂正志。意思是說，正志就是要我們保持一顆端正的心，清淨的心，沒有染污的心。也就是不要有邪惡的念頭，包括不要有欲貪的念頭，不要有瞋恚的念頭，以及不要有害人的念頭，否則就是邪志。所以說，正志也稱爲「正思惟」。「欲念」是指追求滿足自我的一切欲望；「恚念」是指瞋恚、動怒、發脾氣；「害念」是指想要傷害、陷害、謀害或殺害他人。這三種念頭會驅使我們去造惡業，故曰「邪志」。如果能夠做到沒有欲念、沒有恚念、沒有害念，即是「正志」。

為什麼要正志？

爲什麼要正志呢？因爲一個人的行爲不外乎有三種，包括身體外在的行爲表現——「身行」、語言文字的行爲表現——「口行」、以及心中內在的意念想法——「意行」。其中，以「意行」的影響力最爲重大，因爲意行會決定有什麼樣的身行和口行。也就是說，一個人身體會有什麼樣的舉止動作，嘴巴會說出什麼樣的話語，其實都是受他本身內心的想法所影響，甚至指揮和控制的。一個人的起心動念如何，所表現出來的語言及行爲大致上就會按照自己的心意表現出來。心裡面在想什麼，嘴巴就有可能說什麼，甚至透過身體外在行爲表現出來。

所以說，「心」是最重要的。若心意不端正，表現出來的行爲也會不端正。這個不端正的心意就是「邪志」，主要包括欲貪、瞋恚及害心。因爲欲貪之心永難厭足，還沒得到的會想辦法得到；得到了還會想要更多；或是得到了卻又怕失去。因爲利慾薰心，欲壑難塡，加上患得患失，欲貪若是沒有得到滿足，或是內心有所違逆，不順心、不如意，卻又沒有得到適當的安撫或疏導，就很容易起瞋恨心；瞋恨心一旦生起，就容易衝動甚至生起害人之心。進而造下意惡業、口惡業、身惡業。在現實的人生也是一樣，若沒有好好地控制我們那一顆浮動的心，經常是一步錯，步步錯，一錯再錯；不僅造成一個雜染、悲慘的人生，嚴重的還會墮入三惡趣，故須正志。

所以說，想要解脫人生的煩惱與痛苦，有了正見之後，接下來還要建立正志，務必讓我們的內心清淨沒有染污，而且要在日常生活當中來實踐。依於正志而有端正的意行、口行和身行。時時警惕，處處留心，不要有過分的欲貪，不要妄求非分。要學習控制我們的內心，不要讓我們的內心隨著外面的境界起舞。也不要做欲望的奴隸，要知足常樂。不要動輒發怒，也不要起瞋恨心，要心懷慈悲。更不要心生歹念，想要傷害他人，否則害人害己，誤己誤人，是故要建立正志。簡而言之，正志就是不要「胡思亂想」，只要能夠心懷正志，內心自然清淨，煩惱與痛苦自然就會減少許多。以下我們便就「無欲念」、「無恚念」及「無害念」分別加以闡述：

第二節 無欲念：不要做欲望的奴隸

何謂無欲念？

所謂「無欲念」就是儘量做到沒有欲貪的念頭。或者說不要有太多的欲貪，或是慢慢地減少欲貪。佛陀要我們遠離欲貪，不要做欲望的奴隸。然而，什麼叫做「欲貪」呢？其實，欲貪即是所謂的「五欲功德」：亦即五種身體的感官對各種外塵境界的欲望與貪求。包括眼見明色，耳聞妙音，鼻嗅香氣，舌嚐美味，身觸細滑（雜阿含經 卷二十八 七六四經／七五二經）。例如，眼睛會想要看美色，包括美麗的山河大地，美麗的田園風景，美麗的帥哥美女，美麗的建築裝璜，美麗的裝飾物品等。耳朵會想要聽妙音，包括美妙的音樂，美妙的歌聲，美妙的大自然聲音等。鼻子會想要聞妙香，包括香水的味道，沐浴後的體香，薰香、塗香、檀香，花草樹木的香味，大自然的清香等。舌頭會想要嚐美味，包括好吃的食物，好喝的飲料，好喝的湯汁，好吃的水果等。身體會想要接觸舒服的外境，包括清涼舒適的環境，細滑柔順的感覺，輕爽舒暢的感覺，身體的親密接觸，性愛的接觸等。當我們感覺並經歷各種外塵境界的可喜、可愛之處，便會產生令人喜愛的記憶。長期下來，就會養成對各種外塵境界的欲求，這就是所謂的「五欲」。不過，佛陀說：光是這樣還不能稱之爲欲貪。若有人於此「五欲」有所貪著才叫做「欲貪」。根據雜阿含經（卷二十八 七六四經／七五二經）：佛陀用一首偈來說明欲貪的眞實意義，大家就可以明白了。

世間雜五色，彼非為愛欲；

貪欲覺想者，是則士夫欲；
眾色常住也，行者斷心欲。

意思是說，世間雜陳著五顏六色、多彩多姿的五塵境界，有情眾生如果不對這些塵境生起貪愛染著的話，仍不可稱之爲「欲貪」。有情眾生如果對這些塵境起了貪想且執著難捨，方可稱之爲「欲貪」。但是要了解，五塵境界是普遍存在於世間的，全看你會不會去貪愛染著。一個修行學佛的人應當精進努力修行，斷除內心的欲貪。

欲貪的本質

爲什麼要斷除欲貪呢？我們先來看看欲貪的本質。欲貪也稱爲貪欲、欲愛、貪愛或愛染。舉凡對世間的一切四食、五欲、六塵以及人情事物的貪戀與執著，包括各種物質上和心理上的渴望與需求皆爲欲貪。想要得到的，會想盡辦法去獲取，已經擁有的卻又怕失去。想要卻又得不到時，輕者內心不平，重者不擇手段，甚至非法搶奪。同樣的，所擁有的一旦失去，輕者感嘆惋惜，重者憂悲惱苦，甚至痛不欲生。欲貪或欲愛影響我們生命眞是太深刻了。究其本質我們可以發現：

一、生命養料：欲貪或欲愛是滋潤我們生命的養料，因爲欲貪才會對四食有所企求，眾生因四食才能夠長養生命（中阿含經　卷五十四　後大品　嗏諦經　二〇一）。所謂「四食」即摶食、觸食、意思食及識食。眾生依摶食追求溫飽，以滋養色身；依觸食追求快樂，以撫慰心靈；依意思食追求希望，以激勵人生；依識食追求自我實現，以肯定自我的存在而獲得發展。

二、愛結所繫：雜阿含經（卷二 四四經／二六七經）云：眾生於無始生死，無明所蓋，愛結所繫，長夜輪迴生死，不知苦際。可見得驅使有情眾生流轉生死的力量，以無明、欲貪為首。前者屬「理智」上的無知，後者則為「情感」上的貪愛。有情眾生就是被貪愛這條繩子，繫在無明柱子上，不斷地團團轉，流轉生死，漂泊苦海。

三、難捨難離：雜阿含經（卷三十五 九七六經／九八四經）對「欲愛」的形容極為生動。佛陀形容欲愛就像縱橫糾葛、錯綜複雜的網羅一般，一旦被網上，教人難以脫離；又像膠漆一樣，吸附舔貼，難以分開；也像泉水一般，汩汩湧出，流逝不停，難以截斷；也像藕根一般，深入土泥，抓附不放，根深蒂固，難以抽拔；也像花絮一般，隨風輕飄，處處附著，難以逃避。真的是形影不離，流轉不停，永無止息。

四、永難厭足：欲愛一旦生起之後，永無厭足之日（增壹阿含經 卷八 安般品之二 一三六）。並催促著人們不停地追求，因此就會欲轉增多，欲愛轉廣，內心難以平息（中阿含經 卷三十八 梵志品 鬚閑提經 一五三）。怨憎或恩愛皆由欲愛而生（增壹阿含經 卷十一 善知識品 一七四）。因為欲愛，愁慼、啼哭、憂苦、煩惋、懊惱皆會跟隨而至（中阿含經 卷六十 例品 愛生經 二一六）。

五、欲為苦本：雜阿含經 （卷三十三 九〇五經／九一三經）云：若諸眾生所有苦生，一切皆以愛欲為本，欲生、欲集、欲起、欲因、欲緣而生苦。由此可見，「欲為苦本」。由於欲愛，則於苦不得解脫（雜阿含經 卷一 七經／七經）。特別是男女異性之間的情愛，威力更是強大。可以讓眾生難分難捨，難捨難離，周旋往來，今生後世，迴轉六道，甚至經過好幾劫的時間，歷久不止（增壹阿含經 卷四 一子品 五九）。

從欲貪的本質，我們可以了解到眾生之苦的本源即是欲貪或欲愛。也是眾生生死流轉的根本所在。欲貪若不加以控制、斷除，則會不斷地增生擴大，無有厭足之日，終至不可收拾，而跟隨在後的即是種種的憂悲惱苦。因此，我們要離欲、斷欲，不令生出欲貪。或是不要有過多的欲望，要少欲知足。但是，要如何離欲？或如何減少欲望呢？根據雜阿含經（卷九　二五二經／二五〇經）：我們知道六根接觸六塵，非根繫塵，亦非塵繫根，把根塵繫著的，是欲貪。就好像二條牛共拉一車，一黑牛一白牛，並非黑牛繫著白牛不放，也非白牛繫著黑牛不放，而是因為有牛軛套著，皮帶綁著，才使二牛繫縛在一起。也就是說，並非根、塵一接觸就會產生雜染煩惱，而是因為我們內心的欲貪所造成的。根、塵就好像那二條牛，而欲貪就好像那牛軛皮帶一般將根、塵繫縛在一起。因此，修行的功夫即在於叫我們離開欲貪這個繫縛。

然而，我們不禁要問，欲從何來？從何而生？根據增壹阿含經（卷二十五）五王品（二九一）：欲從想生。意思是說，欲就是從想像中來。想像則是根據過去的經驗及比較，所形成的推測與認知。進一步說，想像即是五蘊——色、受、想、行、識中的想蘊。而五蘊即是自我的表徵，五蘊令人覺得有個我存在，眾生因而執著五蘊為我。既然執著五蘊為我，就會想辦法來滿足自我，於是從「想蘊」中生出欲貪，貪圖世間的一切。卻不知色如聚沫，受如浮泡，想如野馬，行如芭蕉，識為幻法。一切表面看起來像真的，實際上卻有如夢幻泡影一般。不管是聚沫、浮泡、野馬、芭蕉或幻法，訴說的就是五蘊的無常、短暫、空虛、無實與虛幻。執著一個不實在、不能自主的我不放，煩惱與痛苦油然而生。由此可知，欲從想生，想念既然生起，便生欲意，不但自害，而且害人，受其苦患，直至後世。因此，想要去除欲貪，應當先要去除想念，因為沒有想念，才不會有欲心，因為沒有欲心，才不會亂想。如此，欲貪便會慢慢減少（增壹阿含經卷二十五　五王品　二九一）。

對治欲貪的方法

而去除欲貪的方法，依如來所說，首推不淨觀（增壹阿含經 卷二十五 五王品 二九一）。並且要思惟六根無常，五蘊無常，所有著欲之想，自當消除（增壹阿含經 卷三十二 力品之二 三四一）。此外，還要隨時提醒自己，見五欲猶如火坑，才不會被欲貪、欲念及欲著所覆蓋。明明白白欲念從何生起，止於何處，時時自我防範，養成離欲的習慣（雜阿含經 卷十 二六七經／一一七三經）。至於對情欲、性欲的控制，佛陀亦提供了三種方法，分別是假想觀、不淨觀及守護根門（雜阿含經 卷十 二五九經／一一六五經），簡述如下：

一、**假想觀**：當眼見美色而興起淫念時，可作以下的假想：年長的當作是父親、母親或長輩；年紀相彷的當成是兄弟姐妹；年紀小很多的當成是兒女來消除欲念。敬重自己的父親、母親或長輩，友愛自己的兄弟姐妹，保護照顧自己的兒女，是做人的基本道理，誰會如此狠心侵犯自己的至親呢？這是以家庭倫理的道德觀念來約束自己。

二、**不淨觀**：當淫念興起時，想像一下，一個再漂亮的人，也不過是個臭皮囊，臭皮囊裡面裝的是什麼？仔細觀察，從足至頂，骨幹肉塗，覆以薄皮，種種不淨，充滿其中。有那些不淨？像腦髓、血脈、筋骨、內臟、屎尿等等。想到這些不淨物，還會有興趣嗎？況且，人生無常，誰能躲過歲月的摧殘？屆時或病、或老、或死，再美麗的人也會變得枯槁如朽木了。

三、**守護根門，善攝其心**：要克制淫欲的誘惑，最重要就是要隨時隨地提醒自己，守護自己的六根，受持眼律儀、耳律儀、鼻律儀、舌律儀、身律儀乃至意律儀，不要滲入淫欲。而且要善攝自己的內心，要知道，淫欲就如同蜜塗利刃、果繫折枝，亦如劍樹、毒樹、毒藥。若能悉觀了知，便能得渡欲流（增壹阿含經 卷七 火滅品 一二〇）。

因此，我們了解到，想要令我們的內心得到解脫，得到自在，就要離欲、斷欲，或者至少要先做到減少欲望。所謂「知足常樂，隨遇而安」。欲愛來自於內心的想像和執著，一旦執取不放，憂悲惱苦即跟隨在後。如何離欲、斷欲？世尊教導我們要如實觀察自己的五蘊身心悉皆無常，皆歸於空，無所執著，不帶成見，不起世間想，自然沒有恐怖，達到寂靜涅槃的境界（增壹阿含經 卷十 勸請品 一五三）。

也就是說，一方面要具有佛法正見，知道「欲爲苦本」；一方面要學習控制自己的內心，不要妄想紛飛，欲望橫流；要長養知足、感恩、惜福、布施之心。凡事多爲苦難的眾生著想，而不要只想到自己。要懂得與別人分享，不要做無謂的比較和計較。多想想自己所擁有的，不要只看到自己欠缺或失去的。要善於守護自己的六根，不要拼命地向外攀緣，追求「四食、五欲、六塵」，追求不完的。尊貴的蓮生聖尊《瑜伽士的寶劍》提到：「行者應該避免貪戀世俗，因爲貪戀世俗，不會上昇，反而下墮。」世俗包括一切有形無形，例如名位、財物、美色。不肯布施、貪他人財物、貪美色、貪非自己之物、貪執美好之物，均是貪戀世俗。但是，也不是叫我們什麼欲望都不要，弄得槁木死灰，死氣沉沉，一點鬥志都沒有。而是要學習看破，看破什麼？看破紅塵，一切都無所求。學習放下，放下什麼？放下得失，一切都無所謂。讓我們這一顆心不要過於貪染執著，既拿不起又放不下，既看不開又觀不破。凡事盡力了就好，過程盡情揮灑，結果坦然面對。當然最好是依照佛陀教誡，思惟無常、苦、無我、空的道理，儘量減少內心的欲望，不要不知足。很多人生的問題，都是因爲「不知足」所引起的。要少欲知足，知足常樂，趨向涅槃解脫。尊貴的蓮生聖尊認爲：每一個人，都是「不滿足」的，多了還要更多。已經很多了，但，仍然要更多，這全是

「不滿足」的緣故。這世間的「爭」、「鬥」、「妒」、「恨」、「仇」全是因為「不滿足」而來的。如此，禍端生矣！

第三節 無恚念：不要亂發脾氣

何謂無恚念？

所謂「無恚念」就是儘量做到沒有瞋恚的念頭。什麼是瞋恚呢？瞋恚就是瞋怒、瞋恨的意思。簡單地說，就是生氣、發怒、發脾氣、心生怒火、怒火中燒。一個人一旦心中有怒氣，就容易與人起衝突，起衝突的結果往往就造下惡業。從口角吵架、哭喊叫罵、甚至棍打刀殺、尋仇報復或是結怨懷恨、長期對立都有可能。不管誰是誰非，可能都已經造成彼此的傷害甚至遺憾了。所以說，瞋怒是人與人之間最容易引起衝突的導火線。因此，佛陀要我們建立的第二項正志即是無恚念。

瞋怒由何而來？雜阿含經（卷十七 四六九經／四七〇經）云：苦受觸故，則生瞋恚，生瞋恚故，為恚使所使。意思是說，當我們的六根接觸到外境六塵，遇到不如意的、不順心的、不令人喜愛的，即佛經上所謂「不可意、不可念、不可愛」，就會生出痛苦的覺受。內心若再加以分別執著，就會身心俱苦而生瞋恚，進而被瞋恚牽著走。所謂「不想不氣，越想越氣」，一怒之下而生起種種不善的念頭，或嫉、或怨、或恨、或憎、或害，進而造下種種惡業。

瞋恚的原因

一般凡夫，當業力、命運、境界來磨的時候，會產生各種苦痛，愁憂生怨，心生狂亂，究其根本，皆因凡夫不能控制自己的內心所致。一般凡夫，心隨境轉，越轉越亂，亂則容易脫序失控。所以說，瞋恚起於何處，起於根塵相觸而於苦受有所染著。爲何染著，究其本源，實係欲貪所繫。欲貪有多大，瞋心就有多大。貪得無厭，所求不得，拿不起又放不下，患得患失，欲壑難填，心中當然容易不平、不滿、不服、不爽，因而怒氣難消，瞋恚不已。若再仔細分析瞋恚的原因，基本上可歸納成以下幾類：

一、生理因素：由於身體上的病痛或不舒適所引起心理上的平衡失調，就比較容易瞋怒發脾氣。試想一個人的身體若不健康，心情就容易低落，若沒有得到適當的舒解與安慰，很容易在情緒上表現出來。周遭的環境或人事若再加以刺激就更加難以控制了。因此，保持身體的健康，養成良好的生活習慣，有病就要看醫生，加上充分的休息與調養，把身體養好，再配合適度的運動，規律簡單的生活，是去除瞋恚的基本步驟。

另外，也有可能是因爲先天或後天因素造成身體上的缺陷或殘缺不全，所引起心理上的不平衡。若沒有適當的關懷或開導，或缺乏正確的人生觀，在自卑心與害怕受傷害的心驅使下，很容易變成自暴自棄，或自甘墮落，或自我封閉，甚至成爲社會的邊緣人。面對這人生的無奈，能夠保持心情平靜者幾人？這種情況下，通常宗教就扮演非常重要的角色，除了讓心靈有所寄託之外，也可以增加自己的信心來面對這人生的嚴苛考驗。

二、心理因素：當一個人與外界的人情事物接觸的時候，所產生的種種感受，會由於心的作用，而有苦樂之別。雜阿含經（卷二 四四經／二六七經）云：心惱，故眾生惱；心淨，故眾生淨。會讓一個人感受到痛苦的，不是別人，而是自己的「心」。因爲痛苦而心生瞋怒、怨恨。因此，要學習控制自已的心（增壹阿含經 卷五 不還品 七七）。然而，偏偏我們這一顆「心」是那樣地難以降伏（增壹阿含經 卷五 不還品 七七），那樣地貪染世間（中阿含經 卷四十五 心品 心經 一七二），而且日日夜夜，時時刻刻，須臾轉變，異生異滅。好像彌猴一般，在林間攀爬，忽上忽下，或左或右，難以捉摸（雜阿含經 卷十三 三二七經／二八九經）。

所以，佛陀教導我們要「護心」（增壹阿含經 卷四 護心品 六三），當善思惟，觀察於心（雜阿含經 卷二 四四經／二六七經），於所起身諸苦痛能自安忍（雜阿含經 卷二十 五三九經／五四〇經），於苦觸受不生瞋恚，不生瞋恚故，恚使不使（雜阿含經 卷十七 四六九經／四七〇經），若瞋恚盛者，以慈心除之（增壹阿含經 卷二十三 增上品 二六六）。意思是說，要善加守護自己的心，好好地加以思惟、觀察。針對身體所產生的各種苦痛，能夠自我調適，安住忍耐，不會因爲痛苦的觸受，而心生瞋恨，自然不會被瞋恨心牽著走。凡夫與聖人的差別即在於凡夫「身受心亦受」。身受苦受，心就起瞋，做瞋心的奴隸，不知苦樂出現及消除的原因。聖人則是「身受心不受」。身雖受苦而不起瞋，不受瞋心所使、所奴隸，深知苦樂出現及消除的原因。因此，我們了解，瞋怒的主要原因是來自於身觸苦受，而且內心有所雜染執著；因執著而心生煩惱，進而憂悲惱苦。所以我們要學習控制自己的心，不要讓心放逸，要身受心不受，要學習忍辱，安住其心，然後以柔軟心對治，以慈心對治，自然瞋心就可以消除。

三、環境因素：由於生活、居住與各種活動所處的客觀環境條件實在太差，或是不符合個人的期望，所造成心理上或生理上的一些壓力或不舒服，也是造成一個人心情不好，易怒的主要原因之一。試想一個人周遭的生活起居環境與條件，雖非追求高級奢華的住家享受，但若骯髒不堪、雜亂不已、擁擠吵雜、空氣污染，如何叫人心情輕鬆愉快？若再加上這些客觀條件受大環境所限制，非個人能力所能改變，那就更加沮喪了。

其實，也不必太過悲觀，先從改善自身做起。試問自己有沒有把自己的家裡打掃乾淨，整理清潔？外在環境縱然不如意，至少回家之後是一個清淨的天地。若行有餘力，再推展至住家附近，結合鄰里的力量，共同維護社區的秩序與整潔。當已經盡力了，在客觀環境尚未改變前，就要學習適應環境，融合環境，勇敢地接受它、面對它。人事已盡，內心就會坦然，心情自然容易平和，也就比較不會瞋怒了。若實在還是無法適應，就應當設法遠離喧囂繁雜之處，遷移至清淨安寧的地方，使得內心能夠平和下來，也是一個可行的辦法

四、個性因素：由於個性上的差異，也會影響到一個人與外界人情事物接觸時產生各種境界的處理態度。前面曾經提過：貪心有多大的人，瞋心就有多大。或者說：心胸狹窄的人，生性多疑的人，桀傲不遜的人，粗暴無禮的人等都比較容易瞋怒，發脾氣。那什麼是個性呢？其實就是一個人從過去久遠無始以來所養成的習氣，包括過去累世形成的雜染心識，以及今生後天行爲特質的養成。

前者包含一般人所了解的先天性遺傳因子，例如父母親的個性或其祖先的個性會透過醫學上的遺傳現象傳給這一代的子女，因而可能具有某種相似的性格。當然也隱含著因緣和合，三世因果的緣起法則在裡面。後者則是指後天的環境對個人行爲特質養成的影響，例如出生的背景、家庭的狀況、成長的經歷、學習的過程，人生的際遇，甚至時代的背景、社會的風氣、國家的興衰、民族的文化及世界的潮流，都在在影響一個人個性的形成。

由此，我們可以了解到一個人個性的形成之因，是長久以來，甚至是久遠無始以來，所形成的一種習氣，這種習氣深深地影響一個人的氣質、態度及表現。一個人是不是容易生氣、發怒、脾氣暴燥，事實上，與習氣有絕大的關連。有些人先天不良再加上後天失調，很可能就會變成憤世疾俗、怨天尤人、孤僻高傲、粗暴無禮了。

對治瞋心的方法

要知道，瞋恚的後果往往是非常嚴重的，不僅傷身體，心理失調，也容易生起害念而犯下不可彌補的滔天重罪，或打、或殺、或罵、或諍，造下重大惡業。因此，不可不防，不可不加以改正。瞋恚的習氣既是久遠養成，改正習氣則要痛下決心，對症下藥，要建立正確的人生觀，要建立正確的價值觀。要多培養慈悲心、知足的心、惜福的心、感恩的心、忍辱的心、真誠的心、漂亮的心。對於諸根門，要善加守護，不使瞋恚心對於根、塵觸境有所染著，做到「身受心不受」，於苦觸受則不生瞋恚。然後依循佛陀的教誨，如法修行，逐漸去除我們的瞋恚心。

何謂「身受心不受」？我們再進一步說明。雜阿含經（卷十七　四六九經／四七〇經）云：愚癡無聞凡夫身觸生諸受，增諸苦痛，乃至奪命，愁憂稱怨、啼哭號呼、心生狂亂。當於爾時，增長二受，若身受、若心受。譬如士夫身被雙毒箭，極生苦痛。愚癡無聞凡夫亦復如是，增長二受，身受、心受，極生苦痛。多聞聖弟子身觸生苦受，大苦逼迫，乃至奪命，不起憂悲稱怨、啼哭號呼、心亂發狂。當於爾時，唯生一受，所謂身受，不生心受。譬如士夫被一毒箭，不被第二毒箭。當於爾時，唯生一受，所謂身受，不生心受。

意思是說，當我們身觸諸苦受，甚至生命遭受到威脅時，一般愚癡無聞凡夫不但身受，心也受。亦即不但身體上感到痛苦，心理上也因執著身體的苦受而感到極大的痛苦。就好像中了兩支毒箭一樣，遭受雙重打擊，「身受」是第一支毒箭，「心受」則是另外一支毒箭。多聞聖弟子則不一樣，身觸諸苦受，即便遭到生命威脅時，也只生一受，所謂「身受心不受」。亦即雖然身體上感到痛苦，但是心理上卻毫不執著，仍然保持內心的平靜與安穩，絲毫不起任何憂愁、怨恨、啼哭、號叫、甚至發狂。就好像中了一支毒箭之後，絕不讓自己再中第二支毒箭，以免生起瞋恨心，令瞋念增生擴大，這就是所謂的「身受心不受」。能夠做到身受心不受，可使瞋心不起。

第四節　無害念：害人之心不可有

何謂無害念？

所謂「無害念」就是要做到沒有生起害人的念頭。害人的念頭包括想要將對方加以傷害、陷害或殺害，致使他人在生理上、心理上、財物上、利益上、名譽上甚至性命上造成有形或無形的傷害或損失。那些害人的念頭最可怕呢？生起殺、盜、淫、妄之邪念最爲可怕。殺心一生起，欲取人性命或傷人性命；盜心一生起，欲竊人財物或奪人財物；淫心一生起，特別是邪淫心一生起，欲姦人妻女或辱人妻女；妄心一生起，欲欺人財物或騙人財物。這些害人的念頭，妄想使他人或事物受到損害，然後自己從中獲利或得到快樂，若不知道加以克制而付諸行動，後果是非常嚴重的。不僅在因果上造下惡業，也會受到道德良知的譴責，更不為社會善良習俗所容忍，甚至會遭到國家法律的制裁。所以說，害人之心不可有，防人之心不可無。

為什麼會生起害心？

一個人為什麼會生起害心呢？一般凡夫由於六根接觸六塵而產生各種境界。若順心、如意、喜歡的，則生欲貪，希望越多越好；若不順心、不如意、不喜歡的，則生瞋恚，希望趕快消失、趕緊遠離才好。為了滿足自己的欲貪，起了非分之想，動起邪念，而生出害心；為了平息內心的瞋恚，一洩胸中的怨氣，也會生出害心；或者欲貪得不到滿足，心生怨懟而生出害心。俗話說：「欲火焚身，怒火無情」，即是此意。

由此可知，生起害念的前因，即是因為有「欲貪」，為滿足私欲而生起害念；其次是因為「瞋恚」，怒火中燒，所謂「惡之欲其死」，而生起「欲洩憤而後快」的念頭，因此生起「害念」。此外，另一個會生起害心的原因則是由於「邪知、邪見」。例如，以為用活人祭祀鬼神可以獲得平安而枉殺生靈，或是以為獻財獻色可以消災解厄。諸如此類，不勝枚舉，有時候由於邪知、邪見所造成的傷害更甚於其他。

還有一個比較特殊的原因也會生出害心，那就是飲酒。飲酒過量不僅會傷害自己的身體，而且酒會麻醉我們的內心，使得我們的意識變得模糊不清。俗話說：「借酒來壯膽，酒後易亂性。」在在說明，飲酒容易令人失去理智，失去控制，甚至做出糊塗的事情出來，往往造成不可彌補的遺憾。雖然可能只是一時的糊塗與衝動，但是卻可能已經對他人造成巨大的傷害，一旦醒來，後悔莫及。所以，佛陀將飲酒也列為五戒之一，即可以了解到飲酒為害之大。增壹阿含經（卷七）五戒品（一一〇八）云：若有人心好飲酒，所生之處，無有智慧，常懷愚癡。也就是說，喜歡飲酒的人，常常會導致愚癡而沒有智慧的下場。因此佛陀勸說：愼莫飲酒。而所謂「五戒」，就是要戒殺生、戒偷盜、戒邪淫、戒妄語以及戒飲酒，謹守這五戒可以避免我們生出害心（增壹阿含經 卷七 五戒品）。

所以說，一個人不會無端地生出害心，害心的罪魁禍首其實就是欲貪、瞋恚與邪見。如果要避免生起害心就要先避免生起欲貪、瞋恚與邪見。但是，若再深入分析則會發現：其實害心眞正的根本原因即是愚癡無明。因爲愚癡無明而生出欲貪，因爲愚癡無明而生起瞋恚，因爲愚癡無明而生起邪見。有了欲貪、瞋恚與邪見就會生起害心。換句話說，因爲有情眾生愚癡無明，執著五蘊身心爲我。爲了滿足自我五蘊身心，透過六根向外攀緣追求四食、五欲、六塵，而生起各種欲貪。欲貪一旦昇起，瞋恚就隨伺在後，邪見也難以去除，結果就會引發「害心」出來。所以說，愚癡無明才是欲貪、瞋恚與邪見的根本，害心因而生起。要永斷愚癡、永斷無明才能永斷欲貪、瞋恚與邪見，進而害心也斷除了。然而，該如何對治愚癡無明？就必須培養佛法正見，用智慧來對治愚癡無明。

對治害心的方法

在日常生活當中，與人相處，難免會有利益糾葛，衝突磨擦的時候，特別是遇到一些不合理、不公平、不符合公平正義原則的對待時，難免心中會憤恨不平，進而心生害念，想要去之而後快。佛陀告誡我們要戒之、愼之，要以悲心對治害心，要以忍辱克制害行。悲心就是要有悲天憫人之心，要有同情心。悲是「拔苦」之意，即拔人之苦。看到別人痛苦，自己也會感覺到痛苦，進而內心生起想要替人解除痛苦的念頭。

其實也就是同理心，試著站在對方的立場考慮，就會有不一樣的感受與結果。試問，想要替人解除痛苦都來不及了，如何還會有害人之心。

其次則要有忍辱的修養。面對一切人生的考驗，要能夠心平氣和以對。若不幸害心已生則要懂得容忍，即使火冒三丈也要懂得克制自己，不令自己的行為失控。若不懂得容忍而任由害心氾濫，不僅於事無補，反而越弄越糟，甚至弄到不可收拾的地步，難以挽回。所以，要培養忍辱心，使得害心無暇興風作浪。所謂「忍一時風平浪靜，退一步海闊天空」，就是要我們學習忍辱。「忍」是能忍之心，「辱」是所忍之境。內心能夠安忍他人的羞辱或自身的苦境是謂「忍辱」。尊貴的蓮生聖尊說：「世界上忍辱的力量最大，忍辱所得的功德也最大，能忍的人是最堅強的。」

但是，要注意的是，心懷慈悲，忍辱忍耐，絕不是叫我們做縮頭烏龜，更不是叫我們做濫好人，否則只會姑息養奸，助長犯罪。其間的差別在於是否具足佛法正見？是否明辨是非善惡？是否開顯無漏智慧？具足佛法正見才不會迷失人生的目標與方向，才知道什麼該爭什麼不該爭。明辨是非善惡才不會正邪不分、黑白不明，才知道什麼該做什麼不該做。開顯無漏智慧才不會不知所措、反應不當，才知道要不要反應？什麼時候反應？以及如何反應？所以我們要精進修行，依佛所教，積極培養佛法正見，明辨是非善惡，開顯無漏智慧。才得以知曉害心不可起，惡業不可造，因為業果苦報隨伺在後。

因此，要破除害心，首先要有慈悲心，要懂得忍耐，而且要儘量避免生出殺生、偷盜、邪淫、欺妄的念頭。因為這四個邪惡的念頭會對他人造成極大的傷害，所造的業也最重，一定要特別加以注意。所以，一旦有害心生起就要以悲心對治，而且要善護我們的心念才能竟其功，並儘量避免飲酒以迷亂心性，增加生出害心進而造業的機會。其次，要學習控制我們的內心，對於欲貪要加以遠離，對於瞋恚要加以防範，隨時隨地想到欲貪及瞋恚的後果。然後，要破除邪見，培養佛法正見，不要讓邪知邪見誤導了我們的行爲，傷害了無辜的第三者尚不知回頭。還有，能不飲酒就儘量不要飲酒。當然，最根本的做法就是要破除愚癡，永斷無明，熄滅貪、瞋、癡三毒，讓無漏智慧顯現出來，這才是最上乘的解決之道。

第五節　守護六根：管理欲念、恚念及害念的源頭

至此，我們可以清楚地了解到，不要有欲念、恚念及害念就是正志。可是我們的內心偏偏就是不由自主地會生起這些念頭，而偏離正志。所以要來了解這些念頭是從何而生？從何而起？然後從源頭加以控制以免惡念叢生。根據雜阿含經（卷八　二一五經／二一三經）：欲念、恚念及害念的生起其實都是由於我們的六根接觸外在的六塵，由於心識的了解與判別而產生各種感受之後，對於這些感受有所雜染與執著所引起的。六根與六塵是我們日常生活當中活動的主要舞台，六根是我們接觸外界的六道門戶（內六入處），六塵是六根所相對應認知的對象（外六入處），凡夫情感上的雜染與煩惱，大部分都是從根、塵相觸開始的。可見得守護六根的重要性。所以，要去除欲貪、瞋恚與害心，甚至整個學佛修行的過程，守護六根的功夫是要勤加練習的。

佛經上也講得很清楚，不調御六根，不密守護而不修者，必受苦報（中阿含經　卷三十八　梵志品　鬚閑提經　一五三）。另外，根據增壹阿含經（卷三十二）力品之二（三四〇）：我們的六根喜好各異，猶如六種性質迥異的蟲魚鳥獸，各有所好，有的喜歡在村中、有的喜歡在土中、有的喜歡在林中、有的喜歡在水中、

有的喜歡在穴中、有的喜歡在空中。若硬是把它們綁在一起，然後放開來，豈不是亂成一團。所以說，「六入爲惡道」，看到好的、合己意的就高興；看到不好的、不合己意的就不高興。而且喜好各不相同，如今糾結在一起，不引起爭吵、造業才怪。因此，針對六根，我們必須好好地加以守護。

增壹阿含經（卷四十九　非常品　四五九）也說：寧常眠休，不於覺寢之中思惟亂想；寧以燒鐵烙眼，不以視色興起亂想；寧以錐刺壞耳，不以聽聲興起亂想；寧以熱鉗壞鼻，不以聞香興起亂想；寧以利劍截舌，不以惡言語墮三惡趣。佛陀告誡我們要好好調配駕馭我們的六根，若不知道要善加守護也不知道好好修行的話，必然要承受痛苦的後果。甚至說寧可以燒鐵、錐刺、熱鉗、利劍等毀壞我們的六根，也不要因爲放縱六根而惹是生非，爲惡造業。簡而言之，就是要我們好好守護六根，無令漏失，不起亂想。但是要如何守護呢？

守護六根的方法

守護六根就是要經常提醒自己看好我們的六根——眼、耳、鼻、舌、身、意，甚至避免跟外界六塵——色、聲、香、味、觸、法做不必要的接觸，但是對於自己的內心在想些什麼卻清清楚楚。而且，不執著各種表相而生起種種的情緒感受，也不因爲種種情緒感受的刺激而迴盪不已。時時警覺自己的內心不要生起貪伺、憂慼、惡念的想法。行住坐臥、眠寤語默、舉手投足、起心動念皆能正確無誤地察覺，並知曉自己內心的活動（中阿含經　卷四十九　雙品　說道經　一八七）。

若能夠想到而且專心分別我們的六根，終不墮惡道（增壹阿含經　卷三十二　力品之二　三四〇）。由此可知，六根是生起一切情緒感受的開端，如何在開端之始即加以控制是我們有志修行學佛的人急需學習的。佛陀共教了五種方法來對治六根，分別是調伏，關閉，守護，執持與修習（雜阿含經 卷十一 二七八經／二七九經），分述如下：

一、調伏：我們內心很容易因爲六根接觸六塵而生起各種起心動念。當六根接觸六塵時，若覺知貪念，恚念，害念時，即制之使不生起。例如見美色而起淫念，見財物而起貪念，見仇人而起恚念，甚至生起殺、盜、邪淫之害念。雖然生起這些念頭，但如實知生起此念頭，但不爲此念所轉，即「制之不令生起」，這就是所謂的「調伏」。

二、關閉：深知我們五蘊身心所在處境之惡，根、塵接觸很容易引發內心之惡念。因此，要避免六根接觸惡境。例如，避免涉足聲色場所，不看色情刊物、影片，不聽靡靡之音；應該多交益友，遠離損友，多親近善士，遠離邪魔外道。「關閉六根接觸六塵」外境，特別是避免接觸惡緣、惡境，自然減少惡念生起的機會，這就是所謂的「關閉」。

三、守護：我們的六根很容易向外攀緣六塵外境，而導致欲心奔放。因此，我們要老老實實「看守六根門戶」，隨時保持警覺，善加守護，精勤不放逸，不因六根觸境而生起欲貪、瞋恚、害心等諸惡念。就好像田夫看守田舍一般，不讓鳥獸前來毀壞田舍一樣。一旦有所警覺，就不會放縱我們的六根隨著外境起舞。而且，將我們內心的注意力放在六根的守護上，貪念，恚念，害念便無暇生起，這就是所謂的「守護」。

四、執持：爲了不讓我們的六根因爲個人習性的因素而糊里糊塗地胡亂觸境，看不該看的，聽不該聽的，接觸不該接觸的，進而引發不好的念頭或是薰染我們的習性成惡習。因此，我們必須清清楚楚地知道自己的六根在做什麼，眼見色即如實知是眼睛在看，耳聞聲即如實知是耳朵在聽，鼻、舌、身、意，亦復如是，做到「覺知不令蒙昧」。把我們內心的注意力放在六根的作用上，而不是迷迷糊糊，茫茫然然，搞不清楚狀況，混然不知六根的情形，這就是所謂的「執持」。

五、修習：就是要遵循佛陀的教誨，收攝我們的心念，不要雜念紛飛。要六根不接觸六塵確實困難，但重點在於，雖然我們的六根會接觸六塵，但是要學習控制我們的內心。對於順心、如意、喜歡的不起貪；對於不順心、不如意、不喜歡的亦不生瞋恚、害心。於根、塵、識三事和合觸無所雜染執著，正所謂「六入處常對，不能動其心」了。做到「不爲六境所動」。這就是所謂的「修習」。

其實，每個人早上一起床若能夠每天提醒自己守護六根的方法，依照佛陀的教誨去過日子，相信身心自然清淨，煩惱自然減少，愁憂恐懼自然也就消失了。最後，佛陀用一首偈來勸勉大家：在六根接觸六塵外境時，於順心、如意、喜歡的地方，要能夠做到不生欲，不樂著，不起貪，不放逸；於不順心、不如意、不喜歡的地方，要能夠做到不憎惡，不排拒，不選擇，不嫌棄。

於六觸入處，住於不律儀，是等諸比丘，長夜受大苦；
斯等於律儀，常當勤修習，正信心不二，諸漏不漏心；
眼見於彼色，可意不可意，可意不生欲，不可不憎惡；
耳聞彼諸聲，亦有念不念，於念不樂著，不念不起惡；
鼻根之所齅，若香若臭物，等心於香臭，無欲亦無違；
所食於眾味，彼亦有美惡，美味不起貪，惡味亦不擇；
樂觸以觸身，不生於放逸，為苦觸所觸，不生過惡想；

平等捨苦樂，不滅者令滅，心意所觀察，彼種彼種相；
虛偽而分別，欲貪轉增廣，覺悟彼諸惡，安住離欲心；
善攝此六根，六境觸不動，摧伏眾魔怨，度生死彼岸。

簡單地說，面對六根接觸六塵，要能夠做到：「眼睛」要美醜不拒，「耳朵」要妙不妙皆聽，「鼻子」要香臭無妨，「舌頭」要鹹淡皆可，「身體」要身受心不受，「意識」要知見明達。而其中的關鍵就在於善於守護我們的六根，不隨外境起舞，不為外境所動，如此便能摧毀並降伏各種魔考，渡過生死的苦海，登上涅槃的彼岸。

綜合以上說明，正志就是要求我們的內心不要有欲貪的念頭，不要有瞋恚的念頭，更不要有害人的念頭。簡而言之，就是不要「胡思亂想」。要有一顆「漂亮的心」，一顆「善良的心」。尊貴的蓮生聖尊說：「佛法教你是要有一顆善良的心，善惡只在一念之間，作善作惡只在一個心而已。」台北一行慈善之家陳女士《壽命是自己一點一滴努力來的》提到：「有漂亮的心，必有漂亮的一生。」有善良的心，人間自有真情在。人的一生，追求的正是這顆漂亮的心。只要我們願意改變自己的心，使自己的心越來越漂亮，就可以進而改變我們的命和運。因為有什麼樣的心，就會造就出什麼樣的人，也同樣招感什麼樣的人來相遇。所謂「漂亮的心」，就是親生媽媽／爸爸的愛心，分毫不差地打從內心深處來真正疼愛這個人或眾生，完完全全地跟他的親生媽媽或爸爸一樣。

所謂「漂亮的心」，就是令人感動的心，就是真心、誠心、愛心、慈悲心、歡喜心、平等心、柔軟的心、感恩的心、清淨心、菩提心。令人感動的心就是用心付出，不求回報，甚至犧牲自己，成全他人，卻義無反顧。眞心就是發乎至誠，沒有半點的虛僞與做作。誠心就是眞誠地爲對方著想，沒有半點個人的私欲。愛心、慈悲心、歡喜心、平等心、柔軟的心其實就是四無量心——慈悲喜捨。慈是與樂，悲是拔苦，喜是歡喜，捨是平等。慈心就是心懷仁慈，沒有瞋恨，知福惜福，感恩圖報，給人快樂，處處溫情。悲心就是悲憫眾生，沒有害念，拔人之苦，利益有情，給人服務，無怨無悔。喜心就是歡歡喜喜，沒有嫉妒，眞誠祝福，珍惜擁有，給人歡喜，和樂融融。捨心就是難捨能捨，沒有憍慢，冤親平等，共存共榮，給人尊重，互敬互愛。感恩的心就是時常懷著一顆感激與報恩的心。滴水之恩，湧泉以報，不會忘恩負義，過河拆橋。清淨心就是心念清淨，眞正能夠放下萬緣，摒除一切妄想，沒有雜染的念頭。菩提心就是發願成佛的心，就是「上求佛道，下化眾生」的心，是自利利他、自度度人的菩薩心腸。有這麼一顆漂亮、善良的心，欲貪、瞋恚、害念自然而然能夠消除。不過，在完成心靈淨化之前，我們這一顆「心」還是染污的，還是會不斷地生起邪惡的念頭。這些邪惡的念頭，多起因於我們的六根接觸六塵。因此，要好好地守護六根，不令內心於六根接觸六塵外境時有所貪染、執著。若能如是、如實知見，見邪志是邪志，見正志是正志，就能不起諸漏，心不染著，得心解脫（雜阿含經 卷八 二一一經／二〇九經）。

第六節 出世間正志

但是，必須提醒的是，無欲念、無恚念及無害念雖然可以使我們往善的道路前進，但只能稱之爲「善趣正志」或「世間正志」而已。然而，如何才能眞正做到「無漏正志」或「出世間正志」呢？雜阿含經（卷

二十八 七九七經／七八五經）云：謂聖弟子苦苦思惟、集、滅、道道思惟，無漏思惟相應心法，分別自決意解，計數立意，是名正志是聖、出世間，無漏、不取、正盡苦，轉向苦邊。也就是說，聖弟子們應該如實地了解「苦集滅道」的眞實內涵，依照「苦集滅道」的思惟方式，用無漏思惟來思惟世間的一切。亦即苦諦當知：找出問題的所在；集諦當斷：找出根本的原因；滅諦當證：修證苦滅的境界；道諦當修：實施滅苦的方法。首先，遠離甚至斷除貪念、瞋念及害念等三意惡行。以無漏思惟觀察、分別世間萬法，自省反思，深入了解，專一心志，於世間一切無所貪愛染著。並隨時抱持四聖諦的正見，依遠離：遠離諸惡不善法；依無欲：離欲清淨；依滅：熄滅貪瞋癡，永斷喜貪，心解脫；向於捨：放下妄執，永斷無明，慧解脫（雜阿含經 卷二十八 七七六經／七六四經）。一切思惟想法皆不違背「四聖諦」——苦集滅道的眞理，逐漸令無漏智慧開顯出來，自然而然就不會生起欲念，恚念及害念，念念轉趨涅槃，達到無漏正志的境界。這就叫做聖者、出世間、無漏、無所執取、眞正滅盡痛苦、超離苦邊的「出世間正志」。

第六章 正語

靜坐常思己過
閒談莫論人非
老老實實說話
誠誠懇懇做人

第一節 前言

何謂正語？

正語就是正確的說話方式，廣義來講就是指端正的語言或文章。或者說，不邪語即是正語。何謂邪語？邪語即是妄語、兩舌、惡口及綺語。「妄語」就是說謊欺騙，掩蓋眞相，講話不實在。「兩舌」就是說人長短，挑撥離間，鬥亂彼此。「惡口」就是利口傷人，出言不遜，言語粗暴。「綺語」就是浮誇不實，逢迎諂媚，言不及義。所以說，正語即是不妄語、不兩舌、不惡口及不綺語（中阿含經 卷四十九 雙品聖道經 一八九）。「不妄語」就是要誠實無欺；「不兩舌」就是不要搬弄是非；「不惡口」就是要言語柔軟；「不綺語」就是要語出眞誠。中阿含經（卷七 舍梨子相應品 分別聖諦經 三一）云：於中除口四妙行，諸餘口惡行遠離除斷，不行不作，不合不會，是名正語。意思也是在說，如果能夠做到所謂「口四妙行」，即不妄語、不兩舌、不惡口及不綺語，並且遠離、斷除各種口惡行，即爲「正語」。

為什麼要正語？

爲什麼要正語呢？因爲不正語的結果就會造口惡業，造口惡業就會惹來一堆麻煩。所謂「病從口入，禍從口出」。自己試著想想看有多少糾紛是因爲這張嘴巴所引起的。妄語欺人，從中獲利，致使他人蒙受損失就是明顯的惡行。但是騙得了一時，騙不了一世，最後落得無親無故，因爲再也沒有人相信你了。兩舌造謠，閒言閒語，惡意中傷，挑撥離間，造成他人反目成仇，家庭失和，這種行爲損人又不利己，令人厭惡。惡口粗暴，利口傷人，雖可一吐胸中怨氣，卻極容易造成更嚴重之衝突，甚至造成終生之遺憾。綺語浮誇，華而不實，極容易令人誤解，迷失眞相，甚至笑裡藏刀，口蜜腹劍，遭人陷害而不自知，只有心懷不軌、意有所圖的小人才會愛說綺語。這四種邪語會促使我們不斷地去造口惡業，不但害人而且害己，不可不愼。而正語就是要我們不要亂說話，造口惡業，因此，我們要正語而不要邪語。

因此，有了正見、正志之後，接下來就是要建立正語，依照佛陀的教誡來說話。首先，就是不要說謊話，要誠實待人，信用可靠。其次是不兩舌，不挑撥離間，不搬弄是非，要靜坐常思己過，閒談莫論人非，多眞誠的讚美，少惡意的批評。接著是不惡口，要謹守口德，不要動不動就出口成「髒」，替別人也替自己留一點退路，不要把話說絕了，下場不好收拾。然後是不綺語，要多說一些有助於他人的話，有意義的話，不要整天說些言不及義或是諂媚奉承的話，低級粗俗，不堪入耳。

有了正確的說話方式之後，並且在日常生活當中加以實踐，會發現生活變得清淨許多，煩惱也變少了。因爲我們以誠待人，別人必然也會以誠待我，處在眞誠的環境裡，內心輕鬆自在。不多嘴，不長舌，閒話聽聽就算了，不要傳也不必傳，別人看你沒動靜，下次也就不會再跟你囉嗦了，耳根自然清淨。而且只要我們言語柔軟，和顏悅色，心平氣和地說話，大家都會喜歡跟你在一起。所謂「敬人者人恆敬之」，其理相通。此外，若能語出眞誠，用心說話，使他人受惠，必定贏得他人的尊重。若能做到不妄語、不兩舌、不惡口及不綺語，口業自然清淨。一旦口業清淨，煩惱就減少了一大半，然後再將心思用在修行解脫上，就可以逐步邁向寂靜涅槃的目標。

所以正志之後的另一道關卡，即爲正語，佛陀要我們在日常生活當中謹言愼行，守口攝意，不要爲了一己之私而妄語損人，更不要逞一時之快而出口傷人，須知利劍傷人猶可痊癒，利口傷人永難磨滅。不僅造成對方的傷害，尙且種下沉淪三惡道的惡業。最後，這些惡業的果報尙要由自己來承受，多麼划不來。是故，我們應該要正語而不要邪語。以下我們便就「不妄語」、「不兩舌」、「不惡口」及「不綺語」分別加以闡述正語的內涵：

第二節 不妄語：誠實為上策

何謂妄語？

何謂妄語？簡而言之，即是說謊話、說不誠實的話。雜阿含經（卷三十七 一〇二七經／一〇三九經）云：不見言見，見言不見，不聞言聞，聞言不聞，知言不知，不知言知。因自因他，或因財利，知而妄語，而不捨離，是名妄語。中阿含經（卷三）業相應品思經（一五）云：彼不知言知，知言不知，不見言見，見言不見，爲己爲他，或爲財物，知已妄言。意思是說，所謂「妄語」就是沒看到說有看到，看到了說沒看到；沒聽到說有聽到，有聽到卻說沒聽到。知道說不知道，不知道卻說知道。有可能是爲了自己，也有可能是爲了他人，或是爲了錢財和利益，明明知道不可說謊而說謊，謂之「妄語」。所以說，不妄語就是不要說不實在的話，不要寫不實在的文字。也就是說，不要說謊，不要欺騙，要誠懇做人，要誠實說話。

要按照事實的眞相，實際的情形，小心謹愼地陳述、敘說、寫作，不要有半點的欺騙。更不能夠爲了私利，甚至陷害他人而妄語欺騙。自己犯錯卻推給別人，別人的功勞卻說成是自己的功勞。甚至包括不實在的身分介紹、學歷文憑、名片頭銜、文書証件，與不實在的商品價格。乃至於在社會上、媒體上傳播不實的言論，不實的新聞報導，不實的情報消息，不實的文章，不實的資訊，不實的毀謗與指控等，都是妄語。最糟糕的則是假修行人未證言證，欺騙大眾，騙財騙色，是大妄語。

要知道，妄語的後果是很嚴重的。雜阿含經（卷三十七 一〇三六經／一〇四八經）云：妄語多習多行，生地獄中，若生人中，多被譏論，口氣臭惡，爲人所憎。增壹阿含經（卷七）五戒品（一〇六）云：若有人妄言綺語，鬥亂是非，便墮地獄、畜生、餓鬼中。意思是說，如果有人喜歡妄語，擅長欺詐，騙人無數，罪孽深重，身壞命終時就會墮入三惡趣，受苦無窮。即使再生爲人，卻經常被人譏笑評論，口氣臭惡，令人憎恨，理由無他，因爲以前經常欺騙他人的原故。況且，謊言終有被拆穿的一天，謊言一旦被拆穿，假面具被撕下來，從此說話再也沒有人會相信。一個信用破產的人如何能夠在社會上立足生存？所以說，誠實爲上策。

為什麼會妄語？

不過，在現實的社會當中，我們卻發現說謊的情形實在是非常地普遍。從男女老少到士農工商，從達官顯貴、平民百姓到販夫走卒，無時無刻，且無處不存在著妄語謊言。連一個稚齡的小孩子，在做錯事的時候，爲了不要被大人責罵，都會說謊，根本不用人教。爲什麼會這樣呢？因爲說謊太容易了，而且說謊有時可以讓自己度過許多危機，甚至得到好處。仔細分析妄語的原因不外乎有以下幾種：掩飾己過、遮他人非、謀取私利、惡意欺騙、善意欺騙，分述如下：

一、掩飾己過：一個人爲什麼會說謊的首要原因就是想要「掩飾自己的過錯」。一個人犯了過錯之後，不管是說錯話、做錯事，還是闖了禍；不管是大錯還是小錯，一旦被查知，通常都會被責備、挨罵甚至懲罰。爲了逃避這些責備、挨罵或懲罰，或是替自己脫罪，最簡單的方式就是說謊。或否認、或佯稱不知情、或編造其他理由、或嫁禍他人。有時技巧高超的，甚至臉不紅、氣不喘的，竟然能夠矇騙過去，暫時度過難關，連小孩子都知道用這個方法來避免大人的責罰。可是，顯而易見的，天底下那有這麼便宜的事，如果說謊的效果那麼好，大家一起來說謊逃避責罰就好了。實際的情況是謊言早晚會被拆穿，或是爲了一謊而要圓百謊。謊話講多了就會破綻百出，還是一樣會被拆穿，後果將比原來更加嚴重。本來可能只是個小過錯，弄到最後，連信用都破產，以後說話還會有誰相信？所以，有錯就要勇於承認，承認自己有錯才會改進，有改進才會成長。因此切莫爲了掩飾己過而妄語。

二、遮他人非：一個人爲什麼會說謊的另一個原因就是想要「遮掩他人的過錯」。可能是基於親情、友情、愛情、私人的因素或是利益上的結合來替他人做不實在的辯解，替他人脫罪。這是非常不好的行爲，因爲這樣只會助紂爲虐，爲虎作倀，使犯錯的人不知道要悔改，也使自己陷於不義，甚至犯了僞證之罪。須知，替別人作假見證是非常可恥的行爲，其罪過甚至比原本犯錯的人更嚴重。而且騙得了一時，騙不了一世，騙局早晚一樣會被拆穿，作僞證的下場一樣會使自己的人格破損，殊爲不值。所以，我們絕對不能爲了私人的因素而替他人做不實在的辯解，讓事實呈現出來，使眞相得以大白，該受懲罰的就要受懲罰，這樣大家才會從中得到教訓，獲得成長。因此切莫爲了遮他人非而妄語。

三、謀取私利：另一個會使人說謊的主要原因就是為了謀取私人利益。動機不外乎是為了錢財、美色、名位、好處、利益等。例如奸商為了賺取更多的錢而標價不實，或以假亂眞，或連哄帶騙。政客為了謀取更大的利益而公然撒謊。貪官為了污錢而怠忽職守。庸官為了保住官位甚至為了升官而言不由衷。愛情騙子為了騙財騙色而花言巧語。知識分子為了沽名釣譽而危言聳聽。不肖騙徒如金光黨為了騙錢而裝瘋賣傻。不肖神棍為了騙財騙色而裝神弄鬼。不肖律師為了撈錢而顚倒是非。不肖教師為了賺取補習費而上課留一手。其他還有很多不肖的業者存在於各行各業或日常生活上，騙局隨時在上演。並不是說謀取私利不對，而是要以正當的手段來謀取適當的利益。所謂「君子愛財，取之有道」。以欺騙的手法得來的，會使他人蒙受損失，終究會被揭穿而失去信用甚至犯法。因此切莫為了謀取私利而妄語。

四、惡意欺騙：還有一種會使人說謊的原因就是「惡意的欺騙」。這是非常惡劣的行為，因為欺騙本身就已經很不好，若再加上動機只是想要欺騙對方，對自己又沒有任何好處，對其他人也沒有任何好處，損人又不利己，實在是惡劣至極。存心想看對方受害、焦慮、惶恐、生氣、憂傷、絕望甚至尋短等。不管是什麼動機，惡意欺騙往往會造成嚴重的後果，讓被欺騙的人氣憤不已甚至痛不欲生。若得知是誰欺騙，不找他算帳甚至報復才怪。如此冤冤相報，無有了期。惡意欺騙的結果，何止讓自己信用破產，更讓自己陷入眾叛親離的境地，而且結冤、結仇、結怨，整天擔心對方前來報復，何苦來哉。因此切莫為了惡意欺騙他人而妄語。

五、善意欺騙：還有一種會使人說謊的原因就是「善意的欺騙」。它與前面幾個妄語最大的差別在於動機是出於純正。不是為了掩飾己過，也不是為了遮他人非，更沒有任何惡意，純粹是基於善良的本意。例如，暫時隱瞞對方得癌症的消息，等適當的時機才告訴他，免得當事人一時無法承受。或是每年聖誕節的時候，大人都會騙小朋友說：要做個乖小孩，乖乖睡覺，聖誕老公公就會送禮物給你。或是爲了救一條生命，藏匿己處，卻謊稱沒有看見。諸如此類，皆可稱之爲善意的欺騙，也就是所謂的「說白謊」。可是要注意的是說白謊的副作用。千萬不要造成不必要的誤會或是弄巧成拙。說白謊是要很有技巧與智慧的，要考慮的非常周詳，不要以爲沒有惡意就可以欺騙對方。若造成對方的傷害或損失，雖說無心，良心也是會不安的。因此，能不說白謊就不要說白謊；若不得已，則要非常地謹愼才是。

如何做到不妄語？

所以說，不管是掩飾己過、遮他人非、謀取私利、惡意欺騙、或是善意欺騙，都是想要藉由不實在的說話內容來達到特定的目的。不管動機純正與否，隱瞞眞相，甚至歪曲事實，本來就很容易產生誤會與糾紛，不可不愼。尤其是妄語欺騙他人使自己蒙利，卻使他人受害是非常要不得的行爲。尊貴的蓮生聖尊《瑜伽士的寶劍》提到：「不善的言語，容易犯。言語上顚倒是非，或是有的說成無，或是無的說成有，或是隨口胡扯，久而成習，大禍由此產生。就像『狼來了』的故事一樣，結果說謊的孩子與村人全死了，難道這樣的教訓還不夠嗎？」雜阿含經（卷三十七　一〇三二經／一〇四四經）云：我尚不喜爲人所欺，他亦如是，云何欺他？是故受持不妄語戒。意思是說，我不喜歡被人欺騙，別人也不喜歡被欺騙，所以，大家應該彼此以誠相待，童叟無欺，甚至把不妄語當作一條戒律來遵守。不妄語本來就是五戒之一，修行人自當守不妄語戒。然而，不妄語會有什麼好處呢？雜阿含經（卷三十七　一〇三六經／一〇四八經）云：不妄語修習多修習，得生天上，若生人中，不被譏論。意思是說，若能多多修習不妄語，身壞命終時得以升天享福；

若生在人間，則受人敬重，不被譏論。雜阿含經（卷三十七　一〇二七經／一〇三九經）云：要離於妄語，審諦實說。意思是說，佛陀要我們遠離妄語，斷除妄語，仔細審慎，依眞相事實而說。讓我們大家依循佛陀的教誨，老老實實說話，誠誠懇懇做人，實實在在做事，不妄語，不欺騙，做一個誠實、信用、可靠的人。

第三節　不兩舌：閒談莫論人非

何謂兩舌？

何謂兩舌？簡而言之，即是說人長短，離間彼此。雜阿含經（卷三十七　一〇二七經／一〇三九經）云：兩舌乖離，傳此向彼，傳彼向此。遍相破壞，令和合者離，離者歡喜，是名兩舌。中阿含經（卷三）業相應品思經（一五）云：欲離別他，聞此語彼，欲破壞此，聞彼語此，欲破壞彼，合者欲離，離者復離，而作群黨，樂於群黨，稱說群黨。意思是說，兩舌喜歡挑撥離間，說三道四，講來講去，傳來傳去，破壞和諧。令本來和好的變成不和，令已經分離者更加疏遠。或是見人家鬧分離而幸災樂禍，甚至搞小圈圈，互相鬥爭。所以說，不兩舌就是不要說人長短，不要搬弄是非，不要挑撥離間，更不要鬥亂彼此。不要逞口舌之快，使得原本和好的雙方反目成仇，背棄分離，或者原本已經有點對立的雙方更加雪上加霜，甚至兵戎相見。

兩舌實在是一個很不好的習慣，多少世間的恩怨情仇，誤會猜疑，皆因兩舌而起。佛陀告誡我們：要遠離兩舌，不傳此向彼，傳彼向此，共相破壞，而應該要離者令和，和者隨喜（雜阿含經　卷三十七　一〇二七經／一〇三九經）。意思是說，不但不要到處傳話，說長說短，刻意中傷，離間彼此，破壞和諧，還要想辦法讓背離的雙方重新和好，破鏡重圓，讓本來和好的雙方更加歡喜和樂。可是反觀一下我們生活的周遭，實在有太多的人在造兩舌惡業。一句話原本說者無意，但是聽者有心，再經過渲染傳播，加油添醋，傳到當事人的耳中可能就走了樣，甚至不堪入耳了。背離、糾紛、仇恨於焉產生。

要知道，兩舌也會造下三惡道的惡業。雜阿含經（雜阿含經 卷三十七 一〇三六經／一〇四八經）云：兩舌多習多行，生地獄中，若生人中，親友乖離。意思是說，雖然只是一張嘴巴到處講，東家長、西家短，好事說成壞事，沒事變成有事，小題大做，無中生有，喜說是非，亂傳謠言，混淆視聽。更糟糕的是居心不良，心懷狠毒，挑撥離間，興風作浪，惟恐天下不亂。但是，事實證明，喜歡兩舌的人，往往家庭不合，親友乖離，大家敬而遠之，不敢與之交談。心想他今日說人是非，明日可能就會話我長短，爲避免痲煩，還是離遠一點比較安全。而且，一輩子兩舌不斷，破壞他人情感，動機下流惡劣，身壞命終的時候，很可能就會墮入三惡道，受苦無窮。

為什麼會兩舌？

一個人爲什麼會兩舌呢？因爲我們與人說話的機會與頻率實在太高了。日常生活當中，茶餘飯後，有時候是家人團聚，有時候是兄弟姐妹，有時候是夫妻兒女，有時候是左鄰右舍，有時候是親朋好友，有時候是師長同學，有時候是工作同事，大家在一起閒話家常，聊天聚會。這本來是非常正當的人際關係交流與社交活動，可惜愚癡凡夫智慧未開，心靈尚未淨化，基於某種情況或因素，即造兩舌惡業。有的人是天性使然，本身並沒有什麼惡意，就是一張嘴巴喜歡到處亂講，口無遮攔，無形中遭惹許多口舌是非。有的人是「嫉妒心」作祟，見不得別人好，基於酸葡萄心理而造兩舌業。有的人是「瞋恨心」作祟，抓到機會就刻意中傷，搬弄是非。有的人是「貪心」作祟，爲了使自己得到好處而挑撥離間。有的人是「報復心」作祟，爲了陷害他人而兩舌，鬥亂彼此。有的人是「心理變態」，沒事找事，離間他人，等著看戲，惟恐天下不亂。這些都是很不好的行爲，也都是我們在日常生活中，很容易犯下的毛病，不可不慎。

如何做到不兩舌？

然而，不管是什麼樣的原因，兩舌不僅造成被離間的雙方嚴重誤解甚至糾紛，若事後獲得澄清，得知是因某人兩舌而起，則受害的雙方不聯合起來找對方算帳才怪，一場衝突在所難免。而且，兩舌的人也終將被人唾棄，人見人厭。可見得兩舌是既損人又不利己，智者所不爲也。尊貴的蓮生聖尊《瑜伽士的寶劍》提到：「有一等人，是兩片唇動個不止，所說的話都是不善的。專門毒害他人，說東說西，說來說去，引出了大禍。大的可以引起兩國的戰爭，家族與家族的戰爭，民族與民族的戰爭，家庭內的戰爭，人與人的戰爭。這種習性要不得，害人等於害己。」雜阿含經（卷三十七　一〇三二／一〇四四經）云：我尚不喜他人離我親友，他亦如是，我今云何離他親友？是故不行兩舌。意思是說，我不喜歡別人兩舌來離間我與親友之間的情感，別人也是一樣的想法，我當然也不可以兩舌來離間他人之間的情感，不管是什麼樣的動機。人世間因兩舌所造成的糾紛實在太多了，我們應該要有所警惕，少說兩句，要說就多說一些有助於解脫煩惱與痛苦的方法及心得來與人分享。佛家有言：靜坐常思己過，閒談莫論人非，也是同樣的道理。

不兩舌有什麼好處呢？雜阿含經（卷三十七　一〇三六經／一〇四八經）云：不兩舌修習多修習，得生天上，若生人中，親友堅固。意思是說，如果我們能夠多多修習不兩舌，身壞命終時得以升天享福。若生在人間，親友之間就能夠和睦相處，感情堅固。所以要謹守不兩舌戒，就像一首勸世語說：「不聽是非，不說是非，不傳是非，老實唸佛。」也就是要我們對於人世間的那些亘是非長短，恩怨情仇，不要去聽，也不要去說，更不要去傳，應該把我們的心念安住在佛號上，老老實實念佛。多勸合，少離間，不兩舌，要合群。想要有好的人際關係，想要有好的人緣，想要減少人與人之間不必要的誤會、猜疑、恩怨、是非，第一要務即是不兩舌。

第四節　不惡口：敬人者人恆敬之

何謂惡口？

何謂惡口？簡而言之，即是講粗暴傷人的話。雜阿含經（卷三十七　一〇二七經／一〇三九經）云：如是等而作剛強，多人所惡，不愛、不適意、不順三昧說。如是等言，不離麤澀，是名惡口。中阿含經（卷三）業相應品思經（一五）云：彼若有言，辭氣麤獷，惡聲逆耳，眾所不喜，眾所不愛。使他苦惱，令不得定，說如是言。意思是說，說話時態度強硬惡劣，用詞粗獷低俗，難以入耳，爲眾人所厭惡，不討人喜，不合人意。沒有辦法平心靜氣地說話，語中帶刺，句句傷人，言語粗暴，謂之惡口。

不惡口或叫不粗言，就是不要利口傷人，隨意謾罵，不要動不動就三字經或髒話掛在嘴邊。不要講粗暴的話，不要講惡毒的話，不要講刻薄的話，不要講低級不堪入耳的話，不要講羞辱人家的話。這些話讓對方或第三者聽起來感到憎惡、討厭、不愛聽、不樂聞，而且會感到氣憤，感到不平，耿耿於懷，甚至惱羞成怒。造口業，莫甚於此。寫文章、作評論，爲大眾宣說亦是如此。雜阿含經（卷三十七　一〇二七經／一〇三九經）云：遠離惡口，不剛強，多人樂其所說。意思是說，要避免惡口，斷除惡口，講話的語氣不要太過剛強，要言語柔軟。要替自己也替別人留點退路，自然而然，眾人就會喜歡和你說話。一個常常惡口的人，人緣必然不好，人緣不好，就會感到孤獨、無助、寂寞，甚至到處樹敵。伴隨而來的是情緒更加低潮，結果就更加容易惡口。如此惡性循環，由造口業進而造殺、盜、邪淫的惡業，那就更悲慘了。

雜阿含經（卷三十七　一〇三六經／一〇四八經）云：惡口多習多行，生地獄中，若生人中，常聞醜聲。意思是說，若有人經常惡口罵人，與人結怨結仇，甚至致使他人受傷害，造孽過多，罪業深重，身壞命終的時候，就會墮入地獄，受無窮苦。若生在人間，則經常會接觸到各種醜惡的聲音，令自己身心俱疲，苦不堪言。而且，試著想想，自己被人惡口粗言臭罵一頓的滋味如何。若在眾人面前，完全不顧念對方的尊嚴或面子，把對方罵得狗血淋頭，無地自容，在惱羞成怒之下，是不是很可能演變成打架、傷害甚至殺人的結果。而且，並不是罵完、打完就沒事了，從此破鏡難重圓，覆水難收回，心結從此結下，從此結怨結仇。傷心刺耳的話語，教人一輩子記得牢牢的。每憶及此，忿忿不平。要知道利口傷人，實難磨滅。所以想要惡口罵人的時後，千萬不要逞一時之口快，要三思而後行啊！

為什麼會惡口？

一個人爲什麼會惡口呢？其實這是一個人發洩其負面情緒最直接的方式。當一個人的內心有所不滿的時候，又找不到可以安慰自己的理由，或找不出一個合理的解釋，情緒得不到發洩時，先是發發牢騷；其次是找人訴苦；若情緒仍未平撫，很可能就找當事人理論去了。人在氣頭上，不惡口爭吵才怪。或在交談的過程當中，越講越大聲，越講越激動，情緒一失控，誰都不讓誰，惡口爭吵於焉產生。或是有人天生脾氣不好，口舌不饒人，出口成「髒」，動不動就要罵人，氣焰囂張，惡口連連。或是生來一張利口，出言不遜，咄咄逼人，態度惡劣。或是心懷不軌，語中帶刺，或嘲或諷，言詞犀利，令人難以承受。或是身體欠安，導致身心不平衡，心中有怨氣，一有狀況，氣隨口出，惡口難免。這些原因都有可能使人惡口粗言。

然而，不管是什麼樣的原因，惡口粗言的下場，往往只會讓事情變得更糟糕，有如火上加油，很難收拾。惡口粗言的人雖說好像佔了上風，卻不知私下被人鄙視看輕，認爲沒有修養，沒有水準，大家敬而遠之。被惡口粗言的人或是以牙還牙，或是懷恨在心，或是伺機報復。如此惡口相報，無有了期，造業無數。正確的做法應該是：不要惡口粗言，要和言悅色，對於別人加諸我們身上的惡口粗言，則應當要忍耐，要身受心不受。一旦惡聲入耳，要想辦法濾掉情緒，聽其事理。不合理的不去理會，合理的就要加以參考。面對惡口粗言，切莫衝動，要以和爲貴，要學習忍辱，或數數字，或調整呼吸，或先離開現場，或轉移注意力，或念佛號，先避免衝突，再思解決之道。

如何做到不惡口？

尊貴的蓮生聖尊《瑜伽士的寶劍》提到：「出口成髒，舌劍唇槍，辱謗他人，公開隱私，均是惡口。這可惡的口，眞是造業之源。惡口會有因果的，會下三惡道的。」若生爲人，未來世則會常常觸怒眾人，吵吵鬧鬧，不得清淨。雜阿含經（卷三十七 一〇三三經／一〇四四經）云：我尚不喜人加粗言，他亦如是，云何於他而起罵辱，是故於他不行惡口。意思是說，我不喜歡別人對我粗言惡語，別人當然也不喜歡我們對他粗言惡語。被人粗言惡語任憑誰都不會喜歡，所以我們不應該任意粗言惡語。而且，不僅不應該惡口，還要和言以對。中阿含經（卷五十）後大品牟梨破群那經（一九三）云：不惡語言者，便不瞋恚，亦不憎嫉，不憂纏住，不憎瞋恚，不發露惡。意思是說，在日常生活當中，如果我們能夠和顏悅色地說話，態度柔軟，就不會瞋怒發脾氣，也不會有憎恨、嫉妒、憂愁、煩惱，更不會常常懊惱了。

不管別人對自己的指責或批評，時機是否合宜，眞假如何，態度如何？甚至有的態度惡劣，有的態度傲慢，有的咄咄逼人，都要嚴守「不惡口」的戒律。先做個深呼吸，然後慢慢聽他把話講完或罵完，濾掉情緒的部分，甚至站在對方的立場著想，就事論事，就理論理，自然就不會生起瞋心而口出惡言。若能夠進一步心懷慈悲，易地而處，甚至放下身段，先承認自己的疏忽或不足，再以同理心處理衝突的場面，大事化小，小事化無，就可以避免口出惡言，與人結怨，也不會有瞋怒爭論。能夠做到無諍，煩惱自然而然就減少了（中阿含經　卷五十　後大品　牟梨破群那經　一九三）。

不惡口有什麼好處呢？雜阿含經（卷三十七 一〇三六經／一〇四八經）云：不惡口修習多修習，得生天上，若生人中，常聞妙音。意思是說，若能多多修習不惡口，身壞命終的時候，得以升天享福。若生在人間，則經常會接觸到各種美妙的聲音，令自己身心舒暢，快樂自在。所謂「敬人者人恆敬之，罵人者人恆罵之」。你敬人家幾分，人家就回敬你幾分。同樣地，你對人家惡言惡語，就別指望人家會對你輕聲細語。因此，期望大家要如實遵守不惡口戒，用柔軟的心，柔軟的語言，處理日常生活當中的一切事務吧！

第五節 不綺語：巧言令色，鮮矣仁

何謂綺語？

何謂綺語？簡而言之，即是說浮華不實的話。雜阿含經（卷三十七 一〇二七經／一〇三九經）云：綺飾壞語，不時言、不實言、無義言、非法言、不思言，如是等，名壞語。中阿含經（卷三）業相應品思經（一五）云：彼非時說，不眞實說，無義說，非法說，不止息說，又復稱歎不止息事，違背於時而不善教，亦不善訶。意思是說，綺語就是綺麗、裝飾、不好的言語，不該說的時候亂說的言語，不實在、言不及義的言語，不如法、沒有經過大腦思考就胡亂說的言語。所以說，不綺語就是不要說綺麗虛僞的言語，不要說浮華不實的言語，不要說諂媚奉承的言語，不要說言不及義的言語。這些巧言綺語表面上聽起來，也許辭藻華麗，頗富文采，令人心爲之醉，意爲之迷，飄飄然不知所以。可是實際上卻浮誇不實，虛僞做作，言不及義，甚至口蜜腹劍，語帶玄機，有不良企圖。

所謂「巧言令色，鮮矣仁」。一個人講話是否發乎至誠，一聽就知道。是虛僞的奉承，還是眞心的稱讚，很容易分辨。虛僞做作，令人作嘔；眞誠讚美，溫馨感人。因此，佛陀勸誡我們要離於綺語，要諦說、實說、義說、法說、見說（雜阿含經　卷三十七　一〇二七經／一〇三九經）。意思是說，佛陀就是要我們遠離綺語，斷除綺語。講話不要浮誇不實，應該要依眞諦而說，依事實而說，依義理而說，依正法而說，依正見而說。說話若能夠眞誠可靠，有條有理，言之有物，合乎正法，合乎正見，才不會失去說話的目的。書寫文字，評論事情、宣說思想也是同樣的道理。

不要以爲綺語不實沒有什麼大不了，表面上綺語不實可能會帶給你眼前的好處或是短暫的利益，但是背後卻潛藏著許多危機。一方面因爲嚐到甜頭而更加喜歡綺語；一方面綺語不實的下場是教人看輕厭惡。試想一個人整天說些不正經的話，言語不眞誠，一有機會或有利可圖就逢迎拍馬屁，獻殷勤。久而久之，人見人厭，甚至再也沒有人肯相信他的話了，而競相遠離，避免惹上是非。雜阿含經（卷三十七　一〇三六經／一〇四八經）云：綺語多習多行，生地獄中，若生人中，言無信用。意思是說，若有人經常綺語不實，言不由衷，甚至口蜜腹劍，從中謀利，致使他人受到傷害，造孽過多，罪業深重，身壞命終的時候，墮入地獄，受苦無窮。若生在人間，則言語毫無信用，眾人背離，令自己陷入絕境，苦不堪言。由此可看出綺語不實的嚴重性。

為什麼會綺語？

一個人爲什麼會綺語呢？最明顯的原因即是有求於人，貪心作祟，想求他人成全某事，不以正途，卻在言語上下功夫，或歌功頌德，或諂媚逢迎，或嘻皮笑臉，或低聲下氣，或恬不知恥，或搖尾乞憐。雖然能言善道，卻句句言不由衷，口是心非，只求達到目的，甚至不擇任何手段。小心這種喜歡綺語的人通常都會過河拆橋，甚至恩將仇報。其次是喜歡吹牛，誇大其詞，花言巧語，騙吃騙喝，甚至騙財騙色。或是玩世不恭，不務正業，整天無所事事，好吃懶做，逢人便說此言不及義，風花雪月，甚至肉麻兮兮的話。或是文人雅士，賣弄文筆，辭藻雖然華麗，內容卻空洞無實，不值一哂。或是天生狗腿，習慣拍人馬屁。若只是偶而爲之，尚無傷大雅；若是時常綺語不實，惹人厭煩，斥爲小人。或是愚癡無知，盲從盲信，卑躬屈膝，綺語討好，奢求解脫。在這些情況下，都有可能令我們綺語不實。

如何做到不綺語？

尊貴的蓮生聖尊《瑜伽士的寶劍》提到：「行者應該沉默是金，多做觀修的功課。無意義的聊天，不僅浪費了寶貴的時光，而且言多必失，容易禍從口出。人生已經過於短促了，拿來修法都已經很不夠用了，如果拿來聊天、閒扯談、盡說無意義的話，豈不浪費。」雜阿含經（卷三十七 一〇三六經／一〇四四經）云：我如不喜人作綺語，他亦如是，云何於他而作綺語？是故於他不行綺飾。意思是說，我不喜歡別人對我虛僞綺語，別人也不喜歡我們對他虛僞綺語，所以我們不應該任意虛僞綺語。因此，在日常生活中，我們要謹守不綺語戒，說話實實在在，切莫虛情假意；不求華麗但求樸實，不要討好但求中懇。不要表面的阿諛，而要眞誠的讚美。不卑不亢，言如其實，句句由衷，言行一致。說話具體而有內容，答應的事情就要盡力做到，要言而有信，不要空口說白話。

不綺語有什麼好處呢？雜阿含經（卷三十七 一〇三六經／一〇四四經）云：不綺語修習多修習，得生天上，若生人中，言見信用。意思是說，若能多多修習不綺語，身壞命終時得以升天享福，若生在人間，則說話有信用，爲人可靠，必定受到大家的信任。一個人說話的目的無非就是要溝通，若到了無人肯相信你的話的地步，信用破產，如何還能夠在社會上生存。可見得不綺語的重要性。讓我們大家平日相處就能夠坦誠以對，眞誠以待，說話正經，講話樸實，輕鬆自在，毫無壓力。紛爭自然減少，社會自然祥和。

綜合以上說明，正語就是要我們在日常生活中，正正當當，規規矩矩地說話。佛陀教導我們要遠離妄語、兩舌、惡口及綺語，彼此互敬互愛。也就是不要亂說話，須知「妄語生欺瞞，兩舌生是非，惡口惹事端，綺語惹人嫌」。人世間多少紛紛擾擾，是非恩怨皆是因此而起。是故要謹守口德，勿造口業，見邪語是邪語，見正語是正語（中阿含經 卷四十九 雙品 聖道經 一八九）。尊貴的蓮生聖尊《彩虹山莊飄雪》認爲：「是非勿去理會，少說一句話，多唸一聲佛；少聊些閒語，多修一遍法。」同時，也要善守護我們的六根，依正見、正志而說正語。心懷慈悲，言語柔軟，眞誠可靠，雖遭逆境，口無惡言。慢慢地你會發現：耳根清淨了，是非減少了，與人結怨、諍訟的機會也變少了，進而達到口業清淨的目標。

第六節 出世間正語

但是，不妄語、不兩舌、不惡口及不綺語仍然只是「善趣正語」或「世間正語」，多習多行亦只能得生天上，避免因造口業而墮入三惡道。想要眞正出離世間，解脫煩惱，則有賴於「無漏正語」或「出世間正語」。然而，如何才能眞正做到無漏正語或出世間正語呢？雜阿含經（卷二十八 七九七經／七八五經）

云：謂聖弟子苦苦思惟、集、滅、道道思惟，除邪命，念口四惡行、諸餘口惡行，離於彼，無漏、遠離、不著、固守、攝持不犯，不度時節，不越限防，是名正語是聖、出世間，無漏、不取、正盡苦，轉向苦邊。也就是說，聖弟子們應該如實地了解「苦集滅道」的眞實內涵，依照「苦集滅道」的思惟方式，用無漏思惟來說話爲文。亦即苦諦當知：找出問題的所在；集諦當斷：找出根本的原因；滅諦當證：修證苦滅的境界；道諦當修：實施滅苦的方法。首先，要遠離各種邪命存命的生活方式，斷除妄語、兩舌、惡口及綺語等口四惡行，以及其餘說話言語上的惡行。從此不再違背漏失，不再貪圖世間的種種，不再執著五蘊身心，嚴守佛陀教導我們的一切正法正律，不因時間、環境的改變而有所鬆動。並隨時抱持四聖諦的正見，依遠離：遠離諸惡不善法；依無欲：離欲清淨；依滅：熄滅貪、瞋、癡，永斷喜貪，心解脫；向於捨：放下妄執，永斷無明，慧解脫（雜阿含經　卷二十八　七七六經／七六四經）。於正語清淨，說話爲文之際同步轉趨涅槃。而且一切言語文章皆不違背「四聖諦」——苦集滅道的眞理，句句珠機，言語中節，念念轉趨涅槃。這就叫做聖者、出世間、無漏、無所執取、眞正滅盡痛苦、超離苦邊的「出世間正語」。

第七章 正業

守口攝意身莫犯
莫惱一切諸有情
無益之苦當遠離
如是行者能度世

第一節　前言

何謂正業？

正業就是正確的身業或身行，或是端正的行爲。所謂「行爲」是指我們身體的動作、行動方式、以及對環境等外來刺激的反應。所謂「正確」的行爲，就是不可以對他人造成不良的影響或傷害。若行爲不正確或不端正，即是邪業。何謂邪業？佛經上說：邪業就是殺生、偷盜（或稱不與取）及邪淫（中阿含經 卷四十九 雙品 聖道經 一八九）。「殺生」就是傷害乃至於殺害有情眾生的生命；「偷盜」或「不與取」就是未經當事人同意，擅自拿取、偷取甚至奪取他人財物；「邪淫」就是不正當的淫行，與不該發生關係的人發生關係。這三種身惡行都會對他人造成極大的傷害，佛陀要求我們遠離這三種身惡行。如果能夠做到遠離甚至斷除這三種身惡行即是「正業」。

所以，佛經上說：不殺生，不偷盜及不邪淫即是正業（中阿含經 卷四十九 雙品 聖道經 一八九）。其中，「不殺生」就是不要殺害任何具有生命靈性的有情眾生；「不偷盜」就是不可妄取他人財物；「不邪淫」就是不可姦淫他人妻女。中阿含經（卷七）舍梨子相應品分別聖諦經（三一）也說：於中除身三妙行，諸餘身惡行遠離除斷，不行不作，不合不會，是名正業。意思是說，正業就是不可以做壞事。我們身體外在的行爲務必都要合乎「三妙行」，亦即所謂的「不殺生、不偷盜、不邪淫」，而且還要遠離各種邪惡的行爲，絕對不可以做出傷害他人的事情，是爲正業。

為什麼要正業？

爲什麼要正業呢？因爲若不行正業就會行邪業，行邪業的結果就會造下身惡業，造身惡業的結果就會遭受嚴重的果報。殺生取命，殘暴不仁，窮凶惡極；偷取他人財物，強佔爲個人己有，自私自利，損人權益；淫人妻女，冒犯他人身體，不僅造成對方不可磨滅的傷害，甚至害人家庭破碎。這三種身惡行都會使他人蒙受生理上、心理上或財物上的損失和傷害。犯此三種身惡行，情、理、法難容，眾人唾罵，人神共憤。須知多行邪業必然自食惡果，不僅現世要遭受道德良知的遣責，甚至法律的制裁，於未來世墮入三惡道，受無窮無盡的苦，不可不慎，所以我們要行正業。

人的行爲不外乎意行、口行和身行。行爲只要是出自個人自由意志的決定就算造業，所以「業」又包括意業、口業及身業。佛經上說：意業有三：貪伺、嫉意、邪見；口業有四：妄言、兩舌、麁言、綺語；身業有三：殺生、不與取、邪淫（中阿含經　卷三　業相應品　思經　一五）。正志就是用來對治「意行」以防造意業。心意上若有欲貪、瞋恚、害心出現就算造了意業，雖隱而未發，卻蠢蠢欲動。故須修習正志。雖有意業但可遮斷之，使不再行口業及身業。正語就是用來對治「口行」以防造口業，若阻擋不住意業的侵蝕，脫口而出，行妄語、兩舌、惡口、綺語即造口業，引起許多不必要的麻煩與糾紛，故須修習正語。有口業必具足意業，但仍可遮斷之，使不再行身業。正業就是用來對治「身行」，以防造身業；若阻擋不住意業的氾濫，或阻擋不住口業的造就，就會進而採取行動，或殺、或盜、或邪淫，造下難以挽回的身業，悔之莫及，遺憾終身，故須修習正業。有身業必具足意、口、身三業，行邪業必遭憂悲惱苦之報，故須用正業來斷邪業，使邪志，邪語無處可依，身、口、意三業自然清淨。

由此可知，「意業」的影響最爲深遠，一切的口行及身行實際上皆受意行所指揮控制；「口業」的造作最爲廣泛，心中不平之事，藉口業得以渲洩，卻也紛爭不已，諍訟不休；「身業」的果報，最爲嚴重，邪業多行，必墮地獄，自作自受，誰也逃不過因果業報的制裁。因此，我們要學習正業，不要邪業。減少造業的機會，受苦報的機會自然減少。而且，更積極的說，我們不僅不要殺生，甚至還要護生，要心懷慈悲，保護有情眾生的生命。其次，我們不僅不要偷盜，甚至還要布施，行善濟世，幫助需要幫助的人。然後，我們不僅不要邪淫，甚至還要建立清淨的梵行，斷絕淫慾的誘惑。若能行此正業，必然確保我們的行爲對他人的干擾與傷害能夠減到最少。如此身業自然清淨，也方便我們持續並且安穩地走在修行解脫的道路上。以下我們便就「不殺生」、「不偷盜」及「不邪淫」分別加以闡述正業的內涵：

第二節 不殺生：上天有好生之德

何謂不殺生？

不殺生就是不殺害一切具有生命的有情眾生，包括所有的人類、動物、昆蟲以及自己。雜阿含經（卷三十七 一〇二七經／一〇三九經）云：手常血腥，心常思惟剮捶殺害，無慚無愧，慳貪吝惜，於一切眾生乃至昆蟲不離於殺。中阿含經（卷三）業相應品思經（一五）云：一曰殺生，極惡飲血，其欲傷害，不慈眾生，乃至昆蟲。意思是說，有人好殺生，雙手沾滿血腥，殘暴兇狠，冷酷無情，毫無慚愧之心，貪心不足，吝嗇成性，不管是對待昆蟲，還是動物，或是人，竟都心狠手辣，毫無憐憫之心，殺生取命，惡貫滿盈。這種人最爲可惡也最爲可恨，起心動念乃至於言語動作皆不離於殺，罪業最爲深重。

中阿含經（卷三）業相應品思經（一五）云：若有故作業，必受其報。意思是說，若有意造業，未來必承受業報。因此，只要心懷殺念，並採取行動即犯殺生。即使只是幻想殺害對方或者見人殺生而心生歡喜，同樣都是犯了殺生，只是這樣的行爲將歸類爲「意業殺」。另外，唆使別人殺生，或者以語言文字刺激對方致死，也同樣是犯了殺生，這可歸類爲「口業殺」。當然，親手殺生，或者夥同他人一起殺生，無庸置疑是犯了殺生重罪，此則歸類爲「身業殺」。無論是意業殺，口業殺或身業殺，通通都是殺生重罪，必須遭受因果業報的制裁。由此可知，一個人的行爲，只要心中存有殺心、殺念，即犯殺生。

殺生的果報

增壹阿含經（卷七）五戒品（一〇〇）云：若有人意好殺生，便墮地獄、餓鬼、畜生中。若生人中，壽命極短。所以然者，以斷他命故。雜阿含經（卷三十七 一〇三六經／一〇四八經）云：若殺生多習多行，生地獄中，若生人中，必得短壽。意思是說，如果有人好殺生，殺業過多，罪孽深重，身壞命終時就會墮入三惡趣，受苦無窮。即使再生爲人，卻壽命極短，理由無他，因爲以前經常斷人性命的原故。

因此，切莫殺生。首先，不能殺人。不管是出於一時的衝動還是惡意，殺人致死就要接受法律的制裁，或者被囚禁，或者以命償命。由於人性中都有道德良知的一面，因此，除了接受法律的制裁之外，來自於內心道德良知的遺責才是最痛苦的。逞一時之快而殺人，不但毀了對方，毀了對方的家庭，也毀了自己的一生，更拖累了無辜的家人一起受罪，死後還要墮入三惡道繼續受苦，何其不值，何其悽慘，三思啊！三思！

其次，是不能殺害自己，也就是不能自殺。自己也是有情眾生之一，殺害自己就等於殺害眾生。須知，人身難得今已得，為了一時的不順遂，想不開，看不透而尋短見，其實是最傻的人。因為在還沒有開悟證果以前或者未能順利往生淨土以前，凡夫眾生都會不斷地在六道中沉淪生死，輪迴不已。自殺只是讓自己白白地損失這一生修行的機會，不僅提前結束了這一生，還要背負殺生罪業墮入三惡道受苦。尊貴的蓮生聖尊《輪迴的祕密》認為：「自殺絕非解脫。因為自殺死後，罪魂要承受每日重演一次自殺的過程，痛苦難擔，難以超拔。」其實，受到挫折，面臨困境，人皆有之。佛陀不是開示我們「四聖諦」——苦集滅道的人生眞相及眞理嗎？人生是苦，人生眞的是很苦，若不肯面對現實，接受事實，只是徒增痛苦而已。然而，也正因為苦，才讓我們想要積極尋求苦因，苦滅及滅苦的方法。因此，珍惜生命，把握生命，發揮生命，改造生命，提昇生命是我們努力的方向。

再其次，是不要殺害動物生靈的生命。舉凡牛羊豬馬，虎豹獅象，雞鴨鵝鳥，魚蝦龜鱉，昆蟲爬蟲等皆是有情眾生。畜生道，弱肉強食，殘暴不仁，朝不保夕，驚悚度日，其受苦已至極。況且畜生也有感覺、也有靈性、也有情感，何忍傷牠性命。更何況割喉破肚，去毛撥皮，滾水燙油，利刃宰割，慘不忍睹。因此，一個心懷慈悲的人，是不會隨便殺害動物眾生的生命。甚至是卑微低下的昆蟲如螞蟻、蚊子、蒼蠅或蟑螂，我們都應該懷抱著一顆慈悲喜捨的心，善待它們，不忍心傷害它們。

如何做到不殺生？

所以，正業的首要就是不殺生，而不殺生就是要保持一顆沒有殺念的心，不要有殺心，更不要有殺生的行為。尊貴的蓮生聖尊《瑜伽士的寶劍》提到：殺業被列為第一，是下三惡道的第一重罪。行者要注意，勿犯三種殺業：（一）出於「貪」的殺業。貪求牠們的肉，貪求牠們的皮，貪求牠們獲取的利益。（二）出於「瞋」的殺業。因為嫉妒、吃醋、懷恨、為錢、為色而殺害人。（三）出於「癡」的殺業。例如，毀了鳥巢、蜂巢、蟻窩等等。行者的第一大戒，就是戒殺。雜阿含經（卷三十七 一〇三三經／一〇四四經）云：若有欲殺我者，我不喜；我若所不喜，他亦如是，云何殺彼？意思是說，我們不喜歡別人傷害我們的生命，理所當然，別人也不喜歡我們去傷害他們的生命。既然大家的生命都不喜歡被傷害，所以就不應該殺生。而且不但不要殺生，還要護生，就是要保護生命。因為每一種有情眾生，都有他基本的生存權力，任何人都不可以加以侵犯。我們要尊重生命、愛護生命、保護生命，甚至拯救生命。因為生命是最寶貴的，失去就沒有了。雜阿含經（卷三十七 一〇三六經／一〇四八經）云：若離殺生，修習多修習得生天上，若生人中，必得長壽。增壹阿含經（卷七）五戒品（一〇〇）云：多修行已，受人中福，受天上福，得泥洹証，所謂不殺生也。若有人不行殺生，亦不念殺，壽命極長。所以然者，以彼不嬈亂故。意思是說，只要能夠做到不殺生，而且心無殺念，其果報可得長壽。而且若能夠再加上精進修行，其果報可得在人間或天上享福，甚至證果成聖。所以我們要遠離殺生。

除此之外，我們還要了解殺心從何而來。「殺心」是害心的一種，害心起源於欲貪、瞋恚或邪見；欲貪、瞋恚或邪見則來自於愚癡無明。因此根本之道就是要想辦法對治欲貪、瞋恚與邪見。佛陀教導我們以不淨觀治欲貪，以慈心治瞋恚，以悲心治害心，以智慧斷無明。如此，便能夠制止殺念的產生，無有殺念，即不會有口業殺，更不會有身業殺了。因此我們要培養慈悲與智慧。心懷慈悲如何還會生出殺心？增長智慧就能破除愚癡無明，殺生的行爲就可以逐漸遠離了。

因此，不可以殺生，更不可以殺人，也不可以殺害動物生靈，甚至昆蟲，更不可以自殺，須知殺生的果報是非常嚴重可怕的。除了自己不殺生以外，也不要叫人殺生，甚至要勸導他人不要殺生。當然，最重要的是不要有殺心，一有殺念產生，即犯殺戒！

第三節 不偷盜：舉頭三尺有神明

何謂不偷盜？

不偷盜就是不偷竊、不盜取、不搶奪他人的財物。偷盜又叫做不與取，所謂「不與取」就是未經過物主的同意就擅自拿取並佔爲己有。雜阿含經（卷三十七 一〇二七經／一〇三九經）云：於他財物、聚落、空地，皆不離盜。中阿含經（卷三）業相應品思經（一五）云：不與取，著他財物，以偷意取。意思是說，對於他人的財物，甚至整個聚落或土地，在沒有當事人的同意下，以偷盜之心加以取得，甚至橫加奪取，謂之偷盜或不與取。不屬於自己的東西，不採取正當的手段取得，或行騙，或欺詐，或行竊，或巧奪，或強佔，或橫搶等都是不與取。

偷盜的範圍包括偷取他人的金錢、物品、財產、土地、房子、車子、妻子、先生、兒女、作品、文章、發明、甚至電腦軟體、著作權、構想等皆是。這些東西對他人而言，可能都是非常重要的，或是嘔心泣血之作，或是一生積蓄，或是救急之用，或具特別意義，或是唯一擁有，或是傳家之寶，或是生活之所必須，或是精神之寄託。如今，一旦被偷取或搶奪，可以想見物主必然心慌意亂，身心受創，甚至痛不欲生了。為了滿足自己的欲貪而害人身心俱痛，偷盜的行為實在可恥又可惡。

增壹阿含經（卷七）五戒品（一〇二）云：若有人意好劫盜，取他財物，便墮地獄、餓鬼、畜生中。若生人中，極為貧匱。所以然者，以斷他生業故。雜阿含經（卷三十七 一〇三六經／一〇四八經）云：不與取多習多行，生地獄中，若生人中，錢財多難。意思是說，如果有人喜歡擅取他人財物，或劫或盜，身壞命終的時候就會墮入三惡趣，受苦無窮。即使再生為人，卻會極為貧困匱乏，衣不蔽體，饑寒交迫。理由無他，因為以前經常偷盜他人財物的原故。可見得偷盜的果報是非常嚴重的。

其實，是不是屬於偷盜或不與取的行為，全在於有沒有盜心生起。若有盜心取他人財物都叫做不與取。經過物主的同意許可或表示可自由任意取用，取而用之即不犯不與取。但若是生起了盜心，想要佔為己有，不加以歸還，佯稱忘記或遺失，當初雖經物主同意，事後物主亦不追究，但仍是犯了不與取。因為有盜心取物便不離盜。

另外一種情況是：雖未經過物主同意，或不知物主是誰，取時並無盜心卻有盜行。在現實人生社會上，雖無盜心卻有偷盜的事實，在法律上甚至情理上都很難証明自己是有意還是無意。為了避免嫌疑，招來無謂的禍患，不是自己的東西，未經物主同意，或一時之間不知道物主是誰，還是不要隨便任意取用他人之財物，否則，惹禍上身，業報還是自己要受。所謂「君子愛財，取之有道」。不義之財，切莫貪圖，不屬於自己的東西，絕不要起了賊心想非法佔有。不要以為沒有人看見或沒有人知道就沒事，俗話說：「舉頭三尺有神明」，就是在暗示一切都在因果業報的監控之中。因此，大家要謹守不偷盜戒，莫起盜心、賊心。

雜阿含經（卷三十七　一〇三六經／一〇四八經）云：不偷盜修習多修習得生天上，若生人中，錢財不喪。增壹阿含經（卷七）五戒品（一〇三）云：若有人廣行布施，於現世中得色，得力，眾德聚足，天上、人中食福無量。意思是說，只要能夠做到不偷盜，而且心無盜念，其果報可得錢財豐厚。而且若能夠再加上布施行善，在現世中即可得到端正的容貌，健壯的體力，而且具足各種好的德行，若來世生在人間或天上，可享福不盡。所以我們要遠離偷盜。

為什麼會偷盜？

然而，我們不禁要問，爲什麼會有偷盜的行爲發生呢？這是因爲我們的心有盜念產生。爲什麼會有盜念產生呢？因爲想要佔爲己有。爲什麼想要佔爲己有呢？因爲我們心中有貪念。爲了滿足自己的欲貪而生出盜心、賊心。加上偏偏自己一時無法以正當的手段取得，或者沒有能力，或者想要不勞而獲，或者已經物有所主卻又想要佔爲己有，或者眼見四下無人，以爲神不知，鬼不覺，因而歹念橫生。或欺、或騙、或偷、或搶，偷盜的行爲因而發生。

其次，當一個人窮困潦倒，孤苦無依，饑寒交迫的時候，爲了活命，在萬不得已之下，心中不由得生起偷盜的念頭，進而採取行動，但是最終還是要接受因果業報的制裁。這種情境雖然令人同情與惋惜，卻也無可奈何。因爲偷盜的行爲本來就是國法難容，危害社會善良百姓，違背道德良知，更是違背佛陀教誡，具有佛法正見的人是根本不會去做的。俗話說：「天無絕人之路。」困境逆境，人皆有之，如何去面對並克服這些困境逆境，正是對一個有心修行的人最好的考驗。饑寒雖然會起盜心，但是具有佛法正見的人，會依循佛陀的教誡，克制盜心，降服盜念，不令偷盜的行爲因而發生。身雖饑、體雖寒，求道證悟之心則堅定不移。

如何做到不偷盜？

因此，小偷與強盜的行爲，人人厭惡，如過街老鼠，人人喊打。尊貴的蓮生聖尊《瑜伽士的寶劍》提到：「無知的人，無良心的人，無道德的人，無恥的人，才會犯下了搶劫、偷盜、詐騙的行爲。不偷盜是五戒的第二大戒，根本不可以犯。」雜阿含經（卷三十七 一〇三三經／一〇四四經）云：我若不喜人盜於我，他亦不喜，我云何盜他。試想，自己的東西不願意被別人偷盜，那又於心何忍去偷盜別人的東西呢？那不是將自己的快樂建築在別人的痛苦之上嗎？更何況，這又不見得一定是快樂，還要耽心被抓到，抓到後還要接受法律的制裁，或者良心不安，使自己生活在道德良知遣責的陰影之中。若還造成對方不可彌補的傷害及痛苦，那就更加不值得了。由此可知，由於有盜心所以有盜行，而盜心是害心的一種，主要是爲了滿足欲貪。由於心中有貪念，才會形成行爲上的貪取。正取不得就以偷竊取之，偷取不得，就來個橫取強奪了。所以，偷盜行爲的根源主要還是來自於盜心，心有盜念才有盜行，盜心則來自於欲貪。故要除盜行必先除盜心，要除盜心就得控制欲貪，不要讓貪心過於放肆。時常警惕自己，偷盜行爲後果的嚴重性。而且，更進一步地，佛陀不僅勸誡我們不要有盜心，不要有盜行，積極面還要廣行布施。以布施心來對治盜心，不貪心，不吝嗇，心胸開闊，以實際的行動，布施財物，行善利他。想要幫助施捨他人都來不及了，如何還會去竊取他人的財物。若能如此，自然而然就能夠遠離偷盜的行爲。

所以，在日常生活當中，我們要謹守不偷盜戒。不是自己的東西，別人沒有答應或同意之前，就不可以隨便拿、隨便用。而且要隨時注意自己的內心，是不是起貪念了，甚至起賊心、盜念了。一有貪念、賊心或盜念，就要馬上加以控制。看見別人起了盜念或要行偷行搶時，也要加以勸導甚至制止。畢竟循規蹈矩，腳踏實地，一分耕耘，一分收穫才是正途。想要一步登天，不勞而獲，行偷行搶，害人害己，終有一天要接受國家法律的制裁，道德良知的制裁，因果業報的制裁。

第四節 不邪淫：萬惡淫為首

何謂不邪淫？

根據雜阿含經（卷三十七 一〇二七經／一〇三九經）與中阿含經（卷三）業相應品思經（一五）：只要是以威脅或利誘受人保護的女性，包括父母、兄弟、姐妹、丈夫、親族所護者，並加以侵犯，甚至強姦或通姦，即謂之邪淫。不邪淫主要是針對在家人，特別是已婚的男女，不可與自己配偶以外的對象或第三者行淫。也就是除了自己的配偶以外，不可以再和其他第三者，亂搞男女關係甚至發生肉體上的接觸。不管對方是已婚婦女或先生，是未婚小姐或男士，是成年或未成年，是出於自願或被迫，都是邪淫。一旦染上邪淫，有如飛蛾撲火，玩火自焚，必須同時面臨來自國家法律、社會風俗、道德良知以及因果業報的重重批判與制裁。所謂「一失足成千古恨，再回首已百年身」。有家室的先生或小姐，切莫以身試邪淫，須知邪淫後患無窮，戒之愼之。

邪淫的種類

從世俗的觀點來看，如果自己已經有了家室，就應該儘量避免與第三者有不正常的關係。就算對方是出於自願，或是兩情相悅，不管對方是已婚者或未婚者，已成年或未成年，是妓女或良家婦女，都不爲社會所容許。若是出於脅迫的情形，更是構成犯罪行爲，難逃法律的制裁。因此，在家的已婚男女，必須謹守夫妻的本分，切莫有婚外情，有外遇。須知外遇就像包了糖衣的毒藥，偷吃的時候甜如蜜，等到越陷越深，不可自拔的時候，痛苦隨即而至。尊貴的蓮生聖尊《當下的清涼心》認爲：「由於色慾得不到，會引發怨恨；或者色慾雖得到，但由濃轉淡，也會引發怨恨；或者色慾得而復失，更會引發怨恨。明知不可，欲離不能離，欲斷不能斷，不僅雙方糾纏不清，而且遭到良心遣責，痛苦不堪。甚至東窗事發，名譽掃地，家庭破碎，妻離子散，夫走女棄，不可不察。」

若是未婚男女，也不可以亂搞男女關係甚至隨便發生性行爲。更不要與有夫之婦或者有婦之夫發生不正常的性關係，這無庸置疑是屬於邪淫。若是未成年的未婚男女，由於心志未臻成熟，人生歷練也不夠，若再沒有接受正確的性教育，或沒有正確的性知識，發生性關係很容易造成不良的後果，姑且不論男女貞操的重要性，不正當的婚前性行爲所造成的未婚媽媽都將成爲社會的問題及負擔，不僅個人身心受創，整個社會都要付出代價。

未成年未婚男女因一時的好奇、衝動而發生性行爲，就算雙方是出於自願，在道德上亦要受到良心的遣責，社會風俗習慣的規範。可能造成的後果，包括生理的變化，心理的墮落、長輩的責罵、親友的指指點點、旁人的異樣眼光、未婚生子的問題等等，說他是否犯邪淫已無多大意義。但是這種不成熟的、無知的性行爲實不足取，但仍是一種淫行，一種不可告人的淫行，值得未成年未婚男女借鏡。當然，雖爲未成年未婚男女，若時時刻刻不離淫念，或者連拐帶騙，或者憧憬一夜情，或者搞三拈四，淫行不斷，對象複雜，仍然屬於邪淫。

對於已成年未婚男女，由於心理上與生理上都已成熟，並且具備了自給自足的經濟能力，發生性行爲所造成的後果，不像其它情況那樣嚴重。當然，最好還是不要，若不願被婚姻所束縛，是否發生婚前性行爲，端視個人的決定，只是雙方個人都要爲自己的行爲負責就是了。就像周瑜打黃蓋，一個願打一個願挨，誰也怨不得誰。說他是不是邪淫也不是那麼重要了。但是要注意的是，若不知潔身自愛，同時期與多人行淫，心意時時不斷於淫念，亦是邪淫。腳踏多條船，小心東窗事發，玉石俱焚。

除了從世俗的眼光來看邪淫之外，從佛法的觀點來看，尊貴的蓮生聖尊苦口婆心地在《當下的明燈》揭露「冥王律令」，警惕世人，奉勸世人要戒邪淫。這「情慾邪淫」的罪，包含：（一）聞聲神移（聽淫詞浪語，心志飛蕩）；（二）竊意私窺；（三）好講淫詞；（四）藉機挨身；（五）寫作淫書；（六）心淫之罪（邪緣未就，生幻妄心；勾計未就，生陷害心；見人美色，生迷戀心；人有己無，生不平心；人妍己醜，生嫉妒心；見人嬌美，生妄想心）；（七）尋花問柳；（八）邪淫濫交；（九）奴婢娼妓；（十）逼姦強姦；（十一）違反倫常（亂倫）；（十二）神前佛後；（十三）三光之下（日、月、星光）；（十四）

破修道者；（十五）時辰不對（如父母臨終等）。尊貴的蓮生聖尊說：「這冥王律令包含了眼淫、耳淫、手淫、口淫、身淫、心淫，全部都是罪業，要儘量避開遠離。」

關於出家人則是要永斷淫行。行淫時必然是包括身淫、口淫及意淫。有淫欲才會想行淫。行淫時必存有淫心，若沒有淫心就不會去行淫。所以，出家人捨離了夫妻的關係，禁止行淫。不僅不可以有行淫的行為發生，甚至不可以因爲興起淫欲心而踫觸異性，如此，便屬邪淫。若無淫心即不犯淫戒。甚至，出家人不但要永斷淫行，而且還要清淨梵行，謹守佛陀教誡，精進修行，把時間精力放在淨化心靈，解脫煩惱，增長智慧上，而不要在淫欲、淫行上浪費太多時間。

如何做到不邪淫？

古有明訓：萬惡淫爲首。雜阿含經（卷三十七 一〇三三經／一〇四四經）云：我既不喜人侵我妻，他亦不喜，我今云何侵人妻婦？增壹阿含經（卷七）五戒品（一〇四）云：若有人淫泆無度，好犯他妻，便墮地獄、餓鬼、畜生中，若生人中，閨門淫亂，爲人所譏，常被毀謗。雜阿含經（三十七 一〇三六經／一〇四八經）云：邪淫多習多行，生地獄中，若生人中，所有妻室爲人所圖。意思是說，我們不喜歡別人姦淫我們的妻女，理所當然，別人也不喜歡我們去姦淫他們的妻女。既然如此，就不應該與配偶以外的第三者發生不正常關係。

若有人邪淫不斷，經常冒犯他人妻女，罪孽深重，身壞命終時就會墮入三惡趣，受苦無窮。若生爲人，則家中妻女不知貞潔，或者遭人姦淫，淫穢不堪，終於落得被人譏笑毀謗的下場。理由無他，因爲以前經常姦淫他人妻女的原故。邪淫的果報可以說是非常嚴重，所謂「美女腰間掛寶劍，不斬聖賢斬凡夫；雖然不見人頭落，暗中催汝骨髓枯」。一旦犯了邪淫，別以爲神不知、鬼不覺。若不知道懸　勒馬，會使原本美好的命運慢慢地變得坎坷不順，運勢日衰，實在不值得。

可見得邪淫不但爲道德良知所不容，爲國家法律所不容，亦必須接受因果業報的制裁。故必須禁止邪淫行爲的造作。如何做到呢？其實，淫行之根源在於心有淫念。故想要戒除淫行，必先制伏淫心，淫念一起，即加以控制，不令放肆。邪淫也是害心的一種，特別是來自於欲貪欲愛，其對治的方法可參考「正志」一章「無欲念」一節中所述之三種方法：（一）假想觀：假想對方是自己的至親、骨肉，何忍傷害；（二）不淨觀：觀想對方是盛滿不淨物的臭皮囊，何來興趣；以及（三）守護根門，善攝其心：守護自己的六根，善攝自己的內心，持戒清淨。

以此三法來戒除淫心，淫心受到控制，淫行自然減少。增壹阿含經（卷七）五戒品（一〇五）云：不他淫，身體香潔，亦無邪想。若有人貞潔不淫，便受天上、人中之福。雜阿含經（卷三十七　一〇三六經／一〇四八經）云：不邪淫修習多修習得生天上，若生人中，妻室循良。意思是說，只要能夠做到不邪淫而且心無淫念其果報可得身體清潔有香味，心中不起任何邪念。而且若能夠再加上精進修行，其果報可得在人間或天上享福甚至證果成聖。所以我們要遠離邪淫，好好地謹守不邪淫戒。

因此在日常生活當中，我們要謹記不可邪淫的教誡。已婚者，妻子要忠於丈夫，丈夫一樣要忠於妻子。妻子不可尋找刺激而紅杏出牆，丈夫也不可拈花惹草而冷落妻子。既是夫妻，就應該相互扶持，互相照顧，彼此關懷，共同持家，盡夫妻之本分與義務，白頭偕老，恩愛一生才是。若能夠結伴修行，同向涅槃之路前進就更好了。切不可不知足，見美色而起淫心，逞一時之快，自取其禍，自食惡果，自毀美滿家庭。尊貴的蓮生聖尊《當下的清涼心》提到：「邪淫的禍害，眞的是無窮的，也是敗德取禍最快速的。有了邪淫，廉恥必然喪盡，倫理也俱虧損，種種的惡業，從此而起，種種善業，化爲烏有。」

所以古人有言：「萬惡淫爲首。」尊貴的蓮生聖尊《當下的清涼心》提到：（一）邪緣未湊，已生幻妄之心。（二）追求之中，已生計算之心。（三）追求不到，已生瞋恨之心。（四）欲情顚倒，已生佔有之心。（五）羨人之有，已生妒毒之心。（六）奪人之愛，已生殺害之心。實在是危機重重，禍患連連。故當時時警惕，於眼見美色而興起淫欲時，立刻用「假想觀」、「不淨觀」，或以「智慧」斷此淫欲。並且要儘量避免單獨與配偶以外的女子或男子相處談心，更要避免言語上的挑逗，甚至身體上的碰觸。更不能乘人之危，在一個人心靈最脆弱，情緒最低潮的時候，入侵其感情世界。須知深入之後即難以自拔，結果只是再一次的身心打擊而已，莫不以啼哭甚至吵鬧的悲劇收場。

綜合以上可知，正業就是要我們在日常生活當中，表現出正確的行爲，要遠離殺生、偷盜以及邪淫。須知殺生、偷盜及邪淫都是極大重罪。造此惡業非但使自己受罪，也使他人受到嚴重傷害，糾葛紛擾難以釐清，冤冤相報，無有了期。而且，受到法律的制裁，親友的唾棄，社會的遺責，道德良知的折磨，痛苦不堪，早知如此，何必當初。甚至亦難逃因果業報的制裁，或下地獄，或成餓鬼，或做畜生，受苦無窮。

然而，若想要斷除邪業諸惡不善行，唯有「持戒」方能竟其功。戒律是一門非常複雜的學問。根據聖嚴法師《戒律學綱要》：佛教的戒律分爲在家戒與出家戒。在家戒包括：三皈戒、五戒、八關齋戒、十善戒、菩薩戒；出家戒則包括沙彌及沙彌尼戒、式叉摩尼戒、比丘戒、比丘尼戒等。三皈戒是指皈依三寶之後自然該守的戒律。皈是回轉、歸投之意；依是依靠、信賴之意。皈依三寶包括皈依佛、皈依法、皈依僧，可以產生無量的功德。佛是覺者，是自覺、覺他，是福慧具足的大覺者；釋迦牟尼佛及十方三世一切諸佛便是佛寶。法是正法，是三藏教典，是一切智慧的寶藏；釋迦牟尼佛所宣說的佛法如四聖諦、八正道、緣起法等便是法寶。僧是和合眾，是傳授清淨之道的人天師表；在佛前出家的凡聖弟子、比丘、比丘尼，便是僧寶。三寶之中以佛寶最爲尊貴，法寶最爲高勝，僧寶最爲重要。佛陀在世時，當然以佛寶爲中心；佛陀入滅後，則以僧寶爲重心；不過佛陀入滅前殷殷囑咐仍必須「依法不依人」，以戒爲師。皈依三寶是信佛學佛的入門，三皈依是一切戒律的根本。

什麼是三皈依的內涵呢？首先要恭敬神聖，誠心懺悔。「懺」是發露過去所作的舊惡，「悔」是知錯以後不會再犯，做到所謂「往昔所造諸惡業，皆因無始貪瞋癡，從身語意之所出，我今一切皆懺悔」。發誓盡形壽皈依佛，盡形壽皈依法，盡形壽皈依僧。並發四弘願，所謂「眾生無邊誓願度，煩惱無盡誓願斷，法門無量誓願學，佛道無上誓願成」。完成皈依之後可以現世得安樂，往生至善趣，甚至可以得涅槃。然而，皈依三寶的眞正的含意則是「覺、正、淨」。透過「皈依佛」來保持心中的覺性，發掘內在本有的佛性，以「覺」爲依歸。透過「皈依法」令身心棄邪從正，入於正道，以「正」爲依歸。透過「皈依僧」在理合、事合的基礎下，做到身心清淨，以「淨」爲依歸。能夠保有內心的「覺、正、淨」，才是眞正的皈依「佛、法、僧」。

其次，五戒就是不殺生、不偷盜、不邪淫、不妄語、不飲酒。其中飲酒戒屬於五戒之中唯一的遮戒。飲酒雖然不是罪，但是酒後容易亂性，醜態百出，令人興奮、衝動、盲目而失去理智，甚至導致嚴重的後果，或打、或殺、或欺、或諍、或姦、或搶，悔不當初，是故要戒飲酒。「五戒」是一切佛戒的基礎，不僅涵蓋人類，也可以擴及一切有情眾生。持五戒的功德可以來世保有人身。只要人人受持五戒，就可以減少許多不必要的糾紛。「八關齋戒」就是五戒之外再加多三戒：一爲不著香花鬘，不香油塗身，不歌舞倡妓，不故往觀聽。主要是指不要濃裝豔抹，當力求僕素爲原則；更不要存心蓄意去娛樂場所，龍蛇雜處之地，聆聽或觀看歌舞技藝等表演，容易招惹是非。一爲不坐臥高廣大床，主要是指淡泊物質享受，不貪圖華麗的生活用具，過簡單的生活，勇猛精進修行。一爲不非時食，主要是指不在不適宜的時候進食，特別是指過午不食。就是在日中之後，除了飲水，不再進食，以便保持輕爽的身心，方便修行。若於六齋日，即陰曆初八、十四、十五、二十三、二十九、三十日，受持八關齋戒，福不可稱計，得無量果報，後世並可生天上，甚至可以得涅槃。

然後，在五戒、八戒的基礎上，進一步做到「十善戒」。所謂「十善戒」就是不殺生、不偷盜、不邪淫、不妄語、不惡口、不兩舌、不綺語、不貪、不瞋、不邪見。受持「十善戒」，來世可生天上享福。至於菩薩戒就是菩薩所受的戒。所謂「菩薩」就是覺有情，上求佛道以自覺，下化眾生以覺他。自利利他，行菩薩道。要行薩道，需受菩薩戒。其內容則是三聚淨戒，包括：（一）持一切淨戒，無一淨戒不持。（二）修一切善法，無一善法不修。（三）度一切眾生，無一眾生不度。菩薩戒不只是消極的去惡，還要積極的修善、度眾生，其精神重在戒心。另外，針對出家戒中的沙彌十戒（八戒加上不捉持生像金銀寶物），式叉摩尼六法（學法女的戒律），比丘二百五十戒、比丘尼三百四十八戒等，由於戒條數目繁多，解釋繁複，有興趣者可以進一步參閱聖嚴法師的《戒律學綱要》及相關的戒本如《四分律》、《五分律》等。不過，不管在家或出家，佛陀制戒的目的是要讓佛弟子去遵行實踐的，從而約束我們的行爲，合乎佛陀的正法正律。在正業方面做到不殺生、不偷盜、不邪淫。

而眞正的關鍵則在於起心動念。莫起殺心，莫生盜心，莫興邪淫心。要守護六根，善攝此心，遵守戒律，依教奉行。思量一切惡事，即生惡行；思量一切善事，即生善行。尊貴的蓮生聖尊《瑜伽士的寶劍》提到：

「守戒之力，無遠弗屆，捨棄不當的惡行，就是對治煩惱的法門，戮力守戒吧！」所以我們以「慈悲心」對治「殺心」進而不造殺生業；以「布施心」對治「盜心」進而不造偷盜業；以「不淨觀」對治「邪淫心」進而不造邪淫業。而且能夠見邪業是邪業，見正業是正業，是謂正業。如此，便能達成身業清淨的目標。

第五節 出世間正業

但是，不殺生、不偷盜、不邪淫也僅僅是「善趣正業」或「世間正業」，多行多修也僅得人天福報，不使墮入三惡道。更重要的是站在「善趣正業」或「世間正業」的基礎上，修習出「無漏正業」或「出世間正業」。然而，如何才能眞正做到無漏正業或出世間正業呢？雜阿含經（卷二十八 七九七經／七八五經）云：謂聖弟子苦苦思惟、集、滅、道道思惟，除邪命，念身三惡行、諸餘身惡行數，無漏、心不樂著，固守、執持不放，不越時節，不越限防，是名正業是聖、出世間，無漏、不取、正盡苦，轉向苦邊。意思是說，聖弟子們應該如實地了解「苦集滅道」的眞實內涵，依照「苦集滅道」的思惟方式，用無漏思惟來表現出正當而正確的行爲。亦即苦諦當知：找出問題的所在；集諦當斷：找出根本的原因；滅諦當證：修證苦滅的境界；道諦當修：實施滅苦的方法。首先，要遠離各種邪命存命的生活方式，斷除殺生、偷盜及邪淫等身三惡行，以及其餘身體外顯行爲的惡行。從此不再違背漏失，不貪圖世間的種種，不執著五蘊身心，嚴守佛陀教導我們的一切正法正律，不因時間、環境的改變而有所鬆動。並隨時抱持四聖諦的正見，依遠離：遠離諸惡不善法；依無欲：離欲清淨；依滅：熄滅貪瞋癡，永斷喜貪，心解脫；向於捨：放下妄執，永斷無明，慧解脫（雜阿含經 卷二十八 七七六經／七六四經）。於正業清淨時，念念轉趨涅槃。然後，一切身行皆不違背「四聖諦」——苦集滅道的眞理，舉止中節，這就叫做聖者、出世間、無漏、無所執取、眞正滅盡痛苦、超離苦邊的「出世間正業」。

第八章 正命

中道生活，感恩惜福；
知足常樂，能忍自安；
簡單最美，歡喜就好；
安樂是福，平淡是真。

第一節　前言

何謂正命？

正命就是要以正當的手段或職業來謀生以維持生計。若用不正當的手段來謀生就叫做邪命。因為不正當的手段會使他人受到損害或傷害，屬於邪惡的行為，故曰邪命。因此，簡單地說，正命就是要我們正正當當地做人，正正當當地過日子，而且要正正當當地工作，也就是以正當的手法賺取正當的收入，然後依靠這份正當的收入，換取日常生活當中所需要的各種民生物資，來維持生活。雜阿含經（卷二十八　七九七經／七八五經）云：如法求衣食、臥具、隨病湯藥，非不如法，是名正命。意思就是說，我們活在這個世間，為了滋養我們的色身，延續我們的慧命，難免需要衣被以供禦寒，需要食物以供止飢，需要住所以供休息，需要湯藥以供治病。對於這些民生必需品，我們要以正當的手段來取得，也就是要如法，絕對不可以用不正當的手段或不如法來謀奪。若能如此，謂之正命，否則即為邪命。

正命除了正當的「謀生方式」之外，還有一點很重要，那就是要懂得知足，不要有過多的欲望，要知足才能常樂，若不知足，或是心中有太多的欲望，就會招來許多的煩惱與痛苦。中阿含經（卷七）舍梨子相應品分別聖諦經（三一）云：於中非無理求，不以多欲無厭足，不為種種技術咒說邪命活，但以法求衣，不以非法，亦以法求食、床座，不以非法，是名正命。意思是說，我們對於日常生活之所需，包括食、衣、住、行、育、樂各方面，吃的、穿的、住的、用的，不可貪得無厭，更不可索求無度，須知欲壑難填，永無止境。若不懂得知足，不懂得適可而止，就會想盡辦法來滿足自己的欲望，甚至為達目的，不擇手段。在這種情況下，本來如法也會變成不如法，君子也會變小人，善良百姓也會變邪惡歹徒，那就偏離正命而就邪命了。所以，正命除了如法求的基本要件之外，還要懂得知足，不多欲，才能確保正命的延續性。

此外，想要眞正具足正命，在不多欲的條件下，還要建立正確的「生活態度」，要懂得如何善用如法求得的收入，那就是要行所謂的「中道生活」。雜阿含經（卷四十二　一一五〇經／九一經）云：善男子所有錢財能自稱量，等入等出，是名正命具足。意思是說，有了一份正當的收入以後，還要懂得守護，不可揮霍無度，奢侈浪費；但也不要過分吝嗇小氣，捨不得用，如餓死狗。要懂得量入爲出，行中道生活。既不過分奢侈，也不過分節儉。而且要有正確的理財觀念，收支務必要保持平衡。即使收入微薄，也要懂得供養三寶——佛、法、僧，可護持佛法，累積功德。除此之外，若還有餘力，當布施貧病，濟世助人，行善積德。若能如此，生命才有意義。若不懂得經營自己的生活，也不懂得善用錢財，甚至入不敷出，到處舉債賒欠，導致生活脫序，陷入困境，進而鋌而走險，作奸犯科，如此不但不能正命存命，反而變成邪命存命了。因此，想要具足正命，一方面要「如法求」，一方面要「不多欲」之外，還要能夠實踐「中道生活」，如此方能眞正做到正命存命。

為什麼要正命？

爲什麼要正命呢？人活在這個世界上，常常爲了討生活而造業卻不自知。因爲要生活就會有食、衣、住、行、醫藥乃至於育、樂方面的需要。爲了滿足這些需要，甚至追逐高度的享受，而想盡各種辦法來謀取。爲了維持既定的收入以維持一定程度的生活水準，選擇一個行業或職業來從事，原本是無可厚非的。問題是，這個行業或職業是不是恰當？是不是如法？若不恰當或不如法就是邪命。若是邪命則可能導致日常生活當中的各種行爲都會邪惡不正，進而造下千萬種惡業。試想所謂「職業」就是賺錢謀生的管道，既是職業則可能時時爲之，日日爲之，甚至終生爲之。若非正當的職業，豈不是時時在爲惡，刻刻在造業；爲惡造業的結果，不僅傷害自己，也會傷害別人。惡業既造，必令自己於未來承受苦報，故須正命而不要邪命。以下我們便就「如法求」、「不多欲」、「中道生活」三方面分別加以闡述正命的內涵：

第二節 如法求：正當的謀生方式

正命與邪命區分的一個主要關鍵即是如法或不如法。如法求即是正命，不如法求即是邪命。如法求即是依照正當的手段或職業來謀取日常生活之所需，反之即是不如法求。雖說爲了滋養存活我們的色身，生活當中所需的生活工具如衣被、飲食、床榻及湯藥等皆是不可或缺的。但是我們必須以正當的手段或職業來取得才是如法。若是以不正當的方法謀取，便是不如法。何謂不如法？包括違反國家法律，違反道德良知，乃至於違反佛陀教誡都是不如法。不如法求諸生活具，便是邪命。以下我們從「違反國家法律」、「違反道德良知」以及「違反佛陀教誡」三個層次來細說何謂不如法：

一、**違反國家法律**：當然這是指當時、當地所在的時空背景環境下，社會大眾所必須遵守的法律。違反法律必然會遭受到當時、當地政府公權力的制裁。或遭取締，或遭逮捕，或興訴訟，或被通緝，或陷囹圄，或處極刑。違反法律即是非法，以非法的手段或職業謀生必爲社會所唾棄，必爲法律所制裁。例如開設地下賭場，私設娼寮、色情賓館、地下酒家、地下錢莊、地下舞廳，販賣假酒，販賣毒品，販賣人口，走私槍械，走私水貨，詐騙集團，竊盜集團，非法吸金，打手保鏢，職業殺手等，不勝枚舉，皆爲不正當職業，應該加以遠離才是。不僅自己不要做，若有認識的親友在做，也要加以勸導不要做，甚至檢舉非法，即是保障合法，以維社會治安。

二、違反道德良知：這是指社會上道德的規範以及個人良知的制約。一個社會自有其善良的風俗習慣，一個人也有他自己的良心標準。違反社會道德的規範，要接受社會大眾的責難；違反個人良心的標準，也會受到自己良心的遣責。甚至游走在法律的邊緣，終日食不知味，睡不安穩。面對來自內心的壓力，家庭的壓力，親朋好友的壓力，以及整個社會輿論的壓力，何苦來哉。例如妓女、舞女、舞男、陪酒、陪宿，撰寫淫書，拍攝色情影片，私設神壇騙財，賺黑心錢，取不義之財等皆是。凡是違反善良風俗的以及違背自己良心的事情，一件都不能做，更何況是當成一項職業。

三、違反佛陀教誡：這是指佛陀對在家人及出家人所制定的戒律。佛弟子當不違反佛陀的教誡而邪命存命，故當持戒清淨，正命存命。戒有很多種，如五戒：一戒殺生，不可以有害心，要以慈心對待一切眾生；二戒偷盜，不可以有盜心，要懂得行善布施；三戒邪淫，不可以有邪淫心，無有邪念，恆修梵行，身體香潔；四戒妄語，不可以有欺心，用一顆眞誠的心對待一切眾生；五戒飲酒，不可以酗酒，心意不亂，持佛禁戒，無所觸犯（雜阿含經　卷四十三　一一五〇經／九一經；增壹阿含經　卷十六　高幢品　二一〇）。其次，如八關齋戒：就是五戒之外再加多三戒：一爲不壞齋法，恆以時食，少食知足，不著於味。簡單地說，即不得非時食，也就是不在不合宜的時候進食。若嚴格來說，甚至是指過午不食；二爲不坐臥高廣之床座；三爲不著香華、脂粉之飾，甚至歌舞歡聽（增壹阿含經　卷十六　高幢品　二一〇）。另外，如十善戒：離殺、斷殺，離不與取、斷不與取，離邪淫、斷邪淫，離妄言、斷妄言，乃至離邪見、斷邪見（中阿含經　卷三　業相應品　伽彌尼經　一七）。既是持戒就不能從事違反戒律上規定的職業。所以，牽涉到殺生、偷盜、邪淫、欺騙、飲酒等的職業都應該儘量避免。其他則可依戒律的內容加以界定是否違反了佛陀的教誡。既是持戒，而該項職業又有所違反則當不從事較好。

雖說我們從「法律」、「良知」、「戒律」三方面來闡述如不如法的意義，但是或許有人會問，法律會因時、因地、甚至因人而異，道德規範或良心標準也是一樣會隨時空文化甚至種族而有所不同，只有佛陀的教誡肯定明確，但又不是人人皆信佛法，即使相信佛法，也不見得容易徹底遵守，如此這般，要做到正命豈不是很難？其實一點都不難，因為不管我們身處在什麼樣的時空背景環境下，是非善惡的標準是很清楚的。心淨利他即是善，心不淨損人即是惡。我們選擇職業只要依循善惡的標準，大致上就不會有什麼問題。其實，不管是國家法律、道德良知、還是佛陀教誡，基本上都是從善惡的觀點出發的。所以，只要心存善惡的標準，基本上，就是以不助長他人貪欲、保持身心清淨、不違解脫道為原則。再參酌法律、良知及戒律，就不難衡量如法或不如法了。

由此可知，如法求的基本原則就是要「合乎善法，避免惡法」。何謂善法？雜阿含經（卷十四　三四三經／三四四經）云：善身業、口業、意業，是名善法。何謂惡法（不善法）？雜阿含經（卷十四　三四三經／三四四經）云：不善身業、口業、意業，是名不善法。亦即心淨、利他、三妙行、十善業謂之「善法」；心不淨、損人、三惡行、十不善業謂之「惡法」。如法求當符合善法之要求，避免惡法。而且，至少不可以違反國家法律，不可以違反道德良知，甚至不可以違反佛陀教誡。能夠做到如法求，就可以活得心安理得，俯仰無愧。反之，若是不如法求，進而傷害到他人，日子會過得心安嗎？甚至還會遭到法律的制裁。

所以，如法求是正命存命的首要條件，我們在使用如法求得的各種民生物資時，內心也才不會有疙瘩，因爲我們問心無愧，對得起天地良心。若能如此，我們才能夠不會爲了生活而不斷造業，然後進一步依此慧命，靜下心來，持續精進地走在佛陀的正法上，邁向解脫。

第三節 不多欲：知足常樂

雖然用正當的手法，如法求取日常生活當中所需的各種物品，但是要注意的是，我們對於這些生活所需，絕不可做過分無理的要求，不可貪得無厭，否則最終也會變成邪命存命。中阿含經（卷七）舍梨子相應品分別聖諦經（三一）云：於中非無理求，不以多欲無厭足，不爲種種技術咒說邪命活，但以法求衣，不以非法，亦以法求食，床座，不以非法，是名正命。意思是說，正命除了要求我們如法求取各種生活器具之外，而且不可以有太多的欲望，要懂得控制自己的欲望，希求不可過分無理，要有分寸，須知欲壑難塡，永難厭足，如此才能正命存命。

譬如說，一個貪心不足的人，有了錢又想要權，有了名又想要利，有了妻又想要妾，有了妾又想要偷；衣服要穿名牌的，還要名師設計的，飲食不僅追求色、香、味，還講究氣派排場；房子要住別墅，還要有景觀，一棟還嫌不夠；車子要開豪華轎車，還要有司機等等。如此，不斷地向外追求，永無休止，永不知足，自然而然會想盡各種辦法鑽營取利，攀權附貴，甚至爾虞我詐，凌強欺弱，豪奪強佔，慘烈鬥爭。試問若是如此，將如何保持正命？故生活上我們不可做無理之要求，不可需求無度，要知恩感恩，知福惜福，知足常樂。日常生活之所需夠用就好，不作過分貪求，才不致於邪命存命。

須知「欲為苦本」（雜阿含經 卷三十二 九〇五經／九一三經），有情眾生執著五蘊身心為我（雜阿含經 卷三 五三經／六二經），為了滿足的自我，而不斷向外追逐四食（中阿含經 卷五十四 後大品 嗏帝經二〇一）、五欲（增壹阿含經 卷十二 三寶品 一八三）、六塵（雜阿含經 卷十一 二八七經／三〇九經），很容易就陷入欲望的漩渦，難以自拔。在追求四食、五欲、六塵的過程中，若不知節制，就會貪心不足，放縱六根，四處攀緣，生活靡爛，關係複雜，甚至拈花惹草，違法亂紀，以滿足私欲。或是過度強調自我，而變得自私自利，罔顧他人，甚至把別人踩在腳下，來成就自己。表面上看起來生活多彩多姿，熱鬧非凡，甚至功成名就，實際上不曉得已經結了多少怨，造了多少業，雜染糾結，這樣的生活過得一點也不清淨。生活不清淨，當然煩惱與痛苦就一大堆了。

因此，佛陀教誡我們欲望不可以太多，要懂得知足常樂，甚至要離欲，離欲才會清淨。生活越簡單越好，日子越單純越平安，生活一切隨緣。因為簡單就是美，單純就是福，隨緣就會自在。證嚴法師《靜思語》說：「人生愈簡單愈快樂，生活愈單純愈幸福。」只要懂得知足，粗茶淡飯也可以吃得津津有味；只要懂得感恩，陋室小屋也可以住得舒舒服服。隨順因緣，盡力就好，順其自然，歡喜就好。多想想自己所擁有的，就會生起感恩之心；不要老是跟人家比，比不完的。人比人，氣死人。越愛比較福越淺，越愛計較命越薄。

多感謝上天，多感謝父母，多感謝家人，多感謝師長，多感謝貴人，多感謝朋友，多感謝眾生，多感謝身邊周遭的一切；有形的，無形的，都要感謝，時時感謝，處處感謝。有了感恩的心，就容易生起知福惜福的心；有了知福惜福的心，就容易做到知足常樂；能夠做到知足常樂，就比較能夠過簡單、單純、隨緣的生活了。能夠過簡單、單純、隨緣的生活，欲望就不會太多，自然而然就能夠隨緣自在，進而歡喜自在了。

所以說，正命除了要求我們對於一切生活所需，要如法取得，不以非法之外，還要有一顆感恩的心，知福惜福的心，隨緣自在的心，自然能夠做到知足常樂。不要有過多的欲望，不要做無理的索求，更不可需求無度。衣被但求蔽體保暖驅寒，不求華麗；飲食但求延續慧命，不求珍美佳餚；床榻但求安穩休息養生，不求廣闊奢華；湯藥但求治病療傷，不求滋補長壽。一切生活器具夠用就好，千萬不要作欲望的奴隸。簡單、單純、隨順因緣過生活，歡喜自在過日子。只要有正當的工作，有穩定的收入，生活不虞匱乏，就應該將重心放在修行上，努力精進。

第四節 中道生活：正確的生活態度

正命具足

想要眞正「具足正命」，除了「如法求」與「不多欲」之外，還要建立正確的「生活態度」，懂得如何「經營生活」。也就是說，在不多欲的條件下，我們應該如何善用及分配如法求得的正當收入呢？是不是說，只要是我合法掙來的錢，就可以任意揮霍，爲所欲爲，甚至奢侈浪費？還是捨不得花，小氣吝嗇，甚至一毛不拔？當然都不是，佛陀教導我們要行「中道生活」，既不奢侈浪費，也不小氣吝嗇，當用則用，當捨則捨，這樣才能夠眞正達到「正命具足」。然而，何謂正命具足呢？

雜阿含經（卷四十三 一一五〇經／九一經）云：云何爲正命具足？謂善男子所有錢財出內稱量，周圓掌護，不令多入少出也，多出少入也。如執秤者，少則增之，多則減之，知平而捨。如是善男子稱量財物，等入等出，莫令入多出少，出多入少。若善男子無有錢財而廣散用，以此生活，愚癡貪欲，不顧其後。或有善男子財物豐多，不能食用，傍人皆言是愚癡人，如餓死狗。是故，善男子所有錢財能自稱量，等入等出，是名正命具足。

由此可知，正命具足就是要我們行「中道生活」。不要花錢如流水，貪圖享受，奢侈浪費，不知珍惜，只顧眼前，不顧後面。也不要守財如鐵雞，像個守財奴，貪婪吝嗇，捨不得吃，捨不得穿，捨不得用，如餓死狗。而是要有正確的理財觀念，除了開源，也要節流，不要入不敷出，也不要捨不得用，切記收支要平衡。就像執秤一樣，兩邊要保持平衡，有多少收入，才可以有多少支出；收支若不平衡，財務就會出問題；財務出問題，生活就會出現困境；生活出現困境，家庭糾紛就會跟隨而至；糾紛一起，心浮氣燥，光處理這些糾紛都來不及了，遑論求道，故不可不慎。

至於該如何處分自己的錢財收入，並沒有一成不變的規定。不過，在雜阿含經（卷四十八 一二八〇經／一二八三經）中，佛陀有一首偈語可供我們參考：一份自食用，二份營生業，餘一份藏密，以撫於貧乏。意思是說，若將我們的收入分成四等分來看的話，其中一份可以做爲日常生活所需之用，另外二份則拿來經營事業謀生，剩餘的一份則可以儲存起來，以應不時之需，或是拿來布施貧困之人，幫助需要幫助的人，也順便爲自己累積一點福報。也就是說，這些正當的收入除了可以拿來用在維持生計之外，還要懂得儲蓄。不要賺多少花多少，甚至表面裝闊，實際上卻是打腫臉充胖子，借錢度日。而儲蓄的目的，不只是個人急需時可茲利用，更可貴的是拿來布施貧病，救濟窮困，這才是發揮錢財最大的效用。

行善布施，勤耕福田

爲了賺錢養家，有一份正當的職業與收入之後，還要懂得孝養父母，報答親恩，沒有父母的生育、養育之恩，那來的我們。除此之外，還要懂得行善布施，慈悲濟世，救助貧窮，累積陰德。不要只顧自己的生活享受，而忽略了社會上還有許多孤苦貧病之人，需要我們的救助。須知取之於社會，當用之於社會。並且，還要懂得禮敬三寶，供養三寶，勤耕福田，長養慧命。依照常理，在行善布施的同時，當然也應該把自己以及自己的家庭、兒女安頓好、照顧好，否則光是對別人好、對三寶好，而忽略了自己的家人，似乎也不太合情理。該怎麼做？雜阿含經中，佛陀提到有所謂「三火」的概念：包括「根本火」、「居家火」與「福田火」，可以讓我們有一些準則來遵守。雜阿含經（卷四十三 一一五二經／九三經）云：婆羅門當勤供養三火，隨時恭敬，禮拜奉事，施其安樂。何等爲三？一者根本，二者居家，三者福田。

何者爲根本火？隨時恭敬，奉事供養，施其安樂？謂善男子方便得財，手足勤苦，如法所得，供養父母，令得安樂，是名根本火。何故名爲根本？若善男子從彼而生，所謂父母，故名根本。善男子以崇本故，隨時恭敬，奉事供養，施以安樂。

何等爲居家火？善男子隨時育養，施以安樂？謂善男子方便得財，手足勤苦，如法所得，供給妻子、宗親、眷屬、僕使、傭客，隨時給與，恭敬施安，是名居家火。何故名家？其善男子處於居家，樂則同樂，苦則同苦，在所爲作皆相順從，故名爲家。是故善男子隨時供給，施與安樂。

何等名福田火？善男子隨時恭敬，尊重供養，施其安樂？謂善男子方便得財，手足勤勞，如法所得，奉事供養諸沙門、婆羅門：善能調伏貪、恚、癡者，如是等沙門、婆羅門，建立福田，崇向增進，樂分樂報，未來生天，是名福田火。何故名田？爲世福田，謂爲應供，是故名田。是善男子隨時恭敬，奉事供養，施其安樂。

意思是說，針對我們辛勤努力，如法求來的錢財，首先應該供養我們的父母，令得安樂，不可棄之不顧，是名「根本火」。因爲父母是我們的根本，沒有父母就沒有我們，所以孝親報恩是第一重要的，所謂「百善孝爲先」。其次，應該把家庭照顧好，把妻子、兒女照顧好，甚至把親戚、眷屬照顧好，令得安樂，是名「居家火」。因爲大家同住在一個屋簷下，同甘共苦，有福同享，有難同當。若是自己的家庭不先照顧好，反而先去照顧別人，於情於理實在也說不過去。所以要先把家庭照顧好，促成家庭和樂也是很重要的。然後，再從如法求來的錢財中，撥一部分供養三寶——佛、法、僧，甚至助印經書，造塔造寺，勤耕福田，是名「福田火」。因爲供養佛、法、僧可以累積不可思議功德，所以供養三寶也是值得做的。

若還有餘力，儘可能找機會布施貧病，累積福德，不過要量力而爲，一次不需要太多。重點在於發心，而不是錢財的多寡與數量。要發乎至誠，要付出不求回報，布施不求功德，甚至行善不欲人知。這樣做的目的，主要是在生活中體會出錢財的價值，要懂得運用錢財，而不是當守財奴。要懂得有捨才會有得，小捨則小得，大捨則大得，無捨就無得。因此，我們除了要懂得如法開源之外，有正當的收入，還要懂得如法節流，合理地分配錢財的運用與儲蓄。不過分享樂，奢侈浪費，也不過於貧乏，如餓死狗。行中道生活，並用一顆眞誠的心，孝養父母，照顧家庭，供養三寶，救助貧病，這才是正確的生活態度。尊貴的蓮生聖尊《甘露法味》認爲：「活在世上的人都要明白，人一出生，首先就要報父母的恩，沒有父母何來你呢？學佛人則要報三寶恩。而且還要勤耕八大福田：（一）開井供水；（二）建造橋樑；（三）修造道路；（四）孝順父母；（五）供養三寶；（六）看病施藥；（七）救濟貧窮；（八）息災祈福的大法會。信守諸惡莫做，眾善奉行的教誡。」

由此可以看出，正命的眞諦不只是如法求，不多欲，知足常樂，行中道生活，維持正常生計而已，更積極的一面則是要行善布施，累積福德，供養三寶，勤耕福田。除了自利還要利他，除了自活還要活人。即使收入微薄，只要生活不致發生立即的困難，有機會的話都應該要及時幫助需要幫助的人，有錢出錢，有力出力。布施的功德不在乎錢的多寡，而在乎是否出自內心的眞誠。我們活著的意義，除了努力尋求解脫的智慧之外，就是問問自己，終其一生，對這個世界有沒有任何貢獻。而行善布施就是我們貢獻這個世界最簡單也最有效的方式之一。若能了解這一點，就可以體會出佛陀訓勉我們正命的眞正內涵了。

淨命自活

另外，關於出家人的生活，佛陀的要求就更嚴謹了。雜阿含經提到：沙門釋子淨命自活（雜阿含經 卷十八 四九九經／五〇〇經）。沙門釋子就是指出家的佛弟子，也就是出家人的意思。什麼是淨命自活？「淨命自活」就是以清淨乞食來維持生活。而出家人為什麼要清淨乞食？因為清淨乞食既可以自利又可以利他。為什麼可以自利？因為清淨乞食可以使出家人杜絕俗務，專心致志於修行。可以使出家人食不擇味，方便他離棄貪著。也可以使出家人謙卑求施，有助於破除我慢。更可以使出家人次第乞食，容易培養平等心。其次談到為什可以利他？因為拖鉢乞食能夠給予眾生布施植福的機會。而且因為出家人通常威儀具足，諸根清淨，可以樹立典範，令布施者生淨信心，進而親近佛法。所以，佛陀要求沙門釋子淨命自活，以清淨乞食來維持生活，既自利又利他。

此外，在原始佛教裡，甚至要求出家的佛弟子不可以從事以下四種謀生的方式，包括「下口食」、「仰口食」、「方口食」及「四維口食」。所謂「下口食」是指以耕種維生。所謂「仰口食」是指以仰觀星宿，斷人吉凶維生。所謂「方口食」是指以受人使命，巧言多求維生。所謂「四維口食」是指以開各種藥方，爲他人治病維生。

爲什麼這四種謀生的方式，原始佛教不甚鼓勵？這是由於「仰口食」委命於天象星光，容易導人於迷信，不明事理之眞相，無法體察緣起正法，故不鼓勵仰口食。「方口食」終日爲權勢所驅使，奔走各方，巧言令色，重利益而輕仁義，故不鼓勵方口食。至於「下口食」耕種作物及「四維口食」爲人治病的謀生方式，若是在家人做還可以，出家人做就不甚恰當了。因爲出家人當以修行爲重，理應儘量避免以俗務營生。因此，這四種謀生的方式在原始佛教的時代背景，佛陀皆不甚鼓勵（雜阿含經　卷十八　四九九經／五〇〇經）。

原始佛教這樣子的要求，無非是希望出家的佛弟子能夠心無旁騖，專心修行，不要爲生活所苦，也不要被俗務纏身，與世俗糾結不清。此外，出家人清淨乞食，接受廣大民眾的布施供養，除了能夠專注於求道之外，也可以讓眾生有積德植福的機會。但須注意的是，出家人切忌爲了貪圖供養而失了道心，若是以出家人之名，廣慕供養錢財，行滿足個人私欲之實，那就是大罪過了。

綜合以上可知，正命就是正當的謀生方式以及正確的生活態度。正當的謀生方式要我們以正當的手段，如法的職業來維持生計。要克制自己的欲貪，不可做過分無理的要求，適可而止，知足常樂。尊貴的蓮生聖尊說：「在生活上，是越簡單越好，不要有太多的享受。不要太奢侈、太豪華、太華麗，不要勉強，要節儉。」否則欲壑難塡，欲火焚身，傷及無辜，悔之莫及。並且要選擇如法的職業，若不如法就是邪命存命。而如法的標準有三：一是「不違背國家法律」，二是「不違背道德良知」，三是「不違背佛陀教誡」。究其基本原則，就是要合乎善法，避免惡法，做到身心清淨。若能依此準則選擇適合自己的職業或謀生的方式，如法取得衣被、飲食、房舍、醫藥等生活器具，就能夠問心無愧，活得心安理得。

其次，正確的生活態度要我們懂得守護，勿令揮霍無度，奢侈浮華，散失無存。並且還要善加管理運用，不要過於吝嗇小氣，如守財奴。也就是要實踐中道生活，除了開源，還要節流，而且收支要平衡。生活之餘也可以調撥財富的部分比例來行善布施，積德植福，供養三寶，勤耕福田，這樣才是所謂的「正命存命」。

第五節　出世間正命

然而，要注意的是，以上種種對於正命的闡述，都只能算是「善趣正命」或「世間正命」而已。更重要的是如何昇華我們生命的內涵，在生活當中就能夠解脫煩惱與痛苦的束縛，到達寂靜涅槃的彼岸。如何昇華呢？就是要靠所謂的出「無漏正命」或「出世間正命」呢？雜阿含經（卷二十八　七九七經／七八五經）云：聖弟子苦苦思惟、集、滅、道道思惟，於諸邪命無漏，不樂著，固守，執持不放，不越時節，不越限防，是名正命是聖、出世間，無漏、不取、正盡苦，轉向苦邊。意思是說，聖弟子們應該如實地了解「苦集滅道」的眞實內涵，依照「苦集滅道」的思惟方式，用無漏思惟來面對日常生活中的一切。亦即苦諦當知：找出問題的所在；集諦當斷：找出根本的原因；滅諦當證：修證苦滅的境界；道諦當修：實施滅苦的方法。首先，遠離各種邪命存命的生活方式，不貪圖世間的種種，不執著五蘊身心，嚴守佛陀教導我們的一切正法正律，不因時間、環境的改變而有所鬆動，並隨時抱持四聖諦的正見，依遠離：遠離諸惡不善法；依無欲：離欲清淨；依滅：熄滅貪瞋癡，永斷喜貪，心解脫；向於捨：放下妄執，永斷無明，慧解脫（雜阿含經 卷二十八 七七六經／七六四經）。這就叫做聖者、出世間、無漏、無所執取、眞正滅盡痛苦、超離苦邊的「出世間正命」。由此可知，我們不應以善趣正命爲滿足，而應以能夠令我們究竟解脫的無漏正命作爲你我應該追求的生活方式，這才是正命存命的眞正內涵。

第九章 正方便

學佛一年，佛在眼前；
學佛兩年，佛在天邊；
學佛三年，佛在西天。

第一節　前言

何謂正方便？

正方便又稱爲正精進。就是要我們在修行學佛的路途上，身心淨化的過程中，精勤方便不放逸，恆行努力不退轉。於一切善法，包括「世間善法」及「出世間善法」，都能夠精進勤勞，善巧方便，不鬆懈，不怠慢，趨向涅槃解脫。雜阿含經（卷二十八　七九六經／七八四經）云：何等爲正方便？謂欲、精進、方便、出離、勤競、堪能常行不退。意思是說，首先要有解脫煩惱與痛苦的欲望，讓人生過得自在一點的欲望，這個欲望是一切事物的原動力。有欲望才會有所行動，但是這個欲望必須建立在佛法正見之上。所以說，「一切善法，欲爲其本。」有想要解脫煩惱與痛苦的欲望，才會想要修行學佛；想要修行學佛，才會有興趣聽聞佛法，研讀經典，親近善士，聞慧、思慧、修慧，持戒清淨，精進禪定等。但是想要修證成果，解脫自在，卻非易事。需要按步就班，腳踏實地，點點滴滴，日積月累，精進用功，這才是推動修行不斷向前邁進的動力。

此外，還要懂得善巧方便，因人、因時、因地制宜，對不同的人，在不同的狀況，用適當的方法，隨機應變，權衡變通，契機契理，不可一成不變。掌握大方向叫「堅持」，拘泥小細節就變「固執」，心若再雜染就變「偏執」。要思惟世間的虛幻不實，領略四聖諦的眞理，契入八正道的精髓，如法修行，如法證果，如法解脫。而且要遠離世間五欲的誘惑，減少世間五欲的享樂，畢竟五欲的享樂是有限的，是短暫的，是樂少苦多的。惟有涅槃最樂，寂滅最樂（雜阿含經　卷四十七　一二三六經／五七六經）。知道自己要的是什麼，也了解世間的眞相，更有佛陀的教誨爲依歸，接下來就是要「精勤不放逸」，勤勞不懈，跟自己競賽，時時刻刻在進步，日日月月有所成。而且要「恆行不退轉」，遇到挫折、逆境、瓶頸，不可輕言放棄，退了道心。修行學佛本來就不是一蹴可幾，需要有恆心，有毅力，總有一天到達涅槃的彼岸。

中阿含經（卷四十九）雙品聖道經（一八九）云：云何正方便？已生惡法爲斷故，發欲求方便精勤舉心滅；未生惡法爲不生故，發欲求方便精勤舉心滅；未生善法爲生故，發欲求方便精勤舉心滅；已生善法爲住不忘不退，轉增廣布，修習滿具故，發欲求方便精勤舉心滅，是謂正方便。意思是說，正方便就是所謂的「四正斷」或「四正勤」；包括：（一）已生惡法令斷；（二）未生惡法令不生；（三）未生善法令生；（四）已生善法令增長。可見得一切善法以「不放逸」爲本。正方便爲智慧之學，是修習一切善法的根本。對於惡法的消除與防止，以及對於善法的催發與增長，惟有靠四正斷方能成辦。而所謂的「發欲求方便精勤舉心滅」，就是先要有止惡行善，修習一切善法的欲望。其次便是精進用功，勤勞不放逸，修止生定，修觀生慧，斷除一切惡法，增長一切善法，趨向解脫。可見得正方便就像推動一個人精進修行的動力一般，在正見的前導下，於日常生活中，一旦有惡法產生，想想因果業報，即刻令斷。平常則要威儀端莊，守護六根，持戒清淨，不令惡法生起。因爲惡法不生才能修習一切善法。接著精進修習靜坐，令未生之善法生起，以善法對治惡法。最後則要修習一切善法，增長智慧，依如來正法，依八正道，令善法長住心中，常顯於外，增長廣布，永斷惡法，永滅煩惱與痛苦。

為什麼要正方便？

爲什麼要正方便呢？因爲正方便就像一輛車子的動力一般，沒有動力的車子是無法前進的。修行學佛也是一樣，若缺乏正方便，則一切都將毫無進展，甚至退步。雖說有了正見，知道人生奮鬥的目標；有了正志、正語、正業及正命，知道自己身、口、意的行爲要合乎善行；謀生方式要正當，生活態度要正確；但是若不知道以正方便的精神去加以實踐，身體力行，那麼前面所做的一切努力都有可能流於空談，或白費功夫了！止惡行善，人人皆知，偏偏我們的內心尚未淨化，又難以駕馭。當我們的六根接觸六塵而產生種種境界來考驗的時候，一不小心就會歹念橫生，進而採取行動而造下惡業。

例如，眼見四下無人，心生貪念而取他人財物；人家說你兩句，就火冒三丈，心生瞋念；貪圖美色，心生淫念而姦人妻女；身心受辱，一口氣忍不下而拳腳相向，傷人害己；或者貪圖享樂，忘卻修行，虛度光陰。這都是缺乏正方便所造成，修行學佛，難就難在這裡。聽到佛法覺得很好，也覺得應該要珍惜光陰，依法修行。一開始衝勁十足，過不了多久就像洩了氣的皮球一樣，鬆懈下來。爲什麼？因爲沒有抓住正方便的要領，若能抓住正方便的要領，就可以妥當地走在解脫人生的道路上。這些要領包括：「不放逸」的精神：要鬆緊適中，不急不徐，持續不斷；以及「四正斷」的功夫：遮斷惡法，長養善法，然後以善治惡，修習四念處，趨向涅槃彼岸。以下我們就針對這些要領分別加以闡述說明：

第二節　不放逸：精進修行，常行不退

中阿含經（卷五）舍梨子相應品分別聖諦經（三一）云：於中若有精進方便，一向精勤求，有力趨向，專著不捨，亦不衰退，正伏其心，是名正方便。雜阿含經（卷二十三　五九六經／八八二經）云：譬如百草藥木皆依於地而得生長，如是種種善法皆依不放逸爲本。這正說明了一切佛法皆以「正方便」精進不放逸爲基礎。不放逸要求一個修行者時時警覺，刻刻反省，心中常存佛法，常自警惕（雜阿含經　卷三十六　九九六經／一二五二經）。修行若不知不解正方便，不能不放逸，都將一事無成。增壹阿含經（卷三十七）八難品之二（三七五）云：彌勒菩薩應三十劫當成無上正眞等正覺，我以精進之力，超越成佛。諸佛世尊，皆同一類，同其戒律、解脫、智慧，唯有精進不同。這說明了一件事，那就是諸佛世尊其實都是一樣的戒律、禪定、智慧，無有高下分別，然而唯一不同的是精進程度不同而已。精進就是指你能不能用功不懈，持之以恆，常行不退，保持勇猛精進的毅力。修證成佛的快慢，其關鍵就在於正方便，精勤不放逸。

然而，精勤不放逸是否就意謂著一路往前衝刺，不顧前後，毫無休息嗎？當然不是！佛陀舉了許多例子，如伏雞、調弦、煉金、田夫等來說明適當的精進方式。雜阿含經（卷十　二四〇經／二六三經）云：譬如伏雞，生子眾多，不能隨時蔭餾，消息冷暖，而欲令子安穩出殼。如是，不勤修習，隨順成就，而欲令得漏盡解脫，無有是處。這說明了修行就像母雞孵蛋一般，沒有任何投機取巧的空間，必須隨時注意蛋的冷暖。而且必須像母雞一般的耐性，勤於孵蛋，等待一切因緣成熟了，小雞自然就會一隻隻破殼而出。修行也是一樣，急不得的，但也不能鬆懈，需要時時刻刻精進用功，否則想要有所成就，修證解脫，止息煩惱，

滅除痛苦，那是不可能的。但也不能不吃不喝，一路蠻幹，身體弄壞了也不行；或者精神疲乏，失去了新鮮感，而提前玩完也不好。要緩急適中，快慢有序才是好。

雜阿含經（卷九　二五六經／二五四經）云：云何善調琴弦？不緩不急，然後發妙和雅音不？答言：如是，世尊！佛告二十億耳：精進太急，增其掉悔，精進太緩，令人懈怠。是故汝當平等修習，攝受，莫著，莫放逸，莫取相。在這裡佛陀用調琴弦來比喻精進修行的緩急。太緊或太鬆都無法奏出美妙的音樂。修行也是一樣，要隨著自己身心的狀況，乃至於環境的條件，來加以調整，該休息的時候就要休息。把自己繃得太緊，壓力太大，又不能一下子達成目標，反而容易疲乏，而退了道心，成爲憾事。但是，休息並不代表可以鬆懈，也不代表可以放蕩不守戒律；應該自我鞭策，該振奮精神的時候仍要精進修行。不急不徐，急則患得患失，緩則鬆懈怠慢，過猶不及，故須平等修習，腳踏實地，按部就班，循序漸進。

雜阿含經（卷三十六　九九一經／一二四七經）云：如巧金師、金師弟子以生金著於爐中增火，隨時扇糒，隨時水灑，隨時俱捨。若一向鼓糒者，即於是處生金焦盡。一向水灑，則於是處生金堅強。若一向俱捨，則於是處生金不熟，則無所用。是故，巧金師、金師弟子於彼生金，隨時鼓糒，隨時水灑，隨時兩捨，如是生金，得等調適，隨事所用。如是，比丘，專心方便，時時思惟，憶念三相，乃至漏盡。佛陀用照顧爐火煉金的比喻，來說明修行也當如此。有時候需要鼓風增溫，有時候需要灑水降溫，有時候不需要鼓風也不需要灑水，要視情況而定，隨時觀察，隨時調整。因爲溫度若太高、或火候不夠、或冷熱失調都不能煉出巧金。修行也是一樣，要專心精進，時時刻刻，思惟想念。不住於「止相」，以免懈怠；不住於「舉相」，以免焦慮；也不住於「捨相」，以免忘卻修行；故要憶念「三相」，隨時調整，乃至漏盡解脫。

雜阿含經（卷二十九　八三九經／八二七經）云：謂彼田夫隨時耕磨，隨時溉灌，隨時下種。彼田夫隨時耕磨、溉灌、下種已，不作是念：欲令今日生長，今日果實，今日成熟，若明日、後日也。諸比丘。然彼長者耕田、溉灌、下種已，不作是念：今日生長、果實、成熟：若明日、若復後日。而彼種子已入地中，則自隨時生長，果實成熟。如是，比丘於此三學隨時善學，謂善戒學、善意學、善慧學已：不作是念：欲令我今日得不起諸漏，心善解脫，若明日、若後日。不作是念：自然神力能令今日得不起諸漏，心善解脫，若明日、若後日。彼已隨時增上戒學、增上意學、增上慧學已，隨彼時節，自得不起諸漏，心善解脫。

佛陀用農夫下田耕種為例，說明修行要細水長流，不可操之過急，絕不是今日播了種明天就想要收成，甚至揠苗助長，看起來好像很快就長大了，其實反而加速其死亡而已。修行也是一樣，不好的習慣與習氣不是一兩天可以改變的，甚至不是一輩子所能成辦的，而是要點點滴滴的累積，辛辛苦苦的修行，等到因緣具足的時候，水到自然渠成，馬到自然成功。勤修三學——「戒、定、慧」，精勤不放逸，恆行不退轉，隨時調整，隨時關照，不要灰心，也不要躁進。用功日久，勤奮有時，總有一天，自然而然會降伏一切煩惱，解脫一切痛苦。

總結來說，正方便是叫我們精進修行不放逸，不放逸方得使諸善法增長。然而，修證解脫非一蹴可幾，亦非竟日可成，甚至非當生可成就，乃至於一生、二生、多生以後，於因緣具足時，方可成就。雖然解脫人生的煩惱與痛苦，乃至於修行證果是非常不容易的一件事，但也不可以因此而心灰意冷，鬆懈怠慢。增壹阿含經（卷十三）地主品（一九七）云：極精進者，猶如調戲，若懈怠者，此墮邪見。若能在中者，此則上行。也就是說，應該不急不徐，細水長流，點滴累積，隨時留心照顧，勤學佛陀教誡，依法修行，相信總有那麼一天可以達到涅槃彼岸，而這些都要依靠正方便。

第三節 四正斷：智慧之學，修習一切善法的根本

接著，我們針對正方便的精髓，也就是八正道的智慧之學：四正斷，做進一步詳細的論述。四正斷是修習一切善法的根本。雜阿含經（卷二十三 五九三經／八七九經）云：有四正斷，何等爲四？一者斷斷，二者律儀斷，三者隨護斷，四者修斷。四正斷又名四正勤。北傳佛教謂之四正斷，所謂「斷斷」、「律儀斷」、「隨護斷」及「修斷」。南傳佛教謂之四正勤，所謂「斷勤」、「律儀勤」、「隨護勤」及「修勤」。不管譯爲「斷」或「勤」，意即勤於遮斷惡法，令善法增長。

雜阿含經（卷二十三 五九二經／八七八經）云：云何斷斷？已起惡不善法斷，生欲、方便、精勤、心攝受，是爲斷斷。云何律儀斷？未起惡不善法不起，生欲、方便、精勤、攝受，是爲律儀斷。云何隨護斷？未起善法令起，生欲、方便、精勤、攝受，是爲隨護斷。云何修斷？已起善法增益修習，生欲，方便、精勤、攝受，是爲修斷。前二正斷的重點在於遮斷一切惡不善法，是勉勵修行人善護心念，善護其身，守護六根，持戒清淨。後二正斷重點在於長養一切善法，是勉勵修行人住於定相，修習善法，淨化心靈，趨向解脫。這不正是「諸惡莫作，眾善奉行，自淨其意，是諸佛教」的具體落實！以下我們針對「四正斷」分別加以說明。

第四節　斷斷：已生惡法令斷

雜阿含經（卷二十三　五九三經／八七九經）云：云何斷斷？若比丘起惡不善法斷，生欲、方便、精勤、攝受，未起惡不善法不起，生欲、方便、精勤、攝受，未生善法令起，生欲、方便、精勤、攝受，已生善法增益修習，生欲、方便、精勤、攝受，是名斷斷。由此經文可以看出，眞正所謂的「斷斷」是要我們隨時隨地保有「止惡行善」的念頭。在日常生活當中，由於六根與六塵接觸，經由六識而有各種感受。因樂受而增長貪欲，因苦受而滋生瞋恚；欲貪不知節制而生害心，瞋恚未加安撫也會生害心；因而可能造作諸惡業，而受苦無窮。因此，「斷斷」就是要我們善予控制我們的心念，並善予守護我們自身的行爲，一有歹念產生就要立刻加以斬斷無餘，莫讓此身有行惡的機會。例如，見四下無人而起盜心，見美女姿色而起淫心，見不合己意而起瞋心，見己不如人而起妒心，見人不如己而起慢心，患得患失而起疑心，憂愁散亂而起悔心，鬆懈又貪睡而起昏心等等。有了這些念頭產生的話，要即刻令斷。

一有這些念頭產生要立刻發出強烈的意願，精勤方便令斷。斷除這些惡念頭，要毫不留情，絕不讓這些壞念頭盤踞心中。否則，星星之火，可以燎原，一不做，二不休，心頭一橫，可能就鑄下千古之憾事。所謂「一失足成千古恨，再回首已百年身」。許多人甚至自稱是修行人，平日行爲正當，甚至爲人稱譽。然而，卻有可能因爲一時之衝動，而造下滔天大罪。所謂「一念之差，天倒地塌」。這都是沒有斷斷的修持得以致之。人生的歲月說長不長，說短不短，若不知不見斷斷之重要性，放縱六根不知守護，則悠悠人生，漫漫歲月，不知道我們這個五蘊之身要造作多少惡業。

所以說，要善護念，要善護我們的心念，一有惡念就知道有惡念。然後斷此惡念，不令此惡念常住心中。對治惡法的方式有很多種，例如以「不淨觀」——膿潰污穢，對治淫欲；廣行「布施」——給人方便，對治盜心；以「慈心」——給人快樂，對治瞋心；以「悲心」——拔人之苦，對治害心；以「喜心」——給人歡喜，對治妒心；以「捨心」——眾生平等，對治慢心；以「緣起智慧」——給人信心，對治愚癡、疑心；以「禪定」——給人寧靜，對治憂愁散亂；以「光明精進」——給人希望，對治睡眠昏沉。斷斷的精髓在於有問題即刻處理，不拖泥帶水。千萬不可小病不醫成大病，小洞不補成大洞，惡念不除成惡行，既成惡行則造惡業，既造惡業則受惡報。

所以說，內心要常存是非善惡的標準，時時警惕，處處留心，善於守護，如照妖鏡，無所遁形。當有惡念揮之不去時，當思前想後，想想因果業報，想想業力法則，回顧佛法正見。務必做到將惡念即刻斬除，不會滋生擴大，這就是「斷斷」的眞功夫。隨時善護心念，遠離貪、瞋、癡，出染著心，善護其身，遠離殺、盜、淫，斷三惡行。一天二十四小時當中，不管行住坐臥，眠寤語默，要如實知自己的念頭，一有惡念即刻令斷。即使未起惡念頭，也要善於守護不令起。可令念頭安住於正念正智，或持佛聖號，或念菩薩名，或隨己善巧方便，攝持心念。隨時提醒自己惡念絕不可生，若生恐生惡行，若行恐生惡果。然後，專一心念住於善法正念，常使念頭清淨，若有一絲的雜染，或貪、或瞋、或癡、或慢、或疑、或邪見，則即刻令斷，並以善法替代惡法，是爲「斷斷」。

第五節　律儀斷：未生惡法令不生

有了斷斷的修持功夫固然不錯，善於守護自己的心念，有壞念頭產生即刻令斷。但是壞念頭終究還是產生了，並使我們疲於應付，甚至百密一疏，可能因一瞬間的放縱或疏忽，而鑄成大錯。所以，接下來要培養的功夫即是如何防止惡念頭的產生，也就是所謂「未起惡法令不起」，這就要靠「律儀斷」了。雜阿含經（卷二十三　五九三經／八七九經）云：云何律儀斷？若比丘善護眼根，隱密調伏進向，如是耳、鼻、舌、身、意根，善護隱密調伏進向，是名律儀斷。就是要我們在日常生活中，善守護我們的六根，使得一切行為舉止，皆符合佛陀的教誡，用正法正律約束我們的身心，不令生出欲惡不善法，即謂之「律儀斷」。

而諸欲惡不善法其實都不出六根接觸六塵，經由六識了別所起的各種受、想、思之範疇。所以，律儀斷首先就是要守護六根，必須以律儀約束我們的六根。於眼見色、耳聞聲、乃至於意分別諸法時，可意者不起貪，不可意者不起瞋，進而不起諸害心，而斷諸惡行。雜阿含經（卷十一　二七六經／二七七經）云：云何不律儀？眼根不律儀所攝護，眼識著色，緣著故，以生苦受，苦受故，不一其心，不一其心故，不得如實知見，不得如實知見故，不離疑惑，不離疑惑故，由他所誤而常苦住，耳、鼻、舌、身、意亦復如是，是名不律儀。云何律儀？眼根律儀所攝護，眼識色，心不染著，心不染著已，常樂更住，心樂住已，常一其心，一其心已，如實知見，如實知見已，離諸疑惑，離諸疑惑已，不由他誤，常安樂住，耳、鼻、舌、身、意亦復如是，是名律儀。

意思是說，所謂「不律儀」，就是六根在接觸六塵時，心有所染著；一旦有所染著，就會憂悲惱苦；因而不能專一心志，不能如實知見，而常懷疑惑，終至受苦無窮。所謂「律儀」，則是指心不於根、塵、識相觸的任何境界有任何的雜染。既無雜染，則可以常住安樂，專一其心，如實知見而不生疑惑，進而住於安樂之中。這也說明了一般愚癡凡夫總是不知「律儀」之重要性，而放縱其六根，馳騁於五欲、六塵，不知收斂其心，造諸惡業，導致憂悲惱苦隨後而至。因此，當學習律儀斷，守護六根，令未生之惡法不起。佛陀共教了我們五種方法來對治六根，分別是調伏，關閉，守護，執持與修習。「調伏」就是制之使不生起，亦即根、塵相觸起惡念時，制之不令生起；「關閉」就是關閉六根接觸六塵，亦即避免六根接觸惡緣、惡境；「守護」就是看守六根門戶，亦即對六根隨時保持警覺；「執持」就是覺知不令蒙昧，亦即如實知六根的一舉一動；「修習」就是不爲六境所動，亦即身受心不受，於樂不貪染，於苦不傾動。

其次，修律儀斷當「以戒爲師」，或五戒、或八關齋戒、或十善戒等，以約束我們的外顯行爲，必須符合戒律的要求。透過對於佛陀戒律的遵守與承諾，勉強成習慣，習慣成自然。一些壞習氣，壞毛病，可藉著戒律的約束，逐漸消失於無形之中。「戒」是一切善的根本，有止惡行善的意義。「止惡」只是不讓煩惱現行，遮止一切惡行；「行善」則是抱持無限的悲心，利益眾生。雜阿含經（卷二十四 六五一經／六三七經）云：出家已，住於靜處，攝受波羅提木叉，律儀行處具足，於細微罪，生大怖畏，受持學戒，離殺、斷殺、不樂殺生，乃至一切業跡如前說。由此可見，修行的基礎在於持戒，並鼓勵我們，特別是出家人，應該遠離塵囂，住於靜處，以戒爲師，持戒清淨，修行方能有成。即使是細微之罪，也要心生恐怖與畏懼，不可因惡小而爲之。我們應當樂於受戒，樂於學戒，樂於持戒。遠離殺生，斷除殺生，不樂於殺生，乃至於遠離、斷除、不樂於其他十惡業。因此，當學習「律儀斷」，持戒清淨，令未生之惡法不起。

總而言之，律儀斷之修持包括守護六根，持戒清淨，而且要精勤不放逸，方能遏止欲惡不善法之產生。不守護六根，六根焉能清淨；不嚴守戒律，行爲容易出軌。六根不清淨、行爲若出軌則苦惱叢生，是謂「放逸之人」。一切智慧以不放逸為本，行為放逸之人如何能有智慧？必是愚癡之人。是故若有人不知守護六根，不知以戒為師，不知律儀斷，甚至放縱六根，縱情五欲，不具威儀，必將糾紛不斷，雜染不已，煩惱不止，痛苦不堪。惟有修持律儀斷，守護六根，持戒清淨，方能遮斷一切惡法，使諸惡不生；諸惡不生，身心方能清淨；身心清淨之後，才得以方便修行解脫。

第六節　隨護斷：未生善法令生

斷斷與律儀斷的修持功夫都僅止於「遮斷惡法」。惡法雖能斷，但若不知長養善法，終究只是「善趣正斷」，不得究竟解脫。況且諸欲惡不善法隨時伺機而出，善護心念、守護六根、持戒清淨，也僅僅只是止惡防非，亡羊補牢，只知其然，不知其所以然。表面上好像行為正當，舉止清高，道貌岸然，內心卻不知不見善法，長期累積下來，或是自我壓抑過久，一遇到導火線或經不住引誘，誰料想得到將會做出什麼樣的舉動，造下什麼樣的惡業？

因此，真正要做到沒有惡念，沒有惡行，不是靠壓抑，也不是靠逃避可竟其功。一切是那麼地自然，毫不勉強，毫不費力，這就得靠「淨化心靈」。使心中生出善法，亦即所謂「未生善法令起」，也就是「隨護斷」。雜阿含經（卷二十三　五九三經／八七九經）云：云何隨護斷？若比丘於彼彼真實三昧相，善守護持，所謂青瘀相、脹相、膿相、壞相、食不盡相，修習守護，不令退沒，是名隨護斷。意思是說，佛陀要我們未生善法令起，生起善法才能安住其心，安住於真實三昧定相，就是所謂的「無漏定相」。並且加以善守護持，長養善法，不令退失淹沒。然後以善法對治欲惡不善法，以心治心，使惡法自然不生。即使生起惡法，亦有善法自然對治，而消失於無形之中。經文中舉出諸不淨觀之相，在修習靜坐的過程當中，藉由觀死屍諸不淨之相，生出離欲清淨、解脫自在之善法。而且要善守護持，不令退沒，安心住於定相，念念轉趨涅槃。除了不淨觀之外，尚有諸多善法可對治諸欲惡不善法。

中阿含經（卷二十五）因品增上心經（一〇一）云：若比丘念相善相應時不生惡念，觀念惡患時亦不生惡念，不念念時亦不生惡念，若以思行漸減念時亦不生惡念，以心修心、受持降伏時亦不生惡念者，便得自在。意思是說，當我們遇到惡緣、逆境而產生惡念或惡法時，佛陀教導我們有「五種對治惡法」的方法：其一，是針對該惡念或惡法，想想看該怎麼做才是如法。原則上要合乎善的，合乎佛陀教誡，如此惡念或惡法自然消滅。其次，針對該惡念或惡法，想想看這種惡念或惡法可能帶來的後果、下場或禍患。所謂「舉頭三尺有神明」，「凡事天必知」，「善惡到頭終有報，不是不報，隨時在報」，如此惡念或惡法自然消滅。

其三，針對該惡念或惡法，如果還是揮之不去，佛陀建議我們轉移注意力，立即停止這樣的惡念或惡法。不要只想到自己少了什麼，多想想自己其實已經擁有很多；別人對不起你，就當作是還債；想要佔人家便宜，小心以後要披毛戴角還；如此惡念或惡法自然消滅。其四，針對該惡念或惡法，明明叫自己不要想卻偏偏一直想，佛陀教導我們要學習控制自己的心，當思行漸減念。也就是跟自己說，我要慢下來，就眞的慢下來了；我要停下來，就眞的停下來了。就這樣慢慢地減少惡念或惡法，如此惡念或惡法自然消滅。其五，若這麼多方法都試過了，惡念或惡法還是縈繞不去，佛陀教導我們端身正坐，以靜坐的方法，把呼吸調匀，把一顆散亂的心慢慢地安靜下來，齒齒相著，舌逼上齶，端正思惟，思惟善法，以心修心，受持降伏，令不生惡不善之念，如此惡念或惡法自然消滅。

所謂「以心修心」，就是「以心治心」，就是「以善治惡」，也就是「以善法對治惡法」。增壹阿含經（卷二十三）增上品（二六六）云：極盛欲心，要當觀不淨之想，然後乃除。若瞋恚盛者，以慈心除之。愚癡之闇，以十二緣法然後除盡。意思是說，一旦內心充滿極盛的欲望時，可用不淨觀的方法除此欲心。一旦我們的內心充滿極盛的瞋恚時，可用慈悲心的方法除此瞋心。一旦我們的內心充滿愚癡闇冥時，可用緣起十二支的方法除此愚癡心。

此外，佛陀在雜阿含經與增壹阿含經等經典上也都提到：觀無常想得止息常想，觀苦得止息樂想，觀非我得止息我想，觀不淨想得止息淨想，觀空得止息有想，修安般得止息亂想，念休息得止息憒鬧想，念死得止息放逸想，觀膿潰污穢得止息淫欲想，修慈心得止息瞋恚想，修悲心得止息害心，修喜心得止息嫉妒心，修捨心得止息憍慢心，以明照思惟對治睡眠，以寂止思惟對治掉悔，以緣起法思惟對治疑心（雜阿含經 卷二十七 七二七經／七一五經；增壹阿含經 卷四十二 結禁品 四一七）。由此可知，心中要常存善心善念，若有惡念產生，當思惡念惡行之禍患業報，並停止思惟該念頭，讓自己的心念平息下來。深呼吸，或數一至十，轉移注意力，冷靜下來，身體放鬆，心情放鬆。然後，以心治心，以善法對治惡法，具足慈悲喜捨，廣行布施忍辱，精進修行持戒，禪定中正思惟，生起一切善法，惡法自然消滅。

是故「隨護斷」是教我們未起善法令起，將心念安住於眞實三昧相或所謂的「無漏定相」。思惟一切善法，令善法、善念常住心中，以善治惡，以心修心，以心治心，使諸欲漏不善法：包括三不善根——貪、瞋、癡（雜阿含經 卷二十四 六二七經／六一三經），五蓋——欲貪蓋、瞋恚蓋、睡眠蓋、掉悔蓋和疑蓋（雜阿含經 卷二十四 六二五經／六一一經），十惡法——包括身惡行：殺、盜、邪淫，口惡行：妄語、兩舌、惡口、綺語，以及意惡行：貪、瞋、癡，泯沒於無形之中，自然而然地消失。即使偶而出現惡念，亦有善法個別加以對治。尊貴的蓮生聖尊《粒粒珍珠》認爲：佛法就是一種「對治」的功夫。對治什麼？「對治」凡夫的種種。基本上，經由隨護斷的修持，雖未能斷盡一切惡法，然而善法已生，以善治惡，使諸惡無有增生擴大的機會，剩下的只是如何增長善法，轉趨涅槃的功夫了。

第七節 修斷：已生善法令增長

勤修斷斷，善護心念，善護其身，有惡即斷，屢生屢斷。勤修律儀斷，守護六根，以戒爲師，持戒清淨。勤修隨護斷，安住定相，長養善法，以善治惡，淨化心靈，以心治心。至此，若能夠如實地勤修前述正斷，則諸欲惡不善法就能夠得到完全的控制，身心自然清淨，於世間五欲無所雜染，使得我們的內心光明寂靜。已生善法常住心中，久成習慣，諸惡自然不生。然而，若不知不見涅槃彼岸解脫境界，終究只是善趣正斷，不得究竟苦邊，出離三界。故須珍惜此得來不易之成果，進一步勇猛精進，已生善法令增長，趨向涅槃，這就要靠「修斷」了。

雜阿含經（卷二十三 五九三經／八七九經）云：云何修斷？若比丘修四念處，是名修斷。所以說，修斷就是四念處。就是要我們生出善法，安住於無漏定相之後，能夠進一步增長修習善法，專一心志，攝持一切心法住於四念處，依遠離、依無欲、依滅、向於捨，念念轉趨涅槃，法法渡向彼岸，究竟苦邊，永盡煩惱，永斷生死，這就叫「修斷」。然而，何謂四念處？雜阿含經（卷二十四 六一九經／六〇五經）云：有四念處，何等爲四？謂身身觀念住，受、心、法法觀念住。意思是說，身身觀念住就是將念頭專注在身體的每一個動作上，從前一身到後一身，每一身都清清楚楚如實知，而且無所間斷；受受觀念住、心心觀念住、法法觀念住亦復如是。中阿含經（卷二十四）因品念處經（九八）云：云何爲四念處？觀身如身念處，觀覺如覺念處，觀心如心念處，觀法如法念處。觀身如身念處就是身身觀念住，簡稱身念處；觀覺如覺念處就是受受觀念住，簡稱受念處；觀心如心念處就是心心觀念住，簡稱心念處；觀法如法念處就是法法觀念住，簡稱法念處。細節留待正念這一章再說明，先簡述如下：

所謂「身念處」，即是對於自身的行住坐臥，眠寤語默的所有身行動作，都能夠清清楚楚如實知；對於內在的一切身心，以及外在的一切事物，也都能夠清清楚楚如實知。把念頭專注在我們自身的一切行爲舉止上，即所謂「立念在身」，念念轉趨涅槃。所謂「受念處」，即是對於自己的身心，因根、塵、識三事和合觸所產生的苦受、樂受、不苦不樂受，都能夠清清楚楚如實知，包括身體上、心理上、飲食上及欲望上的各種感受，也都能夠清清楚楚如實知；把念頭專注在我們自身的一切感受上，即所謂「立念在受」，念念轉趨涅槃。所謂「心念處」，即是對於自己的心念有無產生欲心、瞋心、癡心、害心，都能夠清清楚楚如實知，清淨或染污，安定或浮動，解脫或未解脫等各種心念，也都能夠清清楚楚如實知；把念頭專注在我們自身的一切心念上，即所謂「立念在心」，念念轉趨涅槃。所謂「法念處」，即是對於六根接觸六塵時，內心是否有所染著，染著是否消滅不復生，是否被「五蓋」遮蔽，遮蔽是否消滅不復生，都能夠清清楚楚如實知。所謂「五蓋」即欲貪蓋、瞋恚蓋、睡眠蓋、掉悔蓋、疑蓋。其細節也將在下一章論述。此外，對於內心是否生起「七覺支」善法，生起七覺支善法是否能常住不忘而不衰退，且轉修增廣，也都能夠清清楚楚如實知；把念頭專注在我們自身思惟的一切善法、不善法上，即所謂「立念在法」，念念轉趨涅槃。而所謂「七覺支」即念覺支、擇法覺支、精進覺支、喜覺支、息覺支、定覺支及捨覺支。其細節也將在下一章論述。修行當依七覺支，漸次修習，乃至善能轉趨涅槃，這就是所謂的「四念處」。

然而，修四念處眞的能夠渡向彼岸嗎？雜阿含經（卷二十四 六二一經／六〇七經）云：有一乘道，淨諸眾生，令越憂悲，滅惱苦，得如實法，所謂四念處。意思是說，有一個可以載運眾生渡向彼岸的方法，協助清淨眾生的業障，可以令眾生超脫憂愁悲傷，滅除煩惱痛苦，獲得一個實實在在解脫的方法，就是所謂的「四念處」。雜阿含經（卷二十四 六四三經／六二九經）云：有法修習多修習，能令行者得不退轉，謂四念處。雜阿含經（卷二十四 六四五經／六三一經）云：有法修習多修習，能令未渡彼岸眾生得渡彼岸，謂四念處。雜阿含經（卷二十四 六三二經／六一八經）云：於四念處多修習，當得四果，四種福利，云何爲四？謂須陀洹果、斯陀含果、阿那含果及阿羅漢果。雜阿含經（卷二十四 六四八經／六三四經）云：於四念處修習多修習，名賢聖出離。綜合以上各經的說法，有一個方法如果多多加以修習可以令眾生於修行路上恆行不退轉，渡向彼岸，修證成果，成爲出離三界的聖者，就是所謂的「四念處」。由以上可知，佛陀諄諄教誨我們修四念處，的確可以幫助我們究竟解脫，修行證果，趨向涅槃，渡向彼岸。尊貴的蓮生聖尊《清風小語》說：「要淨化自己，斷除煩惱，依佛陀教示的四念處去修，直至產生定力與智慧，就可以入聖果之流。」

然而，怎麼修四念處呢？雜阿含經（卷二十四 六二四經／六一〇經）云：云何修四念處？謂內身身觀念住，精勤方便，正智正念，調伏世間憂悲，外身、內外身觀念住，精勤方便，正念正知，調伏世間憂悲，如是受、心、法，內法、外法、內外法觀念住，精勤方便，正念正知，調伏世間憂悲，是名比丘修四念處。意思是說，佛陀要我們依照四念處，不管是依身念處、受念處、心念處或法念處，都要精勤方便不放逸，用正智正念來調伏我們的內心對於世間的喜貪，五欲的染著，以及喜貪染著所造成的種種憂悲惱苦。由此可以了解，「修斷」其實就是修「四念處」，而且是精勤方便不放逸地修四念處，不但已生善法，而且令善法增生擴大。然後以一念繫萬念，善攝一切受、心、法，住於身念處，一念具足四念處，念念轉趨涅槃，直到修證解脫，達於彼岸，清涼自在，是為修斷。

由此可知，「四正斷」是智慧的根本。勤修「斷斷」，方能夠善守護我們的心念與身行，遠離一切諸惡不善法。勤修「律儀斷」，方能夠善守護我們的六根，於世間五欲無所貪染，以戒為師，持戒清淨。勤修「隨護斷」，方能夠依止修定，常住寂滅定相，長養善法，以善治惡。勤修「修斷」，方能夠依定修觀，修四念處，趨向涅槃彼岸。前二正斷重點在於遮斷一切惡法，得身心清淨，方便修行。後二正斷重點在於長養增生一切善法，以心治心。然後依遠離：遠離諸惡不善法；依無欲：離欲清淨；依滅：永盡喜貪，心解脫；向於捨：永斷無明，慧解脫。

若不了解四正斷，當如何實踐正方便？若不能如實實踐正方便者，有如母雞孵卵，冷暖失調，子安得出？有如琴弦失調，可得妙音否？有如生火煉金，冷熱不適，可得巧金否？有如農夫播種，揠苗助長，適得其反。於四正斷不知不見，即於正方便不知不見；於正方便不知不見，想要開悟證果，修證解脫，那是相當困難的。因此我們要依四正斷精進修行。針對四正斷或四正勤，尊貴的蓮生聖尊認為：四正勤是斷惡修善，增長菩提心。已經做過的惡業統統要斷掉；所有產生的惡念一出來，要馬上很精進地把惡念斷掉。然後發願開始讓慈悲心、善心產生出來；不但產生出來，還要增長，精進地、努力地去實踐。最好是每日一修，日日實修。而且要恆順眾生，不畏種種困難，勤修善法而不疲倦。而菩提心則是慈悲與智慧的中和，除了慈悲對待眾生之外，還要懂得用智慧來判斷。

第八節 出世間正方便

因此，實踐「正方便」，當知依「四正斷」而行。若不知不見四正斷，只是「善趣正方便」或「世間正方便」而已。然而，如何才能眞正做到「無漏正方便」或「出世間正方便」呢？雜阿含經（卷二十八七九七經／七八五經）云：謂聖弟子苦苦思惟、集、滅、道道思惟，無漏憶念相應心法，欲、精進、方便，勤踴超出、建立堅固、堪能造作精進、心法攝受、常不休息，是名出世間正方便。也就是說，聖弟子們應該如實地了解「苦集滅道」的眞實內涵，依照「苦集滅道」的思惟方式，用無漏思惟來精進修行不放逸。亦即苦諦當知：找出問題的所在；集諦當斷：找出根本的原因；滅諦當證：修證苦滅的境界；道諦當修：實施滅苦的方法。首先，要有出離向道的心，然後要精進用功，而且要善巧方便，隨順因緣，並且勤勞不懈，努力超脫、出離煩惱，建立堅固的道心、不退轉心，攝持一切心法，經常都不休息。並隨時抱持四聖諦的正見，藉著四正斷──斷斷、律儀斷、隨護斷及修斷，依遠離：遠離諸惡不善法；依無欲：離欲清淨；依滅：熄滅貪、瞋、癡，永斷喜貪，心解脫；向於捨：放下妄執，永斷無明，慧解脫（雜阿含經 卷二十八七七六經／七六四經）。善護心念，善護身行，守護六根，持戒清淨；長養善法，以善治惡，淨化心靈，以心治心；依四念處，修七覺支，念念轉趨涅槃，法法渡向彼岸。這就叫做聖者、出世間、無漏、無所執取、眞正滅盡痛苦、超離苦邊的「出世間正方便」。

第十章

正念

一念慈悲積福田
一念清淨結善緣
老老實實恆長念
成就一切善因緣

第一節　前言

何謂正念？

正念就是要有正確的念頭。雜阿含經（卷二十八　七九六經／七八四經）云：何等爲正念？謂念隨順，念不妄、不虛。意思是說，我們在日常生活當中，不論舉手投足，起心動念，行住坐臥，眠寤語默，所有的念頭都要實實在在，不要妄想紛飛，也不要虛無縹緲。不要使念頭住於「三不善根」之上，包括貪、瞋、癡；也不要使念頭落於「五蓋」遮蔽之中，包括欲貪蓋、瞋恚蓋、睡眠蓋、掉悔蓋及疑蓋；更不要讓念頭縈繞在「十惡法」之內，包括殺、盜、邪淫、妄語、兩舌、惡口、綺語、貪、瞋、邪見。那應該如何安住我們的念頭呢？

中阿含經（卷四十九）雙品聖道經（一八九）云：云何正念？比丘者，觀內身如身，觀覺、心、法如法，是謂正念。也就是說，要讓我們的念頭依「四念處」，住心一處。就是把心念專注在一個地方，或身念處、或受念處、或心念處、或法念處。隨時隨地，專心一意，覺察自己的身行、感受、心念、想法等等的變化情形，無所間斷。如實知一切行爲舉止，如實知一切苦樂感受，如實知一切起心動念，如實知一切善法惡法。然後長養善法，以善治惡，淨化心靈，以心治心；依止修觀，依觀修慧，念念轉趨涅槃，法法渡向彼岸。最後不住惡法，也不住善法，一切俱捨，一切寂滅，涅槃解脫，是爲正念。

何謂四念處？

正念就是四念處；四念處就是正念。「四念處」包括身念處、受念處、心念處、法念處。所謂「身念處」，即是對於內在的一切身心，以及外在的一切事物，都如實知見明達，身身相續，而且身身分明。所謂「受念處」，即是對於自己的身心，因根、塵、識三事和合觸所產生的苦受、樂受、不苦不樂受，都如實知見明達，而且身受心不受，受受分明。所謂「心念處」，即是對於自己的心念有無產生欲心、瞋心、癡心、害心，都如實知見明達，而且善惡染淨，心心分明。所謂「法念處」，即是對於六根接觸六塵時，內心是否有所染著？是否被五蓋遮蔽？染著、遮蔽是否消滅不復生？是否生起善法？善法是否常住不忘且轉修增廣？都如實知見明達，法法分明。所謂「知見明達」就是清楚地知道自己的一切行止，清楚地知道自己的一切感受，清楚地知道自己的一切心念，清楚地知道一切善法、惡法，清楚地知道一切正見、邪見。是否念念轉趨涅槃如實知，是否法法渡向彼岸如實知。而且不管依於何種念處，皆是一念具足四念處。

雜阿含經（卷二十四 六三六經／六二二經）云：云何正念？若比丘內身身觀念住，精勤方便，正智正念，調伏世間貪憂，如是受、心、法法觀念住，精勤方便，正智正念，調伏世間貪憂，是名比丘正念。意思是說，「身身觀念住」就是將我們的念頭專注在身體的每一個動作上，從前一身到後一身，從這一身到另一身，對於每一個身行都清清楚楚地如實知。眼見諸色如實知，耳聽諸聲如實知，鼻聞諸香如實知，舌嚐諸味如實知，身觸細滑如實知，意思諸法如實知，舉手投足如實知，起心動念如實知，行住坐臥如實知，眠寤語默如實知，而且無所間斷。受受觀念住、心心觀念住、法法觀念住亦復如是。身身觀念住就是指身念處，受受觀念住就是指受念處，心心觀念住就是指心念處，法法觀念住就是指法念處。也就是說，佛陀要我們以一念攝持萬念住四念處，精勤方便不放逸，以「四正斷」的精神，包括「斷斷」：善護心念，善護其身，有惡即斷。「律儀斷」：守護六根，持戒清淨，止惡防非。「隨護斷」：長養善法，以善治惡；淨化心靈，以心治心。「修斷」：於四念處、修七覺支，證菩提智，趨向涅槃。然後用「正智正念」來調伏我們的內心對於世間的喜貪，五欲的染著，以及喜貪染著所造成的種種憂悲惱苦，謂之正念。

然而，經中一再提到的「正智」是什麼意思呢？雜阿含經（卷二十四 六三六經／六二二經）云：若比丘去來威儀，常隨正智，迴顧視瞻，屈伸俯仰，執持衣缽，行住坐臥，眠寤語默，皆隨正智住，是正智。也就是說，佛陀要我們日常生活當中的一舉一動，不論是儀容姿態，瞻前視後，進退應對，舉止動作，乃至於穿衣執物，行住坐臥，眠寤語默，都要如法如律，具有威儀。若不如法如律，不具有威儀，則一旦六根接觸六塵，不知收攝心念，就會間斷所謂的「身身觀念住」。進而放縱六根，追逐四食、五欲、六塵而不自知，於世間有喜有貪，於五欲有染有著，當知煩惱與痛苦隨後將至。因此，必須將念頭安住於善法之上，摒除一切惡法；當善護心念，具足威儀，住於定相，趨向涅槃，是爲「正智」。

為什麼要正念？

爲什麼要正念呢？因爲「正念」是修行學佛者解脫人生的方法，也是三世諸佛成就佛果之道（中阿含經 卷二十四 因品 念處經 九八）。缺乏正念就是不知道修行解脫的方法。沒有方法或方法不對，想要修證解脫是不可能的，因此需要正念。而正念就是四念處。「四念處」是三世諸佛慈悲開示給眾生唯一通向涅槃解脫的道路（雜阿含經 卷二十四 六四五經／六三一經）。「四念處」可令眾生超越憂愁悲傷，熄滅煩惱痛苦，獲得實實在在解脫的方法。令眾生得清淨，渡彼岸，證四果，不退轉（雜阿含經　卷二十四六二一經／六〇七經）。

故當依循佛陀的教誨，善知善解一切正見，然後以正見爲前導，心存正志，口說正語，身行正業，正命存活。正如證嚴法師《靜思語》提到：「口說好話，心想好意，身行好事。」即使尚未修證解脫，但也已經圓滿地做到善趣正道，必然可以活得心安理得，快樂知足，身心清淨。在身心清淨的條件下，努力修行解脫。然而，我們在修行道路上絕不能以此爲滿足，要珍惜這得來不易的成果，繼續向前邁進。因此，接下來更要依「正方便」，以精勤不放逸的精神，依「四正斷」之「斷斷」：善護心念，善護其身。「律儀斷」：守護六根，持戒清淨。「隨護斷」：長養善法，以善治惡；淨化心靈，以心治心。「修斷」：住於定相，於四念處、修七覺支，一念具足四念處，以一念攝萬念，善攝一切受、心、法住身念處。依止修定，依定修觀，依觀修慧，依慧生明；明則厭，厭則離欲，離欲則滅盡，滅盡則解脫。所以說，正念就是四念處，四念處就是正念。是佛陀教誡我們趨向解脫道最重要的工具。因此，對於四念處，我們要深刻地去了解它，實踐它，體驗它。以下，我們就針對「四念處」的四個要素，包括身念處，受念處，心念處及法念處分別加以闡述說明。

根據中阿含經（卷二十四）因品念處經（九八）：四念處是三世諸佛成佛之法。學佛其實就是學這成佛之法：所謂立心正住於「四念處」修「七覺支」。不管過去、現在、還是未來的諸佛世尊，都是依四念處，修七覺支，斷盡五蓋而成就的。所謂「五蓋」，即欲貪蓋，瞋恚蓋，睡眠蓋，掉悔蓋及疑蓋，又叫做諸惡不善法。「欲貪蓋」令我們迷戀於世間五欲，追逐世間名利，永無厭足。「瞋恚蓋」令我們怨天尤人，怒火中燒，恩怨情仇，交織難解。「睡眠蓋」令我們鬆懈怠慢，不知精進，頭腦昏沉，虛度光陰。「掉悔蓋」

令我們心情亢奮，情緒激動，難止難定，悔恨交加，心情沮喪，灰心喪志。「疑蓋」令我們懷疑「佛、法、僧、戒」，無有正見，甚至邪知邪見。一切惡法，基本上可歸類於這五大類（雜阿含經 卷二十六 七一九經／七〇七經）。這「五蓋」使我們心受蒙蔽，污穢染著，智慧微弱，不知不見世間眞相，而受生老病死，憂悲惱苦。四念處正是佛陀慈悲開示我們，可以淨眾生，度憂畏，滅苦惱，斷啼哭，得正法的唯一之道（中阿含經 卷二十四 因品 念處經 九八；雜阿含經 卷二十四 六四五經／六三一經）。四念處包括身念處——觀身如身念處；受念處——觀受如受念處；心念處——觀心如心念處；法念處——觀法如法念處。依次說明如下。

第二節 身念處：觀身如身念處

四念處之首爲「身念處」，是四念處中最重要，也是佛陀開示最多，最詳盡的部分。什麼是身念處？簡單地說，即是一個人對於自己的舉手投足，起心動念，行住坐臥，眠寤語默等行爲如實知，清清楚楚。而且觀內身如身，觀外身如身，觀內外身如身。所謂「內身」，即是指由五蘊所組成的身心、個體假我。所謂「外身」，即是指身外所處環境的一切人情事物。所謂「內外身」即是我們的根身透過六入處與外界接觸而產生的受、想、思。

「觀身如身」即是指不僅是對於身心內部或是身外之物，或是根、塵、識相觸所引發的各種受、想、思，都能夠清清楚楚，如實知見，了然於胸，無所間斷。立念在身，包括眼見色、耳聞聲、舌嚐味、身觸細滑、意知法。六入處所觸之種種境界，一一知其所以，有無善惡念產生，清清楚楚；有無五蓋生起，清清楚楚；是苦受還是樂受，清清楚楚；心住善法或惡法，清清楚楚；有無依遠離、依無欲、依滅，向於捨，精進修行，清清楚楚。立念在身，以一念繫萬念，一念具足四念處；身、受、心、法念處，無一不知，念念轉趨涅槃。如是正智正念，清清楚楚自己的念頭住於何處；前一身端坐桌前，後一身起身踱步，舉手投足之間，身身相續，無所間斷，如實知自己的一切行止。同樣地，感受、心念、善法、惡法如實知，正見、邪見如實知，是否念念轉趨涅槃如實知，是否法法渡向彼岸如實知，是謂「知見明達」。

了解身念處的基本觀念之後，接下來，佛陀總共開示了十幾種方法告訴我們，如何修身念處，包括：（一）正知一切身行；（二）正斷一切惡法；（三）靜坐以心治心；（四）安般觀息出入；（五）初禪離生喜樂；（六）二禪定生喜樂；（七）三禪無喜生樂；（八）四禪離苦息樂；（九）修光明想；（十）觀想憶念；（十一）修不淨觀；（十二）修六界觀；（十三）修死屍觀。

一、正知一切身行：正知一切身行的意思，是指在日常生活當中，要有「正知正見」，不令身心迷失於「四食、五欲、六塵」之中。約束此身的行為舉止，要如法如律，多親近善知識，學習佛陀的正法。以正確的知識與見解，來引導本身的一切行爲舉止，包括舉手投足，仰身彎腰，著衣持物，待人處世，行住坐臥，眠寤語默，都要端莊有威儀。時時警惕，處處留心，不令行止錯亂失序。如是觀內身如身，亦即針對內在的身心個體，皆如實知；如是觀外身如身，亦即針對外在的一切人情事物，皆如實知。立念在身，知見明達，是謂身念處。

二、正斷一切惡法：正斷一切惡法的意思，是指基於如實知一切身行的基礎之上，如果有諸欲惡不善法產生，不僅如實知，而且要用善法治斷一切惡法。就好像木匠一樣，以墨繩在木頭上畫線，然後才用利斧砍直。對付諸欲惡不善法也是一樣，當以「四正斷」的精神，斷斷：已生惡法令斷（有惡即斷）；律儀斷：未生惡法令不生（持戒清淨）；隨護斷：未生善法令生（以善治惡）；修斷：已生善法令增長（修四念處）。斷盡一切惡法，長養一切善法。如是觀內身如身，如是觀外身如身，立念在身，知見明達，是謂身念處。

三、靜坐以心治心：靜坐以心治心的意思，是指除了在日常生活當中，正知一切身行，正斷一切惡法之外，尚需靜坐用功，思惟一切善法。長養善法，以善治惡，也就是以善法對治惡法；淨化心靈，以心治心，也就是以善念對治惡念。直到將諸欲惡不善法遮斷、消滅、止息爲止。佛陀形容說：就好像兩個大力士抓一個弱小的人，任意搥打，弱小的人毫無反抗能力一樣，可見得靜坐的功效非常地大。而靜坐的方式，基本上不出端身正意，結跏趺坐，或單盤、或雙盤、或如意座，專注一心，繫念面前，齒齒相著，舌抵上齶等原則。靜坐是修行佛法的必備工具，是以心治心的最佳方法，修行學佛者不可不學。

四、安般觀息出入：安般觀息出入的意思，是指在盤腿靜坐的時候，修習「安般法」，調伏世間貪愛，止息心頭亂想。「安般」是安那般那的簡稱；安那是指入息，般那是指出息。修習安般法就是靜坐禪定時以入息、出息爲念，將心念專注在息的進出。端身正坐，繫念鼻頭，如實觀息，知息出入，知息長短，知息冷暖。立念於氣息的出入，來止息此身的一切行止，如實知息出入，心住於息上，乘息轉趨涅槃。安般法是學佛靜坐修行止觀禪定相當重要的一個法門。透過如實知息出入，止息亂想，立念於鼻（內身）、立念於息（外身）、或立念於鼻識與根、塵相觸（內外身），如是身身觀念住，知見明達，是謂身念處。

五、初禪離生喜樂：初禪離生喜樂的意思，是指在盤腿靜坐，修行安般，言語止息，遠離諸惡不善法如實知，遠離一切欲貪如實知。住心一處，有覺有觀，隨憶、隨覺、隨觀，善護心念，因離諸惡不善法而生起的一種喜悅快樂的境界。漬身潤澤，普遍充滿於此身中，這是初禪的境界。「有覺有觀」就是念茲在茲，不離止觀，專注而不散漫，並如實知自己處於初禪的境界。要注意的是，初禪並不等於初果聖人須陀洹。初果自有其成立的條件，證入初禪並不等於證入初果，初禪只是禪定初步成就的境界而已。若能依佛教誡，立念在身，住心一處，有覺有觀，言語止息，知見明達，遠離諸惡不善法，是爲初禪。

六、二禪定生喜樂：二禪定生喜樂的意思，是指在初禪的基礎上，於有覺有觀之後，不僅遠離諸惡不善法，而且能夠內淨一心，離欲清淨，心無負累，無覺無觀，因禪定而生起的一種喜悅快樂的境界。漬身潤澤，普遍充滿，無處不周，這就是二禪的境界。「無覺無觀」並非不覺不觀，不覺不觀是失念。「無覺無觀」是覺觀的功夫已經到了非常純熟的境界，不再受覺觀的束縛，游刃有餘，並如實知自己處於二禪的境界。同樣地，二禪並不等於二果聖人斯陀含，證入二禪也並不等於證入二果，兩者有所差別。欲證入二禪，仍需依佛陀教誡，立念在身，內淨一心，覺觀止息，知見明達，離欲清淨，是爲二禪。

七、三禪無喜生樂：三禪無喜生樂的意思，是指在遠離諸惡不善法，離欲清淨，覺觀止息之後，離於喜心，正念正智，而身覺樂。也就是說，因爲喜心亦是貪心的一種，若有所喜貪就還會有所雜染。因此在沒有追求歡喜的願望之下，放下一切得失，依正念正智，住心一處，自然而然產生快樂的感受。「無喜生樂」，無處不遍，就是三禪的境界。並如實知自己處於三禪的境界。同樣地，三禪並不等於三果聖人阿那含。欲得三禪成就遊，仍需觀身如身，立念在身，放下得失，喜心止息，知見明達，離於喜心，是爲三禪。

八、四禪離苦息樂：四禪離苦息樂的意思，是指在離生喜樂，定生喜樂，離喜生樂的基礎上，在言語止息，覺觀止息，喜心止息之後，不僅苦受捨去，連樂受也捨去。所謂「離苦息樂」，憂喜本斷，苦樂俱捨，不苦不樂捨，淨念一心，於此身中，以清淨心，無處不遍。一切俱捨，憂喜苦樂俱捨，連不苦不樂亦捨，內心清淨無染，這就是四禪的境界。並如實知自己處於四禪的境界。同樣地，四禪並不等於四果聖人阿羅漢。想要具足四禪成就遊，仍需觀身如身，清淨無染，苦樂止息，立念在身，知見明達，苦樂俱捨，是爲四禪。

九、修光明想：修光明想的意思，是指以觀想光明的方式，一其心念，繫於光明想。好好地把念頭住於光明，善受善持，善憶所念。不因前後，晝夜，上下所影響。心不顚倒，不爲黑暗所覆。這是有別於前述安般數息「修止」之法，修光明想是「修觀」的基礎。修觀必須於憶念中生出想像，一旦失念則觀想不成。而光明想則是各種修觀方法之中，較易入門的方法。可由一個光明點觀起，逐次變大，變亮，如星光、燭光、燈光、月光、日光。乃至於觀想光明周遍全身，全屋，全鄉鎮、全縣市、全省、全國、全世界、全宇宙等。然而，須注意的是，立念於光明想，須如實知念頭住於光明想，依光明想而身身觀念住，無所間斷，才能知見明達，觀身如身。

十、觀想憶念：觀想憶念的意思，是指以觀想憶念某一種境界或景象，而將心念安住在該境界或景象，然後身身觀念住。涵蓋所謂「十種一切入處」：包括青入處、黃入處、赤入處、白入處、地入處、水入處、火入處、風入處、空入處、識入處。各種入處，各有其不同的觀法。所謂「青、黃、赤、白入處」：觀青色青光，如觀藍天，晴空萬里，萬里無雲；觀想青光遍滿四維八方，前後、左右、上下，無處不遍。觀黃色黃光，如觀黃色蓮花，光芒四射；觀想黃光遍滿四維八方，前後、左右、上下，無處不遍。觀赤色赤光，如觀一輪紅日，光明遍照；觀想赤光遍滿四維八方，前後、左右、上下，無處不遍。觀白色白光，如觀一輪明月，皎潔明亮；觀想白光遍滿四維八方，前後、左右、上下，無處不遍。

所謂「地、水、火、風、空、識入處」：包括「觀地一切入處」，如觀一片廣大無邊的平地，令人心曠神怡，心胸開闊。「觀水一切入處」，如觀置身於清水之中，透明清澈，清涼舒暢，遠離酷暑。「觀火一切入處」，如觀熊熊火焰，溫暖舒適，毫無寒意。「觀風一切入處」，如觀涼風習習吹來，感覺非常涼爽，通體舒暢，不覺悶熱。「觀空一切入處」，厭有色身，思無邊空，心緣虛空，虛空無礙，把心量放到最大；如觀虛空無邊，毫無色法染污，無礙自在，捨色界而趨入空一切入處。「觀識一切入處」，厭外空，思內識，捨棄向外緣取的虛空，進而向內緣取心識，思無邊識；如觀內識無邊，只見過去、現在、未來諸識顯現，無始無終，無量無邊，捨空一切入處而趨入識一切入處。

另外，觀想憶念還包括所謂的「四無量心觀」：慈心觀、悲心觀、喜心觀及捨心觀。慈是與樂，觀想眾生得到安樂。悲是拔苦，觀想眾生遠離苦惱。喜是歡喜，觀想眾生離苦得樂而心生歡喜。捨是平等看待一切眾生，不論親疏遠近，一律平等，一視同仁。修「四無量心觀」容易與色界及無色界相應。雜阿含經（卷二十七　七五五經／七四三經）云：心與慈俱多修習，於淨最勝；悲心修習多修習，空入處最勝；喜心修習多修習，識入處最勝；捨心修習多修習，無所有入處最勝。綜合來說，色界初禪天是離欲界，二禪天是光明界，三禪天是淨界，四禪天是清淨界。遠離諸欲惡不善法能夠與初禪天相應，修光明想能夠與二禪天相應，修四無量心觀能夠與三禪天、四禪天相應，甚至與無色界相應。例如修慈心觀能夠與三禪天、四禪天相應；修悲心觀能夠與空無邊處天相應：厭有色身，觀虛空無邊的境界（萬物皆空）；修喜心觀能夠與識無邊處天相應：厭外空，思內識，觀識無邊的境界（有想）；修捨心觀能夠與無所有處天相應：厭無邊識，觀無所有的境界（無想）。

除此之外，觀想憶念也包括所謂的「六念」：念佛、念法、念僧、念戒、念天、念施（雜阿含經　卷三十　八七〇經／八五八經）。什麼是「六念」呢？根據雜阿含經（卷二十　五五三經／五五四經）：「念佛」是指念佛功德，當憶念佛具足十種名號：分別為如來、應供、等正覺、明行足、善逝、世間解、無上士、調御丈夫、天人師、世尊等（中阿含經 卷四 業相應品 波羅牢經 二〇）。從佛的名號憶念佛的功德。例如「如來」是眞理的體現者與宣說者。「應供」是離一切煩惱，值得天人供養者。「等正覺」是正確而普遍的覺悟者。「世尊」是具有德威，值得尊敬的人。進而觀佛相好，向佛看齊，精進用功，努力修行。

「念法」是指念法功德，憶念如來所說一切法，對於佛陀的正法、正律當通達覺悟，離一切煩惱，只要依法修行，就可以成就。「念僧」是指念僧功德，憶念僧是如來弟子，具足戒、定、慧、解脫、解脫知見，自當供養、恭敬、尊重，爲世間無上福田，所以施僧可得大果報。「念戒」是指念戒功德，憶念持戒的戒行清淨，不毀不缺，不斷不壞，能防一切惡，而欲精進持戒。「念施」是指念施功德，憶念布施有大功德，既能拔人之苦，又可以捨除慳貪，令內心愉悅。雖在居家，樂於布施，慈悲濟世，利益眾生。「念天」是指念天功德，憶念欲界諸天，當勤修善業，相信有布施、齋戒的功德，於此命終，當可生欲界六天享福。修持「六念」有安定內心，除去憂愁恐怖的作用，令內心生起歡喜。繫念「三寶」：佛、法、僧，可生出信心且內心平安，加上布施、行善、持戒的功德，將因此而上昇天界，享受天人福報。

不過，不管是「十種一切入處」、還是「四無量心觀」、或是「六念」，各種觀法可因人、因時、因地、或依照自己的因緣、程度、興趣，做一個適當的選擇與應用。然而，不管選擇那一種觀法，其目標是一致的，亦即止息惱亂的念頭，專精一心，善觀善憶，住身念處。不論坐臥皆能成觀，而且觀相了了分明，清清楚楚，如實知之，才能知見明達，觀身如身。

十一、修不淨觀：修不淨觀的意思，是指觀想我們自己的肉身，從頭至足皆充滿不淨之物。觀想此身之中包含毛髮爪齒，皮肉筋骨，五臟六腑，心、肝、脾、肺、腎、胃、大腸、小腸、頭腦，以及各種的淚汗涕唾，膿血便溺等。就好像以容器盛裝各種稻粟種子，了了分明。觀想我們自己的肉身，從頭至足皆充滿不淨之物。如是比丘觀內身如身，觀外身如身，立念在身，有知有見，有明有達，是謂比丘觀身如身。」在對治淫欲方面，不淨觀是非常有效的方法，從頭至足可任意選擇局部或全部，隨憶、隨覺、隨觀。我們可以利用不淨觀去除過分的淫欲或貪欲。其實，不淨觀是觀五蘊無常、苦、空、非我，乃至於達到厭、離欲、滅盡、解脫的重要法門。其基礎則在於修安般法及修光明想有所心得之後，才能夠有所成就。

十二、修六界觀：修六界觀的意思，是指觀想此身是由六界所成。所謂「六界」即地界、水界、火界、風界、空界及識界。一切有情眾生不論貧富貴賤、賢愚美醜，都是「六界」所成。乃至於宇宙一切萬法，亦是「六界」所成。甚至，六界本身之各界也是由六界所成，六界其實是同一界。根據雜阿含經（卷十七四六四經／四六五經）：在觀六界時，以地界爲例，不管是過去的地界、現在的地界、還是未來的地界；不管是在地界之中、還是在地界之外；不管是粗糙可見的地界、還是細微不可見的地界；不管是美妙的地界、還是醜陋的地界；不管是遠在天邊的地界、還是近在眼前的地界；這些地界都是「非我、不異我、不相在」；水界、火界、風界、空界及識界，亦復如是；亦即所有地界，所有水界，所有火界，所有風界，所有空界，乃至於所有識界都是「非我、不異我、不相在」。

所謂「非我」即無我，無我就是沒有一個恆常不變的我、眞實的我、自主的我、自在的我；所謂「不異我」就是無我所，就是非我所有；亦即六界所組成的我及世間的一切並非我所可以恆常擁有。可見得身心六界非常、非眞、非恆、非穩，非能自主，可依此而破除「我見、身見」。所謂「不相在」就是我不在身心六界之中，身心六界也不在我之中。身心六界是由自然界各種元素因緣聚合而成，需要彼此互相扶持，共存共榮，非單獨可成立，可依此而破除「我慢」。而且世間的一切都是在六入處透過接觸六塵，因六識的了別而顯現出來，是無常、變易之法。因此，若於此識身及身外境界的一切相，如果能夠體悟出無我，無我所，以及無我慢，就可以斷除欲愛、色愛、無色愛的束縛，進而究竟苦邊，通向涅槃（雜阿含經 卷十七 四六四經／四六五經）。

十三、修死屍觀：修死屍觀的意思，是指觀想自己的身體像死屍一般，在死亡多日之後，或爲烏鴉豺狼所食，或被火燒土埋，身體腐爛；看到死屍，想想自己，總有一天也會是這個樣子。接著又觀想死屍腐爛超過一半，骸骨外露，骨鎖在地；看到死屍，想想自己，總有一天也會是這個樣子。接著又觀想死屍離皮肉血，唯筋相連；看到死屍，想想自己，總有一天也會是這個樣子。接著觀想死屍骨節解散，散在各個地方，足骨、膊骨、髀骨、髖骨、脊骨、肩骨、頸骨、髑髏骨，各在異處；看到死屍，想想自己，總有一天也會是這個樣子。最後觀想死屍骨白如螺，青猶鴿色，赤若血塗，腐壞碎粖；看到死屍，想想自己，總有一天也會是這個樣子。藉著觀想死屍青瘀相、膿爛相、膨脹相、骸骨相等，來止息欲心，止息貪想。令見世間眞相，斷身見，戒禁取見及疑見；證知我空，我所空，世間本空。如是觀想死屍諸相，然後自比，由此契入五蘊無常，諸受是苦，無我我所，萬法皆空，寂靜涅槃之宇宙人生眞相。如是比丘觀內身如身，觀外身如身，立念在身，有知有見，有明有達，是謂比丘觀身如身。

以上是就佛陀提及的觀身如身念處的各種方法做一簡要之說明。每一種方法都是「身身觀念住」，而且可以看出是由淺而深，由易而難，由止而觀，循序漸進的軌跡。尊貴的蓮生聖尊《清風小語》提到：「行者的一舉一動，時時刻刻都要了了分明。這些動作都是身體的，所以用心觀照這些動作，就是身念處。只要精神統一的工作，就算是理髮剃頭，也一樣可以入三昧地。」

「正知一切身行」讓我們清楚地知道自己的一舉一動；「正斷一切惡法」讓我們清楚地知道自己的行爲遠離諸惡不善法；「靜坐以心治心」讓我們清楚地知道自己的心念生起善法，以善治惡；「安般觀息出入」讓我們清楚地知道自己的心念安住於鼻息之上，令身心止息；初禪離生喜樂、二禪定生喜樂、三禪無喜生樂、四禪離苦息樂，讓我們清楚地知道自己的心念依「四禪」住心一處，內淨一心，放下得失，清淨無染，依止修定，做到惡念止息、欲心止息、喜心止息、苦樂止息；「修光明想」、「觀想憶念」、「修不淨觀」、「修六界觀」、「修死屍觀」讓我們清楚地知道自己的心念在依止修定之後，依定修觀；透過各種觀想憶念，依觀修慧；觀五蘊無常、苦、空、非我，依慧生明；明則厭，厭則離欲，離欲則滅盡，滅盡則解脫。佛陀教我們這麼多方法，可依個人因緣、情況或喜好，選擇適當的方法用功修行，修習一法即可成就，學遍一切法然後擇一精進或循序用功，亦可成就。

第三節 受念處：觀受如受念處

四念處之二即是受念處。什麼是受念處呢？簡單地說即是一個人將念頭住於自身的各種感受上。而人的感受不外乎三種：所謂「樂受」、「苦受」及「不苦不樂受」（雜阿含經 卷十七 四六五經／四六六經）。身體感覺舒服是「樂受」；身體感覺不舒服是「苦受」；身體感覺無所謂舒不舒服則是「不苦不樂受」。對已經發生或可能產生的苦受，則心生「憂受」；對已經發生或即將發生的樂受，則心生「喜受」。所謂「受念處」就是當感覺到快樂的感受時，就清清楚楚地知道自己正處於快樂的感受；當感覺到痛苦的感受時，就清清楚楚地知道自己正處於痛苦的感受；當感覺到無所謂快樂也無所謂痛苦的感受時，就清清楚楚地知道自己正處於不苦不樂的感受（中阿含經 卷二十四 因品 念處經 九八）。而且，觀內受如受，觀外受如受，觀內外受如受。什麼叫做觀內受如受，觀外受如受，觀內外受如受呢？說明如下：

我們知道，諸受生於根、塵、識三事和合觸。因此，緣根身可「覺知」諸受，緣心識可「了知」諸受，緣六塵可「分別」諸受，緣根、塵、識三事和合觸可「遍知」諸受。故所謂「內受」即是指緣根身或心識而受受觀念住；所謂「外受」即是指緣六塵而受受觀念住；所謂「內外受」即是指緣根、塵、識三事和合觸而受受觀念住。所謂「受受觀念住」即是觀受如受，立念在受，受受分明，無所間斷。也就是就感受來觀察感受；將心念專注在感受上，每一個感受都了了分明，沒有遺漏，也沒有中斷，就是所謂的「受受觀念住」。「觀覺如覺」就是「觀受如受」的意思。以下我們分別從「依於身體的感受」、「依於四食的感受」、「依於欲念的感受」，來說明受念處：

依於身體的感受

首先，三受可依於身體的感受來說：是我們的根身接觸外境時，身心實際的感受。是苦、是樂、或不苦不樂，如人飲水，冷暖自知。中阿含經（卷二十四）因品念處經（九八）云：樂身、苦身、不苦不樂身。樂心、苦心、不苦不樂心。意思是說，面對各種感受，清清楚楚如實覺知身心的苦受、樂受、或不苦不樂受，只是凡夫與聖人的境界各有不同。凡夫樂受則生欲貪念，苦受則生瞋恚念，不苦不樂受則生愚癡念。凡夫於此三受，無法脫離憂悲惱苦。

聖人亦會有三受，所不同的是：聖人樂受不染著，苦受不傾動，不苦不樂受亦了了分明。任其生而生，任其滅而滅；當於爾時，唯生一受，所謂「身受」，不生「心受」，亦即「身受心不受」。也就是說，聖人的身體雖然清楚地知道痛苦、快樂、或不苦不樂的感受，但內心卻如如不動，不會隨著苦受、樂受、不苦不樂受起舞（雜阿含經　卷十七　四六九經／四七〇經）。然後依遠離、依無欲、依滅、向於捨。遠離諸惡不善法，可得遠離樂；內心無喜貪，可得無欲樂；內心一切止息，可得寂滅樂；由觀修慧，證菩提智，可得菩提樂（雜阿含經　卷十七　四八四經／四八五經）。

依於四食的感受

其次，三受亦可依於「四食」的感受來說：所謂「四食」即摶食、觸食、意思食和識食。眾生依此四食，得以延續慧命。中阿含經（卷二十四）因品念處經（九八）云：樂食、苦食、不苦不樂食。樂無食、苦無食、不苦不樂無食。其中，「食」意謂著向外攀緣追求四食之意，傾向雜染執著；「無食」意謂著向內觀照自心之意，傾向清淨不執著。也就是說，若向外攀緣追求「四食」生樂受，謂之「樂食」；若向外攀緣追求「四食」生苦受，謂之「苦食」；若向外攀緣追求「四食」生不苦不樂受，謂之「不苦不樂食」。屬「塵染受」、有「愛味」之受；這是從「雜染」的世間感受來說的。若向內觀照自心生樂受，謂之「樂無食」；若向內觀照自心生苦受，謂之「苦無食」；若向內觀照自心生不苦不樂受，謂之「不苦不樂無食」。屬「無塵染受」、無「愛味」之受；這是從「清淨」的出世間感受來說的。凡夫的心情隨著追求「四食」的順利、好壞與否而上下起伏，進而產生苦受、樂受、不苦不樂受。聖人的心情則不因「四食」的順利、好壞與否而有所傾動。

增壹阿含經（卷五）壹入道品云：若得食樂痛時（痛即受也），便自覺知我得食樂痛。若得食苦痛時，便自覺知我得食苦痛。若得食不苦不樂痛時，亦自覺知我食不苦不樂痛。若得不食樂痛時，便自覺知我得不食樂痛。若得不食苦痛時，亦自覺知我不食苦痛。若得不食不苦不樂痛時，亦自覺知我得不食不苦不樂痛。其中，「食」是指向外追求，執著四食之意；「不食」是指向內觀照，不執著四食之意。也就是說，不管「食」或「不食」，所生起的覺受是苦，是樂，或不苦不樂，皆清清楚楚如實知。凡夫會於「食」或「不食」起煩惱；聖人則不然，即使「不食」亦可得樂。

所謂「有食樂」即是必須透過向外攀緣追求「四食」才能產生的喜樂。此種向外追求而得的喜樂非常、非恆、非穩。所謂「無食樂」即不再向外攀緣追求「四食」的有食樂；而是改爲向內追求內心的平靜，因而獲得更大的喜樂。也就是說，「無食樂」即是覺觀止息，定生喜樂的二禪境界。甚至於捨無食樂，並將之昇華爲所謂的「無食捨」，即喜貪止息，離喜得樂的三禪境界。甚至連「無食捨」亦捨，達到憂喜止息，離苦息樂的四禪境界（雜阿含經　卷十七　四八二經／四八三經）。

可見得，想要獲得快樂的感受，凡夫總以爲必須藉著向外攀緣追求「四食」才能獲得。事實上恰好相反，眞正的喜樂是在「言語止息」、「欲心止息」之後才產生的；乃至於離喜心，無喜仍可得樂。更高的境界則是「苦樂俱捨」，內心無所雜染，清淨無穢，解脫自在。然後依遠離、依無欲、依滅、向於捨。遠離諸惡不善法，可得「遠離樂」；內心無喜貪，可得「無欲樂」；內心一切止息，可得「寂滅樂」；由觀修慧，證菩提智，可得「菩提樂」（雜阿含經　卷十七　四八四經／四八五經）。

依於欲念的感受

另外，三受亦可依於「欲念」的感受來說：所謂「欲念」即五欲功德——色、聲、香、味、觸。中阿含經（卷二十四）因品念處經（九八）云：樂欲、苦欲、不苦不樂欲。樂無欲、苦無欲、不苦不樂無欲。其中，「欲」代表追求五欲；「無欲」代表遠離五欲。意思是說，在追求「五欲」的過程當中，欲念若順利實現或合於己意則生樂受，謂之「樂欲」。欲念若未能順利實現或不合己意則生苦受，謂之「苦欲」。欲念實現與否？或合意與否？無關重要則生不苦不樂受，謂之「不苦不樂欲」。在遠離「五欲」的過程當中，因離欲清淨，內心了無牽掛而生樂受，謂之「樂無欲」。因觀五欲無常、變易，內心尚未離欲而生苦受，謂之「苦無欲」。因洞察五欲無常、變易，內心超越束縛而生捨受，謂之「不苦不樂無欲」。凡夫的心情隨著欲念的順利實現、合不合意與否而上下起伏，進而產生苦受、樂受、不苦不樂受。聖人深知「欲爲苦本」；若耽溺於五欲之中，只會更加痛苦而已，焉有快樂可言。尊貴的蓮生聖尊《清風小語》認爲：「因爲世俗的樂受是暫時的，世俗的苦受是劇烈的。當短暫的快樂消逝的時候，更加的令人痛苦。」故知離欲，方可得樂。然後依遠離、依無欲、依滅、向於捨。遠離諸惡不善法，可得「遠離樂」；內心無喜貪，可得「無欲樂」；內心一切止息，可得「寂滅樂」；由觀修慧，證菩提智，可得「菩提樂」（雜阿含經 卷十七 四八四經／四八五經）。

遠離樂、無欲樂、寂滅樂和菩提樂

世間人常問「快樂」是什麼？許多人的回答往往是依於「四食、五欲、六塵」的基礎上來作答的。然而，背後跟隨而來的，往往是空虛，無常，不滿足及痛苦。這種快樂不究竟，所以應該要提昇層次。從「肉體」上的感受，提昇爲「心靈」上的滋養，然後依於佛法正見，遠離一切諸惡不善法，淨化心靈，依遠離、依無欲、依滅、向於捨，而得遠離樂、無欲樂、寂滅樂和菩提樂。方是離苦得樂，究竟苦邊，渡向彼岸之正道。所以說，遠離樂、無欲樂、寂滅樂和菩提樂才是眞正的快樂，才是値得你我追求的快樂。然而，到底什麼叫做遠離樂、無欲樂、寂滅樂和菩提樂呢？

所謂「遠離樂」就是遠離諸惡不善法之後，身心自然生起的快樂（雜阿含經　卷二十七　七二七經／七一五經）。所謂「平常不做虧心事，半夜不怕鬼敲門」。諸惡不善法多由於我們追求貪取四食而起。四食是爲了存續我們的慧命，若過於貪求則會變成促使我們造業的催化劑。若想要究竟解脫，當於四食永盡喜貪，無所貪染，並由「摶食」斷起。對於摶食，但求溫飽即可；只要吃得健康，不應於三餐飲食有過分要求。粗茶淡飯也好，好吃也好，不好吃也好，一切「隨緣自在」。然後依「遠離」：遠離諸惡不善法，止惡防非，諸惡莫做，從此日子過得心安理得。故當依遠離，而於摶食得遠離樂。

所謂「無欲樂」就是離棄欲望的勾引，因而獲得一種離欲清淨的快樂（雜阿含經　卷二十七　七二七經／七一五經）。不被欲望所束縛，更不做欲望的奴隸。這些欲望多由於六根與六塵接觸而不斷興起。若不知守護節制，則欲望永無了時。故當從六律儀，斷「觸食」下手。眼見美色不生喜貪，眼見惡色不生厭惡；眼見可、不可欲色不生喜厭之心。耳聞聲、鼻嗅香、舌嚐味、身觸細滑、意思法，亦復如是。對於觸食，不應該追求過度的感官刺激，使欲心奔放。苦受也好，樂受也好，不苦不樂受也好，一切「歡喜自在」。然後依「無欲」：離於樂欲、苦欲、不苦不樂欲，身受心不受，從此日子過得輕鬆自在。故當依無欲，而於觸食得無欲樂。

所謂「寂滅樂」就是貪、瞋、癡永伏不起，永盡喜貪，寂滅最樂，達到涅槃的境界，故亦稱之爲涅槃樂，止息一切煩惱（雜阿含經　卷二十七　七二七經／七一五經）。眞正的快樂，恆常的快樂，就是寂滅樂，而不是愚癡無聞凡夫爲了滿足自我的渴望而不斷向外追求的快樂。當我們的內心不再被貪、瞋、癡所繫，就不再有煩惱，就不再有痛苦。內心出現一種祥和的寧靜，平靜無波，怡然自得，超然自在。繫心一處，住於定相，長養善法，以善治惡。不再追求過度的「意思食」，過程盡情揮灑，結果坦然面對；一切得失放下，一切「清涼自在」。然後依「滅」：滅盡貪、瞋、癡，永盡喜貪，心解脫。故當依此寂滅，而於意思食得寂滅樂。

所謂「菩提樂」就是遍知過去、未來、現在一切行的生起與消滅，智慧無礙，解脫一切煩惱與痛苦。想要證得涅槃，須滅盡貪、瞋、癡方得「涅槃樂」；欲滅盡貪、瞋、癡，則須增長「菩提智」；欲增長「菩提智」則必須趨向涅槃。所謂「菩提智」就是經由對「佛、法、僧、戒」四不壞淨的深信不疑，以「四聖諦」——苦集滅道的思惟方式，正觀「五蘊」、「六入處」、「世間」無常、苦、空、非我，而澈見「涅槃」。一切皆捨，無取無著，平等不二，放下妄執，捨離「識食」，依捨無貪、無染。眞正做到難捨能捨，冤親平等，智慧現前，「任運自在」。然後「向於捨」：證菩提智，永斷無明，慧解脫。故當向於捨，無取無著，而於識食得菩提樂。

快樂的眞諦是什麼？眞正的快樂是建立在遠離諸惡不善法，以及離欲的基礎上。然後循著佛陀教誡，實踐「八正道」，從清淨「身、口、意」開始，朝熄滅「貪、瞋、癡」的目標邁進。德寶法師說：「快樂來自八正道。」「正見」讓我們體認到什麼才是快樂的眞諦。「正志」讓我們擁有一顆漂亮的心，不再有欲貪、瞋恨、惱害之心，走上安樂之道。「正語」讓我們言語眞誠，態度柔軟，帶來與人相處和諧之樂。「正業」讓我們遠離殺、盜、邪淫等重大惡業，獲得寧靜安詳之樂。「正命」讓我們行中道生活，懂得感恩惜福，學會知足常樂。「正方便」讓我們勇猛精進，斷惡修善，獲得進步成就之樂。「正念」讓我們時時警惕，處處留心，念念分明，獲得活在當下之樂。「正定」讓我們身心止息，煩惱止息，獲得寂靜涅槃之樂。然後依遠離、依無欲、依滅、向於捨來實修八正道，達到涅槃解脫，進而獲得遠離樂、無欲樂、寂滅樂和菩提樂（雜阿含經 卷二十八 七七六經／七六四經）。

所以說，受念處就是觀受如受，立念在受，受受分明，無所間斷。也就是將我們的念頭專注在身體上的各種感受，如實知每一個感受。從前一受到後一受，每一個感受都清清楚楚，沒有間斷。而且不爲外境所動，不爲外塵所染，身受心不受；於樂不貪染，於苦不傾動，受受觀念住，進而趨向涅槃。如是精勤方便，正智正念，調伏世間貪憂，是謂知見明達，觀受如受念處。然後依遠離、依無欲、依滅、向於捨，而得遠離樂、無欲樂、寂滅樂和菩提樂，這才是値得我們追求的眞正快樂。尊貴的蓮生聖尊《清風小語》提到：「最重要的受念處的修行是：放棄世俗的感受，提昇精神上的感受。這是身、口、意清淨的大法門。」

第四節 心念處：觀心如心念處

四念處之三即是心念處。什麼是心念處？簡單地說，即是將念頭專注在自己的心念上，有欲心產生則如實知有欲心產生，無欲心產生則如實知無欲心產生。這欲心不外乎世間五欲——色、聲、香、味、觸。當面對五欲時，由於貪圖快樂，而起欲貪。若貪心不足，很可能就生起害心；若所求不順遂，很容易就生起瞋恚。若要發洩瞋恚也可能生起害心，此皆無明愚癡所致。而心念處就是當心念有貪、瞋、癡產生時，清清楚楚知道，當心念無貪、瞋、癡產生時，亦清清楚楚知道。

並且清楚地了解到，貪、瞋、癡是穢污心；無欲心、無恚心、無癡心是無穢污心。穢污即是不淨，不淨即爲惡種子。心念不善爲惡，就有可能造下千秋罪業。因此可知，貪、瞋、癡令我們沉淪生死，苦海浮沉，憂悲惱苦，不得出離。要當永斷喜貪，永除瞋恚，永斷無明，方能究竟苦邊，寂靜涅槃。故心念處之重點，即在於「善護心念」。如實知自己的心念是否有「欲貪」的念頭產生，是否有「瞋恚」的念頭產生，是否有「愚癡」的念頭產生。雖然念頭瞬息萬變，捉摸不定，變化無常，但仍然要謹愼監督，不可失念，清楚了解其生滅去留，善惡淨染。

對於種種心念，除了清楚明白是善是惡，是淨是染之外，並且如實知該心念之聚合離散，高低大小，有無修行，有無禪定，有無解脫心，皆如實知。如是觀心如心，立念在心，心心分明，無所間斷，是謂知見明達，觀心如心念處。心念處若是緣根身或緣心識而如實知心念，謂之「觀內心如心」。若是緣塵境而如實知心念，謂之「觀外心如心」。若是緣根、塵、識三事和合觸，則謂之「觀內外心如心」。總而言之，不論我們是緣內心、外心或內外心，皆是一其心念，住心念處，心心轉趨涅槃。尊貴的蓮生聖尊《清風小語》提到：「觀照自己的心念，制止任何不善的心識。一個修行人一有了念頭，就要觀照這個念頭，把不清淨的念頭去除，轉成清淨的心念，如此修行才能有所成就。」

第五節　法念處：觀法如法念處

四念處之四即是法念處。什麼是法念處？其實一切念處皆是法念處。將念頭住於身念處、受念處或心念處，所依的法即是法念處，而且法法渡向彼岸。佛陀在法念處方面，主要分三個重點說明：一是依於「內六處」，代表我們的色身與外界塵境接觸的六個輸入門戶，一切訊息的輸入皆仰賴於此六個輸入門戶。二是依於「五蓋」，代表我們藏諸內心，隱而未發的心念，或已形之於外的行爲。或善或惡，或淨或染，或癡或慧，或正或邪，總不出「五蓋」的範圍。三是依於「七覺支」，代表七種在修四念處時，因應我們的內六入處，在接受外界的訊息之後，對治所引發的各種分屬五蓋之一的起心動念或外顯行爲，進而趨向涅槃的方法。分述如下：

依於內六處之法念處

所謂「內六處」就是眼緣色，耳緣聲，鼻緣香，舌緣味，身緣細滑，意緣法。亦即由六根接觸六塵而產生的受、想、思。在根、塵相觸的同時，由於識的作用，而有各種情緒感受。所謂「眼緣色，生內結」，就是說當我們的眼睛看見美色時，由於妄想執著，而心生貪染；就像打了個心結，爲美色所縛，繫結難解。因爲若眼見適合己意，可愛之色，而心生貪染，即爲美色所繫縛，難以出離。反之，若眼見不順己意，不可愛之色，而心生瞋恚，亦爲惡色所牽掛，不能跳脫。不管美色、惡色，都會令我們內心打結，煩惱繫縛，其他如耳、鼻、舌、身、意，亦復如是（雜阿含經 卷十一 二八一經／二八二經）。

修習依於內六處之法念處即在於令我們的六根接觸六塵時，若心中未生結使時，如實知心中未生結使。若心中已生結使時，如實知心中已生結使，並令已生之結使消滅不復生。期望能夠做到眼見美色時不要著迷：不特別喜歡，也不特別讚嘆，不攀緣，不染著。另外，眼見惡色時也不畏懼：不厭惡，不嫌棄，不瞋恚。

所以，不管美色、惡色，皆不攀緣，內心安住不動。其他如耳、鼻、舌、身、意，亦復如是（雜阿含經　卷十一　二八一經／二八二經）。若能如此善攝我們的心念，善護我們的六根，然後法法如實知，法法趣向涅槃，如是觀法如法，立念在法，法法分明，無所間斷，是謂知見明達，觀法如法念處。

依於五蓋之法念處

所謂「五蓋」就是指我們的起心動念，行爲舉止被五種惡法所蒙蔽，使善法不生，正見不立，智慧不明。這五種惡法分別是欲貪蓋、瞋恚蓋、睡眠蓋、掉悔蓋及疑蓋。一切惡法，基本上可歸類於這五大類（雜阿含經　卷二十六　七一九經／七〇七經）。修習依於五蓋之法念處可令我們的起心動念，行爲舉止，產生之煩惱如實知。以下我們參考天台宗智者大師的《小止觀》，進一步探究「五蓋」的內容：

一、**欲貪蓋**：欲貪包括面對外界五欲的引誘而生起的欲望，或是內心對於四食的渴望。若整天腦袋想的都是吃喝玩樂，升官發財，追求情愛，追逐名利等，就是屬於欲貪蓋。特別是生理上的欲望，包括飲食、性愛與睡眠，需求不斷，很難有滿足的一天。當心生欲貪，念念欲貪，念念相續，會覆蓋我們的善心。內心一旦生起欲火，很容易燃燒一切善法。所謂「諸欲求時苦，得時多怖畏，失時懷熱惱，一切無樂處」。欲貪其實是各種惱怒的根源，可以說一旦內心執著欲貪不捨，就很難再親近佛法正道了，是謂「欲貪蓋」。因此要學習感恩知足，或不淨觀，或正觀五欲的智慧，對治欲貪蓋。

二、**瞋恚蓋**：面對各種逆境，不好的覺受，看不順眼，聽不順耳，覺得不合理，不公平，或是傲慢心作祟，或是嫉妒心作怪等，因而火氣上升，怒氣難消，甚至產生瞋恚、憎恨、惱怒等，這是屬於瞋恚蓋。

瞋恚是失去佛法的根本，墮入惡道的因緣；是修行學佛的冤家，泯滅善心的竊賊；是各種惡口粗言的源頭。所謂「瞋火一起，火燒功德林」，燒得片甲不留，是謂「瞋恚蓋」。因此要學習慈悲喜捨，化瞋恨心為慈悲心，以慈悲對治瞋恚。

三、睡眠蓋：整天昏昏沉沉，貪圖睡眠，精神不振，懶惰成性，虛度光陰，浪費生命，這是屬於睡眠蓋。內心昏暗謂之「睡」，躺平睡熟謂之「眠」。睡眠如死，無所覺識，是一種「癡」的狀態。一般人在睡眠時都失去明白覺醒之心，昏昏沉沉，迷迷糊糊，無所知覺。甚至有些修行學佛者認為睡眠是最大的惡法，所謂「眠為大暗無所見，日日欺誑奪人明」，難以滅除，是謂「睡眠蓋」。因此，應當警覺無常，減損睡眠，令我們的內心不因睡眠而昏沉受到覆蓋。甚至睡眠時也要精進用功修行，將身體向右側臥，心中默唸佛號，或作光明想，或數息皆可。

四、掉悔蓋：心思紊亂，情緒不穩，喜怒哀樂，捉摸不定，這是屬於掉悔蓋。掉悔又分掉舉及懊悔。「掉舉」是身、口、意的放逸，包括身掉舉、口掉舉與心掉舉。「身掉舉」是指行為放蕩，坐立難安；「口掉舉」是指喜好吟誦，爭論是非，話說個不停，卻言不及義；「心掉舉」是指心浮氣燥，胡思亂想，內心散亂，無法安定下來。因此要修止，令內心止息下來。另一方面，「懊悔」是指放逸過後，心生懊悔，若不懂得捨離，會障礙禪定。另外，由於造作惡業，犯下罪行或破戒，常懷怖畏，所謂「悔箭入心，堅不可拔」。在放逸、造惡之後，生慚愧心，不斷地懊惱所思、所說、所行，會干擾繼續用功的心，一樣會障礙修行。因此要懂得放下、捨離；把慚愧心轉變成向上提昇的力量，不再懊悔，專注修行。

五、疑蓋：疑就是懷疑，於諸法中不得信心。不相信佛法，對「佛、法、僧、戒」沒有信心。對善知識，甚至是對自己的善根起疑慮。若沒有信心，一切修行都將無法成就，這是屬於疑蓋。包括懷疑自己，對自己沒有信心。若否定自己，利根也會變鈍根，本來可能會成功，最後也會歸於失敗。因此切勿自輕，因爲宿世的善根我們根本就無從得知。其次是懷疑師父，對師父沒有信心，自然無法向師父學習。因此要懂得「敬師」，要尊敬、禮拜、供養傳法給你的師父。最後是懷疑法，對佛法沒有信心，輕慢佛法，自然無法相應。如果有信心，加上精進用功，就算簡單的法一樣受用。因此要「重法」，要珍惜這千載難逢、千金難買、得來不易的佛法。最後要「實修」，在日常生活中加以實踐落實。

這就是「五蓋」，五種障礙我們禪定，障礙我們修行，障礙我們生出善法的惡法。當這「五蓋」惡法生起的時候，就會令我們難以繼續修行下去。不管是貪戀「順境」的欲貪蓋，還是瞋恨「逆境」的瞋恚蓋，都會造成我們心理上的疙瘩與障礙，患得患失。昏沉睡眠、迷迷糊糊的睡眠蓋，根本就讓我們無法修行。掉舉、散亂、懊悔的掉悔蓋令我們的內心無法安定，心神不寧。懷疑一切，對「佛、法、僧、戒」沒有信心，對自己、對師父沒有信心的疑蓋，修行如何成就？因此，在禪定的時候，我們可修習依於五蓋之法念處。若五蓋生起，則如實知有無五蓋生起；即使生起五蓋，則令消滅不復生。立念於法，如實知五蓋諸惡不善法，並如實知是屬於五蓋的那一蓋，然後依法對治。法法如實知，法法趨向涅槃，法法渡向彼岸。如是觀法如法，立念在法，法法分明，無所間斷，是謂知見明達，觀法如法念處。

依於七覺支之法念處

七覺支又稱爲七菩提分，或七覺分，或七道品。簡言之，即七種令人證取菩提之法。「菩提」是諸佛世尊自覺、自證的道果。欲證菩提必須遵循諸佛世尊之軌跡，學習正法正律，方能成辦。證取菩提方能獲得菩提樂。菩提樂即遍知過去、現在、未來一切行止起滅，智慧無礙，解脫一切煩惱，離苦得樂。七覺支即是可以令我們證取菩提，得菩提樂的正法正律，包括念覺支、擇法覺支、精進覺支、喜覺支、息覺支、定覺支及捨覺支。依七覺支可令我們消除五蓋，有明有目，增長智慧，轉趨涅槃（雜阿含經 卷二十六 七一八經／七〇六經）。以下我們分別加以說明：

一、念覺支：念覺支就是指四念處，是七覺支之首。簡言之，即藉著如實知的一念，住心一處，以一念繫萬念，一念具足身、受、心、法四念處，念念轉趨涅槃。若住於「身念處」，則一其心念，不顧聲色，如實知其身之行止；行住坐臥，眠寤語默，清清楚楚，身身分明，無所間斷。若住於「受念處」，則一其心念，如實知其身心之感受，苦樂分明，身受心不受，於樂不貪染，於苦不傾動，受受分明，無所間斷。若住於「心念處」，則一其心念，如實知其心有無貪、瞋、癡念頭的生起，善惡淨染分明，有無解脫清清楚楚，心心分明，無所間斷。若住於「法念處」，則一其心念，如實知六入處緣六塵境有無生出結使，如實知所生諸法是何種五蓋，如實知依七覺支滅五蓋趨向涅槃，法法分明，無所間斷（雜阿含經 卷二十七 七二五經／七一三經）。

另外，從「內身、外身」的角度來看，念覺支又可以區分爲兩種，包括內法心念住與外法心念住。雜阿含經（卷二十七 七二五經／七一三經）云：有內法心念住，有外法心念住。彼內法念住即是念覺分，是智是等覺，能轉趣涅槃。彼外法念住即是念覺分，是智是等覺，能轉趣涅槃。意思是說，屬於身心之內的，如六根，就是「內法」；屬於身心外境的，如六塵，就是「外法」。念覺支就是藉助內法或外法，一其心念攝持一切心法，專注在內法或外法，而轉趨涅槃。因此念覺支又分爲內法心念住與外法心念住。若藉助內法，一其心念，叫做「內法心念住」；若藉助外法，一其心念，叫做「外法心念住」；內外法兼用，叫做「內外法心念住」。不管是緣身心的內法心念住，或是緣外境的外法心念住，都會令我們建立正見，增長智慧，自覺自證，趨向涅槃。

二、擇法覺支：擇法覺支包括不善法擇與善法擇。首先，當然是要明辨是非善惡的標準，如實了知解脫的眞諦。「不善法擇」是指對於三不善根、五蓋、十惡業等諸惡不善法，善能分辨揀擇。如實知其生滅，然後依遠離、依無欲、依滅、向於捨。「善法擇」是指對於諸善法，如四聖諦、八正道、五戒、十善、十二緣起、四大無常、六入處無常、五蘊無常、諸行無常、諸受是苦、諸法無我、無我所有、五蘊非我、五蘊皆空、十二界空、十八界空、萬法皆空等，揀擇一法，住心一處，專精思惟，遍知其義，念念轉趨涅槃，法法渡向彼岸。無論不善法擇或善法擇，皆須精進用功，證知一切法無常、苦、空、非我、非我所有，進而產生發自內心的厭（厭離世間）、離欲（離欲清淨）、滅盡（熄滅貪、瞋、癡）、解脫（解脫自在），達到究竟苦邊，寂靜涅槃，極樂清淨的彼岸（雜阿含經 卷二十七 七二五經／七一三經）。

三、精進覺支：精進覺支就是指「四正斷」。包括「斷不善法精進」及「長養善法精進」。前者就是指四正斷的前兩種斷，即斷斷及律儀斷；後者就是指四正斷的後兩種斷，即隨護斷及修斷。由精進覺支得知修習佛法，精進用功之順序。首先當遮斷一切惡法：實踐斷斷，即在於善護心念，善護身行，已生惡法令斷。實踐律儀斷，即在於守護六根，持戒清淨，止惡防非，未生惡法令不生。然後，當長養一切善法：實踐隨護斷，住於定相，以善治惡；淨化心靈，以心治心，未生善法令生。已生起善法之後，當增益修習，依四念處，實踐修斷，已生善法令增長。依止修觀，依觀修慧，念念轉趨涅槃，乃至心慧解脫，永斷生死（雜阿含經 卷二十七 七二五經／七一三經）。

四、喜覺支：喜覺支就是修行人在修行學佛的過程當中，能夠心生歡喜，禪悅爲食，法喜充滿。由於充滿歡喜，才願意不斷地精進，用功向前，修行才能夠長長久久。若是煩憂愁苦，如何能夠勤勞不懈，甚至因而想要終止學佛，放棄過去以來所做的努力，豈不可惜。「喜覺支」就是令修行人，依其因緣、狀況選擇一個令他歡喜之處，能夠轉愁憂爲歡喜，方能於修行過程中，精進用功，長懷法喜，永不退轉。佛陀教導我們許多種「歡喜入處」，大家可以根據自己的喜好或因緣，選擇一種令自己充滿法喜的入處，歡歡喜喜、穩穩當當地走在修行路上。例如「十種一切入處」：觀青色青光、觀黃色黃光、觀赤色赤光、觀白色白光，觀地平整，觀水清澈，觀火溫暖，觀風清涼，觀空見空，觀識捨空，可令我們觀想清晰，光明遍布，調適身心，長懷法喜。如「六念」：念佛、念法、念僧、念戒、念施、念天，可令我們除去憂愁恐怖，獲得平安。修行學佛者可依各種喜處，未生歡喜令生，已生歡喜令增長，然後配合念覺支或四念處，念念趨向涅槃，法法渡向彼岸（雜阿含經 卷二十七 七二五經／七一三經）。

五、息覺支：息覺支又稱爲猗覺支或猗息覺支。猗代表柔順，也就是「息」的意思。猗息就是使趨向諸欲惡不善法的身心柔順止息下來。因此，又包括身猗息和心猗息。所謂「身猗息」就是令生理上的不協調，止息下來。如病痛、饑渴、冷暖、疲倦、性欲等感受，令其舒緩調解，柔順止息下來，使我們能夠繼續行走在趨向涅槃的道路上。所謂「心猗息」就是令心理上的不協調，止息下來。如貪心、淫心、瞋心、害心、傲慢心、嫉妒心、放逸心、吝嗇心、盜心、殺心、欺詐心、懶散心、邪知邪見等惡質心態，令其舒緩調解，柔順止息下來。要長養善法，懂得以善法對治上述惡法，例如無常觀、不淨觀、四無量心觀、精進心觀、施心觀、誠心觀、正知正見等，使我們的身心柔軟止息下來，方便修行。以「四無量心觀」爲例：慈心觀，觀想眾生得到安樂，令「瞋心」止息；悲心觀，觀想眾生遠離苦惱，令「害心」止息；喜心觀，觀想眾生離苦得樂而心生歡喜，令「嫉心」止息；以及捨心觀，平等看待一切眾生，不論親疏遠近，一律平等，一視同仁，令「慢心」止息。此法亦須配合念覺支或四念處，念念趨向涅槃，法法渡向彼岸（雜阿含經 卷二十七 七二五經／七一三經）。

六、定覺支：定覺支就是指四禪，包括初禪、二禪、三禪、四禪，四種定相。定相是指禪定的層次：初禪言語止息，離生喜樂；二禪覺觀止息，定生喜樂；三禪喜貪止息，離喜生樂；四禪憂喜止息，離苦息樂。此四禪定屬於「有色定」，遠離欲界的諸欲惡不善法，因爲禪定的深淺而生出不同苦樂程度的身心覺受。基本上，四禪屬於色界的定相，已斷除欲界的欲貪。色界之上即是無色界，因此在四禪之上，另有所謂的「四無量處具足定相」，或叫做「四無色定」，屬於無色界的定相，包括：（一）空入處具足住；（二）識入處具足住；（三）無所有入處具足住；（四）非想非非想入處具足住。參考達照法師〈永嘉禪講座〉對四無色定的精僻看法，說明如下：

（一）空入處具足住：空入處具足住就是所謂的「空無邊處定」。由於在色界仍有色身存在，心爲色縛，不得自在，因此厭有色身，思無邊空。心緣虛空，虛空無礙，完全脫離色法的束縛，把心量放到最大，與虛空完全相應。由於捨色緣空，一念心空，在深定中只見虛空無邊，如鳥出籠，無礙自在。當「心」完全離開物質有相的色法時，就可以與無色相可依的虛空相應。當「心」與「虛空」相應時，就會消滅一切色法，從心中破除各種色法的作用。世間的欲望、毀譽等一切物質色法，都干擾不了我們。一切色法從此與我們無關。從色法的牢籠裡完全解放出來，進入空無邊處定。在四禪時，苦樂已經捨棄了，到了空無邊處定時，證虛空定，心中明淨，內心清清楚楚，毫無色法染污，無礙自在，是爲空無邊處定。

（二）識入處具足住：識入處具足住就是所謂的「識無邊處定」。由於虛空無邊無際，識心分散太廣，感覺疲勞，因此厭外空，思內識。捨棄向外緣取的虛空，進而向內緣取心識，思無邊識。虛空虛而不實，應捨空定；一心緣識，漸漸與心識相應，心定不動。由於捨空緣識，專注在心識上，感受到這個「能識」的心，因此直接觀看此心的狀態。在深定中所有境界都消失不見，色法消失不見，虛空也消失不見。唯見現在心識，念念相續，卻了了分明，識處廣大，無量無邊。而於定中，記憶起過去已滅之識，無量無邊，以及未來應起之識，也無量無邊。只見過去、現在、未來諸識顯現，無始無終，無量無邊，悉現定中與識法相應。之前緣空處入定，名爲「外定」；而今緣識處入定，名爲「內定」。此定安穩，清淨寂靜，心識明利，無法形容，是爲識無邊處定。

（三）無所有入處具足住：無所有入處具足住就是所謂的「無所有處定」。由於心所緣的過去、現在、未來諸識無量無邊，慢慢體會到三世諸心是緣起、和合、假有，並無眞實，因此厭無邊識，思無所有。可以想像成既沒有空間（有想）的存在，也沒有時間的存在（無想），一切化爲「無」。無所有者，即非空非識。由於空無邊處定是心緣虛空，虛空乃所見之物，屬「外境」；識無邊處定是捨空緣識，識是能識之心，屬「內境」。把「所識之物」的外境與「能識之心」的內境都捨棄之後，在深定中，內心空無所依，諸想不起，不見一切內外境界，安穩寂靜，空有俱泯。「能識之心」與「所覺之物」俱捨，色、空、識三者，一無所有，是爲無所有定。由於不起分別，所以又稱爲無想定。

（四）非想非非想入處具足住：非想非非想入處具足住就是所謂的「非想非非想處定」。意即前述的識無邊處是指「有想」，無所有處是指「無想」。非想非非想處定，捨前之有想，故名「非想」。捨前之無想，故名「非非想」。或者說，無粗想故曰非想，但並非無細想，故曰「非非想」。合起來就是「非想非非想」。因此，觀「非有」與「非無」，捨「有想」與「無想」，於過去、現在、未來求之皆不可得，故知「非有」；若眞的非有，落入無想，誰知其無？故知「非無」。有想與無想是心識的兩個狀態，都沒有離開心識本身的境界。所以要破識無邊處的有想境界以及無所有處的無想境界；既是非想，又是非非想；既不是有想，也不是無想，如此方能捨掉心識。如是觀時，不見有無想定，不見有無相貌，泯然寂絕，心無動搖，怡然清淨，如涅槃相，這種定非常地微妙，是三界中最高深的定，是爲非想非非想處定。

四禪與四無量入處合稱爲「四禪八定」，是修行學佛的重要法門。雜阿含經（卷十七 四七三經／四七四經）云：佛告阿難：初禪正受時，言語止息。第二禪正受時，覺觀止息。第三禪正受時，喜心止息。第四禪正受時，出入息止息。空入處正受時，色想止息。識入處正受時，空入處想止息。無所有入處正受時，識入處想寂滅。非想非非想入處正受時，無所有入處想止息。想受滅正受時，想受止息。是名漸次諸行寂滅。意思是說，從這四禪八定的修證程序可以得知，每一項禪定的成就都是對於前一個禪定境界感到不滿足，因此不斷地深入禪定。由「欲界」的趨善避惡，昇天享福；「色界」的斷欲去愛、離苦息樂；到「無色界」的空無邊、識無邊、無所有、非有非無；逐漸提昇層次，加上精進用功，才能達成。

不過要注意的是：凡夫的「四禪八定」都只是「心」的一種狀態，一種定境、一種功夫而已。在修證過程中，智慧若沒能顯現出來是不可能出離三界的。因此想要修證成果，主要依靠的是「智慧」，而不是「定境」。須知定境、功夫最後終將退去，一旦出定又是凡夫一個，只有智慧才能夠引導我們成就佛果。但智慧又必須藉由禪定方能開顯，因此定覺支可以幫助我們成就正定，引發無漏智慧。所以說，這些禪定的境界都只是一個過程而已，最重要的是如何開顯智慧，熄滅我們內心的貪、瞋、癡。

雜阿含經（卷十七 四七三經／四七四經）云：於貪欲心不樂、解脫，恚、癡心不樂、解脫，是名勝止息、奇特止息、上止息、無上止息，諸餘止息無過上者。意思是說，眞正的止息、最殊勝的止息、最奇特的止息、最上等的止息、至高無上的止息、以及前面提到各種定境成就的止息皆無能超越的止息，就是於貪心、瞋心、癡心不樂、解脫。所以說，不管那一種定，都只是趨向涅槃的工具而已，不能以得甚深禪定爲滿足。禪定與證果不同，不是打坐進入甚深禪定就叫涅槃，而是要以熄滅貪、瞋、癡爲主要目標（雜阿含經 卷二十七 七二五經／七一三經；雜阿含經 卷二十一 五六七經／五六八經）。

因此，「四禪八定」並非佛教所獨有，其他宗教或有些外道也講究四禪八定，而且禪定的功夫也可以非常地深，差別就在於「無漏智慧」的開顯。所以佛教裡有所謂的「滅盡定」，才是佛教不共外道之定。所謂「滅盡定」就是指「有身滅」則入滅盡定。有身滅並非死後有身滅，而是貪、瞋、癡滅盡，而且證知我空、我所空、世間空、萬法皆空等無漏智慧，才能證入滅盡定。也就是說，修滅盡定，證入滅盡定者，一切覺受思想，一時滅盡，使六識不能生起，見聞覺知都沒有了，出入息也沒有了，斷除見惑、思惑等煩惱，進而證阿羅漢果，了脫生死。

七、捨覺支：捨覺支又包括捨善法及捨不善法。「捨不善法」比較容易理解，即是捨棄遠離諸欲惡不善法。因爲諸欲惡不善法令我們身心不清淨，障礙我們趨向解脫道，棄之、捨之可也。「捨善法」就比較難以理解，即是要我們連對治諸欲惡不善法的諸善法也都要加以捨棄。可是善法令我們身心清淨，遠離諸欲惡不善法，趨向涅槃，爲什麼善法也要捨棄呢？佛陀用「如筏喻」來說明，將「不善法」喻爲五欲河流，「善法」喻爲渡河的竹筏。竹筏幫助我們渡過了五欲河流，生死苦海，航向彼岸。既已登上彼岸，則竹筏即可捨棄，而不應該繼續扛在身上不肯捨棄（中阿含經 卷五十六 後大品 阿梨吒經 二〇〇），其實就是叫我們不要執著的意思。若有所執著，就會有罣礙，善法也會變惡法。就像竹筏扛在身上，非但無益，反而變成一種負擔。

因此，捨覺支在於提醒我們，「不善法」固然要捨，但是一旦到達涅槃彼岸，「善法」同樣要捨，才是真正的涅槃解脫。過於執著善法，善法也會變成惡法，而不得解脫。簡言之，捨即是放下，放下即是解脫。捨界即是解脫界，又包括所謂「斷界解脫」：於六入處，依遠離斷諸惡不善法；「無欲界解脫」：斷欲去愛，捨諸欲貪；「滅界解脫」：貪、瞋、癡永斷，一切行滅。善法捨，不善法捨，空亦捨，寂靜涅槃。也就是觀色、受、想、行、識無常，厭，離欲，滅盡，現法涅槃，故說「捨界」即是解脫界（雜阿含經 卷二十七 七二五經／七一三經；雜阿含經 卷二十七 七二七經／七一五經）。

七覺支修行程序

七覺支就像七寶一樣，是非常珍貴的修行法門。基本上，學佛者當從念覺支修起，然後依次學習擇法覺支、精進覺支、喜覺支、息覺支、定覺支，最後才是捨覺支。雜阿含經（卷二十七 七二三經／七一一經）云：當於爾時習念覺支，修念覺支已，念覺支滿足。念覺支滿足已，則於選擇分別思惟。爾時擇法覺支修習，修擇法覺支已，擇法覺支滿足。彼選擇分別思量法已，則精進方便，精進覺支於此修習。修精進覺支已，精進覺支滿足。彼精進方便已，則歡喜生，離諸食想，修喜覺支。修喜覺支已，則喜覺支滿足。喜覺支滿足已，身心猗息，則修猗覺支，修猗覺支已，猗覺支滿足。身猗息已，則愛樂。愛樂已，心定，則修定覺支。修定覺支已，定覺支滿足。定覺支滿足已，貪憂滅，則捨心生，修捨覺支。修捨覺支已，捨覺支滿足。

意思是說，念覺支就是四念處，是修七覺支的基礎。在四念處：身、受、心、法，以及內法、外法、內外法的技巧純熟之後，就可以因應各種變化。然後是擇法覺支，善能分別善法、不善法。對於什麼是諸惡不善法，什麼清淨善法，如實了知。然後加以揀選抉擇，決定好了，就應該精進用功，修精進覺支，善用四正斷，努力斷除惡法，長養善法。然後在止惡行善的基礎下，心生歡喜，遠離「四食、五欲、六塵」等各種欲貪的誘惑，修喜覺支，善能調適下劣心，長懷法喜。然後在歡喜心的支持下，修猗息覺支，善能止息高調心，令身心得以柔軟止息，進而生出歡喜快樂的感覺。然後把那一顆忐忑不安的心安定下來之後，修定覺支，善能繫心一處，慢慢地讓心住於定相，滅除貪憂，而生出捨心。然後放下一切得失，在平等看待一切的心境上，修捨覺支，不善法捨，善法亦捨，無所貪染，無所執取，趨入涅槃，證入菩提。

雜阿含經（卷二十七 七四一／七二九經）云：當修七覺分。何等爲修七覺分？謂念覺分，擇法覺分，乃至捨覺分。若比丘修念覺分，依遠離、依無欲、依滅、向於捨，如是修擇法、精進、喜、猗、定、捨覺分，依遠離、依無欲、依滅、向於捨。意思是說，當我們在修習七覺支的時後，可以從念覺支開始，依次往下各覺支修習。在修習各覺支的時候，都要依遠離、依無欲、依滅、向於捨。依遠離就是遠離諸惡不善法；依無欲就是離欲清淨；依滅就是滅盡貪、瞋、癡，永盡喜貪，心解脫；向於捨就是放下妄執，永斷無明，慧解脫。

此外，七覺支也像是修行過程中對症治療的良藥。基本原則就是：「冷症」要用「熱藥」；「熱症」要用「冷藥」。根據雜阿含經（卷二十七 七二六經／七一四經）：「冷症」是指心情惡劣，心情低迷，心頭灰暗的時候；「熱症」是指心念掉舉，心頭胡思亂想，心情亢奮的時候。「冷藥」是指息覺支、定覺支與捨覺支，有冷卻作用。「熱藥」是指擇法覺支、精進覺支與喜覺支，有促進作用。遇到熱症時，宜修習息覺支、定覺支或捨覺支。若修習擇法覺支或精進覺支或喜覺支，則有如火上加油，增其熾盛。遇到冷症時，可修習喜覺支。特別是修習「六念善處」，或者修習「十種一切入處」，令心生歡喜。並可與擇法覺支、精進覺支合併應用。但不宜修習息覺支、定覺支或捨覺支。否則，雪上加霜，更令心情低劣。不過，不論修習何種覺支，皆是要我們的情緒穩定下來，依止修定，依定修觀，依觀修慧，依慧生明，令我們安穩地走在修行道路上，念念趨向涅槃，法法渡向彼岸（雜阿含經　卷二十七　七二六經／七一四經）。因為佛陀清楚地告訴我們，修「七覺支」能斷「五蓋」（雜阿含經　卷二十六　七二一經／七〇九經）；能增長智慧，轉趨「涅槃」（雜阿含經　卷二十六　七一八經／七〇六經）；能得「心解脫、慧解脫」（雜阿含經　卷二十六　七二三經／七一〇經）；能證「四果」（雜阿含經　卷二十六　七五一經／七三九經）。

以上就是所謂的「法念處」與「七覺支」。尊貴的蓮生聖尊《清風小語》提到：「這法念處就是無上法，無等等法。觀察一切法，由因緣而生，又由因緣而滅。向外觀照，不管國家，還是個人，或是房子，全依因緣而生滅；向內觀照，不管善念，還是惡念，也都是依因緣而生滅，原來都是幻。在觀照法念處時，察覺它每一刻的存在，或它的消失；或未生起將生起，或已生起將增長，明覺其原因。」

綜上所述，可以清楚地了解到，四念處是佛陀慈悲開示我們唯一邁向解脫的方法。世間的一切，沒有一樣東西不在無常變化，都無法拿來當作依靠。唯有四念處可以令修行人感到欣慰，因為四念處是我們可以依靠的解脫之法（中阿含經　卷二十四　因品　念處經　九八；雜阿含經　卷二十四　六五〇經／六三六經）。四念處包括身念處、受念處、心念處與法念處。就是要我們隨時隨地，專心一意，覺察自己的身體、感受、心念、想法等等的變化情形。如實知一切行止，身身相續，身身分明，無所間斷。如實知一切苦樂感受，而且要身受心不受，受受分明，無所間斷。如實知一切起心動念，善惡染淨，心心分明，無所間斷。如實知內法、外法、內外法，善護根門，熄滅五蓋，修七覺支，法法分明，無所間斷。不管依於何種念處，皆是一念具足四念處。以一念繫萬念、正智正念、調伏世間貪憂。正見萬法緣生、萬法緣滅、生滅變易、諸行無常、諸受是苦、諸法無我、五蘊非我、無我我所、我空、我所空、五蘊皆空、世間本空、諸法皆空。

如是正見已，則厭、離欲、滅盡、解脫。如是解脫已，究竟苦邊，寂靜涅槃。尊貴的蓮生聖尊《清風小語》認為：「如實觀察五蘊，明瞭四念處，就可以擁有智慧。一切貪欲、邪見、煩惱、愚癡，全是依靠智慧來遮止的。」

佛陀在中阿含經（卷二十四）因品念處經（九八）中講得很清楚，若於四念處立志修行，七年下來，必得二果斯陀含。甚至有可能於現法得究竟智，亦即現前現觀莊嚴，自知自證阿羅漢果，或者得阿那含果。甚至不須七年、六年、五年、四年、三年、二年，乃至於一年，都有可能有所成就如上述。甚至於不用一年，只要七月、六月、五月、四月、三月、二月、一月，同樣可以有所成就。甚至於不用一個月，只要七日七夜，立心正住四念處，亦可成就如上述。甚至於不用七日，六日、五日、四日、三日、二日、一日，經中說，朝行如是，暮必得昇進，暮行如是，朝必得昇進，四念處如此有效，實在值得學佛者善加應用。

第六節 出世間正念

總而言之，實踐正念即是專心一意，不顧聲色，以一念繫萬念，攝持一切受、心、法，住身念處，修七覺支，念念趨向涅槃，法法渡向彼岸。不過，並非只是如實知這一念而已。若是如此，則只是趨向善的道路前進，屬於「善趣正念」或「世間正念」而已。然而，如何才能真正做到「無漏正念」或「出世間正念」呢？雜阿含經（卷二十八 七九七經／七八五經）云：謂聖弟子苦苦思惟，集、滅、道道思惟，無漏思惟相應，若念、隨念、重念、憶念，不妄、不虛，是名正念是聖、出世間，無漏、不取、正盡苦，轉向苦邊。也就是說，聖弟子們應該如實地了解「苦集滅道」的眞實內涵，依照「苦集滅道」的思惟方式，用無漏思惟來觀察我們的每一個念頭。亦即苦諦當知：找出問題的所在；集諦當斷：找出根本的原因；滅諦當證：修證苦滅的境界；道諦當修：實施滅苦的方法。不論什麼時候興起的念頭，或是不斷重覆的念頭，或是觀想憶念，都將眞實而不虛妄，所有念頭都實實在在。並隨時抱持四聖諦的正見，藉著四念處：身念處、受念處、心念處、法念處，依遠離：遠離諸惡不善法；依無欲：離欲清淨；依滅：熄滅貪瞋癡，永斷喜貪，心解脫；向於捨：放下妄執，永斷無明，慧解脫（雜阿含經 卷二十八 七七六經／七六四經）。依身念處，善護心念，善護其身，有惡即斷，斷一切身惡行；依受念處，守護六根，以戒爲師，身受心不受；依心念處，淨化內心，熄滅貪、瞋、癡；依法念處，修七覺支，增長菩提智。念念趨向涅槃，法法渡向彼岸。這就叫做聖者、出世間、無漏、無所執取、眞正滅盡痛苦、超離苦邊的「出世間正念」。尊貴的蓮生聖尊《蓮花池畔的信步》認爲：「正念」就是守住我們的心不動。「不動」就是不爲外境所動，達到寂滅、無爲、清淨。「寂滅」就是安住定相；「無爲」就是以無爲的心做有爲的事；「清淨」就是沒有染污，念念分明。

第十一章 正定

稽首天中天
毫光照大千
八風吹不動
端坐紫金蓮

第一節　前言

何謂正定？

正定就是正確的禪定。修習八正道就是為了修習正定，修習正定則是為了引發無漏智慧，引發無漏智慧則生明；生明則永斷喜貪，心解脫；生明則永斷無明，慧解脫。心慧解脫則自知、自覺、自證，成為解脫的聖者。想要得到正定，則必須先具足正見，以正見為前導，正見引發正志，正志引發正語，正語引發正業，正業引發正命，正命引發正方便，正方便引發正念，正念引發正定。前面七支正道圓滿具足，正定方能圓滿具足。但並非七支正道都要修完，才可以修正定，而是八支正道同步修行，同步成長。前七支正道有多少功力，正定就有多少成績。同樣地，正定有多少功力，前七支正道就有多少成績。

雜阿含經（卷二十八　七九六經／七八四經）云：何等為正定？謂住心不亂，堅固攝持，寂止、三昧、一心。也就是說，要將我們的心安住一處，不擾不亂；內心不為外境所動，不為苦樂所牽，不為情感所惑，不為財物所迷，不為威勢所嚇；看得開，放得下，不貪染，不執著，一切都無所求，一切都無所謂；內心堅固不移，進而攝持一切心法住四念處，身身分明，受受分明，心心分明，法法分明。內心非常的平靜寂然，卻又如實知見。依循四禪，言語止息，覺觀止息，喜貪止息，苦樂止息，住於三昧定相，定於一心；依止修定，依定修觀，依觀修慧，依慧生明；明則厭，厭則離欲，離欲則滅盡，滅盡則解脫。

為什麼要正定？

爲什麼要正定呢？因爲若沒有正定則內心雜亂，妄念叢生，煩惱充滿。無漏智慧在妄想紛飛，思緒混雜之中，是無法引發的。因此，想要引發無漏智慧，則必須修正定。透過正定，在證四禪之前，或第四禪中，才能引發無漏智慧，而圓滿證得解脫。中阿含經（卷四十九）雙品聖道經（一八九）云：云何正定？比丘者，離欲離惡不善之法，至得第四禪成就遊，是謂正定。聖賢弟子如是心正定，頓盡淫、怒、癡。聖賢弟子如是正心解脫，頓知生已盡，梵行已立，所作已辦，不更受後有知如眞。意思是說，正定就是四禪，成就四禪就是成就正定。成就正定可以引發無漏智慧，而使得我們的內心得到眞正的解脫，平息貪、瞋、癡等結使煩惱。「結」能繫縛身心，不得自在，故謂之「結」；「使」能隨逐眾生，驅使眾生，故謂之「使」。「結使」爲煩惱異名，平息之後，從此不再有任何的痛苦與半點的遺憾。離欲清淨，解脫自在，永遠不再受生死的束縛，所以要修正定。

因此，我們可以了解，八正道其實就是在教我們如何降伏我們的內心，淨化我們的心靈。先以正見爲前導，引導我們建立正確的人生觀，認識宇宙人生的眞相，確立人生奮鬥的目標。然後，以正志、正語、正業來規範我們「身、口、意」的行爲，再以正命規範我們的謀生方式以及生活態度。只要能確實做到以上幾點，至少可以令我們身心清淨，止惡行善，修得人天福報。然後，再本著精勤不放逸，恆行不退轉，正方便的精神，遮斷惡法，長養善法，並進一步以善治惡，趨向解脫。然後以正念爲方法，以一念攝持萬念，攝持一切受、心、法住身念處，念念轉趨涅槃。而在通向涅槃解脫的過程當中，最重要的臨門一腳，就是要靠正定的功夫了。惟有在正定之中，才能引發無漏智慧，引發無漏智慧才有解脫證果的可能性。既知正定的重要性，所以我們就要了解正定的過程，以及修習正定的方法。另外，「靜坐」或「禪思」也是修習正定不可或缺的工具之一。因此，以下我們就「靜坐的要領」、「禪思的方法」、「正定的過程」、以及「修習正定的方法」，分別加以闡述說明：

第二節 靜坐的要領：調身、調息、調心

在四阿含經中，我們經常可以看到佛陀鼓勵弟子們，在乞食完畢、吃完飯，放好缽、洗好腳之後，或入林中、閑房、樹下、或空露地，敷草爲座，結跏趺坐，正身正意，端坐正念，繫意鼻頭，繫念在前，無有他想，思惟妙法。也就是說，選擇一個清淨之處，或在森林之中，或在靜室之內，或在樹下，或在一片空地上，最好是在空氣流通、環境清幽、祥和寧靜的地方，鋪上一些柔軟的草當作座墊，然後盤腿靜坐。把身體的坐姿、呼吸的快慢以及心裡的意念調整好，端身正坐，正其心念。將注意力放在鼻頭上，專注於面前，沒有其他的雜念與妄想，專精思惟、深入觀察出世間的無漏甚深妙法。靜坐的基本要領不外乎包括調身、調息與調心三個部分，分述如下：

調身：七支坐法

首先，我們來談調身。「調身」與姿勢有關。就是靜坐前把身體的姿勢調整好，有助於攝心、專注。

通常靜坐的姿勢多採取所謂的「七支坐法」，參考《聖嚴法師教禪坐》，簡述如下：（一）結跏趺坐：跏趺就是靜坐盤腿，可以雙盤也可以單盤。若是雙盤，通常是左腳在下，右腳置放於左大腿上，再將左腳置放於右大腿上。或者反過來右腳在下，左腳置放於右大腿上，再將右腳置放於左大腿上亦可。若無法做到雙盤，單盤也可以。只要將一隻腳置放於另一隻腳的大腿上即可，成半跏坐。若單盤、雙盤都不行，也可以雙腳交叉，坐好即可，不必盤腿。以穩重、放鬆、舒服為原則。（二）背脊豎直：盤腿坐好之後，正身端坐，把腰桿打直，挺胸不用力，頭正、頸直、收下巴。若能這樣，我們的頭自然就不會左偏或右偏，也不會前伏或後仰，通常頭正頸就正。而且，最好全身放鬆，才有辦法久坐。（三）手結定印：雙手自然下垂，雙掌重疊置放於盤腿盤好或交叉的小腿上。如果右腳在左腿上，左手掌就置放於右手掌上；如果左腳在右腿上，右手掌就置放於左手掌上；雙手拇指微微相觸，手結「法界定印」。（四）肩膀放鬆：左右兩肩完全放鬆，稍微平開，不可過分沉肩。（五）舌抵上顎：這是佛陀經常提醒的動作，將舌尖上頂於上顎齒齦處，致使口中沒有空隙，若有口水產生，自然吞下即可。（六）用鼻呼吸：把嘴巴閉起來，從頭到尾用鼻子呼吸，專注在鼻息上，並調整呼吸，把鼻息調穩、調勻。（七）眼睛微張：眼睛全開，容易受外界影響，心易散亂；眼睛全閉，容易昏沉，甚至睡著；不過眼睛全閉時也有可能雜念紛飛，心情亢奮不已。因此，建議眼睛微張，然後眼觀鼻，鼻觀心，繫意鼻頭，摒除雜念，順其自然，專心一意，無有他想。不過，初學者以閉眼為宜。

盤腿坐好之後，接下來要學習把身體放鬆，可以從頭部開始，告訴自己，頭部放輕鬆，臉部放輕鬆，頸部放輕鬆，肩膀放輕鬆，胸部放輕鬆，背部放輕鬆，腰部放輕鬆，腹部放輕鬆，五臟六腑放輕鬆，臀部放輕鬆，手腳放輕鬆，神經放輕鬆，血管放輕鬆，全身上下的細胞都放輕鬆，心情放輕鬆。所以說，「調身」就是把身體的坐姿調整好。採用「七支坐法」除了身相莊嚴之外，頭正頸正，脊直肩平，形成一個十字形，可以使神經、血液、內分泌系統放鬆，而且呼吸順暢，口水自然成津，吞咽容易，換氣自然，氣貫全身，方便靜坐的持續進行。

調息：數息與隨息

其次，我們來談調息。調息與呼吸的出入息有關。就是藉著呼吸，將散漫的心收攝回來，由外而內，由粗而細，由動而靜。因為靜坐時，息不調則心不定，故應將呼吸自然調緩、調柔、調勻。心粗則息粗而短，心細則息細而長。因此，把坐姿調整好之後，接下來就是放鬆心情，先做個深呼吸，然後開始注意自己的呼吸。讓念頭緊跟著呼吸的出入息，如影隨形，不相捨離。呼吸的出入息到那裡，念頭就跟到那裡。而且儘量保持自然呼吸，毫不勉強，不特意把氣拉長，也不特意憋氣。為了不讓念頭散亂或昏沉，可以透過數息或隨息的方式，看住念頭。

所謂「數息」，就是隨著呼吸，從一數到十，再重新回到一數起。當念頭不小心跑掉了，以至於數超過了，沒關係，把念頭找回來專注在呼吸上，再重頭回到一重數即可。可以數出息，或者數入息；可以順著數，也可以倒著數。當心浮氣燥，妄想紛飛時，當可應用「數息」，調伏身心。數息日久，逐漸純熟，心息自在，心相漸細，因此覺得數息過粗，當可進一步修隨息。所謂「隨息」，就是心隨於息，息隨於心，如實知每一次呼吸的出入息，息長息短，息冷息暖，息粗息細，清清楚楚，了了分明。當念頭跑掉了，再把念頭找回來專注於鼻息上即可。若是昏沉散漫時，當可應用「隨息」，明照息之出入，對治放蕩昏沉。

當把注意力集中在呼吸氣息的出入上，不管是用數息或隨息的方式，無形中會使得我們的內心自然而然地平靜下來。等到靜坐的經驗越來越豐富之後，呼吸的氣息也會逐漸地變慢，由粗而細，由短而長，日久功深，內心就慢慢穩定下來了。由此可知，調身、調息的同時，其實也是在調心。

調心：收心、攝心、安心

最後，來談調心。調心與心念的止息有關，我們的心念有如猿猴一般，在林間嬉戲玩耍，跳躍不止，不斷地向外攀緣，很難安靜下來，更難以固定在一個地方。因爲我們的心在靜坐的時後，很容易出現散亂、掉舉與昏沉的現象。所謂「散亂」就是內心無法平和，無法將心安住在專一之處，胡思亂想。所謂「掉舉」就是內心嚮往某一塵境，貪戀不已，無法安住。所謂「昏沉」就是身心疲累，無法集中注意力，想要睡覺。試問，如何調心？

（一）首先要收心：就是把心收回來，讓心靜下來；忘卻過去，捨掉未來；息外緣，離五欲，除五蓋，不讓內心生起七情六欲；使原本煩燥的心念，漸漸地趨向平靜安寧，讓心柔軟下來。（二）其次要攝心：就是全身放鬆，萬緣放下，念頭放空，暫時把俗務拋開，把塵緣放下，摒除一切雜念與妄想，選擇一個對象，做爲集中心念的依歸，專心一意。（三）然後是安心：就是將心安住在一個「所緣境」上，例如呼吸的出入息上，以便進行觀察思惟。將呼吸以外的念頭，都視同雜念，沒有接納，也沒有抗拒；沒有要，也沒有不要；不管什麼雜念都不要理它，看它生起，看它消失，單純地讓念頭回到入、出息上。但也不是叫你什麼都不要想，更不是叫你胡思亂想，而是如實知，念念分明。

所以說，靜坐的要領歸納起來不外乎就是：（一）鬆：把身調好，利用七支坐法，端身正坐，全身放鬆；（二）息：把息調好，慢慢地由粗而細，由快而慢，由短而長，由急促而平穩，並伴隨數息、隨息，調伏內心；（三）靜：把心調好，把心收回來，把心靜下來。隔絕一切不必要的外緣，遠離欲望與諸惡不善法，心平氣和；（四）守：摒除一切雜念與妄想，專一心志；（五）安：將心安住在一個「所緣境」上，不為外境、妄念所動。

什麼時候靜坐？當頭腦清楚，體力充沛的時候，最適合靜坐。最好是清晨七點以前，起床刷完牙後，或是傍晚五點至七點之間吃飯前，或是晚上九點至十一點之間，洗完澡上床前，都是滿理想的靜坐時間。而且最好養成定時靜坐的好習慣，並且要有恆心毅力，久而久之，必有收穫。在靜坐過程當中，身心自然會有所反應。身體的反應，特別是腳的痲、酸、痛，或是身體的氣動，基本上是正常的。但若超過常人忍受的範圍，還是應該請教有經驗的老師或看醫生。心理的反應，如果產生見神、見鬼，或是妖魔、鬼怪，或是佛、菩薩等幻相、或幻聽、或出現天堂、地獄等景像，大部分屬於幻境，也多是由於自己的心念所招感，萬萬不可執著。只要不去理會即可。越理他，反而越容易糾纏不清，內心反被控制而不能自主。所以內心要保持正念，無所貪染，至關重要。在調身、調息與調心的基礎下，接著我們來談禪思的方法。

第三節 禪思的方法：止觀

把身體坐姿調整好，呼吸調穩調勻，心情打理好之後，接下來就是如何把我們那一顆浮躁不安的心給止息下來，方便進入禪思。雜阿含經（卷八 二〇八經／二〇六經）云：當勤方便禪思，內寂其心。意思是說，我們要努力精進用功，透過各種方便法門讓我們心猿意馬的「心」安靜下來，然後有深度的去禪思、去體悟。而非只是在「禪定」上下功夫，也非只是在「定境」上下功夫，更非只是在「禪相」上下功夫，最重要的是要在「禪思」上下功夫。所以，佛陀要我們禪思，也就是要我們透過止觀，以純淨的心靈進行一種深度的冷靜思惟，如實正觀世間的一切。而禪思的方法就是「止觀」。

何謂止觀呢？首先，「止」是止息妄想，讓心意集中，繫心一處，遮止一切的煩惱結使。所以說，「修止」可以將我們的煩惱降伏住，不讓我們的內心妄動；可以令我們的內心純潔、平靜、清明；可以讓煩惱不再增長，可惜不能根除。因此，修止可得禪定。其次，「觀」是觀破煩惱，通達智慧，徹底斷除我們的煩惱結使。所以說，「修觀」可以激發我們的智慧，然後利用圓滿具足的智慧來滅除煩惱。因此，修觀可得智慧。

若再進一步說明，「止」就是止息一切妄念，令心止息；讓心念止於一境，心能安住。「修止」可以對治散亂，然後「依止修定」。在「修定」的過程中，繫心一處，住於定相；心定之後，「依定修觀」。「觀」就是觀察思惟一切眞理，令不失念。「修觀」可以對治昏沉，然後「依觀修慧」。在「修慧」的過程中，觀照智慧，思惟法義，觀察無常、苦、空、非我，以及四聖諦、十二緣起的道理，依遠離、依無欲、依滅、向於捨，精勤不放逸，恆行不退轉，然後「修慧生明」，明則解脫；從此滅除對身心、世間的貪愛與染著，成爲解脫自在的聖者。

雜阿含經（卷十七 七二七經／四六四經）云：佛告阿難，若比丘空處、樹下、閑房思惟。當以二法專精思惟，所謂止、觀。修習於止，終成於觀。修習觀已，亦成於止。謂聖弟子止、觀俱修，得諸解脫界。云何諸解脫界？若斷界、無欲界、滅界，是名諸解脫界。意思是說，在阿含經中，佛陀告訴我們：有兩種方法可以幫助我們專一心志，深度思惟，修證解脫，得斷界解脫——遠離諸惡不善法；無欲界解脫——離欲清淨；滅界解脫——熄滅貪、瞋、癡，內心寂滅。這兩種方法，一是「止」，一是「觀」。可以先修止再修觀，也可以直接修觀，或止觀雙修。修止可緣觀，修觀以用於止。

不過，一般人一開始的時後，那一顆心都處於動盪不安的狀態。就像猴子一樣，在森林裡的樹上跳來跳去，盪來盪去。因此通常是先修「止」讓我們的內心安靜下來，再去修「觀」，但是最終還是可以成「觀」。也就是說，當有定力之後，心若是專一，力量就會強，對法理的觀察度、敏感度、透視度就會提昇而成就「觀」。當然，有的時候實在是由於定力不足，便直接從修觀下手，專心思惟、體悟法義，觀照智慧。於此同時，我們的心也會因而慢慢地安靜下來，藉觀而止，最後亦可成就「止」。「止」的目的是爲了深觀；「觀」的目的則是爲了生慧。不過由於我們置心一處，最終也會成就「止」，所以叫「止觀雙修」。

也就是說，如果覺得內心散漫，當修止以便繫緣一處，安守一境；如果覺得煩惱叢生，當修觀以破除無明，消滅貪、瞋、癡。不過，止能降伏三毒，卻不能斷其根；觀可以破煩惱，方能永不再生；止是禪定，令心不爲所動；觀是智慧，正觀世間緣起；止能除妄，觀能顯眞；止如密室，觀如油燈；有觀無止，觀如風中殘燭；有止無觀，止似槁木枯定；若入密室，令妄心不起，如遠離狂風，慧燈方能燭照，破無明黑暗。故須止觀俱修，或止觀雙運，定慧均等，定慧雙修，形成止中有觀，觀中有止，進而邁向解脫，成就解脫界。所謂「解脫界」包括斷一切行的「斷界」，離欲清淨的「無欲界」，以及熄滅貪、瞋、癡的「滅界」。所以說，成就「止觀」的終極目標即是成就「解脫界」。這才是靜坐，禪思，止觀，正定的主要目的。

第四節 正定的過程：四禪

正定就是四禪，四禪就是正定。然而，何謂四禪呢？佛經上說：離欲惡不善法，有覺有觀，離生喜樂，初禪成就遊。有覺有觀息，內淨一心，無覺無觀，定生喜樂，第二禪成就遊。離喜貪捨，心住正念正知，安樂住彼聖說捨，第三禪成就遊。離苦息樂，憂喜先已離，不苦不樂捨，淨念一心，第四禪成就遊（中阿含經 卷四十二 根本分別品 分別觀法經 一六四）。從以上的經文可以看出來，從初禪、二禪、三禪到四禪，境界各有不同。初禪到四禪是屬於「色界」，要離開「欲界」才能進入「色界」。因此，要先把欲界的一些習性去除掉才能提昇層次。欲界的心性其實充滿了鬥爭、嫉妒、貪婪；喜歡攀緣外境，追逐五欲，心多貪念、妄想。色界則是「心一境性」的境界，內心專一、無欲、無想，但有形、有相。欲界中的人若要修得色界的境界，就要先把欲望、妄想擺一邊，然後透過思惟修、靜慮而得。

所以要先遠離諸惡不善法、離開欲貪，才能專心修禪。然後再透過覺觀、尋伺把心止息下來，內寂其心，止息欲界的一切雜思、妄念，然後專注在某一個「所緣境」上，念念分明，成就初禪。當心安靜下來之後，覺觀止息，放下尋伺，慢慢地就會產生心喜身樂的境界，成就二禪；進而放下喜心，正念正知，無喜生樂，成就三禪；甚至連樂也要放下，苦樂俱捨，內心清淨無染，成就四禪。詳細說明如下：

初禪：離生喜樂

想要證初禪，首先要做到遠離諸惡不善法，離開諸欲貪。學者當知，欲貪的背後，隱藏著瞋心，潛伏著害意。若能斷欲去貪，則瞋恚不再熾盛，害心不再蠢動。不貪、不瞋、不害，自然而然遠離諸欲惡不善法，遠離殺、盜、淫、妄、酒，遠離昏沉懶散，遠離輕浮躁進，遠離邪知邪見。於如來面前生淨信心，建立正知正見，於佛、法、僧無所懷疑，依正見而生正志，依正志而生正語，乃至於正定，身心清淨，如實知見。

「初禪」的境界是有覺有觀。「覺」是覺知外在境界的感受；「觀」是觀察內在心境的起伏。所以說，「覺」是對外境比較粗糙的覺受；「觀」是對內心比較細微的觀察。或者說「有覺有觀」亦即「有尋有伺」之意。「尋」就是尋找一個可以把我們這一顆散亂的心穩定下來的目標，例如專注在入出息、念佛的佛號等皆可；「伺」就是在找到可以停泊的依靠之後，好好地看住這一顆心，不要再讓它跑來跑去。如果跑掉了就把他尋找回來，如果昏沉了就把他叫醒過來。不須自責，也不須懊悔，心情放輕鬆，身體要柔軟，念念要分明。

久而久之，在覺觀的同時，因爲離欲而於世間無所貪染，免除諸欲惡不善法之侵擾，言語止息，內心生起一片歡喜、快樂之感。喜與樂是不同的感受。或說喜是在希望期待中生起，樂則是在希望實現後產生。或說喜是內心歡喜興奮的程度，樂則是身體快樂的覺受。這是有別於一般世俗凡夫必須藉由追求世間四食、五欲、六塵才能獲得的快樂。進而產生「禪悅爲食」的感覺，令我們樂在其中，變成一種享受，一種調劑，一種充電。通常世俗的快樂背後，在得失心的影響下，隱藏著空虛、不安與痛苦，不如證初禪因遠離諸欲惡諸不善法所獲得之喜樂，這就是初禪的境界。因爲禪定，遠離諸欲惡不善法而生起的快樂。

二禪：定生喜樂

想要證二禪，首先就要站在初禪的基礎之上，在遠離諸欲惡不善法之後，身心得以清淨，不爲四食所牽，不爲五欲所誘，不爲六塵所動。繫心一處，覺觀止息，包括粗或細的思慮、尋伺、妄想都將平息下來。當我們那一顆原本心猿意馬的內心能夠穩定下來，念頭跑掉的機會將慢慢變少，於是就不用再刻意再去找尋了，伺也可以放下了。在自然而然的情況下，做到無覺無觀，無尋無伺，不再有任何的癡心妄想，不再有一絲一縷的雜染念頭。但無覺無觀並非不覺不觀，也非昏沉闇冥。而是內心一片平靜，再也沒有言語上的思緒，卻仍然念念分明。

在「覺觀止息」之下，逐漸喪失對尋伺的興趣，不再有尋伺的干擾，離開了覺、觀，離開了尋、伺，離開了言語、思緒，身心止息。然後由止修定，因爲禪定的加深，身體寧靜與內心平靜，而生起了令人歡喜的快樂感受。然而，二禪定生喜樂，內心喜歡追求禪定，仍然受到喜心的障礙，因爲喜心也是一種貪念。坐禪時，下意識即在追求心喜身樂，而無法正智正念。無法正智正念，則一旦出定，喜樂即消失。這就是二禪的境界，因爲禪定歡喜，而生起快樂。

三禪：離喜生樂

想要證三禪，首先要有初禪與二禪的功力。前已述及，不離欲很難證初禪，且必須隨憶、隨覺、隨觀，才能遠離諸欲惡不善法。善護心念，善護身行，守護六根，以戒爲師，然後心無負累，無覺無觀，無尋無伺，身心清淨，定生喜樂，而證二禪。然而，這種喜樂的境界，尚不究竟。心有所求，有喜方樂；若喜心未得到滿足，則樂不但未生，反而生出怨懟的苦受了。故當連喜心都要捨，不待心喜，身自覺樂。若能捨離喜心，則於樂不貪染，於苦不傾動。這種境界就是聖人所說三禪的境界。當一個人進入三禪後，唯有意識在產生作用。

在「喜心止息」之下，逐漸喪失對喜的興趣。離喜亦能得樂，這就要靠正智正念的功夫。正智正念，不像凡夫只靠回憶、經驗來判斷，或以個人的利害得失來考慮，而是用「正觀的智慧」來觀察世間的一切，遠離惡法，心繫善法，具足威儀，住於定相，念念分明，欣向涅槃。心中不生貪伺、憂慼、諸惡不善法，是謂正知。唯有正智正念，如法如律，正觀喜心是癰、是刺（癰、刺都是令人不喜歡的）、是無常、變易法，放下喜心，超越喜心而生起無以倫比的快樂，這就是三禪的境界。沒有喜心，沒有得失，因爲禪定，無喜也可以生起快樂。

四禪：離苦息樂

想要證四禪，則必須基於初禪言語止息，二禪覺觀止息，三禪喜心止息的基礎之上，從離喜生樂，定生喜樂，無喜生樂，而感受到真正的快樂，此樂最樂。進入三禪後，若繼續禪修下去，就會發現三禪所感受到的快樂也是一種貪念，樂受亦是癰、是刺，是無常、變易法，仍然不是永恆不變的。若想要心無牽掛，連樂受都要加以捨離。也就是說，除了憂喜之心當捨之外，還要離苦息樂。亦即苦受捨，樂受捨，不苦不樂受亦捨。在捨的作用之下，逐漸停止對樂受的追求。無所謂喜，亦無所謂憂；無所謂苦，亦無所謂樂；內心純淨光明，無所貪染，無所執著。

當意念清淨到極點，出入息非常的細微，呼吸近乎停頓，內心如如不動，因此四禪也稱爲「不動定」。進入四禪後，已經沒有妄念，心念非常地清淨。甚至在禪定的過程當中，引發無漏智慧而生明，明則厭離生死流轉，厭則遠離一切欲望，離欲則滅盡一切貪、瞋、癡煩惱，滅盡則成爲解脫的聖者，永遠不再受輪迴之苦。這就是四禪的境界，離苦息樂，憂喜俱捨。因爲禪定而生起清淨心，沒有任何的貪染與執著，寂靜涅槃。

以上是對於「四禪」做一個簡單的說明，實際上仍需要修行人親自去實踐體會方能有所領悟。尊貴的蓮生聖尊《盧勝彥的金句》提到：禪定就是不亂、不動、不壞。「不亂」是鎮定如常，心不散亂；「不動」是心不動，不爲外境所動；「不壞」是入於空定，如虛空不壞；做到不退轉，不起煩惱，心安理得。不過，有一個觀念一定要建立清楚，亦即禪定只是一個過程而已，並不是修行的最終目標。眞正的目標，乃在於透過禪定，引發「無漏智慧」。若誤將禪定視爲究竟目標，而盲目追求禪定過程中的種種境界，甚至執著神通，反而不得自在，那就本末倒置了。

增壹阿含經（卷五）不還品（八二）云：遊禪世俗通，至竟無解脫，不造滅盡跡，復還墮地獄。意思是說，禪定的功夫再怎麼厲害，若沒有智慧，也只能算是世俗的功夫；說到底是無法究竟解脫的，不是滅盡煩惱的道跡，一旦出了定照樣墮入地獄惡趣。增壹阿含經（卷三十八）馬血天子問八政品之一（三八三）云：戒律之法者，世俗常數；三昧成就者，亦是世俗常數；神足飛行者，亦是世俗常數；智慧成就者，此是第一義。由此看來，修習八正道的終極目標，就是要智慧成就。辛辛苦苦地建立正見，然後依正見而引發正志、正語、正業乃至於正定，一路走來，彌足珍貴，切莫在禪定上出了差錯，前功盡棄。佛陀說：若沒有智慧，持戒功夫再怎麼嚴謹，禪定功夫再怎麼深，神通再怎麼厲害，都只能算是「世俗常數」的功夫而已。不但不能解脫，還可能墮落到地獄惡趣。也就是說，佛陀要我們不斷地提醒自己，要以正見爲前導，善加守護自己的心念與六根，行三妙行，守五戒，行十善，以正命存命，以正念爲方法，依四正斷，精勤不放逸，恆行不退轉，住四念處，修七覺支，繫心一處，住於定相。透過「正定」的修習，止觀同步，定慧雙修，修慧生明，證道解脫，貪、瞋、癡永盡，生死永盡，寂靜涅槃，這才是禪定的最終目標。

關於如何修習禪定？依照佛陀的教法，有偏重於「修止」的，如安般觀息出入；有偏重於「修觀」的，如修光明想、修不淨觀等。其中的「安般法」與「不淨觀」是原始佛教時期，佛陀眾多法門當中最重要的兩個甘露法門。而且，修不淨觀很容易於五蘊身心生厭，進而離欲，趨向寂滅涅槃。然而，在佛陀時代，卻發生數十名比丘因爲修「不淨觀」而產生厭棄人生的念頭，造成自殺或請他人殺的事故。雜阿含經（卷二十九 八二二經／八〇九經）云：諸比丘修不淨觀已，極厭患身，或以刀自殺，或服毒藥，或繩自絞、投巖自殺，或令餘比丘殺。之後，佛陀便教大家改修安般法。因此，安般法即成爲日後修行人修習禪定的主要法門。以下即針對「安般法門」做一深入的描述與說明。此外，現在頗爲流行的「念佛法門」，以及佛陀極爲推崇的「慈心法門」，都很值得我們學習，一併從原始佛教的觀點，介紹如下：

第五節 安般法門：以入息、出息為念

安般念的全名爲「安那般那念」。安那是指「入息」；般那是指「出息」。修習安般念就是在禪定中以入息、出息爲念，將心念專注在息的進出。因爲人只要活著，就一定要呼吸，有呼吸就一定有入息與出息。於是藉著綿綿不絕的呼吸，繫念於入息、出息。息進息出，息長息短，息冷息暖，皆如實知。息息分明，念念分明，無所間斷。正念息之出入，以消滅紛飛之妄想，使身心安定。然後依止修定，依定修觀，依觀

修慧，依慧生明。尊貴的蓮生聖尊《清風小語》認為：「釋迦牟尼佛教導弟子們，要念念不離自己的出入息。也就是不離呼吸，最容易把心定下來，這是用自己的呼吸來觀照自己的心。」其實，修習安般法門仍然不離四念處，四念處滿足方得以解脫自在。所以，基本上就是同步修習安那般那念與四念處。

安般法門的預備動作：備足五法

然而，在修習安般法之前，佛陀認為必須有一些預備動作。沒有這些預備動作的配合，很難使身心安定下來。身心不安定，如何念安般？如何修止？如何修定？如何修觀？如何修慧？更談不上生明了？因此，佛陀在雜阿含經（卷二十九 八三一經／八〇一經）提到：有五法，多所饒益修安那般那念。亦即有五種先決條件，必須先滿足，才能有助於增進修安般念的效果。那五種條件呢？包括（一）持戒清淨；（二）少欲、少事、少務；（三）飲食知量；（四）初夜、後夜不著睡眠；（五）離諸憒鬧。分述如下：

一、**持戒清淨**：雜阿含經（卷二十九 八三一經／八〇一經）云：住於淨戒波羅提木叉律儀。威儀行處具足，於微細罪能生怖畏，受持學戒，是名第一多所饒益修習安那般那念。意思是說，首先就是要遠離諸惡不善法。遵守佛陀制定的各種戒律，包括五戒、八關齋戒、十善戒、比丘戒、比丘尼戒等。雖然對象不同，但是要求持戒的精神是一致的。要能做到不虧損，不違犯，有律儀。行住坐臥，眠寤語默有威儀，善護心念，守護六根，行處正當。甚至對微細的罪，都心生怖畏。如此，便能舉止如法、如律，安住正念，不犯戒條，持戒自然清淨。身心清淨是修習禪定的首要條件。「身、口、意」三業若不清淨，就會煩惱叢生，心情就會混亂，修習禪定就會難上加難。對於犯戒的人，可以透過懺悔，於佛菩薩前發露先前的罪過，生大慚愧心與大怖畏心。深信因果，下定決心，永不再犯。態度懇切，懺悔方能成就，戒行也才得以恢復清淨。

二、少欲、少事、少務：雜阿含經（卷二十九 八三一經／八〇一經）云：復次，比丘，少欲、少事、少務，是名二法多所饒益修習安那般那念。意思是說，若想有助於禪定的修習，在「心靈」上：佛陀建議欲望要越少越好，欲望越多煩惱就會越多。所謂「欲望」包括對四食、五欲、六塵的追求，得之轉劇，如火添薪，其焰轉熾；未得則生瞋害之心，心情難以平靜。在「人事」上：佛陀也是建議要越單純越好。人事過於複雜，干擾就會越多。要儘量止息人事上的俗緣俗務，人事間的往還儘量減少。在「事務」上：同樣是建議世間的經營要越少越好。經營過多，不但耗費時間，而且精神亦不容易集中，不利於禪定修習。所以要儘量減少營生上的雜務，不要過於追求有爲事業；若能求得一份溫飽，有一份固定的薪水，不致令生活陷入困頓即可。應該將時間、精力放在修行上。

三、飲食知量：雜阿含經（卷二十九 八三一經／八〇一經）云：復次，比丘，飲食知量，多少得中，不爲飲食起求欲想，精勤思惟，是名三法多所饒益修安那般那念。意思是說，一般世俗之人，爲了滿足口腹之欲，吃遍天南地北，吃遍山珍海味，乃至於珍禽異獸。不僅三餐照吃，還加上下午茶，甚至宵夜，隨時還有點心、零食、飲料侍候。殊不知不僅造無量業，且障礙修行。須知飲食乃是爲了存續慧命，以利修行。不應該爲了飲食，而起欲望貪想。當節制飲食，適時適量。雖然不至於一定要像佛陀時代不非時食或過午不食，但定時定量是有必要的。不過分飽，也不過於飢餓；不求佳餚美食，不厭粗茶淡飯；適時適量，方便修行。弘一法師說：「鹹有鹹的味道。」就是告訴我們只要欲望少一點，不要執著於飲食，一切都是美味。修行需要有體力，也需要這個臭皮囊作爲修行的工具，因此適當的飲食是需要的。利用飲食來滋養我們的色身，太飽、太少都不好。吃太飽容易昏沉，障礙修行；吃太少容易餓，也會障礙修行，所以佛陀說要「飲食知量」。

四、初夜、後夜不著睡眠：雜阿含經（卷二十九 八三一經／八〇一經）云：復次，比丘，初夜、後夜不著睡眠，精勤思惟，是名四法多所饒益修安那般那念。意思是說，眾所周知，睡眠爲「五蓋」之一。睡眠過多，不但不能令我們神清氣爽，反而會越睡越累，終日昏沉，精神不濟。而且，過多的睡眠，也會佔去我們過多的時間，既浪費生命，又障礙修行。當然，也不是叫我們不眠不休，一路衝刺，這樣對身體也不見得好。因此，睡眠也一樣要適時適量。佛陀建議比丘在「中夜」（即晚上十點到凌晨二時）睡眠，「初夜」（晚上六時至十時）及「後夜」（凌晨二時至六時）則不應睡眠，應該靜坐，修習禪定。跟飲食同樣的道理，飲食是我們色身的食糧，睡眠則是我們精神的食糧。睡眠可以幫助我們養精蓄銳，延續用功的力量。有充足的睡眠，才能有抖擻的精神，精進修行。眞的累了，就躺下來休息，不一定要執著所謂的「不倒單」才叫精進。睡眠不足，精神太差，障礙修行；睡飽了，就起來，不要貪睡。貪睡容易養成懶散的習慣，不利修行。因此，睡眠也是要適時適量。

五、離諸憒鬧：雜阿含經（卷二十九 八三一經／八〇一經）云：復次，比丘，空閑林中，離諸憒鬧，是名五法多種饒益修習安那般那念。意思是說，修習禪定、念安般，最好找一個安靜的地方，遠離塵囂，避免吵雜喧鬧的場所。若是環境骯髒，雜亂不堪，空氣污染，噪音吵鬧，不僅影響身心健康，也會有礙心理及生理之調和，身心無法平衡，更遑論靜修禪定了。因此，佛寺、精舍、禪房、或林中、樹下、空地，都是清修的好地方。或是在自宅家中的佛堂、閑房、靜室，只要安靜通風，不影響到家人作息，都是修習禪定的適當場所。所以說，離諸憒鬧就是閒居靜處。「閒居」方得以使內心悠閒；「靜處」方得以不受外界干擾。能夠如此，比較容易方便安靜、專注修行。但也不是叫你閉門謝客，與世隔絕；而是要做妥善的選擇與安排，在不脫離人群社會的情況下，一樣可以鬧中取靜，精進修行。

羅雲比丘證果的故事

具備了這五個先決條件之後，就可以開始修習安般法了。關於如何修習安般法，佛陀在阿含經多處都有提到。其中，增壹阿含經（卷八）安般品（一七），敘述羅雲比丘依照佛陀所教，修習安般之法，最終自證阿羅漢果。簡述如下：佛陀告訴羅雲比丘：你應當修行安般念。修行此法，所有愁憂之想，皆當除盡。什麼叫做修行安般念呢？如果有比丘喜歡在閑靜無人之處，正身正意，結跏趺坐，摒除雜念，把念頭專注在鼻頭之上。出息長的時候如實知出息長，入息長的時候亦如實知入息長；出息短的時候如實知出息短，入息短的時候亦如實知入息短；出息冷的時候如實知出息冷，入息冷的時候亦如實知入息冷；出息暖的時候如實知出息暖，入息暖的時候亦如實知入息暖。完整地觀察身體的入息、出息，一切都如實知之。有時有息便如實知有息，有時無息便如實知無息。如果息從心出也一樣如實知息從心出，如果息從心入也一樣如實知息從心入。

於是，羅雲比丘就按照佛陀所教的安般念，如是思惟。欲貪的心便得到解脫，再也沒有任何惡念、惡行。然後遊於初禪、二禪、三禪及四禪。接著以此三昧定相，內心清淨無穢，身體柔軟，了解到自己從何而來，回憶起過去自己根本的所作所爲，也認識到自己過去世宿命無數劫以來的往事，從此再也沒有結使煩惱。以天眼觀察各類眾生，善惡、正邪，生死、沉淪，如實知之；「苦集滅道」，如實知之；欲漏心得解脫，有漏、無明漏心得解脫，已得解脫，便得解脫智，生死已盡，梵行已立，所作已作，自知不受後有，乃證阿羅漢。

由此可知，修習安般法門，可以令我們斷除煩惱，證果成聖，解脫自在，羅雲比丘就是修習安般法門證果成聖的最佳明證。然而，修習安般法門，難道只是觀息出入而已嗎？當然不是！那要如何修習安般法門呢？佛陀在雜阿含經（卷二十九 八一五經／八〇三經）中，以一個比丘的日常生活爲例，說明如何修習安般法門的過程，以及與「四念處」的關連，先恭錄雜阿含經（卷二十九 八一五經／八〇三經）如下：

雜阿含經（卷二十九 八一五經／八〇三經）

如是我聞。一時，佛住舍衛國祇樹給孤獨園。

爾時，世尊告諸比丘：修習安那般那念，若比丘修習安那般那念，多修習者，得身心止息，有覺有觀，寂滅、純一，明分想修習滿足。何等爲修習安那般那念多修習已，身心止息，有覺有觀，寂滅、純一，明分想修習滿足？是比丘若依聚落、城邑止住，晨朝著衣持缽，入村乞食，善護其身，守諸根門，善繫心住。乞食已，還住處，舉衣缽，洗足已，或入林中、閑房、樹下，或空露地，端身正坐，繫念面前。斷世貪愛，離欲清淨，瞋恚、睡眠、掉悔、疑斷，度諸疑惑，於諸善法心得決定，遠離五蓋煩惱於心，令慧力羸，爲障礙分，不趣涅槃。

念於內息，繫念善學；念於外息，繫念善學。息長息短，覺知一切身入息，於一切身入息善學。覺知一切身出息，於一切身出息善學。覺知一切身行息入息，於一切身行息入息善學。覺知一切身行息出息，於一切身行息出息善學。

覺知喜，覺知樂，覺知心行。覺知心行息入息，於覺知心行息入息善學。覺知心行息出息，於覺知心行息出息善學。

覺知心，覺知心悅，覺知心定。覺知心解脫入息，於覺知心解脫入息善學，覺知心解脫出息，於覺知心解脫出息善學。

觀察無常，觀察斷，觀察無欲，觀察滅入息。於觀察滅入息善學，觀察滅出息，於觀察滅出息善學。是名修安那般那念，身止息、心止息。有覺有觀，寂滅、純一，明分想修習滿足。

佛說此經已。諸比丘聞佛所說，歡喜奉行。

意思是說，當清晨時分，比丘穿好衣服，手拖著鉢，赤腳步行，入村乞食，善護其身，而有威儀，守護六根，於外境無所貪染，善護心念，住心一處，安住正念。乞食完畢，回到住所，放好衣鉢，洗好腳，或入林中，或至靜室，或至樹下，或在露天空地，端身正坐，繫念面前，斷除對世間的貪愛，離棄欲貪、瞋恚、睡眠、掉悔、疑而得身心清淨。澄清一切疑惑，對於諸善法信心十足，堅定遠離令智慧減弱、障礙修行及通往涅槃的「五蓋」，在此基礎下，開始修習安那般那念。接下來，佛陀跟大家介紹如何修習安般念，分屬四念處中的身念處、受念處、心念處與法念處。如前所述，多修習安那般那法門能令四念處滿足，後世學者稱之為「十六勝行」，分述如下：

十六勝行：依四念處修習安般念

一、**身念處**：首先說明屬於身念處的部分：念於內息，念於外息；息長息短；覺知一切身入息，覺知一切身出息；覺知一切身行息入息，覺知一切身行息出息。所謂「內息」就是修習「安那般那念」時，可以依「內身身觀念住」，亦即立念於鼻或鼻識，修習入息、出息，清清楚楚地如實知入息、出息，叫做「內息」。所謂「外息」就是修習「安那般那念」時可依「外身身觀念住」，亦即立念於鼻息，修習入息、出息，清清楚楚地如實知入息、出息，叫做「外息」。如果將鼻、鼻息、鼻識三者和合一起成爲「所緣境」，修習入息、出息，清清楚楚地如實知入息、出息，就叫做「內外息」。

「息長息短」是指有時入息長則如實知入息長，有時入息短則如實知入息短。有時出息長則如實知出息長，有時出息短則如實知出息短。此身的一切入息、出息、息長、息短皆如實知。「覺知一切身入息，覺知一切身出息」是指如實知自己的呼吸進出，息入息出，息長息短，清清楚楚。心情浮躁時，氣息短促；心情安定時，氣息長柔。因此，將注意力集中在入息、出息上，可繫念於鼻，或繫念於鼻息，或繫念於鼻識，或者統稱繫意於鼻頭，慢慢地將我們的心安定平靜下來。氣息逐漸由短變長，由急促轉爲細柔。至息念純熟，則見氣息從遍身毛孔出入，乃至於氣息變爲微細輕柔，有如不生。

「覺知一切身行息入息，覺知一切身行息出息」是指修習安那般那念可立念於入息、出息，使一切身行止息，遠離諸欲惡不善法。所謂「身行」就是指依賴色身的外顯行爲，具足身、口、意業，甚至包括日常生活當中的一切行住坐臥，眠寤語默，言行舉止，靜坐禪思等。所謂「身行息」就是指身行止息，亦即使一切身行止息下來。

如何立念於入息、出息修身念處呢？首先，就是透過修習安那般那念，立念於入息或出息，藉著如實知入息、出息而如實知一切身行，而且身身觀念住。當隨時隨地都念入息、出息時，一旦有諸欲惡不善法產生時，則利用「四正斷」，或斷斷，或律儀斷，或隨護斷，或修斷，或善用「七覺支」來對治諸欲惡不善法。雜阿含經（卷二十七 七五八經／七四六經）云：是比丘心與安那般那念俱修念覺分，依遠離、依無欲、依滅、向於捨。乃至修捨覺分，依遠離、依無欲、依滅、向於捨。意思是說，若修習安那般那念，覺知一切身行息入息、出息，覺知邪語、邪業、邪命，應視諸欲惡不善法的內容，選用七覺支來對治各種惡法，該選用念覺支時就選用念覺支，該選用擇法覺支時就選用擇法覺支。然後依遠離、依無欲、依滅、向於捨，令一切身行止息。

簡而言之，以上主要是結合入息、出息與身行的方式，以身入息、出息爲念，來修安般法門，故名「身念處」。透過身念處結合鼻息，或內息，或外息，或內外息，身身觀念住。如實知一切身行，於靜坐禪思，甚至日常生活當中，展現正見、正志、正語、正業、正命的外顯行爲，斷一切身惡行。並以四正斷、七覺支對治諸欲惡不善法，關鍵則在於透過如實知入息、出息，依遠離、依無欲、依滅、向於捨，乘息轉趨涅槃。

二、受念處：接著說明屬於受念處的部分：覺知喜入息，覺知喜出息；覺知樂入息，覺知樂出息；覺知心行入息，覺知心行出息；覺知心行息入息，覺知心行息出息。意思是說，當依安般觀息出入，修習禪定，證入初禪而離生喜樂。證入二禪而定生喜樂，便覺知喜入息，喜出息。證入三禪而無喜生樂，便覺知樂入息，樂出息。三禪以上出入息滅，則不再以持息爲方便。喜、樂是身心的覺受，亦即心喜身樂。所以說，修習安那般那念，依入息、出息，如實覺知內心的諸般感受的生起或消滅。

所謂「心行」就是指心的行爲。覺知一切身行的善惡染淨是心行；覺知此身行爲的一切覺受是心行；覺知有無貪、瞋、癡念是心行；覺知解脫的方法，解脫的智慧是心行。「覺知心行入息，覺知心行出息」就是指如實知自己的呼吸進出，息入息出，息長息短，清清楚楚。並藉著入息、出息如實知苦受、樂受、不苦不樂受；而且有欲、無欲如實知。「覺知心行息入息，覺知心行息出息」就是指修習安那般那念可立念於入息、出息，使一切心行止息。所謂「心行息」就是心行止息，亦即使一切心行止息下來。

如何立念於入息、出息修受念處呢？首先，就是透過修習安那般那念，立念於入息或出息，藉著如實知入息、出息而如實知一切心行，而且「受受觀念住」。當隨時隨地都念入息、出息時，一旦有各種覺受產生時，不管是樂受、苦受、或不苦不樂受，皆如實知。而且不爲外境所動，不爲外塵所染，身受心不受。或於樂有欲、無欲，苦有欲、無欲，不苦不樂有欲、無欲，皆如實知。而且於樂不貪染，於苦不傾動，就可做到無瞋恚、無怨懟。一旦於苦受有瞋恚心產生，或於樂受有貪染心產生，或於不苦不樂有愚癡心產生，則利用「四正斷」，或斷斷，或律儀斷，或隨護斷，或修斷，或善用「七覺支」來對治各種覺受。該選用喜覺支時就選用喜覺支，該選用息覺支時就選用息覺支。然後依遠離、依無欲、依滅，向於捨，令一切心行止息。

簡而言之，以上主要是結合入息、出息與覺受的方式，以入息、出息爲念，來修安般法門，因多與感受有關，故名受念處。透過受念處結合鼻息，或內息，或外息，或內外息，受受觀念住。如實知一切心行，如實知一切覺受，無論何種覺受，都應當身受心不受；於樂無欲，於苦無欲，於不苦不樂無欲；無欲貪則無瞋、無怨、無害。並以四正斷、七覺支對治諸欲惡不善法。關鍵則在於透過如實知入息、出息，依遠離得遠離樂、依無欲得無欲樂、依滅得寂滅樂、向於捨得菩提樂，乘息轉趨涅槃。

三、心念處：接著說明屬於心念處的部分：覺知心入息，覺知心出息；覺知心悅入息，覺知心悅出息；覺知心定入息，覺知心定出息；覺知心解脫入息，覺知心解脫出息。所謂「心」就是指我們的內心有沒有「欲貪」的念頭，有沒有「瞋恚」的念頭，有沒有「害人」的念頭。所謂「心悅」就是指我們的內心有沒有生起歡喜或喜悅的念頭。所謂「心定」就是指我們的內心有沒有止息下來，有沒有入定。所謂「心解脫」

就是指我們的內心有沒有解脫自在，有沒有熄滅貪、瞋、癡。

「覺知心入息，覺知心出息」就是指當依安般觀息出入，修習禪定的過程當中，會生起種種心念，如貪心、瞋心、害心、昏沉心、掉舉心等。隨著氣息的進出，如實知各種心念。「覺知心悅入息，覺知心悅出息」就是指當我們的內心昏沉，可透過一可愛合意的外境，令心生歡喜，是心悅入息、出息。「覺知心定入息，覺知心定出息」就是指當我們的內心掉舉，可將心安住於寂靜清涼之境，令心止息，是心定入息、出息。「覺知心解脫入息，覺知心解脫出息」就是指當我們的內心若已遠離諸欲惡不善法，遠離五蓋，熄滅貪、瞋、癡，心善解脫，是心解脫入息、出息。

如何立念於入息、出息修心念處呢？首先，就是透過修習安那般那念，立念於入息或出息，藉著如實知入息、出息而如實知一切心念，而且心心觀念住。當隨時隨地都念入息、出息時，一旦有各種心念產生時，不管是貪念、瞋念、或害念，皆如實知。心悅或心不悅，皆如實知。心定或心不定，皆如實知。心解脫或未解脫，皆如實知。也就是立念於入息、出息，依心心觀念住，一其心念攝持一切心法，覺知心，覺知心悅，覺知心定，覺知心解脫。一旦有瞋恚心產生，或有貪染心產生，或有害心產生，或昏沉，或掉舉，則利用「四正斷」，或斷斷，或律儀斷，或隨護斷，或修斷，或善用「七覺支」來對治各種覺受。該選用定覺支時就選用定覺支，該選用捨覺支時就選用捨覺支。然後依遠離、依無欲、依滅、向於捨，令貪、瞋、癡永伏不起。

簡而言之，以上主要是結合入息、出息與心念的方式，以入息、出息為念，來修安般法門，因多與心念有關，故名心念處。透過心念處結合鼻息，或內息，或外息，或內外息，心心觀念住。如實知心，如實知心悅，如實知心定，如實知心解脫。斷一念貪、瞋、癡，就算證一念心解脫。並以四正斷、七覺支對治諸欲惡不善法。關鍵則在於透過如實知入息、出息，依遠離、依無欲、依滅、向於捨，乘息轉趨涅槃。

四、法念處：最後說明屬於法念處的部分：觀察無常入息，觀察無常出息；觀察斷入息，觀察斷出息；觀察無欲入息，觀察無欲出息；觀察滅入息，觀察滅出息。意思是說，在身心止息之後，接下來要觀照智慧。首先，觀照諸行無常，五蘊無常，六入處無常，世間無常，是觀察無常入息、出息。然後觀照斷界，遠離諸惡不善法；觀照無欲界，離欲清淨；觀照滅界，熄滅貪、瞋、癡，連有漏善法亦捨，寂靜涅槃，是觀察斷、無欲、滅入息、出息。

所謂「觀察無常」是指觀察五蘊無常、苦、非我、非我所。雜阿含經（卷一 一〇經／一〇經）云：色無常，無常即苦，苦即非我，非我者即非我所。如是觀者，名眞實正觀。如是受、想、行、識無常，無常即苦，苦即非我，非我者即非我所。如是觀者，名眞實正觀。意思是說，接下來我們要以智慧來觀照五蘊無常。首先是色身無常，無常即無有恆常，是生滅變易之法。因爲生滅變易，內心求其恆常不可得而不自在，所以是苦。因爲是苦，所以無我，沒有一個恆常不變、可以自主的我。因爲沒有一個恆常不變、可以自主的我，所以非我所擁有。色身如此，遑論身外其他之物。所以是無我，無我所有。受、想、行、識，亦復如是。所以說五蘊無常，如是觀者是爲眞實正觀。

所謂「觀察斷」就是指遠離諸惡不善法。首先斷除貪愛以外的煩惱，包括「見惑」：身見、邊見、邪見、禁取見、戒禁取見。然後遠離「五蓋」，包括欲貪蓋、瞋恚蓋、睡眠蓋、掉悔蓋、疑蓋。依「苦集滅道」思惟，依遠離、依無欲、依滅、向於捨，斷除一切身惡行，遠離憂悲惱苦，得遠離樂。所謂「觀察無欲」就是指於一切「身、口、意」的行爲所衍生的各種感受，於樂無欲，於苦無欲，於不苦不樂無欲。於苦不傾動，於樂不貪染。依「苦集滅道」思惟，依遠離、依無欲、依滅、向於捨，離欲清淨，得無欲樂。所謂「觀察滅」就是指「思惑」：貪、瞋、癡、慢、疑永斷無餘，身心止息，寂靜涅槃。依「苦集滅道」思惟，依遠離得遠離樂、依無欲得無欲樂、依滅得寂滅樂、向於捨得菩提樂，究竟解脫。

如何立念於入息、出息修法念處呢？首先，就是透過修習安那般那念，立念於入息或出息，藉著如實知入息、出息而如實觀照智慧，而且法法觀念住。當隨時隨地都念入息、出息時，一旦有各種善法、惡法產生時，不管是「見惑」、「五蓋」、還是「思惑」，皆清清楚楚地如實知。也就是立念於入息、出息，依法法觀念住，一其心念攝持一切心法，以「苦集滅道」思惟方式，依三法印或四法本末：諸行無常，諸受是苦，諸法無我，寂靜涅槃，觀照無常，觀照斷，觀照無欲，觀照滅。一旦有「見惑」、「五蓋」、還是「思惑」生起，則利用「四正斷」，或斷斷，或律儀斷，或隨護斷，或修斷，或善用「七覺支」來對治各種感受。該選用精進覺支時就選用精進覺支，該選用捨覺支時就選用捨覺支。然後依遠離，依無欲，依滅，向於捨，令無漏智慧生起。

以上主要是結合入息、出息與修法的方式，以入息、出息爲念，來修安般法門，因多與修法有關，故名法念處。透過法念處結合鼻息，或內息，或外息，或內外息，法法觀念住。如實觀察無常，如實觀察斷，如實觀察無欲，如實觀察滅。並以四正斷、七覺支、四聖諦、三法印，加上如實正觀的智慧，對治諸欲惡不善法，降伏煩惱，去除愛染，斷除無明。關鍵則在於透過如實知入息、出息，依遠離、依無欲、依滅、向於捨，乘息轉趨涅槃。

總而言之，安那般那念是將我們的注意力集中在時時刻刻都需要的呼吸上面，並同步修習四念處。每個人只要活著，就要呼吸，這是不須假借他物，自然而且單純的方式。安般法門告訴我們，將念頭繫於入息、出息上，然後依四念處，漸次修行。住身念處，著重「修止」，覺知一切身行，依息之出入，令身行止息。然後「依止修定」，滅除覺觀，住受念處，覺知一切喜受樂受，依息之出入，令心行止息；住心念處，覺知一切心行，善惡染淨，喜悅安定，解脫與否如實知，依息之出入，令煩惱止息。然後「依定修觀」，住法念處，著重「修觀」，觀五蘊，觀四諦，觀無常，觀斷界，觀無欲界，觀滅界。然後「依觀修慧」，依息之出入，令無漏智慧生起。最後「依慧生明」，明則解脫，修證成果，寂靜涅槃。後世學者稱此依四念處修習安般念爲「十六勝行」。

第六節 念佛法門：以持佛名號為念

在近代中國，乃至於目前的台灣社會，淨土宗所提倡的「念佛法門」已成爲大眾最能接受與備受推崇的一個法門。三根普被，利鈍全收，深入民間，影響最廣。強調專心念佛，一心持佛名號。或稱南摩本師釋迦牟尼佛，或稱南摩阿彌陀佛，或稱南摩當來下生彌勒尊佛等等。而且要心誠意正，老實念佛，一心一意，無所間斷。只要念到一心不亂，即可在身壞命終的時候，蒙佛接引，往生淨土，這是淨土宗的基本概念。

就正定的層面來說，將心念安住在佛號上，以持佛名號來一其心念，然後以一念繫萬念，念念轉趨涅槃也是一種可行的方便法門。就像安般念是將心念安住於鼻息上，是同樣的道理。淨空法師說：「修行最重要的是修心，修心之後才會用心。用什麼方法修？就是用一句佛號，就用這個方法，直接了當修一心不亂，修心不顚倒。」然而，在這裡我們想進一步闡述的是：念佛眞的只是持佛名號而已嗎？若從原始佛教「四阿含經」去了解，「念佛」的背後其實有極爲深刻的內涵與意義。

何謂念佛？

增壹阿含經（卷二）廣演品（一一）云：修行念佛，便有名譽，成大果報，諸善普至，得甘露味。至無爲處，便成神通，除諸亂想，獲沙門果，自致涅槃。看完這一段經文是不是很讚嘆，念佛竟然有這麼多益處。不僅可得好名聲，而且各種善法功德都會靠攏過來，得到很好的解脫甘露法味。甚至修到精細的境界，可獲得神通方便之力，除去各種雜思亂想，進而修證成果，寂靜涅槃。然而，何謂念佛呢？增壹阿含經（卷二）廣演品（一一）云：若有比丘，正身正意，結跏趺坐，繫念在前，無有他想，專精念佛，觀如來形，未曾離目，已不離目，便念如來功德。如來體者，金剛所成。十力具足，四無所畏，在眾勇健。如來顏貌，端正無雙，視之無厭。戒德成就，猶如金剛，而不可毀。清淨無瑕，亦如琉璃。如來三昧，未使有減，已息永寂，而無他念。憍慢強梁，諸情憺怕，欲意恚想，愚惑之心，猶豫慢結，皆悉除盡。如來慧身，智無崖底，無所罣礙。如來身者，解脫成就，諸趣已盡，無復生分。如來身者，度知見成，知他人根，應度不度，此死生彼，周旋生死，往來之際，有解脫者，無解脫者，皆具知之，是謂修行念佛。

如來十力

由以上可以得知，念佛眞正的涵意，在於思惟如來的形貌及功德，而不是一味的持佛名號而已。藉著觀察如來形貌，及憶念如來功德，令自己滅除各種雜念妄想，內心生起各種善法，進而究竟解脫，寂靜涅槃。首先，觀想如來形體是金剛不壞之身，具足十力。所謂「十力」，即佛所成就的十種智力，是指如來證得實相之智，了解通達一切，無能壞，無能勝，故名為「力」。根據雜阿含經（卷二十六 六九六經／六八四經）與增壹阿含經（卷四十二）結禁品（四一一），以及尊貴的蓮生聖尊對如來十力的看法，我們歸納如來十力的要點如下：（一）明白因果：如來如實知一切善惡果報。作善業定得樂報，作惡業得惡報。（二）知現在、過去、未來：如來如實知眾生前世、今世、後世的各種因果業報。（三）知禪定解脫：如來如實知各種參禪解脫的方法，以及禪定三昧的境界。染污清淨，清清楚楚。（四）明白眾生的根器：如來如實知眾生種種諸根的差別，有勝有劣；如來如實知眾生智慧的差別，有賢有愚，須量力而行。（五）明白眾生的欲望：如來如實知眾生的種種見解，明白眾生的心意。（六）知道如何教化眾生：如來如實知世間眾生所處的境界，明白處於何種境界，方能就眾生所處的境界，隨機教化，方便引導眾生。（七）明白境界：如來如實知各種層次的解脫，以及無量解脫道。道者就是修持的道路，有正有歧，修行者當走正道。（八）明白眾生的宿命：如來如實知過去累世以來，宿命中種種之事。可回憶起無數宿命之事，亦知眾生宿命。（九）明白眾生的往生：如來以天眼清淨，如實知眾生生死之趣；天眼無礙，能知未來事。（十）沒有煩惱及疑惑：如來已斷盡煩惱，永盡喜貪，得心解脫，永斷無明，得慧解脫，自知、自覺、自證，不再受生，永斷生死。這就是所謂的「如來十力」。

如來四無所畏

另外，「佛」亦具足「四無所畏」，或稱「四無畏」。亦即佛說法時，具有四種無所畏懼之自信勇猛，安穩如獅子吼，令百獸懾服。根據增壹阿含經（卷十九）等趣四諦品（二四〇）與增壹阿含經（卷四十二）結禁品（四一一），以及尊貴的蓮生聖尊對如來四無所畏的看法，我們歸納如來四無所畏的要點如下：（一）明白眞理：如來於今已成無上正等正覺，覺行圓滿，於中得無所畏，是爲第一無所畏。（二）所有的煩惱已解除：如來於今已斷盡各種煩惱，再也不會受生輪迴，於中得無所畏，是爲第二無所畏。（三）知道根源：如來於今已遠離愚闇之法，不再愚癡無明，於中得無所畏，是爲第三無所畏。（四）知道種種解脫的方法：如來於今已來到痛苦的邊際，再也不受欲貪的束縛，於中得無所畏，是爲第四無所畏。簡而言之，「佛」具足「四無所畏」，令眾生信服不疑，已成「等正覺」，已盡諸漏，已斷無明，已離生死。於大眾中，勇猛威武，如獅子吼，說法清淨，令眾生懾服，轉動法輪，破一切外道邪說。這就是所謂的「如來四無所畏」。

接著，觀想如來「顏面相貌」，端正無雙。不僅長久視之不生厭煩，甚至心生歡喜，而心向涅槃。然後觀想佛的「戒德成就」，不僅持戒清淨，毫無瑕疵，透明如琉璃。而且，堅定不移，不容毀壞，無所退卻，堅硬如金剛。接著，觀想佛的「三昧成就」，離諸邪念，心住一境，寂然不動，從來就沒有任何的減少。身心止息，永遠寂滅，無任何雜念、妄想、以及各種的欲愛、貪心、瞋怒、恚想、愚癡、迷惑、傲慢、懷疑等結使，完全斷除，無所剩餘。然後觀想如來「功德成就」，無所障礙，深不可測。如來本身已解除一切繫縛，脫離一切苦惱，解脫成就，不再於五趣中流轉生死，並廣知一切眾生根器，度化生死解脫等等。從觀想如來形貌及憶念如來功德過程當中，由仰慕進而激發效法的動力，而令身心止息，增長智慧，此謂之「念佛」。

雜阿含經（卷二十　五四九經／五五〇經）云：聖弟子念如來，應所行法故，離貪欲覺，離瞋恚覺，離害覺，如是聖弟子出染著心。何等爲染著心？謂五欲功德。於此五欲功德，離貪、瞋、害，安住於正念正智，乘於直道，修習念佛，正向涅槃。由此可見，念佛的意義，不止是在求往生極樂淨土而已；而是藉著念佛，達到離欲清淨，止息瞋恚，熄滅害想，趨向解脫道的念佛。若能夠如是這般念佛，則可增加念佛的積極性。念佛念到一心不亂，往生極樂淨土固然是好。但是，若能夠進一步體會出念佛背後的深意，說不定可以念到當世解脫，證阿羅漢果，豈不妙哉？

朱利槃特比丘證果的故事

佛經上有一則故事：敘述一個非常愚笨、鈍根器的比丘，笨到連「掃帚」兩個字都記不起來，幾乎快被逐出佛門。佛陀慈悲，於是教他手持掃帚而誦之，沒過多久，竟然證阿羅漢，這是多麼地不可思議。邊掃地，邊念掃帚，如此愚頓之人竟然也可以證阿羅漢，這到底是怎麼一回事？根據增壹阿含經（卷十一）善知識品（一七三）：有一個比丘叫朱利槃特，至愚至鈍，笨到被他的比丘哥哥趕了出來。如此愚笨，不能持戒，如何能夠於學佛有所成就，不如還俗。朱利槃特聽完後感到非常傷心，就跑到祇垣精舍，於門外站立哭泣。

佛陀慈悲，以天眼知朱利槃特比丘於門外站立哭泣，於是從靜室起身，以經行方式來到門外一探究竟。朱利槃特乃告訴佛陀上情，佛陀就安慰他說：不用怕，我成無上正等正覺，並非由你兄長之處得道。於是，佛陀便帶朱利槃特到靜室，請他就座，並要他手持掃帚而誦之。

誰知朱利槃特比丘竟然誦得「掃」，復忘「帚」；若誦得「帚」，復忘「掃」。經過一番努力之後，才勉強記誦起來。如是持誦「掃帚」二字，經過數日，朱利槃特心中就在想，掃帚其實又名「除垢」。然而，何者是除？何者是垢？垢者灰土瓦石，除者清淨也。又想，世尊為什麼叫我念「掃帚」呢？其背後必有深意。因此又想，今我身上亦有塵垢，何者是除？何者是垢？想了又想，發現縛結是垢，智慧是除，我今可以智慧之帚，掃此縛結。縛結其實就是我們的煩惱。

於是朱利槃特就思惟五蘊之成敗。所謂色、色集、色滅乃至於受、想、行、識成者、敗者。也就是思惟什麼是色身？什麼是色身集成之因？什麼是色身消滅？乃至於如是思惟受、想、行、識。才這樣思惟完畢，欲貪心得解脫，煩惱心得解脫，愚癡心得解脫。已得解脫，便得解脫智，生死已盡，梵行已立，所作已作，自知不受後有，尊者朱利槃特便成阿羅漢。然後，去拜訪佛陀，向佛陀說：今已有智，今已有慧，今已解掃帚。除者謂之慧，垢者謂之結。佛陀告曰：善哉比丘，如汝所言，除者是慧，垢者是結。於是，尊者朱利槃特向佛陀說此偈：今誦此已足，如尊之所說，智慧能除結，不由其餘行。佛陀告曰：比丘，如汝所言，以智慧，非由其餘。

由以上的故事可以了解到，繫縛我們不能出離生死的，是那些如塵垢般的煩惱結使。若要解脫生死，修證成果，則要掃除這些塵垢般的煩惱結使。如何掃除？唯有靠智慧，方可掃除。持誦掃帚，只是一個方便，須專精思惟其背後深意，進而引發無漏智慧，才是佛陀本意，真是用心良苦啊。因此，朱利槃特尊者持誦掃帚因而證果成聖的故事，也給愚頓之人如我者，莫大的鼓舞啊！有為者，亦若是！

念佛的真諦

故知，念佛亦當如是。如何從念佛中體察出念佛的真諦？由觀想佛的形相，憶念佛的功德，心生歡喜而嚮往之。進而思惟，我當效法佛之戒德、三昧、智慧而努力精進，欣向涅槃。然後將這些涵意融入一句佛號中，藉著佛號，不僅令自己身心止息，也令自己沐浴在佛陀「戒、定、慧」完美成就的佛光照耀之下。如是這般念佛，才能眞的把佛念出來，才能清清楚楚見到佛。然而，見佛莊嚴，生歡喜心，尙不究竟，也不代表有什麼神力。要念到如來智慧顯現，身、口、意清淨，貪、瞋、癡熄滅，方爲究竟。

是故，念佛當不以「求生淨土」爲滿足。人身難得今已得，佛法難聞今已聞，此身不向今生度，更向何生度此身？當珍惜這得來不易之人身，依佛陀教誡，循「八正道」，以「正見」爲前導，具足「正志」、「正語」、「正業」及「正命」，得身心清淨。然後以「正方便」爲動力，以「正念」爲方法，依「四正斷」、住「四念處」、修「七覺支」，精進勤加練習「正定」。「念佛」乃是修定過程當中的一個方便法門，簡單易懂，利鈍兼收，爲大眾所接受。當可依此方便入門，親近佛法。但仍不可忘卻，「念佛修定」之宗旨在於發慈悲心，修清淨心，進而引發無漏智慧，而不以禪定爲終極目標。而且，並非僅限於蒙佛接引，往生淨土；當勇猛精進，思惟念佛眞諦。期望在這一生結束以前，智慧現前，永斷喜貪，永斷無明，心慧解脫，究竟苦邊，渡向彼岸，寂靜涅槃。才不致於辜負佛陀慈悲開示「念佛法門」之苦心。

第七節 慈心法門：以慈悲喜捨為念

在定法中，有一個非常重要且值得大力推崇的法門，就是以慈心爲本的「四無量心」——慈悲喜捨。或稱「四無量足」、「無量心解脫」、「無量心三昧」。慈是與樂，觀想眾生得到安樂。悲是拔苦，觀想眾生遠離苦惱。喜是歡喜，觀想眾生離苦得樂而心生歡喜。捨是平等看待一切眾生，不論親疏遠近，一律平等無差別，一視同仁。「慈悲喜捨」，或稱為「慈悲喜護」，可以有效地對治我們的煩惱結使。增壹阿含經（卷七）安般品（一三〇）云：當修行慈心，已行慈心，所有瞋恚皆當除盡。當行悲心，已行悲心，所有害心悉當除盡。當行喜心，已行喜心，所有嫉心皆當除盡。當行護心，已行護心，所有憍慢悉當除盡。這是佛陀開導羅雲比丘，在修行安般法以去除愁憂，修行不淨觀以去除欲貪之後，當修行「慈悲喜捨」四無量心以去除瞋心、害心、嫉心、憍慢心等諸煩惱。

另外，增壹阿含經（卷二十一）苦樂品（二六一）也提到：慈悲喜捨四無等心又名四梵堂。若想要超越欲界天，處於無欲之地，當求方便成此四梵堂。所以，佛陀說如來正法中有四園，所謂「慈園、悲園、喜園及護園」。經由此四園的修持，可分別往生至梵天，梵光音天，光音天及無想天。若來生人間，當生豪尊，乃至王室之家，財寶豐富，安樂無比，享福不盡（增壹阿含經 卷二十三 增上品 二六九）。由此可知，修行「四無量心」——慈悲喜捨是多麼令人讚嘆的法門。不過基本上，經典裡大多數還是就慈心的部分談得比較多，並以慈心涵蓋其他三等心，故說四無量心是以慈心為本。

為什麼要修習慈心？

為什麼要修習慈心？修習慈心有什麼好處？修習慈心可以修證解脫嗎？為什麼佛陀這麼推崇慈心法門？增壹阿含經（卷四十七）放牛品（四四三）云：若有眾生，修習慈心解脫，廣布其義，與人演說，當獲此十一果報。云何為十一？臥安、覺安、不見惡夢、天護、人愛、不毒、不兵，水、火、盜賊終不侵枉。

若身壞命終，生梵天上。由此可以得知，修習慈心法門可以獲得許多的好處，包括現世得安樂，天神護祐，人見人愛，免除災禍，來世可以生梵天清淨之處。試想我們人生在世，短短幾十載，撇開修證解脫不談，一般人所追求的不就是健康、平安、順利和快樂。想要平安過日子，免於恐懼，身體健康，而且諸事順利，所求如願，心想事成，進而心滿意足，滿心歡喜，幸福快樂。佛陀教大家一個非常殊勝的方法，那就是修習「慈心解脫」。

修習慈心，佛陀提到可以獲得十一種果報：包括睡眠安穩，不做惡夢，情緒安詳平和，而且受到天神的愛護和保祐。與人相處融洽，人見人愛，更不會受人陷害、傷害和毒害。也不會受到戰爭、水患、火災、盜賊的侵擾。身壞命終的時候，還可以往生梵天善趣，享大福報，這是何等的殊勝。活著的時候，平安、順利又快樂。然後基於這樣的環境條件之下，進一步以正見爲前導，依八正道，修慈心法門，若再加上到處宣揚慈心法門，爲人解說，這樣的人生不是很有意義嗎？進一步可以修證解脫，永離生死，退一步可以平安、順利又快樂的過日子。而且，不只自己平安快樂，周遭的人也都因爲你而得到平安，得到快樂。你平安，我平安，大家都平安；你快樂，我快樂，大家都快樂。即使死後，也可以往生梵天，梵天既清淨又長壽。由此可知，修習慈心是一個令我們現世得安樂，後世生善趣，實在是值得大家共同來推廣學習的一個殊勝法門。

佛陀並以自己爲例，說明過去曾經於累世中，恆修慈心，經歷七成劫、敗劫。劫欲壞時，便生光音天；劫欲成時，便生無想天。或於梵天統領諸天，領十千世界。也曾經做過三十三天天主釋提桓因，以及轉輪聖王無數多次。而且，一再肯定行慈心者，身壞命終，生梵天上，離三惡道，遠離八難，並可與聞佛法，而且容貌端正，諸根不缺，形體完具（增壹阿含經　卷四十一　馬王品　四〇五）。

若站在修證解脫的立場來看，行慈心者，若如來出世的時候，可以親自見佛，侍奉師承三世諸佛，得出家學道，著三法衣，剃除鬚髮，修沙門之法，修無上梵行，生死已盡，梵行已立，所作已作，自知不受後有。若如來不出世的時候，善男子不樂在家，自剃鬚髮，在閑靜之處，剋己自修，即於彼處，盡諸有漏，成無漏行。此人當名正在辟支佛部。因爲此人造諸功德，行眾善本，修清淨四諦，分別諸法，行善法者，即慈心是也。履仁行慈，此德廣大（增壹阿含經 卷四十一 馬王品 四〇五）。

佛陀接著再以自己爲例，說自己披著慈仁的戰袍，降服眾魔官屬，坐在菩提樹下，成就無上之道。因此，佛陀不禁讚嘆，慈最第一，慈者最勝之法。行慈心者其德如是，不可稱計。由此我們可以了解，恆修慈心，不僅可以現世得安樂，後世亦可得大果報，甚至於修證解脫。不管有沒有佛出世，修慈心者，皆可因此而漏盡解脫。

經中說，即便在極亂世，眾生多諸瞋怒、嫉妒、恚癡、姦僞、幻惑，而且共相鬥訟，共相傷害，乃至於執草成劍，取人性命。只有行慈心者，無有瞋怒，見此變怪，皆懷恐懼，全部離開，奔走他方，離此惡處。在山野之中，自然剃除鬚髮，著三法衣，修無上梵行，剋己自修，盡有漏心而得解脫，便入無漏境。也就是說，即使生逢亂世，極其恐怖，只要恆修慈心，仍然可以漏盡解脫（增壹阿含經 卷四十一 馬王品 四〇五）。這也說明了恆修慈心，是必然可以漏盡解脫的。無論是否有佛出世，是太平盛世或亂世，只要恆修慈心，現世得安樂，後世得善果，終究得解脫。然而，要怎麼修呢？

如何修習慈心法門？

我們知道，障礙我們修行解脫，繫縛我們不能出離生死的主要因素，是那些無明結使煩惱。包括見惑：身見、邊見、見取見、戒禁取見、邪見；以及思惑：貪、瞋、癡、慢、疑。這些煩惱令我們的內心不清淨，而於四食、五欲、六塵，人情事物上，有所雜染。進而影響到我們的「身、口、意」等行爲，甚至造下惡業，而使我們在生死苦海中沉淪不已。想要修證解脫，斷除這些煩惱，遠離諸欲惡不善法是最基本的條件。接下來，我們且來看看慈心法門如何對治這些諸欲惡不善法（中阿含經 卷三 業相應品 伽藍經 一六）。

一、慈心不殺：中阿含經（卷三）業相應品伽藍經（一六）云：多聞聖弟子離殺斷殺，棄捨刀杖，有慚有愧，有慈悲心，饒益一切，乃至昆蟲，彼於殺生淨除其心。也就是說，佛陀告誡我們，要遠離殺生、斷除殺生；要捨棄暴力，不要動刀弄棍；要有慚愧心，要有慈悲心；除了人類之外，也要饒益一切有情眾生，甚至包括昆蟲之類。以慈心治殺心，希望眾生離苦得樂。並要求自己在這一生當中，誓言不枉殺任何一切有情眾生，包括昆蟲之類。要常懷慈悲、救苦救難之心。有機會就要隨時伸出援手，主動保護生命，尊重生命，畢竟生命是無價的。恆修慈心者，殺心自然消除。

二、慈心不盜：中阿含經（卷三）業相應品伽藍經（一六）云：多聞聖弟子離不與取，斷不與取，與之乃取，樂於與取，常好布施，歡喜無吝，不望其報，彼於不與取淨除其心。也就是說，佛陀告誡我們，要遠離不與取，斷除不與取；人家沒有同意之前，不可以隨便擅自拿取。人家允許同意了，才可以拿取。要養成樂於「與取」的好習慣，甚至樂於行善布施，樂於慈悲濟世，內心充滿歡喜。不但不會小氣吝嗇，更不會要求對方回報。以慈心治盜心，在消極方面，要約束自己不可以偷竊盜取，不可以設計巧奪，更不可以強取強佔。在積極方面，更要常懷布施之心，而且行善不欲人知，付出不求回報。無怨無悔，甚至犧牲奉獻，難捨能捨。恆修慈心者，盜心自然消除。

三、慈心不邪淫：中阿含經（卷三）業相應品伽藍經（一六）云：多聞聖弟子離非梵行，斷非梵行，勤修梵行，精勤妙行，清淨無穢，離欲斷婬。彼於非梵行淨除其心。也就是說，佛陀告誡我們，要離斷邪淫，不可淫人妻女。要克制、減少自己的淫欲。勤修清淨梵行，勤修合乎善的行爲，清淨沒有污染，甚至要離欲斷淫。以慈心治邪淫，在消極方面，眼見美色要克制淫欲，不可以心生邪念，更不可以邪淫犯戒，姦人妻女，或與他人丈夫通姦。在積極方面，則要常懷清淨之心，常行清淨梵行，並保障婦幼的安全，勿使他人侵犯。恆修慈心者，邪淫心自然消除。

四、慈心不欺：中阿含經（卷三）業相應品伽藍經（一六）云：多聞聖弟子離妄言，斷妄言，眞諦言，樂眞諦，住眞諦不移動，一切可信，不欺世間。彼於妄言淨除其心。也就是說，佛陀告誡我們，要遠離妄語，斷除妄語；老老實實說話，樂於誠實說話；不欺不詐，以誠待人，言而有信，爲人可靠，童叟無欺，言行一致，表理如一。以慈心治欺心，不管是爲了掩飾己過，或遮他人非，或是詐財騙色，謊言總有被拆穿的一天。要常懷眞誠之心，信用可靠。恆修慈心者，必不欺人。

五、慈心不兩舌：中阿含經（卷三）業相應品伽藍經（一六）云：多聞聖弟子離兩舌，斷兩舌，行不兩舌，不破壞他，不聞此語彼，欲破壞此，聞彼語此，欲破壞彼，離者欲合，合者歡喜，不作群黨，不樂群黨，不稱群黨。彼於兩舌淨除其心。也就是說，佛陀告誡我們，要心存仁慈，離斷兩舌，不挑撥離間，不鬥亂彼此，不結黨營私。離者令合，合者令喜。以慈心治兩舌。不聽是非，不說是非，不傳是非，甚至要終止是非的謠傳。所謂「靜坐常思己過，閒談莫論人非」。要常懷歡喜之心，勸合不離間，止諍不鬥亂。恆修慈心者，必不兩舌。

六、慈心不惡口：中阿含經（卷三）業相應品伽藍經（一六）云：多聞聖弟子離麤（粗）言，斷麤（粗）

言，若有所言，辭氣麤（粗）獷，惡聲逆耳，眾所不喜，眾所不愛，使他苦惱，令不得定，斷如是言。若有所說，清和柔潤，順耳入心，可喜可愛，使他安樂，言聲具了，不使人畏，令他得定。說如是言，彼於麤（粗）言淨除其心。也就是說，佛陀告誡我們，要遠離惡口粗言，斷除惡口粗言，講話不要過於粗暴。如果要說話，要儘量清和柔軟、和藹可親，順耳入心，令人聽了覺得可喜可愛，並使他人感到安樂，不會覺得恐怖畏懼，要令他人內心得到安定。以慈心治惡口，以同理心與對方交談。面帶微笑，言語柔軟，和和氣氣。要常懷柔軟之心，和言悅色，化暴戾爲祥和，轉衝突爲諒解。忍一時風平浪靜，退一步海闊天空。恆修慈心者，必不惡口。

七、慈心不綺語：中阿含經（卷三）業相應品伽藍經（一六）云：多聞聖弟子離綺語，斷綺語，時說、眞說、法說、義說、止息說。樂止息說，事順時得宜，善教善訶。彼於綺語淨除其心。也就是說，佛陀告誡我們，要遠離綺語，斷除綺語，說話要出自內心的眞誠，不虛情假意，不誇大其詞，更不諂媚逢迎，言不由衷。要說適合時宜的話，說眞誠的話，說如法的話，說有意義的話，說令身心止息的話。以慈心治綺語，眞誠的讚美令人鼓舞，虛假的祝福令人討厭。適當的時機說適當的話，而且要說如法、如律的話。要常懷讚美之心，成就他人。恆修慈心者，必不綺語。

八、慈心不貪：中阿含經（卷三）業相應品伽藍經（一六）云：多聞聖弟子離貪伺，斷貪伺，心不懷諍，見他財物諸生活具，不起貪伺，欲令我得。彼於貪伺淨除其心。也就是說，佛陀告誡我們，要遠離無理的欲貪，斷除無理的欲貪。不要過分貪求，更不要斤斤計較。不屬於自己的財物不要起非分之想，而且心不懷諍。以慈心治貪心，知足常樂，取其所需不多求，珍惜手上所擁有，不慳貪，不吝嗇。常懷感恩之心，隨時隨地幫助匱乏之人。恆修慈心者，不貪不吝。

九、慈心不瞋：中阿含經（卷三）業相應品伽藍經（一六）云：多聞聖弟子離恚，斷恚，有慚有愧，有慈悲心，饒益一切，乃至昆虫。彼於嫉恚淨除其心。也就是說，佛陀告誡我們，要遠離瞋恚，斷除瞋恚，要有慚愧心，要有慈悲心，要饒益一切有情眾生，甚至包括昆蟲之類。時時警惕自己，處處提醒自己，要忍辱、忍辱、再忍辱；戒怒、戒怒、再戒怒。不輕易動怒，最好少怒，最好不怒，懂得控制自己的情緒。尊貴的蓮生聖尊說：「不能忍辱的人，不能稱為修行人。」以慈心治瞋心，禮讓容忍，耐煩耐磨，平心靜氣，行善利他，己所不欲，勿施於人。常懷忍讓之心，敬人者人恆敬之。恆修慈心者，不瞋不恚。

十、慈心不邪見：中阿含經（卷三）業相應品伽藍經（一六）云：多聞聖弟子離邪見，斷邪見，行於正見而不顚倒。如是見，如是說，有施有齋，亦有咒說。有善惡業報，有此世彼世，有父有母。世有眞人往至善處、善去、善向，此世彼世。自知、自覺、自作證成就遊。彼於邪見淨除其心。也就是說，佛陀告誡我們，要遠離邪見，斷除邪見，建立正見，行於正見而不顚倒。不盲目迷信，誤己誤人，傷害生靈。要相信有布施、齋戒的功德，相信有佛的言說，明辨是非善惡，相信有因果業報，相信有五趣流轉，而且貫穿三世，相信有累世的父母，相信有凡夫聖人的差別，凡夫經過修證可以轉變為聖人，而且是自知、自覺、自證，從此不再受生輪迴。以慈心治邪見，要親近善士，與聞佛法，建立正見，破除迷信，培養智慧，不再愚癡，不再邪見邪行，不再損人不利己。要常懷智慧之心，洞察是非善惡。恆修慈心者，不邪見，不害人害己。

由以上可以得知，勤修慈心可以讓我們很自然而然地遠離各種惡業，減少了許多造業的機會，讓我們的心靈得到眞正的平靜與安寧。當我們的內心平靜下來以後，喜悅與快樂自然就會生起，然後將這歡喜快樂的心情，分享給周遭的有情眾生，希望大家都能過著平安、順利和快樂的日子。

如何引發慈悲心？

然而，如何把慈悲心引發出來，並付諸利他的行動呢？我們試著回想過去，成長的歷程當中，曾經給我們關懷，給我們幫助的恩人。或是父母，或是師長，或是兄弟姐妹，或是親朋好友，或是妻子丈夫，或是同事伙伴，或是不認識的善心人士。由於他們的關懷與幫助，內心不由得生起感激、感恩乃至於報恩的念頭。一旦這種念頭產生之後，就會引發知福惜福，感恩圖報的慈悲心出來，並充滿我們的內心，甚至擴及一切有情眾生。隨時隨地，懷抱著單純、真誠與清淨的動機，來進行利他的服務。不僅別人受益，自己也得以蒙福。由於懷抱動機的純真，不求任何回報，完全是以感恩回饋的心情無條件付出，一如當年別人施諸我身上的恩惠一樣。因此，即使別人不領情，沒有反應，或者沒有任何回報，都將不會感到疲倦，失望與沮喪。並且能夠真誠且有耐性地持續下去，沒有遺憾，沒有後悔。

當我們把慈悲心找回來，重塑一個慈悲、溫馨、關懷、利他、服務的社會之後，仍不可忘卻我們修行真正的目標，當不捨精進，朝涅槃寂靜的彼岸，繼續邁進。中阿含經（卷三）業相應品伽藍經（一六）云：多聞聖弟子，成就身淨業，成就口、意淨業，離恚離諍，除去睡眠，無掉貢高，斷疑度慢，正念正智，無有愚癡。彼心與慈俱，遍滿一方成就遊，如是二三四方，四維上下，普周一切。心與慈俱，無結無怨，無恚無諍，極廣甚大，無量善修，遍滿一切世間成就遊。如是悲喜心與捨俱，無結無怨，無恚無諍，極廣甚大，無量善修，遍滿一切世間成就遊。中阿含經（卷三）業相應品思經（一五）云：若有如是行慈心解脫，無量善修者，必得阿那含，或復上得。如是悲喜心與捨俱，無結無怨，無恚無諍，極廣甚大，無量善修，遍滿一切世間成就遊。

也就是說，當我們用慈悲心，歡喜心以及平等心來待人處世，自然而然就不會與他人糾葛結怨，再不會有瞋恚憎恨，也不會有爭吵議論，「身、口、意」得到完全的清淨。在身心清淨的條件下，遠離瞋恚、睡眠，戒除掉舉和傲慢，於「佛、法、僧、戒」堅信不移，具足正念正智，不爲愚癡所覆，內心充滿了無限的慈悲與歡喜，並推廣到我們身旁周遭的一切人情事物，使所有的有情眾生在一個慈悲溫馨的環境裡，眞正沉浸在「慈悲喜捨」所帶給我們的平安，歡喜和快樂。不僅如此，佛陀說：當我們廣泛且好好地修行慈心法門，必可證得三果阿那含，甚至更高的果位，實在值得大家一起來推廣和學習。此外，雜阿含經（卷二十七 七五六經／七四四經）云：是比丘心與慈俱，修念覺分，依遠離、依無欲、依滅、向於捨，乃至修習捨覺分，依遠離依無欲、依滅、向於捨。意思是說，修習慈心法門可結合七覺支，並選用適當的覺支，然後依遠離：遠離諸惡不善法；依無欲：離欲清淨；依滅：熄滅貪、瞋、癡，永斷喜貪，心解脫；向於捨：放下妄執，永斷無明，慧解脫。進一步證明修習慈心法門可得大果大利，乃至於修證解脫。

總而言之，慈心法門是佛陀開示給我們修持正定，解脫自在的珍貴法門。佛陀一再推崇，慈爲第一。在修持正定的過程當中，一旦有忿怒、仇恨、妒恚、驕慢等令我們身心不清淨的煩惱結使產生的時候，慈心法門的「四無量心」——慈悲喜捨可以非常有效地對治這些煩惱結使。以慈悲心對治殺心，以布施心對治盜心，以清淨心對治邪淫心，以誠心對治欺心，以歡喜心對治兩舌，以柔軟心對治惡口，以讚美心對治綺語，以感恩知足的心對治欲貪，以慈悲忍讓的心對治瞋恚，以緣起智慧的心對治邪見。所有煩惱都可以被降伏不起，而令我們得到四無量足，令我們的內心得到眞正的平靜。當內心平靜下來以後，平安喜樂自然生起。然後結合四念處、七覺支，依定修觀，依觀修慧，依慧生明，進而解脫生死。

以上，我們總共介紹了三種修習正定的尊貴法門：包括「安般法門」、「念佛法門」、以及「慈心法門」。「安般法門」是將我們雜亂紛飛的念頭安住在鼻息的出入上，息進息出，如實知之。依息之出入，令煩惱止息，欣向涅槃，進入禪定。「念佛法門」是藉著持誦佛號，觀佛形像，憶佛功德，而令自己煩惱止息，欣向涅槃，進入禪定。「慈心法門」則是以慈悲喜捨對治一切煩惱結使，改造自己的內心，淨化我們的心靈，重塑慈悲關懷，利他服務的精神，而令煩惱止息，欣向涅槃，進入禪定。

雖然每一種法門都各有其不同的修法及特點，但卻都有著共同的目標，那就是止息我們的身心，降伏我們的煩惱，令我們的內心得到眞正的平靜。一旦內心平靜下來以後，才能夠進入禪定，思惟「苦集滅道」的智慧，體悟人生的眞相，洞察宇宙的眞理。在成就禪定的過程當中，引發無漏智慧，解脫生死的束縛，證果成聖。

當然修習禪定的法門尚不止這三種，修習者可根據自己的根性、因緣及喜好，選擇一個最適合自己的法門。畢竟目標只有一個，那就是熄滅我們的煩惱與痛苦。去除我們的得失心、瞋恚心及愚癡心。斷除欲貪，斷除無明，心慧解脫，寂靜涅槃。只要方向正確，目標正確，其他都只是方便法門。不過，以上三種法門卻是在佛教原始聖典阿含經中，佛陀苦口婆心教誨弟子，成就禪定的重要法門，值得我們有心學佛者努力學習與實踐的參考。

然而，修習禪定並非只是一天選幾個時段盤腿靜坐就算數。能夠每日定期做這樣的安排當然是很好，也是精進學佛者必做的功課。但是靜坐以外的時間，是不是就可以不需要禪定，而任由思緒紛飛，內心紛亂，煩惱叢叢？佛陀告誡我們，要隨時隨地住於定相，不管行住坐臥、眠寤語默、起心動念、舉手投足之間，都要如實知之，令我們的內心安住於正智正念。而觀息出入，持誦佛號或心懷慈悲都可以令我們的內心常住定相。或者觀想佛、菩薩就住頂在我們的頭上，放光加持我們，隨時提醒自己要學習佛菩薩的功德、慈悲與智慧，安住定相。

尤其在日常生活裡不免瑣事繁雜，俗務纏身，心浮氣燥，也不免與人有所互動，衝突糾葛。且不論誰是誰非，光是應付這些人情事物上的恩怨情仇，也是夠煩人的。如此如何常住於定相呢？不住於定相，若再加上四食、五欲、六塵的誘惑，造業作惡，在所難免。其實，在日常生活當中，若能勤修安般法門、念佛法門或慈心法門，藉著呼吸，或是念佛，或心懷慈悲，隨時提醒自己要謹遵佛陀的教誨，遠離諸惡不善法，離欲清淨，止息身心，熄滅煩惱，內心不擾不動、不貪不染，就可以令內心常住於定相，達到寂靜涅槃的目標。

第八節　無漏智慧

不管修習那一個法門，其目的無非就是要成就正定。而成就正定的眞正目的就是要在禪定之中引發「無漏智慧」，只要無漏智慧開顯出來，就是解脫的聖者。尊貴的蓮生聖尊《眞佛祕中祕》認爲：「佛法的最後目的，無非解脫。但解脫一定要有般若智慧，這智慧從何處來？智慧就從定中來。」「般若」是梵語，就是「智慧」的意思。解脫煩惱的智慧謂之「般若」。中阿含經（卷三十）大品優婆塞經（一二八）云：謂如來眾成就尸賴（戒律），成就三昧，成就般若，成就解脫，成就解脫知見。意思是說，如來眾弟子，只要成就「戒、定、慧」三無漏學，就可以成就解脫，成就解脫知見。「戒者」防身之惡，止惡防非，戒止惡行；「定者」使心不亂，息慮靜緣，定心一處；「慧者」永斷無明，破妄證眞，無我無念；「解脫者」

離諸繫縛而證涅槃；「解脫知見者」即涅槃所起之智慧，而且自知已獲得解脫智慧。其中「般若」就是無漏智慧的意思。然而，什麼是無漏智慧呢？無漏智慧就是可以令我們煩惱熄滅，漏盡解脫的智慧。是在成就正定的過程當中引發出來，而令我們開悟證果的。攝心爲定，因戒生定，因定得慧。這種智慧惟有靠親身的體驗與領悟才能夠充分了解，也才是眞智慧，實非語言文字所能表達。

幸好佛陀慈悲，爲了拯救苦難的眾生，雖然有情眾生不能一時證得無漏智慧，卻仍然苦口婆心地教導我們，好讓我們能夠在解脫的智慧上，有所成長。這些智慧基本上以「八正道」中的「善趣正見」與「無漏正見」爲基礎。「善趣正見」主要是教導我們正信佛法，命由己造的智慧。建立是非善惡的標準，認識因果業報的法則。有情眾生在修證解脫成爲聖人之前，會在六道中輪迴，在五趣中流轉。因此，要相信有佛存在，有阿羅漢存在，凡夫只要斷除欲愛與無明，一樣可以成聖成佛。經由「善趣正見」的建立與修持，有情眾生至少可以做到趨善避惡，而且漫漫長夜般的生死流轉終於漏出一線曙光。而「無漏正見」主要是以「四聖諦」——苦集滅道的思想爲核心，並由此演繹展開出許多無漏智慧：包括緣起、無常、苦、無我、空等正觀智慧。並用來觀察自身周遭的一切，包括五蘊、六入處、四食、五欲、六塵及世間。經由「無漏正見」的建立與修持，有情眾生可以依此逐步地邁向涅槃寂靜，解脫自在的目標。

其中的諸行無常，諸法無我，寂靜涅槃即是所謂的「三法印」，是當今公認的佛陀正法。雜阿含經（卷二　四七經／二七〇經）云：無常想者，能建立無我想，聖弟子住無我想，心離我慢，順得涅槃。意思是說，如果能夠建立諸行無常的正見，就能夠建立諸法無我的正見；我們這一顆傲慢的心就可以慢慢地遠離貢高我慢的想法，並幫助我們向「寂靜涅槃」的目標邁進。除此之外，增壹阿含經（卷十八）四意斷品之二（二三三）云：一切諸行無常，是謂初法本末，如來之所說；一切諸行苦，是謂第二法本末，如來之所說；一切諸行無我，是謂第三法本末，如來之所說；涅槃爲永寂，是謂第四法本末，如來之所說。這四法本末也同樣支持這些法義之間的先後邏輯關係。先是「無常」，而後談「苦」，接著是「無我」，最後是「涅槃」。諸行無常是痛苦的原因，諸受是苦是痛苦的事實，諸法無我是滅苦的方法，寂靜涅槃是苦滅的境界。完全符合佛陀一再強調的「四聖諦」——苦集滅道的出世間智慧。所以想要證入寂靜涅槃，就必須建立諸行無常、諸受是苦、諸法無我、寂靜涅槃的智慧，而這三法印或四法本末則是佛陀傳給後代有心學佛者寶貴的正法正律，值得大家珍惜。

在諸行無常方面：「諸行」就是指世間及宇宙人生的一切現象，包括生理上的、物理上的、心理上的及事理上的種種現象。「無常」意謂著沒有永遠固定不變的，都會發生變化；變化於無形之中，變化於微細之中。雜阿含經（卷十一　二七二經／二七三經）云：諸行如幻、如炎，剎那時頃盡朽，不實來實去。就是在陳述這宇宙人生的眞相，如夢幻火燄一般，虛而不實，剎那間消失殆盡，無有永恆。人有生老病死，物有生住異滅，世間也有成住壞空，一切的一切都在無常變易之中，這就是所謂的「諸行無常」。

在諸受是苦方面：「諸受」就是指我們的六根在接觸到六塵之後，因識的了別而產生的各種感受，有苦受、樂受、不苦不樂受。從客觀上來說，由於諸行無常，變易毀壞之法，非恆非常。身體會老化，物質會敗壞，世間會毀滅，情感會變化，擁有的會失去，故說「諸受是苦」。雜阿含經（卷十七　四七二經／四七三經）云：我以一切行無常故，說諸所有受悉皆是苦。佛陀告訴我們：由於諸行無常，故說諸受是苦。從主觀上來說，心靈未淨化，貪、瞋、癡未降伏，各種感受一旦生起即爲貪、瞋、癡所繫縛。於樂受起貪念，於苦受起瞋念，於不苦不樂受起癡念，於諸受有所雜染，或貪得無厭，或患得患失，或你爭我奪，困擾煩憂，隨後而至，故說「諸受是苦」。

在諸法無我方面：「諸法」就是一切法。雜阿含經（卷十二 二九七經／三一九經）云：一切者，謂十二入處。眼色、耳聲、鼻香、舌味、身觸、意法，是名一切。就是指六內入處與六外入處，涵蓋有情生命一生當中的所有身心活動。在一切法之中，遍尋不著一個「恆常不變」的我，一個能「主宰自己」身心的我，一個「眞實自在」的我。有的只是一個由四大、五蘊、六入處因緣和合所組成的假我。雖生滅變易，卻相續不已，是謂「諸法無我」。若是誤認五蘊身心爲我，就會有所執著，進而產生「我愛、我見、我慢、我癡」，生起欲望和貪愛。然後向外攀緣，想辦法盡其所能地追求四食、五欲、六塵來滿足自我，加上五蘊虛幻不實，以及諸行無常，煩惱與痛苦隨後而至，故說「諸法無我」。

在寂靜涅槃方面：涅槃者寂靜；寂靜者，內心寂滅靜止。內心如何寂滅靜止呢？煩惱止息，內心方能寂滅靜止。煩惱如何止息？當待貪、瞋、癡滅盡。雜阿含經（卷十八 四八九經／四九〇經）云：涅槃者，貪欲永盡、瞋恚永盡、愚癡永盡、一切諸煩惱永盡，是名涅槃。意思是說，所謂「涅槃」就是貪、瞋、癡永斷無餘，一切煩惱永斷無餘。不再造作因緣惑業，滅除生死之患，度脫生死瀑流，遠離一切業果，業果不再續生，不生也就不滅。遠離虛幻不實，親證緣起流轉、還滅、四諦之眞理。甚至能夠自主六根接觸六塵，斷欲去愛，熄滅三毒，從此業因消失；業因一旦消失，生老病死也跟著消失，五趣流轉也跟著消失，這才是涅槃的眞意。

三法印或四法本末中，以「無我」最爲突出。「無我」是原始佛教裡最重要的教義。佛陀不認爲有一個「常、一、主、宰」的「我」存在。「常」是不變；「一」是獨立；「主」是自在；「宰」是支配。也就是說，佛陀不認爲在我們的生命當中，有一個恆常不變、獨立自主、自由自在、自己可以主宰支配的「我」存在，所以主張「無我」。佛陀宣說「無我」，強調「無我、無我所有」之目的就是在排除個人自私自利的心態，不要讓自我意識無限擴張。因爲想要證悟涅槃的最高成就，必須離棄一切欲貪，放下一切執著，方能獲致。若是「有我」，就會分別你我，就會有欲望，就會自私，就會起糾紛，就會生起貪、瞋、癡，甚至引起殺、盜、邪淫，於是就會有煩惱與痛苦。若是「無我」，就會看破，不再貪染，一切都無所求；就會放下，不再執取，一切都無所謂；甚至慈悲利他，成就他人，煩惱熄滅，痛苦止息，自覺涅槃。尊貴的蓮生聖尊說：「有我，就有煩惱；沒有我，就沒有煩惱。」另外在《佛學總說》也有提到：「我」是煩惱的根源，眾生所有的煩惱是因爲「有我」才有煩惱。

雜阿含經（卷五 一一二經／一一〇經）云：彼一切如實知非我、非異我、不相在。受、想、行、識亦復如是。世尊覺一切法，即以此法調伏弟子，令得安穩，令得無畏，調伏寂靜，究竟涅槃。意思是說，世間的一切不但不是我，也不是我所有；我不在五蘊之中，更不在五蘊之外；一切都是緣起，幻生幻滅。佛陀覺悟世間一切「諸法無我」的眞諦，並以此法教導弟子，令弟子的身心獲得永久安穩，獲得無所畏懼，調伏我們的內心，寂滅靜止，成就最究竟且徹底的解脫。須知，一切煩惱皆因「有我」而起，一切煩惱也將因「無我」而滅。既然「無我」，當然也就沒有什麼東西是「我所擁有」。如果能夠如此認知，不但不會執著五蘊爲我，或我所有，也不會執著身外之物是我所有。從「無我」的體會與實踐中，逐漸地減少欲望與貪愛，滅除瞋恚與癡心妄想，一直到徹底止息一切煩惱，徹底斷盡「五上分結」與「五下分結」爲止，最後連最深沉、最細微的「我慢」都加以斷除，漏盡解脫，寂靜涅槃，自知不受後有。

至於如何修證無我？佛陀開示了許多無上尊貴的法門，包括：無常想、苦想、無我想、不淨觀、死屍觀、空觀、慈心觀、緣起觀、四諦觀、四念處觀等。這些法門歸納起來不外乎「厭離」與「慈悲」兩大類，皆是導向「無我」，再經由「無我」導向「涅槃」。參考莊春江大德〈學佛的基本認識〉與楊郁文大德〈綜論原始佛教之我與無我〉的精闢見解，加上自己的研究、修行心得，說明如下：

一、**厭離方面**：主要是透過無常想、苦想引發「厭離心」，再由「厭離心」而徹底離欲；只有證悟無我、無我所有，才能徹底遠離「我見、我愛、我慢、我癡」；遠離「我見、我愛、我慢、我癡」，才有可能徹底離欲清淨；然後滅盡貪、瞋、癡，漏盡解脫，屬於「生厭、離欲、滅盡」的修學方法。

二、**慈悲方面**：主要是透過「四無量心」——慈悲喜捨的建立，從對治貪心、瞋心、害心切入，從「慈悲利他」著手；時時與樂、處處拔苦、滿心歡喜、冤親平等；然後「依遠離、依無欲、依滅、向於捨」，並配合四念處、七覺支，一樣可以修證無我、無我所有。進而慢慢地消除了「我見、我愛、我慢、我癡」，然後滅盡貪、瞋、癡，漏盡解脫。亦即「慈悲、喜捨、利他」的修學方法。

不過，不管是三法印的「無常、無我、涅槃」，或是「生厭、離欲、滅盡」，還是「慈悲、喜捨、利他」都可以說是「緣起法」的充分發揮，以及「無我」的極致表現。從宇宙人生的眞相來看，依緣起法，在時間方面「諸行無常」；在人心方面「諸受是苦」；在空間方面「諸法無我」。若懂得看破紅塵，放下執取，無所貪染，就可以自覺「寂靜涅槃」。我們再從時間層面、空間層面、互動層面分析如下：

一、**時間層面**：從有情生命的「三世因果」來看，緣起法告訴我們，此有故彼有，此無故彼無；緣聚則生，緣散則滅，緣生緣滅，生滅變易，無有恆常。因緣條件的聚與散，決定一切人情事物的存在與消失。一切皆是因緣所生法，任何人不能逃脫生老病死，因爲有生必有死，沒有人可以替代。但是死並非代表結束，而是另外一個生命週期的開始，而且貫穿三世。有情生命是眾生由惑造業、由業感苦所招感生死相續的生命個體。人生就是一個「惑、業、苦」的無限循環，生死流轉不已。因此，從「諸行無常」的體認中，破除「我」是一個恆常不變的生命個體，一切皆是緣起，故「無我」。

二、空間層面：從有情生命的「組成元素」來看，「我」乃是五蘊和合而有，五蘊積集而成；若進一步分析，則會發現其中的色蘊乃四大和合而有，四大積集而成；分析到最後，和合積集的成分，最終也是緣起。其餘四蘊──受、想、行、識乃根、塵、識三事合觸因緣而有，亦是緣起。雜阿含經（卷四十五一一八六經／一二〇二經）云：如和合眾材，世名之為車；諸陰因緣合，假名為眾生。意思是說，就好像各種材料在因緣和合之下，組合成為一部車；有情生命也是一樣，五蘊在因緣和合之下，組合成為假名的眾生。因此，從「五蘊和合」的體認中，破除「我」是一個獨立不能分割的生命個體，最終也是緣起，故「無我」。

三、互動層面：從有情生命的「人我關係」來看，緣起法一樣告訴我們，此生故彼生，此滅故彼滅，一切皆是因緣所生法。有情生命之間互相依賴，互相扶持，互相影響。形成一個互助共生的生命共同體，不可分離；彼此之間，互為因果，互為條件，相互影響；你敬我一尺，我還敬你一丈。須知執取自我即是煩惱痛苦，慈悲利他反而成就自我。因此，從「有我就有苦」的體認中，破除「我」是一個自主自在的生命個體，故「無我」。所以說，不管是時間、空間、或是人我互動的層面，在在證明「諸法無我」，非「常、一、主、宰」。

總而言之，諸行無常告訴我們：客體的世間是緣起幻化，虛而不實。諸受是苦告訴我們：主體的人心是多欲貪求，雜染執取；諸法無我告訴我們：五蘊無常、非我、非我所有；寂靜涅槃告訴我們：苦滅的境界是熄滅煩惱，止息痛苦，解脫自在，心無罣礙。當我們穩當地走在八正道上，逐步成就正志、正語乃至於正定。而在成就正定的過程當中，佛陀常要我們思惟「苦集滅道」的道理，思惟緣起的道理，思惟四大、五蘊、六入處、十二處、十八界、無常、苦、無我、空的道理，在正定中澈悟生死流轉與還滅的智慧，心慧解脫，證果成聖。

第九節　聞慧、思慧、修慧

然而，如何在「正定」中澈悟生死流轉與還滅的智慧？最重要的就是要「實修佛法」。「理」上雖然懂了，「事」上則要親身體驗。「理」就是佛理、佛經、佛法；「事」就是實修、實踐、實證。修行學佛可以從「理」入，也可以從「事」入。基本原則爲「理事不可偏廢，多聞實修兼顧」。重點則是一法深入，實修實證，一通百通。修行學佛最忌諱在文字上做學問，而忘記了本身的修爲，忽略了實踐的功夫。必須做到聞思修證，理事圓融，才是恰當。佛陀說：想要得到智慧的開展，進入聖者之流必須遵守一定的修證程序。雜阿含經（卷三十　八五五經／八四三經）云：流者，謂八聖道。入流分者有四種：謂親近善男子、聽正法、內正思惟、法次法向。也就是說，想要入流證果成聖，就要實修八正道。在日常生活之中，親近佛法，思惟佛法，實踐佛法；經過聞思修證的過程，包括親近善士，聽聞正法，內正思惟，法次法向，才能引發無漏智慧，如法見法，趨入聖者之流。親近善士，聽聞正法是「聞慧」不可或缺的步驟。「親近善士」要我們多與善友來往，多向善知識請教。「聽聞正法」要我們多多聽聞佛法，研讀經典，以建立佛法正見，增長智慧。「內正思惟」則是「思慧」的步驟，思惟從善友及善知識處聞知的佛法正見，不是聽過就算了，還要深入地去消化沉澱，深植內心成爲我們行爲的準繩。「法次法向」則是「修慧」的步驟。「法次」是指佛陀開示的佛法，「法向」則是指趨向解脫生死、證入涅槃的修行程序。

「法次」包括：（一）生命的智慧：四食、五蘊、六入處、十二處、十八界；（二）人生的智慧：命由己造、是非善惡、因果業報、五趣流轉；（三）生活的智慧：三妙行、五戒、十善、中道生活；以及（四）解脫的智慧：三法印、四聖諦、八正道、緣起法、四正斷、四念處、七覺支、四禪、四無量心等。「法向」則如經中常說的厭、離欲、滅盡、解脫。或是依遠離、依無欲、依滅、向於捨。「厭」就是厭離、厭足、斷捨、捨棄、生起出離心。「依遠離」就是遠離諸惡不善法；「依無欲」就是離欲清淨；「依滅」就是熄滅貪、瞋、癡，永斷喜貪，心解脫；「向於捨」就是證菩提智，永斷無明，慧解脫。「法次法向」就是要我們依照佛陀的教誡，多聞佛法正見、思惟甚深妙法、實修佛陀正法。惟有透過聞慧、思慧、修慧的過程，才能向涅槃解脫的彼岸逐步邁進。然而，「聞、思、修」雖說有其先後之順序，但卻並非死板地分段執行，而是「聞、思、修」同步展開。相輔相成，同步進行，同步成長。

另外，在中阿含經裡，佛陀更是苦口婆心地把「聞慧、思慧、修慧」的過程與「八正道」的關係開示的非常清楚。中阿含經（卷十）習相應品食經（五二）云：是爲具善人已，便具親近善知識；親近善知識已，便具聞善法；具聞善法已，便具生信；具生信已，便具正思惟；具正思惟已，便具正念、正智；具正念、正智已，便具護諸根；具護諸根已，便具三妙行；具三妙行已，便具四念處；具四念處已，便具七覺支；具七覺支已，便具明、解脫。如是明、解脫，展轉具成。由此便可以了解，想要引發無漏智慧，生慧生明，解脫自在，必然要實修佛法，經過聞慧、思慧及修慧的過程，方得以達成。

也就是說，首先要成爲一個向善的人，具有正確的人生觀，建立是非善惡的標準，諸惡莫做，眾善奉行。然後要多結交良師益友，多親近善知識，多聽聞佛法正見，多研讀佛法經典。然後對於「佛、法、僧、戒」生起無比堅定的信心，無所懷疑。在建立正信之後，深入思惟，務必有所了解體悟。保持正確的念頭，念念皆善，進而形成正確的知識見解。有了正念正智之後，就會遠離諸惡不善法，善護心念，善護其身，守護六根，持戒清淨，不令我們的內心於外境有所雜染擾動。行「三妙行」，包括：意行善，口行善，身行善，做到正志、正語、正業、正命。然後依「四念處」，如實知一切「身、受、心、法」；繫心一處，住於定相；長養善法，以善治惡，內淨其心，以心治心；於「四念處」，修「七覺支」。以戒修止，以止修定，以觀修慧，止觀雙修，由定生慧，由慧生明，明則解脫。由以上可知，佛陀清楚地告訴我們：想要解脫自在，必須離棄無明而生明；想要生明，則必須靠智慧；想要智慧現前，則要依循聞慧、思慧、修慧的過程，確實按照佛陀的教誡八正道如實修行，完成「聞思修證」的程序，才能眞正地趨向涅槃解脫，修證成果。

依遠離、依無欲、依滅、向於捨

在聞慧、思慧、修慧的過程當中，不管是修八正道（雜阿含經　卷二十八　七七六經／七六四經），還是七覺支（雜阿含經　卷二十七　七四一經／七二九經），甚至包括安般法門（雜阿含經　卷二十七　七五八經／七四六經），不淨觀法門（雜阿含經　卷二十七　七五三經／七四一經），慈心法門（雜阿含經　卷二十七　七五六經／七四四經），四無色定法門（雜阿含經　卷二十七　七五七經／七四五經），乃至於無常想、苦想、無我想、空想、斷想、無欲想、滅想、死屍想等法門（雜阿含經　卷二十七　七五九經／七四七經），佛陀清楚地告訴我們：都要在「四念處」的基礎之下，依遠離、依無欲、依滅、向於捨，才能夠遠離諸惡不善法，離欲清淨。滅盡一切煩惱，捨離一切執取，無貪無染，無取無著，生慧生明，涅槃解脫。然而，什麼是「依遠離、依無欲、依滅、向於捨」呢？以下，我們參考釋從信法師《三十七菩提分》針對「依遠離、依無欲、依滅、向於捨」的獨到見解，加上個人的研究心得，整理說明如下：

一、依遠離——遠離諸惡不善法：所謂「依遠離」就是遠離諸惡不善法，遠離十惡業、五蓋等令我們身心不得清淨的各種惡法及不善法，證入斷界解脫，斷一切身惡行，而得遠離樂（雜阿含經 卷二十七 七二七經／七一五經）。「十惡業」包括：身惡業——殺、盜、邪淫；口惡業——妄語、惡口、兩舌、綺語；意惡業——貪、瞋、邪見。「五蓋」包括：欲貪蓋、瞋恚蓋、睡眠蓋、掉悔蓋、疑蓋。所謂「遠離樂」就是遠離諸惡不善法之後，身心自然生起的快樂。所謂「平常不做虧心事，半夜不怕鬼敲門」。聖嚴法師說：「只要心安，就有平安。」為什麼會有這些諸惡不善法呢？因為無明眾生為了滿足「色身」的需要，追求貪取「四食」而有一切身體的外顯行為（身行）。「四食」包括摶食、觸食、意思食與識食。「摶食」謀取三餐溫飽；「觸食」貪圖五欲、六塵之樂；「意思食」為滿足「我要」的欲望，懷抱希望而活；「識食」追求自我的存在與成就，執取自我不放。為了追求四食而有身行，一旦有身行就會有造業的能力；因而生起諸惡不善法，造諸惡業；一旦造業，隨業受報，進而流轉生死。

其次，為什麼會有色身呢？雜阿含經（卷二十四 六二三經／六〇九經）云：食集則身集。意思是說，因為有四食，所以有此色身；為了存續我們的色身慧命，我們需要仰賴四食而活。但是，若過於貪求四食則反而會變成促使此身造業的催化劑。既求健康溫飽，又要舒適快樂；既求妻財子祿，又要身分地位，還要實現自我成就，樣樣不可少。其中，「摶食」更是為了長養色身的生理需要，每天不得不面對。除了要吃得飽之外，還要吃得好，不但追求色、香、味，甚至還要吃得氣派有面子。雖然只是摶食一項，其實已同時具足觸食、意思食與識食的內涵。甚至飽暖思淫欲，隨後更有瞋恚、睡眠、放逸等諸惡不善法跟隨在後。這就是所謂的「食集則身集」。

爲什要遠離呢？因爲面對摶食乃至於四食，滿足則更增生貪念，不滿足則起瞋心、害念，進而造就一切身惡行，形成一個憂悲惱苦的人生。如何遠離呢？首先要培養「是非善惡，因果業報」的正見智慧，以避免再造惡業。其次，要建立「正觀四食」的智慧，以免反被四食所食。所謂「正觀四食」，當觀「摶食」如食親子肉，不求美味，但求存命；觀「觸食」如生剝牛皮，身如針刺，須戒愼恐懼；觀「意思食」如求出火城，烈火焚燒，應當遠離避開；觀「識食」如受百矛刺，穿身之痛，後患無窮（雜阿含經 卷十五三七二經／三七三經）。

雜阿含經（卷二十四 六二三經／六〇九經）云：食滅則身沒。意思是說，若欲究竟解脫，當於四食永盡喜貪，無所貪染，謂之食滅。不再爲了追求四食而過度貪求。只要能夠維持最基本的需求，足以存續慧命即可。切不可因爲四食而患得患失，若能如此，謂之食滅。食滅則憂悲惱苦的色身也滅，意謂著生死流轉亦將隨之終止。然而，若要於四食永盡喜貪，不起任何貪染，當從摶食做起。對於摶食，但求溫飽即可，不求山珍海味、氣派排場；保持身體健康，精進修行。摶食如此，爲了快樂而活的觸食、爲了希望而活的意思食、以及爲了實現自我而活的識食亦當如此。四食但求健康、愉悅、善良、清淨，這就是所謂的「食滅則身沒」。

而想要遠離諸惡不善法，就要從「四正斷」的「斷斷」下手。所謂「斷斷」就是已生惡法即刻令斷。而實踐「斷斷」以「善護心念」，「善護其身」，「飲食知量」爲證遠離樂之本。也就是說，要遠離諸惡不善法，如十惡業、五蓋，獲得遠離諸惡後所生起的平安喜樂，就要隨時善於守護我們的心念，不讓內心有邪惡的念頭產生。一有邪惡的念頭產生，就要立刻斬斷無餘。同時也要隨時善於守護此身的外顯行爲，不令造作任何惡行。而針對每天面對的三餐飲食，更不應該貪圖美味，過分要求，當少欲知足，適時適量，不讓身心因摶食而造作惡行。只要有一份正當的收入，日子過得下去，三餐不虞匱乏，就應該知足感恩，好好地用功修行。

然後依照「四念處」的「身念處」，一其心念攝持一切心法住身念處，身身觀念住，如實知身體的一切行止。也就是說，將我們的念頭專注在身體的每一個動作上，從前一身到後一身，從這一身到另一身，身身相續，無所間斷，立念在身，身身分明，對於每一個身行都清清楚楚地如實知。然後依遠離：遠離五蓋、遠離諸惡不善法，證「斷界解脫」。

何謂斷界解脫？雜阿含經（卷十七 四六三經／四六四經）云：斷一切行，是名斷界。意思是說，當我們斷除一切身惡行，停止造作惡業，遠離諸惡不善法，斷除五蓋，可得「斷界解脫」而得自在。然而斷一切行並非逃避躲入自我封閉的世界，而是斷除因無明而起的各種衝動行爲。並將「無明行」轉爲「明行」，亦即不再愚癡無知而行，當依佛法正見而行。雜阿含經（卷十五 三七二經／三七三經）云：摶食斷知已，於五欲功德貪愛則斷。意思是說，針對我們的色身，維持基本的溫飽即可，只要吃得健康，不應於三餐飲食有過分貪染。粗茶淡飯也好，好吃也好，不好吃也好，一切「隨緣自在」；摶食既斷，則五欲貪愛亦斷。如此便得以遠離諸惡不善法，從此日子過得心安理得，而得遠離樂。

二、依無欲——離欲清淨：所謂「依無欲」就是離欲清淨，證入無欲界解脫，離棄一切欲貪，而得無欲樂（雜阿含經 卷二十七 七二七經／七一五經）。欲貪包括眼愛美色、耳欲美聲、鼻喜妙香、舌貪美味、身樂妙觸。所謂「無欲樂」就是離棄欲望的勾引，因而獲得的一種離欲清淨的快樂。不被欲望所束縛，更不做欲望的奴隸。爲什麼會有這些欲望呢？因爲無明眾生爲了滿足五蘊身心自我，而透過六入處向外攀緣，追逐舒適快樂的觸食，進而不斷地生起樂受、苦受、不苦不樂受。因各種感受而興起各種欲望貪愛，糾結繫纏，煩惱叢生，進而流轉生死。

爲什麼會有各種感受生起呢？雜阿含經（卷二十四　六二三經／六〇九經）云：觸集則受集。意思是說，由於我們的六入處與外境六塵接觸，包括眼見美色，耳聞美聲，鼻聞妙香，舌嚐美味，身觸細滑，意思妙法，而不斷地興起各種欲望。亦即六根與六塵接觸，食六種觸食，喜貪六種妙境，例如美麗的景色，美妙的音樂，芳香的味道，可口的美食佳餚，舒服細滑的體觸，令人陶醉的意境等。若於此六觸心生貪染謂之「觸集」。透過「六入處」產生「觸」，透過「觸」則產生「受」。若緣「觸」有貪染，則緣「受」亦有貪染，這就是所謂的「觸集則受集」。

爲什麼要離欲呢？面對「五欲」的誘惑，我們會生起苦樂之心；當今的苦惱，皆由此而起。辛苦努力了半天，沒有獲得應得的，便會愁憂苦惱；就算得到了，又害怕會失去，一樣會愁憂苦惱。爲了守護所有，防止他人搶奪，導致互相攻擊，互相傷害，因而更加愁憂苦惱。加上欲貪本身也是無常變易之法，若不知守護節制，則欲望永無了時，愁憂苦惱也永無了時。

如何離欲呢？首先要培養「味、患、離」的智慧，以避免欲貪的勾引。什麼是「味、患、離」呢？根據雜阿含經（卷四　一〇四經／五八經）：緣色生喜樂，是名色味。若色無常，苦，變易法，是名色患。若於色調伏欲貪，斷欲貪，越欲貪，是名色離。受、想、行、識之味、患、離，亦如是說。意思是說，由於色身所產生的喜樂，令人回味再三，不肯捨離，稱之爲「色味」；但色身是無常的，無常故苦，是變易之法，無有恆久，內心若不堪受苦，後患無窮，稱之爲「色患」；若能夠調伏內心對於色身的欲愛，斷除對色身的貪染，甚至超越對色身的欲貪，稱之爲「色離」。受、想、行、識，亦如是說。因此，面對人生是苦，世間無常，我們要捨離欲貪的誘惑，背棄欲貪的束縛，超越欲貪的牽引，降伏我們的內心，淨化我們的內心，讓我們得以離欲清淨，離苦得樂。

其次，要建立「正觀諸受」的智慧，以免被情緒淹沒。所謂「正觀諸受」，當觀於樂受而作苦想：因爲樂受爲「貪使」所繫，欲壑難塡，後患無窮，故視樂受爲另一種苦，如此方不至於沉迷樂受，不可自拔。觀於苦受作劍刺想：因爲苦受爲「瞋使」所繫，瞋火焚身，火燒功德林，故視苦受如劍刺，身雖苦痛萬分，心卻不爲所動。觀不苦不樂受作無常想、滅想：因爲不苦不樂受爲「癡使」所繫，迷惘無知，邪見邪行，故視不苦不樂受爲無常，無常即非常，非常即變易，故現時雖不苦不樂，但轉眼苦受將至（雜阿含經　卷十七　四六六經／四六七經）。由於一切行無常，故說諸所有受悉皆是苦（雜阿含經　卷十七　四七二經／四七三經）。

雜阿含經（卷二十四　六二三經／六〇九經）云：觸滅則受沒。意思是說，當透過六根接觸六塵外境時，喜歡或不喜歡無所謂，討厭或不討厭無所謂，心無貪染，謂之「觸滅」。觸滅則於觸緣樂受、苦受、不苦不樂受時，亦是喜歡或不喜歡無所謂，討厭或不討厭無所謂，心無貪染，做到「身受心不受」。所謂「身受心不受」即是身體雖然感覺不好受，但內心卻不爲所動，這就是所謂的「觸滅則受沒」。

想要離欲清淨，就要從「四正斷」的「律儀斷」著手。所謂「律儀斷」就是未生惡法令不生。而實踐「律儀斷」以守護六根，持戒清淨爲證無欲樂之本。也就是說，想要離斷五欲的糾纏，離欲清淨，就要善於守護我們的六根門戶，以戒爲師，守五戒，行十善，止惡防非，持戒清淨，並從實踐六律儀著手。「守五戒」就是不殺生、不偷盜、不邪淫、不妄語、不飲酒。「行十善」就是不殺、不盜、不邪淫、不妄語、不惡口、不兩舌、不綺語、不貪、不瞋、不邪見。所謂「六律儀」就是以律儀約束我們的六根，眼見美色不生喜貪，眼見惡色不生厭惡，不管合意或不合意的色塵，都不會生起貪愛或厭惡之心；耳聲、鼻香、舌味、身觸、意法，亦復如是。若於六根接觸六塵，產生苦受、樂受、不苦不樂受時，唯生一受（身受），不生第二受（心受），即是所謂「身受心不受」。

然後依照「四念處」的「受念處」，一其心念攝持一切心法住受念處，受受觀念住，如實知身心生起的各種感受。也就是說，將我們的念頭專注在自身的各種感受上，或苦受、或樂受、或不苦不樂受。每一個感受都了了分明，沒有遺漏，也沒有中斷，受受相續，無所間斷，立念在受，受受分明，對於每一個感受都清清楚楚地如實知。然後依離欲：離於樂欲、苦欲、不苦不樂欲，身受心不受，離欲清淨，證「無欲界解脫」。

何謂無欲界解脫？雜阿含經（卷十七 四六三經／四六四經）云：斷除愛欲，是名無欲界。意思是說，當我們的六根接觸六塵而產生各種感受時，於樂受沒有欲貪、於苦受沒有欲貪、於不苦不樂受沒有欲貪，斷捨對五欲、六塵的貪愛，離欲清淨，可得「無欲界解脫」而得自在。欲貪之心完全斷除，特別是佔有欲與支配欲。不過，無欲界解脫並非什麼事都不做，而是認眞做事，不管得失，而且要成就他人。只要是有利於眾生的，都義無反顧，一點也沒有名利之心，更不要求回報。雜阿含經（卷十五 三七二經／三七三經）云：觸食斷知已，三受則斷。意思是說，針對我們的六根，要善加守護，遵守佛陀戒律，不應該追求過度的感官刺激，容易使欲心奔放。苦受也好，樂受也好，不苦不樂受也好，一切「歡喜自在」；觸食既斷，則三受亦斷，如此便不爲苦樂所動，不爲欲望所繫，離欲清淨，從此日子過得輕鬆自在，而得無欲樂。

三、依滅——永盡喜貪，心解脫：所謂「依滅」就是繫心一處，住於定相，內淨其心，以善治惡，證入滅界解脫，止息一切煩惱，熄滅貪、瞋、癡，而得寂滅樂（雜阿含經 卷二十七 七二七經／七一五經）。也就是說，把心收回來，安住一處，然後依止修定，淨化心靈，培養慈悲心，以善法對治惡法，降伏我們的煩惱。所謂「寂滅樂」就是貪、瞋、癡永伏不起，永盡喜貪，心解脫，寂滅最樂，達到寂靜涅槃的境界，故亦稱之為「涅槃樂」。為什麼會有貪念、瞋念、癡念產生呢？這是因為有情眾生執著五蘊——色、受、想、行、識為我，而欲心奔放，不斷向外追逐各種「我要」的欲望，希望未來能夠實現心目中的願望和夢想，來滿足意思食的渴望。這些欲望涵蓋三界中的各種「欲愛、色愛、無色愛」，愛染不已，不得清淨，因而生起貪念、瞋念、癡念，進而流轉生死。

為什麼我們這一顆「心」會生起雜染的念頭呢？雜阿含經（卷二十四 六一三經／六〇九經）云：名色集則心集。名色的「色」就是「色身」，是四大（地大、水大、火大、風大）所造；名色的「名」就是「心」，是「心識」的現象，涵蓋受、想、行、識。「名」或「心識」要依「色」而住。所謂「名色集」就是因為有「識」，所以有「名色」。亦即因為有「識」的相續，才得此五蘊身心。所謂「心集」就是有貪染的心；因為有貪染的心，而引發貪、瞋、癡等雜染的念頭。也就是說，透過「識」而產生「名色」，透過「名色」而產生「六入處」；使得「心識」可以透過「六入處」而與四食、五欲、六塵接觸而產生各種感受。樂受則生貪念；苦受則生瞋念；不苦不樂受則生癡念，這就是所謂的「名色集則心集」。

為什麼要寂滅呢？在遠離諸惡不善法，遠離十惡業、五蓋，斷一切身惡行，加上避開五欲、六塵的引誘，離欲清淨之後，接下來就要想辦法降伏我們的煩惱，讓我們的心念止息下來，達到寂滅的境界。如何達到寂滅呢？為了對治各種貪、瞋、癡等煩惱，淨化我們的內心，首先要培養「慈悲喜捨」的智慧，以善法對治各種惡法，以止息我們的妄念，令內心平靜下來。所謂「慈悲喜捨」包括「慈心」——心懷仁慈，沒有瞋恨，給人快樂；「悲心」——悲憫眾生，沒有害念，給人服務；「喜心」——真誠祝福，沒有嫉妒，給人歡喜；「捨心」——平等對待，沒有憍慢，給人尊重（增壹阿含經 卷七 安般品 一三〇）。

其次，要建立「正觀緣起」的智慧，以免愚癡無知，無慧無明，邪見邪行，煩惱氾濫。所謂「正觀緣起」就是世間的一切，皆因緣所生法，緣聚則生，緣散則滅。此有故彼有，此生故彼生，此無故彼無，此滅故彼滅。由於緣起，所以萬法緣生，萬法緣滅。由於緣生緣滅，所以有變易；由於變易，所以有生滅；由於有生滅，所以諸行無常；由於諸行無常，所以諸受是苦；由於諸受是苦，所以諸法無我；由於諸法無我，所以寂靜涅槃（雜阿含經 卷二 三九經／二六二經；雜阿含經 卷二 四七經／二七〇經）。

雜阿含經（卷二十四 六二三經／六〇九經）云：名色滅則心沒。意思是說，若於四食無所貪染，透過「識」所產生的「名色」就沒有貪染，透過「名色」所產生的「六入處」也就沒有貪染。因爲無所貪染，當「識」消滅的時候則不入「名色」，「名色」消滅的時候則「心」也跟著息沒。亦即當我們於意思食不生貪念、不生瞋念、不生癡念，則於世間一切無所貪染，這就是所謂的「名色滅則心沒」。

故當如實知色、受、想、行、識無常、苦、非我；非我者無我、無我所有，我非彼所有、彼非我所有。於意思食不生貪念、瞋念、癡念而得寂滅樂。眞正的快樂，恆常的快樂就是寂滅樂，而不是愚癡無聞凡夫所追求的四食、五欲、六塵之樂。當我們的內心不再被貪、瞋、癡所繫，就不再有煩惱，不再有痛苦，內心呈現出一種詳和的寧靜。內心平靜無波，怡然自得，超然自在，依此寂滅而於意思食得寂滅樂。

想要止息一切心念，就要從「四正斷」的「隨護斷」著手，所謂「隨護斷」就是未生善法令生。而實踐隨護斷以繫心一處、住於定相、修止生定爲證寂滅樂之本。意思是說，想要熄滅貪、瞋、癡，止息一切煩惱，首先就要將我們的心收回來，專注固定在一個地方，不使散亂，然後將心安住在禪定之相，藉著止息心中的妄想來修習禪定。然後要令未生起的善法生起，對治各種煩惱惡法。故當從靜坐調心，長養善法，以善治惡，內淨其心，以心治心著手。意思是說，我們可以透過靜坐的方式，調整我們的內心，培養生起各種善法，然後以善法對治各種惡法，或念安般、或念佛、或慈心觀、或不淨觀，或緣起觀，慢慢地淨化我們的內心，增長我們的善心，然後以善心對治各種惡心，調伏各種惡法、惡心等煩惱。

然後依照「四念處」的「心念處」，一其心念攝持一切心法住心念處，心心觀念住，如實知內心生起的各種心念。也就是說，將我們的念頭專注在內心生起的各種心念上，或貪、或瞋、或癡。每一個心念都了了分明，沒有遺漏，也沒有中斷，心心相續，無所間斷，立念在心，心心分明，對於每一個心念都清清楚楚地如實知。然後依滅：滅盡貪、瞋、癡，永盡喜貪，心解脫，證「滅界解脫」。

何謂滅界解脫？雜阿含經（卷十七 四六三經／四六四經）云：一切行滅，是名滅界。意思是說，針對我們不清淨的心，所引發不清淨的心念與行爲，我們要透過修止修定，令我們煩燥浮動的心止息下來，加以調伏、淨化、改造。進而滅盡一切衝動邪惡的身行，滅盡一切顚倒妄想的心行。一切身行、心行俱滅，煩惱滅盡，永斷貪、瞋、癡，可得「滅界解脫」而得自在。但一切行滅並非灰心愍智，槁木死灰；反而是精神充沛，活力充滿，心懷慈悲喜捨，勉力濟世度眾。雜阿含經（卷十五 三七二經／三七三經）云：意思食斷者，三愛則斷。也就是說，針對我們的內心，要生起善法、善心，對治惡法、惡心，不應該追求過度的「我要」渴望。沒有是應該，有是賺到；有也好，沒有也好；過程盡情揮灑，結果坦然面對；一切得失放下，一切清涼自在。意思食既斷，則三愛：欲愛、色愛、無色愛亦斷。如此便能泯滅諸想，止息諸行，熄滅貪、瞋、癡，從此日子過得寧靜安詳，而得寂滅樂。

四、向於捨——永斷無明，慧解脫：所謂「向於捨」就是無貪無染，無取無著，不善法捨，善法亦捨，證入捨界，放下妄執，證菩提智，永斷無明，慧解脫而得菩提樂（雜阿含經 卷二十七 七二七經／七一五經）。所謂「菩提樂」就是遍知過去、未來、現在一切行的生起與消滅，智慧無礙，解脫一切煩惱。爲什麼會有貪染與妄執呢？這是因爲有情眾生愚癡無明，貪染世間；無有智慧，妄執五蘊身心爲我。爲了滿足識食，而不斷追求自我的成就，來證明自我存在的價値，進而增長對自我的癡迷與執取；所謂「無明爲父，愛染爲母」，不肯捨離，進而流轉生死。

爲什麼會有善法、不善法生起呢？雜阿含經（卷二十四 六二三經／六〇九經）云：憶念集則法集。「憶念」就是「記憶」的儲存。所謂「憶念集」就是透過「無明」而產生「業行」，再透過「業行」而產生「識」的意思。因爲「無明」而有種種「業行」，造種種業；因爲造種種業，於是有相續不斷的累世記憶的儲存作用，即「緣行有識」。透過「業行」而產生「識」，進而生死相續，謂之「憶念集」。譬如油燈火焰，異生異滅，雖無常變易卻相續不斷。所謂「法集」就是指世間萬法、一切現象的集起。這一切法的集起都是透過「無明」而產生「業行」，再透過「業行」而產生「識」的「憶念集」，使「業行」相續不斷，「憶念」亦隨之相續不斷，而有種種善法、不善法產生。也就是說，透過「無明」而產生「業行」，透過「業行」而產生「識」；再透過「識」的集起而「憶念」亦隨之集起。「憶念」集起則「世間萬法」亦隨之集起，這就是所謂的「憶念集則法集」。

爲什麼要向於捨呢？在遠離諸惡不善法，離欲清淨，止息心念之後，接下來就要想辦法引發無漏智慧，以觀修慧，以慧生明，方能永斷無明，得慧解脫。如何向於捨呢？首先，要建立「三法印」的智慧，以免執取不放。所謂「三法印」就是諸行無常、諸法無我、寂靜涅槃（雜阿含經 卷二 三九經／二六二經）。「三法印」是當今公認的佛陀正法。意思是說，世間一切的現象都是無常的，世間一切的萬法皆是無我的，唯有如此才能證入寂靜涅槃的境界。無常是宇宙人生的眞相，無我是淨化心靈的智慧，寂靜涅槃是解脫自在的境界。尊貴的蓮生聖尊認爲：「諸行無常」是時間上的現觀，世間的一切現象都是隨著時間遷流變化，剎那剎那生滅不已，故「諸行無常」。「諸法無我」是空間上的現觀，世間的一切現象都是依於緣起，身依四大而緣起，心依五蘊而緣起，緣生則聚，緣散則滅，故「諸法無我」。所以說，世間的一切現象，均是一時間、一空間的幻象，皆是緣起，無常而幻有。在澈悟「無我」之後，於諸世間都無所執取。無所執取就無所貪愛染著，無所貪愛染著故自覺「寂靜涅槃」。其次，要培養「正觀五蘊」的智慧。所謂「正觀五蘊」就是觀色無常，觀色是苦，觀色非我，觀色非我所有，觀色是空；受、想、行、識，亦如是觀（雜阿含經 卷一 一經／一經）。其次，觀色如聚沫、受如水上泡、想如春時燄、諸行如芭蕉、諸識法如幻。意思是說，五蘊個個都不實在，「色」就像聚集的泡沫一般，爲時甚短；「受」就像水上的泡泡一般，瞬間破滅；「想」就像春天的陽光照射所產生的陽燄一般，虛幻不實；「行」就像芭蕉的樹幹一般，沒有實在；「識」就像魔術師變魔術一般，如幻似眞。而且如病、如癰、如刺、如殺，五蘊個個都不爲人所喜愛，像病症、膿胞、刀刺、凶殺一般，令人厭惡，故當捨離（雜阿含經 卷二 四二經／二六五經）。

雜阿含經（卷二十四 六二三經／六〇九經）云：憶念滅則法沒。意思是說，透過對無常、苦、無我的觀察，放下對於自我的貪染與執著，是爲「憶念滅」。譬如油燈不增油則滅，則於識食斷喜貪而證入涅槃，得菩提智，不善法捨，善法亦捨。亦即滅除「無明」之後則「業行」滅，滅除「業行」之後則「識」滅，滅除「識」之後則「憶念」滅，滅除「憶念」之後則「萬法息沒」，這就是所謂的「憶念滅則法沒」。

想要證得涅槃，須滅盡貪、瞋、癡方得「涅槃樂」；欲滅盡貪、瞋、癡，則須增長「菩提智」；欲增長「菩提智」則必須趨向涅槃。所謂「菩提智」就是經由對「佛、法、僧、戒」四不壞淨的深信不疑，以「苦集滅道」的思惟方式，正觀五蘊、六入處、世間無常、苦、空、非我，而澈見涅槃，一切皆捨，無取無著，平等不二，放下妄執，依捨無貪、無染，於識食得菩提樂。「菩提」者正覺也；「正者」至高無上，不偏不倚；「覺者」

澈悟人生，破除煩惱；證得「正覺」的大智大慧，是謂「菩提智」。

想要證菩提智，就要從「四正斷」的「修斷」著手，也就是「已生善法令增長」。而實踐「修斷」以增長智慧，修「七覺支」，對治五蓋，修觀生慧為證菩提樂之本。意思是說，想要開顯「無漏智慧」，證菩提智，就要不斷地增長智慧，修觀生慧，以斷除無明，包括「生命的智慧」，如五蘊、六入處等；「人生的智慧」，如因果業報、五趣流轉等；「生活的智慧」，如五戒十善、中道生活等；以及「解脫的智慧」，如四聖諦、八正道、緣起法等。然後遵循「七覺支」的方法，根據修行學佛者的狀況、習性、偏好，選擇適當的覺支，或念覺支、或擇法覺支、或精進覺支、或喜覺支、或息覺支、或定覺支、或捨覺支，對治三毒、四食、五欲、五蓋、六塵等諸惡不善法，令已生善法增長擴大，智慧日日增長，法法渡向彼岸。

然後依照「四念處」的「法念處」，一其心念攝持一切心法住法念處，法法觀念住，如實知內心生起的各種法。也就是說，將我們的念頭專注在內心生起的萬法上，或善法、或惡法、或不善不惡法。每一個法都了了分明，沒有遺漏，也沒有中斷，法法相續，無所間斷，立念在法，法法分明，對於每一個法都清清楚楚地如實知。然後向於捨：放下妄執，透過法念處滅除「憶念」，永斷無明，慧解脫，證「捨界解脫」。

最後，厭、不厭俱捨；善法捨、不善法捨；向於捨而永斷無明，得到智慧上的開展與提昇，得「捨界解脫」。從此放下對「我是、我能、我所、我愛、我見、我慢、我癡」的執取，眞正做到「無我」的境界。放下自我，放下妄執，能所俱捨，念念為眾生，處處為眾生。一切平等無差別。平等看待一切眾生，平等對待一切眾生，眞正做到難捨能捨，做到冤親平等。一切皆捨，捨之又捨，連捨也要捨，智慧現前，任運自在。

雜阿含經（卷十五 三七二經／三七三經）云：識食斷知者，名色斷知；名色斷知者，多聞聖弟子於上更無所作。也就是說，有情生命因爲「無明」而執取五蘊身心爲我，以識爲食，不斷地追求自我的存在與成就，難捨難離。因爲「有我」，而生出各種「我愛、我見、我慢、我癡」，進而爲了維護自我、發展自我，而透過「六入處」向外攀緣，不斷追求「四食、五欲、六塵」來滿足自我，進而生出各種欲望貪愛，有染有著，不肯捨離，更進而生起「見諍、愛諍」、「貪念、瞋念、癡念」，糾紛鬥爭，困擾煩憂。所以說，源頭就在「無明」，根本就在「識食」；「識食」若斷則「名色」斷，「名色」若斷則「生死」亦斷。如此促使我們流轉生死、沉淪苦海的「無明」，亦將因「菩提智」的展開而永斷無餘，生慧生明，進而得菩提樂。

綜合來說，從橫向角度來看：依遠離、依無欲、依滅、向於捨，分別是在四念處「身、受、心、法」的基礎下，所展開的系統化修證程序。在「定義」方面：針對「身」要遠離諸惡不善法；針對「受」要離欲清淨；針對「心」要熄滅貪、瞋、癡；針斷「法」要「證菩提智」，最後涅槃解脫，登上彼岸，永斷生死。在「四食」方面：針對「身」要於「摶食」飲食知量，但求溫飽健康；針對「受」要於「觸食」無所貪染；針對「心」要於「意思食」不生貪、瞋、癡念；針對「法」要於「識食」斷妄執、捨喜貪。在「四正斷」方面：針對「身」要善護心念，善護其身，已生惡法即刻令斷，斷一切身行；針對「受」要守護六根，持戒清淨，未生惡法令不生，身受心不受；針對「心」要住於定相，內淨其心，未生善法令生，以善治惡；針對「法」要依「四念處」，修「七覺支」，已生善法令增長，放下妄執。在「四念處」方面：針對「身」要如實知一切身行，身身觀念住，警戒身心；針對「受」要如實知一切感受，受受觀念住，依律修戒；針對「心」要如實知一切心行，心心觀念住，依止修定；針對「法」要如實知一切善法、不善法，法法觀念住，依觀修慧。

在「智慧」方面：要以「四聖諦」——苦集滅道的方式來思惟宇宙人生的一切現象；針對「身」要培養「因果業報」的智慧，培養「正觀四食」的智慧；針對「受」要培養「味、患、離」的智慧，培養「正觀諸受」的智慧；針對「心」要培養「慈悲喜捨」的智慧，培養「正觀緣起」的智慧；針對「法」要培養「三法印」——諸行無常，諸受是苦，諸法無我的智慧，培養「正觀五蘊」的智慧；最後在「解脫與快樂」方面：針對「身」要停止再造惡業，身行止息，證斷界解脫，隨緣自在，得「遠離樂」；針對「受」要離斷五欲，心行止息，證無欲界解脫，歡喜自在，得「無欲樂」；針對「心」要永斷喜貪，心解脫，證滅界解脫，清涼自在，得「寂滅樂」；針對「法」要永斷無明，慧解脫，證捨界解脫，任運自在，得「菩提樂」。

從縱向角度來看：（一）「依遠離」就是根基在「身念處」，遠離諸惡不善法；於「摶食」飲食知量，但求溫飽健康；依「斷斷」，善護心念，善護其身，已生惡法即刻令斷，斷一切身行；如實知一切身行，身身觀念住，警戒身心；培養「因果業報」的智慧，培養「正觀四食」的智慧；停止再造惡業，身行止息，證斷界解脫，隨緣自在，得遠離樂。（二）「依無欲」就是根基在「受念處」，離欲清淨；於「觸食」無所貪染；依「律儀斷」，守護六根，持戒清淨，未生惡法令不生，身受心不受；如實知一切感受，受受觀念住，依律修戒；培養「味、患、離」的智慧，培養「正觀諸受」的智慧；離斷五欲，心行止息，證無欲界解脫，歡喜自在，得無欲樂。（三）「依滅」就是根基在「心念處」，熄滅貪、瞋、癡；於「意思食」不生貪、瞋、癡念；依「隨護斷」，住於定相，內淨其心，未生善法令生，以善治惡；如實知一切心行，心心觀念住，依止修定；培養「慈悲喜捨」的智慧，培養「正觀緣起」的智慧；永斷喜貪，心解脫，證滅界解脫，清涼自在，得寂滅樂。（四）「向於捨」就是根基在「法念處」，證菩提智，於「識食」斷妄執、捨喜貪。依「修斷」，於四念處，修七覺支，已生善法令增長，放下妄執。如實知一切善法、不善法，法法觀念住，依觀修慧。培養「三法印」——諸行無常，諸受是苦，諸法無我的智慧，培養「正觀五蘊」的智慧；永斷無明，慧解脫，證捨界解脫，任運自在，得菩提樂。

定義	依遠離	依無欲	依滅	向於捨
程序	身	受	心	法
四食	摶食	觸食	意思食	識食
四正斷	斷斷	律儀斷	隨護斷	修斷
	善護心念，善護其身	守護六根，持戒清淨	住於定相，內淨其心	依四念處，修七覺支
	已生惡法即刻令斷	未生惡法令不生	未生善法令生	已生善法令增長
	斷一切身行	身受心不受	以善治惡	放下妄執
四念處	身念處	受念處	心念處	法念處
	身身觀念住	心心觀念住	受受觀念住	法法觀念處
	警戒身心	依律修戒	依止修定	依觀修慧
緣起	斷行	斷觸	斷愛	斷取
	因果業報	味、患、離	慈悲喜捨	三法印
智慧	正觀四食	正觀諸受	正觀緣起	正觀五蘊
	四聖諦：苦聖諦、苦集聖諦、苦滅聖諦、苦滅道跡聖諦			
解脫	停止造業	離斷五欲	永斷喜貪	永斷無明
	身行止息	心行止息	心解脫	慧解脫
	斷界解脫	無欲界解脫	滅界解脫	捨界解脫
	隨緣自在	歡喜自在	清涼自在	任運自在
快樂	遠離樂	無欲樂	寂滅樂	菩提樂

第十節　出世間正定

總而言之，正定就是正確的禪定。讓我們那一顆擾動的心透過禪定的方法止息下來，或依「安般」、或依「念佛」、或依「慈心」，繫心一處，住於定相。但絕不能只是追求禪定上的快樂，或是比較禪定境界的高低而已。若是如此，則只是趨向善的道路前進，屬於「善趣正定」或「世間正定」而已。一旦離開定境，又是凡夫一個，很快又會被世間煩惱所束縛。因此，能夠協助我們開顯無漏智慧、解脫人生煩惱與痛苦的「無漏正定」或「出世間正定」才是我們追求的目標。然而，如何才能眞正做到「無漏正定」或「出世間正定」呢？雜阿含經（卷二十八　七九七經／七八五經）云：謂聖弟子苦苦思惟，集、滅、道道思惟，無漏思惟相應心法，住，不亂、不散、攝受、寂止、三昧、一心，是名正定是聖、出世間，無漏、不取、正盡苦，轉向苦邊。也就是說，聖弟子們應該如實地了解「苦集滅道」的眞實內涵，依照「苦集滅道」的思惟方式，用無漏思惟來止息我們的內心，進入正確的禪定。亦即苦諦當知：找出問題的所在；集諦當斷：找出根本的原因；滅諦當證：修證苦滅的境界；道諦當修：實施滅苦的方法。首先要住心一處，心不散亂，攝受其心，寂滅靜止，止息妄想，入於三昧定相，專一心志，如如不動。並隨時抱持「四聖諦」——苦集滅道的正見，依遠離：遠離諸惡不善法；依無欲：離欲清淨；依滅：熄滅貪、瞋、癡，永斷喜貪，心解脫；向於捨：證菩提智，永斷無明，慧解脫（雜阿含經　卷二十八　七七六經／七六四經）。念念趨向涅槃，法法渡向彼岸。這就叫做聖者、出世間、無漏、無所執取、眞正滅盡痛苦、超離苦邊的「出世間正定」。

第十一節　漏盡解脫

八正道的內容至此我們已經全部說明完成。「世間的八正道」教我們諸惡莫做，眾善奉行；「出世間的八正道」則教我們自淨其意，漏盡解脫。達到所謂「聖、出世間，無漏、不取、正盡苦，轉向苦邊」的解脫境界。亦即證果成聖、出離世間、斷盡煩惱、放下執取、滅盡痛苦、超脫苦海。雜阿含經（卷三 五五經／六四經）云：云何漏盡？無漏心解脫、慧解脫，現法自知作證具足住。我生已盡，梵行已立，所作已作，自知不受後有。意思是說，什麼是漏盡？漏盡就是斷盡一切煩惱，止息一切痛苦，永斷喜貪，心解脫；永斷無明，慧解脫。當下自知、自覺、自證。「我生已盡」：生死流轉已經到了盡頭，從此不會再去受生受苦，不生也就不滅。「梵行已立」：清淨高尚的行爲已經建立，不會再造三惡業，不再生起三毒，不再迷戀四食、五欲、六塵，身心清淨。「所作已作」：該做的都已經做了，不會覺得有所缺乏與遺憾，對於世間的一切，無所貪染執著。「自知不受後有」：從此以後再也不會受生，再也不會落入六道輪迴，無始長久以來的生死、煩惱、痛苦、沉淪，從此告一段落。

所以說，「解脫」就是遠離煩惱、欲貪之糾纏，解除惑業之繫縛，脫離三界之苦果，離開糾纏、繫縛、苦果而得自在。然而，什麼是永斷喜貪，心解脫；永斷無明，慧解脫呢？雜阿含經（卷三十七 一〇一五經／一〇二七經）云：比丘，貪欲纏故，不得離欲。無明纏故，慧不清淨。是故，比丘，於欲離欲，心解脫，離無明故，慧解脫。若比丘於欲離欲，心解脫，身作證，離無明，故慧解脫，是名比丘斷諸愛欲，轉結縛，止慢無間等，究竟苦邊。意思是說，由於被欲望與貪愛所糾纏，因此內心不得清淨；由於被愚癡與無明所糾纏，因此智慧不得開顯。所以我們要離欲清淨，永斷見獵心喜、貪求攀緣之心，經由內觀禪定之力，離貪愛而斷一切煩惱，是「心解脫」。

另一方面，則要離棄無明，永斷愚癡無知，以智慧之力斷盡三界見惑煩惱、思惑煩惱，是「慧解脫」。「見惑煩惱」包括身見、邊見、見取見、邪見、戒禁取見。「思惑煩惱」包括貪、瞋、癡、慢、疑。果眞如此斷諸愛欲，離諸結使、束縛，就連無所間斷的細微我慢也被降伏了，就可以知道痛苦終於到了盡頭。雜阿含經（卷二十二 佚失／五八一經）云：已離於我慢，無復我慢心，超越我、我所，我說爲漏盡，於彼我、我所，心已永不著，善解世名字，平等假名說。意思是說，一旦遠離我慢，不再生起我慢之心，就可以超越無我、無我所有的層次，達到漏盡解脫的境界。對於我及我所有，內心不再有所染著，充分了解世間的一切，都是緣起，都是因緣所生，平等無差別，只是虛設假名存在，是無常而幻有的。

因此，我們可以了解，依「定力」離一切欲望而漏盡解脫者，謂之「心解脫」；依「慧力」通曉法義而漏盡解脫，但定力尚未精通者，謂之「慧解脫」；定慧俱修，理論與禪定兼備而心慧解脫者，謂之「俱解脫」。「心解脫」者，依正定四禪，離生喜樂，定生喜樂，離喜生樂，離苦息樂，以「色界」的四禪成就遊而得心解脫；乃至於依「無色界」的四無色定或最高層次的「滅盡定」成就遊而得心解脫。「慧解脫」者，就是以「菩提智」而自知、自覺、自證，不過是「先知法住，後知涅槃」。所謂「先知法住，後知涅槃」是指先見緣起流轉生死之因，次證緣起還滅涅槃之果（雜阿含經 卷十四 三四六經／三四七經）。前者謂之「法住智」，澈悟諸行無常，諸受是苦之理；後者謂之「涅槃智」，親證諸法無我，寂靜涅槃之智。「慧解脫」者雖然禪定功夫不深，但已見法得法，以「先知法住，後知涅槃」的知見，依「法次法向」，念念轉趨涅槃。

參考釋從信法師《阿含經的疑難》的看法：佛陀的侍者阿難尊者就是「先知法住，後知涅槃」最好的一個例證。佛陀在世時，阿難遍聞一切經教卻未能證果；一直到佛陀入滅後，在身體想要躺下來休息時，就在頭部碰觸到枕頭的瞬間，才自證阿羅漢。也就是說，修行學佛並非人人聞法即可悟道證果，就算精進修行也不見得馬上就有成效，要能忍得住寂寞。但是我們可以「先知法住，後知涅槃」，先聞法、見法、得法，然後精進修行；不問煩惱何時永盡，但問有無日日用功。不過，也不能只是空想、空定，須時時專精思惟，思惟四聖諦、八正道、緣起法、無常、苦、無我、涅槃之理，隨憶、隨覺、隨觀。一旦因緣成熟，霎時證果成聖，是謂「先知法住，後知涅槃」。然而，不管是心解脫、慧解脫或是俱解脫的聖者，雖然禪定的功力深淺不一，只要斷盡「五下分結」，以及「五上分結」等結使煩惱，於一切法無貪無染，無取無著，就可以三毒漏盡，五蓋漏盡，無明漏盡。一旦諸漏已盡，則漏盡解脫；一旦漏盡解脫，則寂靜涅槃。從此不再墮入三界輪迴，五趣流轉，也不再受生死之果報（雜阿含經 卷五 一一二經／一一○經）。

雜阿含經（卷二 八五經／三九經）云：解脫已，於諸世間都無所取、無所著。無所取、無所著已，自覺涅槃。意思是說，一旦漏盡解脫，則於世間的一切都不再有所執取，也不再有所染著。一旦不再有所執取，不再有所染著，就可以自知、自覺、自證，最終證入寂靜涅槃。此外，涅槃的別名又叫解脫，但並非一定要死後才有解脫，而是當下解脫。雜阿含經（卷九 二五六經／二五四經）云：貪、恚、癡盡，是名眞實解脫。也就是說，只要我們滅盡貪、瞋、癡，就可以證入「寂靜涅槃」的眞實解脫境界，而且是現世即得解脫，不必等到死後。在日常生活當中，不管是獨處或是與人相處互動的時候，只要我們當下放下得失，不再貪愛染著；放下瞋恨，不再亂發脾氣；放下執取，不再癡心妄想，內心平靜無波，清涼自在，沒有負擔，毫無牽掛，滿心歡喜，充滿愉悅、幸福、快樂的感覺，當下即是涅槃。斷一分煩惱，即得一分涅槃；斷十分煩惱，即得十分涅槃。而且，人人可以得涅槃，處處可以得涅槃，時時可以得涅槃。可見得涅槃並非如此遙遠，涅槃其實就在我們的身邊，涅槃其實就在我們的心中。一個人若能常住涅槃，煩惱又將何在？因此，我們應當遵守佛陀的教誡——八正道，住心一處，得定得樂，並按照既定的修行順序，勤修戒、定、慧，熄滅貪、瞋、癡，讓自己能夠長住涅槃，煩惱永盡，心無執取，諸漏解脫（中阿含經 卷二十二 穢品 求法經 八八）。

所以說，修行學佛，實修佛法，就是爲了解脫人生的煩惱與痛苦。什麼是佛法？當然是指佛陀的教法，或是合乎「三法印」原則的皆是佛法。尊貴的蓮生聖尊《魔眼》提到：什麼是佛法？如果以方便來說，能夠幫助我們去除貪、瞋、癡的無一不是佛法。因爲不管任何人、任何事，全是在教我們成佛涅槃之道，不管善惡、是非、好壞、對錯、正邪，全是佛法。不過，從修行的境界來看：如果只是知道是非善惡、因果業報，發善心，求生善趣是「小」；如果能夠進一步了解「有」、了解「無」、了解「空」，發出離心，求出三界是「中」；如果能夠做到通達「般若」與「大悲」無二，慈悲利他，發菩提心，發願度眾是「大」。

不管是「小」、是「中」、還是「大」的佛法，這些佛法的基礎就是四聖諦、八正道。當我們看懂了這些方法，也認同了這些方法，甚至持續在四聖諦、八正道的實踐基礎上，從善惡、因果、緣起、無常、苦、無我上學會了斷煩惱、滅痛苦的方法之後，慢慢地我們會發現：得失心變小了，脾氣變好了，越來越有智慧了，人我糾紛越來越少，家庭越來越和樂，煩惱與痛苦越來越少，生活越來越平安喜樂，人生越來越踏實，生命越來越有意義。同時，我們也要秉持著一顆慈悲喜捨的心，一顆漂亮的心，一顆菩提心，一顆希望解救所有眾生脫離苦海的心，結合慈悲與智慧，將佛陀開示無上尊貴的方法分享給有緣的有情眾生，教導有情眾生斷盡一切煩惱，止息一切痛苦。就像佛陀當年澈悟宇宙人生的眞相，獲得究竟解脫之後，還須遊化人間，隨緣說法，利益有情，成爲人天導師，這也才是佛陀開示解脫人生煩惱與痛苦的方法之本意。

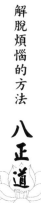

第十二章 结語

春有百花秋有月
夏有涼風冬有雪
若無閒事掛心頭
便是人間好時節

第一節　人生真實苦

世間無常而苦迫，人心多欲而貪求，以多欲之心面對無常的世間，難免會產生許多的煩惱與痛苦。欲望若是沒有得到滿足，就容易起瞋恨心；瞋恨心一旦生起就容易生出害心；害心一旦生起就容易唆使我們的五蘊身心去造作惡業，而傷害他人。不僅令自己承受苦果，也造成他人的困擾。另一方面，就算欲望暫時得到滿足，但是由於人心實在是貪得無厭，一旦貪不到也會起瞋心、害心。加上世間緣起，無常變易，一切的人情事物都在無形之中變遷轉化，內心求其恆常自在而不可得，有也會變成沒有，得到也會變成失去，患得患失，內心不得清淨。甚至爲了守護所有，防止他人侵奪而起衝突，造成一個紛紛擾擾的世間。

所以說，人生眞實苦，人生眞的是很苦。人生若沒有任何痛苦，也就沒有追求解脫的必要了。偏偏人生當中充滿了各種痛苦：生老病死苦、求不得苦、愛別離苦、怨憎會苦、憂悲惱苦。而且，這些痛苦不是這一世結束就沒有了，而是會在生生世世中，不斷地重覆出現。而且生了又死，死了又生，生生死死，死死生生。或在「人間道」受苦，承受生離死別，愛恨情仇，貧病饑寒等痛苦；或在「畜生道」受苦，承受動物世界弱肉強食，互相殘殺，朝不保夕等痛苦；或在「餓鬼道」受苦，承受長期饑渴，不淨爲食等痛苦；或在「地獄道」受苦，承受各種刑逼責罰，如刀割、劍刺、石壓、火燒、風寒、冰凍、狼噬、鳥啄、吞熱鐵、飲流銅、生撥皮等苦刑，無時無刻不在受苦。唯一比較沒有受苦的是在「天界」，可是一旦福報享盡了，終究還是要墮落，繼續在生死苦海中沉淪，在五趣中流轉。可憐又可悲的是有情眾生在修證解脫前，會不斷地在這大輪迴中，團團轉，受苦不已。

第二節　業力的牽引

有情眾生爲什麼會在五趣中流轉，時而受苦、時而享福呢？這是因爲受到「業力」的牽引。爲什麼會有「業力」呢？這是因爲我們的行爲不斷地在造業，行善業就得善報，因而可以在人天善趣享受福報；行惡業就得惡報，因而墮落三惡趣受苦。什麼是「善」？「心淨利他」謂之善。什麼是「惡」？「心不淨損人」謂之惡。種善因，得善果；種惡因，得惡果。由此可知，我們的行爲受到無形的「善惡系統」所監控，「萬有因果律」所制裁，「業力法則」所牽引，只要是有意造業，必受其報。善業必招感善報，惡業必招感惡報；種如是因，必得如是果；欲得如是果，必種如是因。業因既造，則必然於未來因緣成熟時，受到業力的牽引，招感應得的果報。所謂「因果業報，屢試不爽」。而且是自作自受，自受自作。只要造業不斷，就會牽引著有情眾生在五趣中流轉。尊貴的蓮生聖尊《月光流域》說：「一個人的上昇及下墮，決定於自己的善惡因緣。」

第三節　欲貪與無明

有情眾生爲什麼要造業呢？主要就是因爲我們內心不清淨，有欲望，有貪求，有愛染。有貪就有瞋，有愛就有恨。瞋恨一起，後患無窮，所以佛陀說：「欲爲苦本。」爲什麼會有欲望呢？歸咎起來，根本原因就是因爲愚癡無明，不知不見宇宙人生的眞相，缺乏正知正見，沒有智慧，因而妄執五蘊身心爲我。以爲有一個眞實的、可以自主的「我」存在，而使得我們對於內在的五蘊身心，以及外在的人情事物，或四食、五欲、六塵有所貪愛染著。而時時刻刻向外追求一切來滿足自我，包括物質上與精神上的欲望，生理上或心理上的需求。所以，我們看到大部分的人，一生當中不外乎就是被這些世俗的欲望與需求所淹沒，包括學業、婚姻、事業、房子、名利、祿位、妻子、兒女等，以及食、衣、住、行、育、樂及醫藥等等的需求。在這些世俗的欲望與需求環繞之下，一旦有所貪愛染著，就會患得患失；一旦患得患失，就會生起各種煩惱染污的心，導致內心不清淨。當六根接觸六塵透過六識而產生各種受、想、思，或各種境界時，在六根難守護，心念難駕馭之下，很可能就失控而造業了。或意惡業、或口惡業、或身惡業。如此前業未清，新業又造，難怪我們的生活裡充滿著許多的煩惱與痛苦。

想要擺脫這些煩惱與痛苦，達到清涼自在，平安喜樂的境界嗎？想要終止生死流轉，達到寂靜涅槃，不生不滅的境界嗎？根據緣起十二支：那就要斷除欲愛，不再貪染，達成心解脫；斷除無明，不再愚癡，達成慧解脫。從此內心清淨，智慧開顯，解脫自在。心慧解脫就可以證果成聖，不再受生。沒有生也就沒有死，沒有死也就不會有生。從此以後，生死的苦海已經到了盡頭，生死的輪迴就此結束，煩惱熄滅了，痛苦止息了，而且永遠不再生起。這就是苦滅的境界，寂靜的境界，涅槃的境界。這也才是我們應該追求的人生目標。掌握今生今世生而爲人的寶貴機會，學習佛陀正法，明辨是非善惡，止惡行善，終其一生，學習如何去得失、改脾氣、積福德、長智慧，並培養慈悲心，最後漏盡解脫。

第四節　勤修八正道

然而，要怎麼做才能夠斷除欲愛與無明，達成心慧解脫，證果成聖呢？佛陀指點了我們一盞明燈，一條究竟解脫的道路，那就是「八正道」。八正道包括正見、正志、正語、正業、正命、正方便、正念與正定。其中、「正見」為八正道之首，只要具足了佛法正見，就好像漫漫長夜，出現了曙光，生死流轉終究是要過去了。「正見」就是要我們建立正信，相信命由己造，相信有齋戒、布施的功德，相信有佛的言說。明辨是非善惡，相信因果業報，相信有五趣流轉，而且生死貫穿三世。相信有凡夫聖人的差別，修證解脫前是凡夫，修證解脫後則為聖人。修證解脫就可以不必再受生輪迴，從此超脫生死。凡夫可以經由修證而轉凡成聖。而修證解脫的關鍵則在於具足「出世間正見」，開顯「四聖諦」——苦集滅道，以及「緣起中道」，無常、苦、空、無我等無漏智慧。然而，如何開顯無漏智慧呢？就是要遵循佛陀教導我們的八正道依序修行。

有了正見確立了方向之後，接下來，就是如何管理我們日常生活當中「身、口、意」的行為。務必令我們的言行舉止，合乎善行，遠離惡行。在心志上，要具足「正志」，不要多欲貪求，不要瞋恚嫉恨，更不要心懷害念；要放下得失，心懷慈悲，樂於助人。在言語上，要具足「正語」，不要妄語欺人，不要兩舌離間，不要惡口傷人，不要綺語諂媚；要以誠待人，勸合祝福，言語柔軟，真誠讚美。在行為上，要具足「正業」，不要傷害生命，更不要殺害生命，也不要偷竊搶奪，更不要淫人妻女；要尊重生命，愛護生命，行善布施，清淨梵行。只要在身、口、意上能夠做到正志、正語和正業，就可以令我們的意業清淨、口業清淨以及身業清淨了。身、口、意三業清淨，與人的糾紛自然減少，身心自然趨於清淨平和，喜樂自然會浮現出來，煩惱與痛苦自然會減少許多。

有了正志、正語、正業來規範我們的行爲之外，還要遵循「正命」來規範我們的職業，建立正確的生活態度。所謂「職業」就是謀生的方式，賺取生活費用，養家活口，應付日常生活之所需。既然是職業，那就有可能每天都會從事的工作。若是不正當的職業，豈不是時時刻刻在造業。因此，絕對不可以邪命存命，要以「正當的職業」來謀生。不旦不可以違背法律規定，也不可以違背善良風俗，更不可以違背道德良知，甚至不可以違背佛陀教誡。當然，可以隨著當時的情況，因地制宜，隨機應變。不過，基本上要以能夠令身心清淨爲原則。所謂正確的「生活態度」就是要行中道生活。不要過分慳吝，也不要過分奢侈，一切要量入爲出，收支要平衡。更要懂得孝敬父母，報父母恩；供養三寶，勤耕福田；布施貧病，累積福德。只要能夠依照佛陀所教，正命存活，就可避免許多造惡業的機會。再加上正志、正語、正業對治我們身、口、意的行爲，這樣就可以幫助我們遠離一切惡行，親近一切善行。一旦我們的行爲都能夠合乎善行，身心自然清淨許多，內心也會變得詳和寧靜，不再像以前那樣地煩心雜染。接下來要在身心清淨，詳和寧靜的氣氛下，精進用功，努力修行，邁向解脫。

然而，修行的道路是辛苦的，追求解脫的路途是漫長的，不是一蹴可幾的。因此要用「正方便」來提供前進的動力。正方便或稱爲「正精進」，就是不急不徐，緩緊適中，腳踏實地，按部就班，精勤不放逸，恆行不退轉，安安穩穩地走在修行解脫的道路上。然後依「四正斷」的精神，包括斷斷、律儀斷、隨護斷、修斷來遮斷惡法，長養善法，以善治惡，勤修正念。「正念」就是「四念處」，包括身念處、受念處、心念處及法念處。將千頭萬緒的心念定於一念，然後將這一念專注在身體的行儀舉止上，或身心的各種感受上，或內心的升沉起伏上，或修行禪定的方法上，然後念念轉趨涅槃。有了「正見」爲方向，「正志、正語、正業」來約束我們的行爲，然後以「正命」存命，再以「正方便」爲動力，以「正念」爲方法，接著就是最重要的「正定」。因為只有在正定之中，才能夠引發無漏智慧，進而漏盡解脫。正定就是「四禪」。初禪：言語止息，離生喜樂；二禪：覺觀止息，定生喜樂；三禪：喜心止息，離喜生樂；四禪：苦樂止息，離苦息樂。再透過佛陀教導我們的禪定方法，包括安般法門、念佛法門或慈心法門等幫助我們進入禪定。最後，達到內心清淨，一心一意，無所執著，無所貪染的境界，依止修定，依定修觀，依觀修慧，依慧生明，明則厭；厭則離欲，離欲則滅盡，滅盡則解脫。

第五節 人生的三道防線

最後，在了解了這些道理之後，最重要的是要能夠在日常生活中實踐出來。然而，要怎麼落實呢？我們用工程上「系統」的概念：「輸入──處理──輸出」的模式對照有情眾生的「六根──五蘊──行為」，提出所謂「人生的三道防線」，來做一個總結說明。

有情眾生就像一個「開放系統」，「輸入」的部分代表我們的六根，「處理」的部分代表我們的五蘊身心，「輸出」的部分代表我們的行為，「環境」的部分代表外在的六塵。在「止惡防非」方面，依照「四正斷」的精神，人生的「第一道防線」是針對「處理」的部分，要善護心念，善護其身，也就是「斷斷」──已生之惡，即刻令斷。就是要我們善予控制我們的心念，一有歹念產生就要立刻加以斬斷無餘；其次，要善於防護我們的身行，一有不好的行為即將產生，即刻令斷。所謂「星星之火，可以燎原」，「一念之差，天倒地塌」。一天二十四小時當中，不管行住坐臥，眠寤語默，起心動念，舉手投足之間，都要如實知自

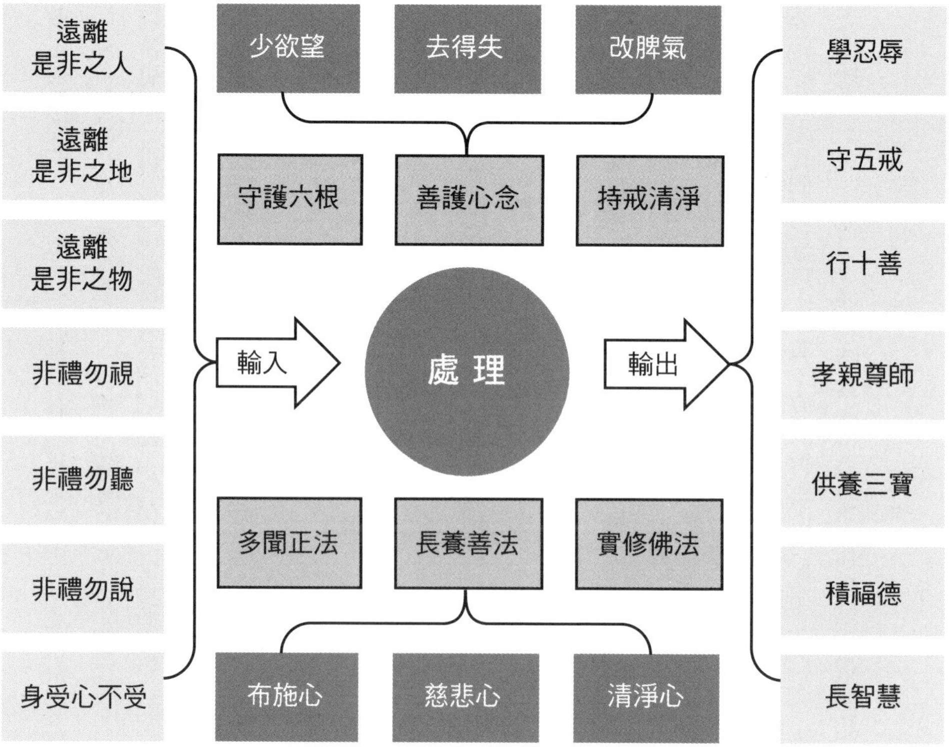

己的念頭。若有一絲的雜染，或貪、或瞋、或癡、或慢、或疑、或邪見，即刻令斷。同時也要如實知自己的一切身行，若有任何衝動的行爲即將產生，也是要即刻令斷。所以說，人生的「第一道防線」就是要警戒我們的身心，包括（一）少欲望：知足常樂，不要有過多的欲望。（二）去得失：就算有欲望，得失心也不可以太重。認眞做事就對了，不管得失。（三）改脾氣：就算有得失心，也不可以輕易發怒，要學會控制自己的脾氣。（四）學忍辱：就算想發脾氣，也要想辦法忍下來。尊貴的蓮生聖尊說：「不能忍辱的人，不能稱爲修行人。」

其次，人生的「第二道」及「第三道」防線是針對「輸入／輸出」的部分。在「外界輸入」的部分要「守護六根」，在「行爲輸出」的部分要「持戒清淨」，兩部分合起來即是「四正斷」中的「律儀斷」——未生之惡令不起。也就是嚴格要求自己的行爲，符合佛陀的教誡。在「外界輸入」的部分，屬「第二道防線」：要善於守護我們的六根，遠離諸欲惡不善法。因爲諸欲惡不善法都不出六根接觸六塵，經由六識的了別所引起的各種受、想、思之範疇，所以必須以「律儀」來約束我們的六根。不可以放縱六根，馳騁於四食、五欲、六塵之中，不知收斂其心，造諸惡業，導致憂悲惱苦。佛陀總共教導了我們五種方法來對治六根，分別是調伏，關閉，守護，執持與修習。「調伏」就是制之使不生起，亦即根、塵相觸起惡念時，制之不令生起；「關閉」就是關閉六根接觸六塵，亦即避免六根接觸惡緣、惡境；「守護」就是看守六根門戶，亦即對六根隨時保持警覺；「執持」就是覺知不令蒙昧，亦即如實知六根的一舉一動；「修習」就是不爲六境所動，亦即身受心不受，於樂不貪染，於苦不傾動。

因此，首先針對容易產生是非的人、事、物或是場合，能避免接觸就儘量避免接觸。所謂「近朱者赤，近墨者黑」。故當遠離是非，遠離諸惡不善法。如果不能避免接觸，起碼要做到儒家所說的「非禮勿視、非禮勿聽、非禮勿說」。身雖處雜染之地，但不合乎善的，違背良心的，能不看、不聽最好。就算看到、聽到了，也不要到處去說，更不要去做。所謂「靜坐常思己過，閒談莫論人非」。如果人在江湖，身不由己，處在雜染的環境，天天接觸，至少也要做到「身受心不受」。也就是說，雖然六根色身觸境，但內心無所雜染，不起任何妄想執著，「身」雖受，但「心」不受影響，如如不動，則依然可以常住安樂。所謂「心清則國土清；心淨則國土淨」。淨土其實就在自己的心中。

在「行爲輸出」部分，屬「第三道防線」。「持戒」是最簡單，也是最有效的方法。因爲人的習氣不是一下子說改就能改的。一些壞習氣，壞毛病，可藉著戒律的約束，逐漸消失於無形之中。所謂「勉強成習慣，習慣成自然」。要戒貪、戒瞋、戒邪見。學習控制自己的行爲，學習控制自己的脾氣。要忍辱、忍辱、再忍辱；戒怒、戒怒、再戒怒。簡單講，就是不要胡思亂想，不要亂發脾氣，不要亂說話，更不要做壞事。能夠以戒爲師，嚴守戒律，造業自然就少，持戒自然清淨。其中，「守五戒」是最基本的要求，「五戒」包括不殺生、不偷盜、不邪淫、不妄語與不飲酒。守五戒起碼可以得人身。其次是「行十善」，「十善」包括不殺生、不偷盜、不邪淫、不妄語、不惡口、不兩舌、不綺語、不貪求、不瞋恚、不邪見。行十善可以昇天享福。修行的基礎在於持戒，持戒清淨方能遮斷一切惡法，使諸惡不生；諸惡不生，身心才能清淨，方便修行解脫。

第六節 淨化心靈

能夠守住這幾道防線，其實已經很不簡單了。但是在修行解脫的路途上，這樣是不夠的，這樣只能做到「止惡防非」，而且還是用「壓抑式」的做法，而非「疏導式」的做法。壓抑壓得了一時，壓不了一世。難怪有些人平常循規蹈矩，甚至爲人楷模，但是在某種情境之下，一時失察，一時衝動，或者一時鬼迷心竅，就闖下大禍了。又是情關，又是錢關，又是病關，又是險關，又是兒女關，又是生死關，關關難過。所以接下來，在止惡防非之後，眞正要做到沒有惡念，沒有惡行，不是靠壓抑，也不是靠逃避可竟其功，而是以疏導代替壓抑。一切必須是那麼地自然，毫不勉強，毫不費力，這就得靠「淨化心靈」的功夫了。從「四正斷」的觀點來看就是要做到「隨護斷」：未生善法令起。也就是要思惟一切善法，長養一切善法，令善法善念常住心中，以善治惡，以正治邪，以心修心，以心治心。因此，爲了淨化心靈，爲了了解什麼是善法？什麼是惡法？什麼樣的惡法可用什麼樣的善法對治？或者跟自己比較有緣的善法是什麼？重新建立正確的人生觀與價值觀，可以透過多聞佛陀正法、建立佛法正見來完成。包括親近佛法，親近善知識，多讀佛法的書，多讀聖賢的書，多參加法會，多聽善知識開示等。

多聞正法之後，內心還要不斷地加以思惟、消化、轉化，長養善法，培養布施心、慈悲心、清淨心，慢慢地了解並體會到有各種善法可以對治各種惡法。例如以慈悲心對治殺心，以布施心對治盜心，以清淨心對治邪淫心，以誠心對治欺心，以歡喜心對治兩舌，以柔軟心對治惡口，以讚美心對治綺語，以感恩知足的心對治欲貪，以慈悲忍辱的心對治瞋恚，以緣起智慧的心對治邪見等。心中要常存善心、善念。將心安住於定相，若有惡念產生，當思惡念、惡行之禍患業報。所謂「舉頭三尺有神明」，「凡事天必知」。若有惡因緣產生，或是惡境界現前，或是遇到不合情理的對待，首先當忍辱守住身惡行；其次檢討自己是否有過失在先；然後透過正確的「價值觀」思考抉擇一個合乎佛法，令自己內心可以接受的合理解釋與做法：或者當作是人生的考題；或者省思個人修行之不足；或者站在對方的立場思考；或者從三世因果來分析；或者轉移注意力；或者選擇遠離避開；或者多想想自己所擁有的，應當懷抱著一顆感恩知足的心；或者與最糟糕的情況相比，要慶幸這還不是最糟的；或者讓時間沖淡一切；或者思惟眾生的苦。然後，以心治心，以善法對治惡法，具足慈悲喜捨，廣行布施忍辱，精進修行持戒，禪定中正思惟，生起一切善法，惡法自然消滅。

第七節 實修佛法

最後，最重要的就是實修佛法，沒有實修，一切都是空談。佛法學了，就要拿到生活上來用，對我們的生活要有幫助，而不是拿來辯論比較高下的。自己不妨問問自己，學了佛法之後，得失心有沒有少一點，脾氣有沒有小一點，欲望有沒有少一些，與人糾紛的次數有沒有少一點，胸襟有沒有大一點，不會再那麼自私自利，有沒有多爲眾生想一點，有沒有生出布施心，有沒有生出慈悲心，有沒有生出清淨心，煩惱與痛苦是不是變少了。若是正面的，那就表示走在佛陀的正法上。若是越學佛越固執，越學佛越無情，越學佛越傲慢，越學佛越自以爲是，越學佛越不快樂，那就表示快走火入魔了。六祖惠能大師不是說：「佛法在世間，不離世間覺，離世求菩提，猶如覓兔角。」世間雖是個大染缸，但也是最好的修行道場，修行功力有多少，一試便知。知道自己那裡還不行，就趕快加緊精進用功。尊貴的蓮生聖尊《瑜伽士的寶劍》提到：「當眾生貧困之時，就是教導行者布施的時機；當眾生侮辱你之時，就是教導行者忍辱的時機；當眾生引誘行者犯罪惡的時候，就是教導行者守戒的時機。」所以修行在那裡？修行就在日常生活之中。只是要小心，不要敵不過世間的考驗，而被三振出局，或者同流合污了。

而實修佛法除了善護心念、善護其身、忍辱負重、守護六根、持戒清淨做到止惡防非、諸惡莫做之外，還要進一步做到行善積德、眾善奉行。因此我們要孝親尊師，如果不懂得孝順父母，尊敬師長，如何能夠有資格稱爲修行學佛人？「孝順父母」才是做人的根本；「尊敬師長」才有傳承加持力。然後要福慧雙修，悲智雙運，也就是要「慈悲行善積福德，智慧明心登彼岸」。培養慈悲心代表要爲苦難的眾生著想，既然要照顧苦難的眾生，就要先照顧好自己的家人。家庭和樂了，才會感受到佛法帶來的好處，也才有立場去照顧其他苦難的眾生。然後，有機會的話，也應該盡其所能供養三寶，勤耕福田，布施貧病，累積福德。行善利他的方式有很多種，財施、法施、無畏施，端看自己的能力與興趣，量力而爲。但不管是那一種布施，都要布施不求功德，行善不欲人知，付出不求回報，才是眞功德。

在累積福慧資糧之後，最最重要的就是要自淨其意，增長智慧。長什麼智慧？長解脫的智慧，長無漏的智慧；長永斷喜貪，心解脫的智慧；長永斷無明，慧解脫的智慧。這些智慧基本上以八正道中的「善趣正見」與「無漏正見」爲基礎。「善趣正見」主要是教導我們是非善惡的智慧，因果業報的智慧，五趣流轉的智慧等。而「無漏正見」主要是以「四聖諦」——苦集滅道的思想爲核心，並由此演繹展開出許多無漏智慧：包括緣起中道、諸行無常、諸受是苦、諸法無我、寂靜涅槃等等的智慧。並且用來觀察自身周遭的一切，包括五蘊、六入處、四食、五欲、六塵及世間。

長了這些無漏智慧之後，才能明心見性，登上彼岸，漏盡解脫。所以，最重要的還是屬於智慧的培養與開顯。只要無漏智慧開顯出來，體認宇宙人生的眞相與道理，所有的欲貪心、愛染心、得失心、邪淫心、瞋恚心、嫉妒心、忿怒心、仇恨心、惡毒心、傷害心、愚癡心等邪念、惡念都將淨化消除。然而，想要引發無漏智慧修證成果，則要遵循佛陀的教誡八正道，腳踏實地，老實修行，才能夠遠離諸惡不善法，離欲清淨，身心止息。

而開顯無漏智慧的關鍵則是「正定」，正定就是正確的禪定。而禪定的方法就是「正念」，亦即「四正斷」裡的「修斷」——已生善法令增長；也就是依「四念處」，修「七覺支」，趨向涅槃。當我們生出善法，安住於定相之後，要能夠進一步增長修習善法，專一心志，攝持一切心法住於四念處，然後按照佛陀開示的修行程序，依遠離、依無欲、依滅、向於捨，念念轉趨涅槃，法法渡向彼岸。雜阿含經（卷二十八 七七六經／七六四經）云：何等爲修八聖道？是比丘修正見，依遠離、依無欲、依滅、向於捨。修正志、正語、正業、正命、正方便、正念、正定，依遠離、依無欲、依滅、向於捨，是名修八聖道。意思是說，什麼叫做實修八正道呢？當實修正見、正志、乃至於正定時，都要依遠離：遠離諸惡不善法；依無欲：離欲清淨；依滅：永斷喜貪，心解脫；向於捨：永斷無明，慧解脫，來達到寂靜涅槃，漏盡解脫，這就叫做實修八正道。最後，我們依照四念處——身受心法的結構，總結一下「依遠離、依無欲、依滅、向於捨」的精華如下：

第八節 依遠離、依無欲、依滅、向於捨

依遠離是針對「身」的部分：因爲此身喜貪四食而有一切身行，有身行就有造業的能力，若造業則隨業受報，因而招感各種果報。所以我們要善加管控我們此身的行爲，做好「身行管理」。以「四正斷」的「斷斷」做好身心的預警系統，時時監控，處處提醒；善護心念，莫使此心貪染造作；善護其身，莫讓此身行惡造業；於摶食飲食知量，莫令此世在三餐中空過；已生惡法，即刻令斷。建立「是非善惡，因果業報」的正見，培養「正觀四食」的智慧，斷除摶食，隨緣自在，遠離諸惡不善法。然後依身念處，身身觀念住，證斷界解脫，得遠離樂。

依無欲是針對「受」的部分：受就是對於各種刺激的情緒反應。有六種不同的刺激——六塵，透過六種不同的管道——六根，進入我們的身心，產生各種不同的感受——三受。所以我們要善加守護我們的六根，做好「情緒管理」。以「四正斷」的「律儀斷」，布好防護網，守護六根，持戒清淨；遵行人生三妙行的標準作業程序，不違反戒律；於觸食無所執取，於樂不貪染，於苦不傾動，身受心不受，未生惡法令不生。培養「味、患、離」與「正觀五欲」的智慧，斷除觸食，歡喜自在，離欲清淨。然後依受念處，受受觀念住，證無欲界解脫，得無欲樂。

依滅是針對「心」的部分：因為心是身體的主人，心裡面在想什麼，身體就會做什麼，嘴巴就會講什麼，所謂「心惱故眾生惱，心淨故眾生淨」。偏偏我們那一顆心有如猿猴，跳上跳下，難以馴服。所以我們要善加守護我們的內心，做好「心靈管理」。以「四正斷」的「隨護斷」降伏我們的內心，讓內心止息，平靜下來，安住在定境上。然後淨化心靈，以善治惡，於意思食不起貪、瞋、癡念，未生善法令生。培養「慈悲喜捨」、「正觀緣起」的智慧，斷除意思食，清涼自在，熄滅貪、瞋、癡。然後依心念處，心心觀念住，證滅界解脫，得寂滅樂。

向於捨是針對「法」的部分：因為法是無明緣行，行緣識的產物。有心識，就有萬法，所謂「萬法唯識」。有情眾生愚癡無明，妄執五蘊身心為我，貪染世間萬法，不肯捨離，因而不得出離生死。所以我們要正觀五蘊、六入處、世間的一切皆是無常、苦、非我、非我所。放下妄執，去除貪染，不善法、善法俱捨，做好「智慧管理」。以「四正斷」的「修斷」，於「四念處」，修「七覺支」，止觀雙運，觀破無明，放下執著，於識食斷妄執喜貪，已生善法令增長。培養「三法印」——諸行無常，諸受是苦，諸法無我與「正觀五蘊」的智慧，增長菩提智，斷除識食，任運自在。然後依法念處，法法觀念住，證捨界解脫，得菩提樂。

所以總結來說，「人生眞實苦，皆因自造業」。然而因果業報，屢試不爽，任憑誰也不能例外。面對萬法緣起，生滅變易，諸行無常，諸受是苦的宇宙人生的眞相，加上內心難降伏，六根難守護，我們被「愛染繩」綁在「無明柱」上，因而在五趣中生死團團轉。想不想在人生中減少一點煩惱與痛苦？想不想讓生活過得順利點？想不想改變坎砢的命運？想不想讓心情自在點？佛陀教導了我們一套解脫人生煩惱與痛苦的系統化方法——「八正道」。首先以正見爲前導，然後做到正志、正語、正業，行三妙行；再以正命存命，行中道生活，勤耕福田，行善積德；接著以正方便，依四正斷，精勤不放逸，恆行不退轉；然後以正念爲方法，住四念處，修七覺支，繫心一處，住於定相。最後透過正定的修習，或安般法門、或念佛法門、或慈心法門，以「苦集滅道」的思惟方式，依止修定，依觀修慧，止觀同步，修慧生明。明則厭，厭則離欲，離欲則滅盡，滅盡則解脫。從此解脫自在，生死自主，心靈自由，煩惱熄滅，痛苦止息，寂靜涅槃。

最後要提醒的是，學習了這些方法之後，記得要拿來應用。在那裡應用？在日常生活當中應用。尊貴的蓮生聖尊說：「人生就是學習如何幸福？眞正的幸福是沒有煩惱。」修行學佛，學習佛法，就是爲了解脫煩惱。佛法在那裡？佛法就在日常生活裡。所以說，眞正的修行不在山上，也不在寺廟，眞正的修行就在我們的日常生活當中。有些人整天打坐、唸經、持咒、吃素、做義工、研究經典、參加法會，看起來非常精進，講起來頭頭是道。可是碰到境界來磨的時候，脾氣依舊，煩惱依舊，得失心依舊，固執己見依舊，貪、瞋、癡依舊，貢高我慢依舊。想的全是自己，怨的都是別人，這豈是修行？須知修行不能離開生活，修行更不能脫離現實。行住坐臥，眠寤語默，起心動念，舉手投足，無一不是修行。公司上班，學校上課，在家休息，夫妻相處，家人團聚，親朋相會，出外休閒，買菜逛街，甚至在路上走路、或坐車、或開車，無一不是道場。獨處靜慮是正好用功的機會，與人相處互動是最佳練習的場合。學會感恩，懂得知足，學習放下，慈悲喜捨。體會四聖諦、緣起、無常、苦、無我、涅槃。當我們碰到各種逆境、順境的時候，當我們得意、失意的時候，當我們遭受各種逆緣、孽緣的時候，就把它當做是廣欽老和尚在出考題考我們吧！面對這些活生生，甚至血淋淋的人生考題時，想想看！將如何作答呢？假使不知道如何作答時，這本書或許可以提供你些許的參考與答案吧。

八正道歌

世間無常，人生是苦，因果業報，五趣流轉；苦諦當知，集諦當斷，滅諦當證，道諦當修；
人患五蘊，蘊患六入，六入患觸，觸患愛取；煩惱繫結，欲為苦本，無明為父，愛染為母；
不貪四食，莫著五欲，遠離六塵，斷觸愛取；親近善士，多聞正法，內正思惟，法次法向；
正見前導，正志攝意，正語守口，正業護身；正命存命，中道生活，依正方便，修四正斷；
善護心念，善護其身，守護六根，持戒清淨；長養善法，以善治惡，淨化心靈，以心治心；
遠離五蓋，備足五法，依於正念，修四念處；觀身如身，觀受如受，觀心如心，觀法如法；
繫心一處，住於正定，安般念佛，慈悲喜捨；正觀四食，正觀諸受，正觀緣起，正觀五蘊；
緣起中道，流轉還滅，四大假合，五蘊非我；諸行無常，諸受是苦，諸法無我，世間本空；
依止修定，依定修觀，依觀修慧，依慧生明；明則厭離，厭則離欲，離欲滅盡，滅盡解脫；
心無貪染，熄滅煩惱，永盡喜貪，得心解脫；放下妄執，智慧現前，永斷無明，得慧解脫；
遠離諸惡，得遠離樂，離欲清淨，得無欲樂；滅貪瞋癡，得寂滅樂，證菩提智，得菩提樂；
我生已盡，梵行已立，所作已作，不受後有；證果成聖，生死自主，解脫自在，寂靜涅槃。

國家圖書館出版品預行編目資料

解脫煩惱的方法：八正道／真蓮行者著. --初版.--臺中市：白象文化，民102.06
面； 公分.——（信念；12）
ISBN 978-986-5890-67-4（平裝）
1.佛教修持
225.7 102006561

信念（12）

解脫煩惱的方法：八正道

作　　者　真蓮行者
校　　對　真蓮行者
專案主編　林榮威
出版編印　吳適意、林榮威、林孟侃、陳逸儒、黃麗穎
設計創意　張禮南、何佳諠
經銷推廣　李莉吟、莊博亞、劉育姍、李如玉
經紀企劃　張輝潭、洪怡欣、徐錦淳、黃姿虹
營運管理　林金郎、曾千熏
發 行 人　張輝潭
出版發行　白象文化事業有限公司
412台中市大里區科技路1號8樓之2（台中軟體園區）
出版專線：（04）2496-5995　傳真：（04）2496-9901
401台中市東區和平街228巷44號（經銷部）
購書專線：（04）2220-8589　傳真：（04）2220-8505
印　　刷　基盛印刷工場
初版一刷　2013年（民102）6月
初版二刷　2020年（民109）5月
定　　價　360元